江苏省普通高校“专转本”选拔考试计算机专业大类专业综合考试必读

苏天教育　主编

东南大学出版社
SOUTHEAST UNIVERSITY PRESS
·南京·

内容提要

从2022年开始，江苏省普通高校三年制“专转本”考试进行了重大改革。为满足三年制专科院校学生复习迎考的需要，苏天教育根据考试新大纲要求，结合多年考前培训和辅导的成功经验，组织多位常年在一线教学的资深教师编写本教材。

本教材涵盖了江苏省普通高校“专转本”选拔考试计算机专业大类专业综合基础理论考试大纲的所有内容，包括“课程A 计算机应用基础”和“课程B 信息技术导论”。计算机应用基础部分具体包含4章：计算机硬件及信息表示、计算机软件、计算机网络与互联网及多媒体技术。信息技术导论部分具体包含7章：信息和信息系统、物联网技术、移动互联网技术、云计算技术、大数据技术、人工智能技术及区块链。

图书在版编目(CIP)数据

江苏省普通高校“专转本”选拔考试计算机专业大类专业综合考试必读 / 苏天教育主编. -- 南京 : 东南大学出版社，2023.5

ISBN 978-7-5766-0741-3

Ⅰ.①江… Ⅱ.①苏… Ⅲ.①电子计算机—成人高等教育—升学参考资料 Ⅳ.①G724.4

中国国家版本馆CIP数据核字(2023)第074930号

责任编辑：张煦　**责任校对**：韩小亮　**封面设计**：苏天教育　**责任印制**：周荣虎

江苏省普通高校“专转本”选拔考试计算机专业大类专业综合考试必读

JIANGSU SHENG PUTONG GAOXIAO “ZHUANZHUANBEN” XUANBA KAOSHI JISUANJI ZHUANYE DALEI ZHUANYE ZONGHE KAOSHI BIDU

主　　编	苏天教育
出版发行	东南大学出版社
出 版 人	白云飞
社　　址	南京四牌楼2号　邮编：210096　电话：025-83793330
网　　址	http://www.seupress.com
电子邮件	press@seupress.com
经　　销	全国各地新华书店
印　　刷	兴化印刷有限责任公司
开　　本	787 mm×1092 mm　1/16
印　　张	19.5
字　　数	499千字
版　　次	2023年5月第1版
印　　次	2023年5月第1次印刷
书　　号	ISBN 978-7-5766-0741-3
定　　价	56.00元

东大版图书若有印装质量问题，请直接与营销部联系。电话(传真)：025—83791830

前　　言

众所周知，学历是敲门砖，是最为直观的能力体现。对于每一个有理想的年青人，都有一个梦想、一种期待，能上"大学"。但专科教育和本科教育是两个完全不同的教育平台，对自身今后的发展也有着非常大的差异。

本科生不仅在接受教育的系统性方面优于专科生，而且在缔造未来人生的舞台空间方面，也往往有着专科生难以企及的优势。

江苏省普通高校"专转本"选拔考试，因科学、公平、有效的特点，是三年制专科院校学生提升学历的最佳途径，是专科院校学生进入全日制普通本科的最后一次、也是唯一一次机会。

机会就在眼前，就看我们如何把握！

为了帮助广大考生应战"专转本"考试，在东南大学出版社和苏天教育的大力支持下，本书编委会组织多位在宁高校本专业优秀教师、一直参与"专转本"考试辅导的资深教师，依照计算机专业大类专业综合考试大纲，撰写了这本教材。

江苏省"专转本"统一考试已经历经多年，随着高等教育和社会发展的需要，自 2022 年开始，江苏省"专转本"对考试形式、考查内容进行了重大调整，更符合专业发展的要求。

通过对江苏省"专转本"统一考试大纲的学习和总结，其考试特点是既有广度，又有深度。针对考生对考试范围、考试题型、考试重点与难点把握不好，对如何理解知识点、如何解题不得要领等问题，本教材在内容上涵盖了考试大纲所要求的知识点、重难点。为便于考生复习，对每章的重点、难点作了总结，章后附有部分习题。

本教材相比于同类教材，理论基础更扎实；对考纲的理解更准确；解题的思路更透彻；"专转本"应考针对性更强，是"专转本"考生备考不可多得的辅助教材。

本教材在编写过程中参阅了由张福炎、孙志辉老师编著的《大学计算机信息技术教程》以及提供的 PPT 材料；由黄强老师编著的《专转本计算机应用基础必读》以及其他书籍，在此一并对相关作者表示感谢。

由于作者水平有限，编写过程中难免有不足和错误之处，恳请读者批评指正。如对本书有任何批评、建议，欢迎大家直接和作者联系，以便在本书再版时加以改正和补充。作者的 E-mail 是：snow6789@163.com。

编者

2023 年 1 月于南京

目　　录

第一部分　专转本考试大纲

第二部分　课程 A　计算机应用基础

第三部分 课程B 信息技术导论

第一部分

专转本考试大纲

江苏省普通高校“专转本”选拔考试
计算机专业大类专业综合基础理论考试大纲

一、考试性质

计算机专业大类专业综合科目基础理论考试是为江苏省普通高校招收计算机专业大类的“专转本”学生而设置的、具有选拔性质的全省统一考试，其目的是科学、公平、有效地测试考生在高职（专科）阶段相关专业知识、基本理论与方法的掌握水平。考试评价的标准是报考该专业大类的高职（专科）优秀毕业生应能达到的及格或及格以上水平，以利于各普通本科院校择优选拔，确保招生质量。

二、适用专业

本考试大纲适用于计算机科学与技术（080901）、软件工程（080902）、网络工程（080903）、信息安全（080904K）、物联网工程（080905）、数字媒体技术（080906）、遥感科学与技术（081202）、地理信息科学（070504）。

三、命题原则

1. 计算机专业大类专业综合基础理论考试命题标准

《计算机专业大类专业综合基础理论考试》笔试统考命题，体现专科阶段以培养应用型人才为主要目标的特点，在题量上保证中等水平的考生能够在规定考核时间内全部完成试题的解答，并有适量的时间进行检查。

2. 计算机专业大类专业综合基础理论考试依据和范围

以《计算机专业大类专业综合基础理论考试》考试大纲为依据，考试范围不能超出考试大纲。在命题中，既要体现对基础理论的掌握程度的考核，又要体现对新一代信息技术知识面的考核。

四、考查内容

（一）课程 A:计算机应用基础

【考查目标】

1. 了解计算机系统的基本组成、常见设备和基本原理，了解集成电路，掌握信息在计算机中的表示。

2. 熟悉计算机软件定义和分类，掌握操作系统基本概念，熟悉程序设计语言语法基础，掌握几种常见数据结构及基本操作，掌握软件工程基础。

3. 掌握计算机网络基础，熟悉局域网和广域网特点，掌握 IP 地址和域名系统，了解信息安全相关基础知识。

4. 掌握文本、图形图像、音频、视频等多媒体技术。

【考查内容】

1. 计算机硬件

1.1 计算机基本原理

1.1.1 计算机发展及分类，软件概述，硬件概述。

1.1.2 常见的输入设备和输出设备，中央处理器。

1.1.3 计算机内存储器、外存储器概述，系统总线，I/O 总线。

1.1.4 微处理器发展、字长、处理速度，指令与指令系统。

1.2 集成电路

1.2.1 集成电路概念。

1.2.2 集成电路发展与分类，IC 卡。

1.3 PC 机组成

1.3.1 主板、芯片组、BIOS、内存储器概述，I/O 总线和 I/O 接口。

1.3.2 BIOS 组成及运行过程，内存储器 RAM 和 ROM 各种类型。

1.3.3 DDR SDRAM 各项参数，数据传输率计算，内存条封装形式。

1.3.4 I/O 总线，I/O 操作方式，常用的几类 I/O 设备接口，I/O 总线带宽计算。

1.4 常用输入设备

1.4.1 键盘，鼠标，笔输入设备，扫描仪，数字摄像头概述。

1.4.2 键盘，鼠标的分类，工作原理，基本操作，采用的接口类型。

1.5 常用输出设备

1.5.1 常用输出设备的工作原理、主要分类、特点。

1.5.2 常用输出设备的主要性能参数，采用的接口类型。

1.6 外存储器

1.6.1 常用几类外存储器的工作原理，组成，分类情况，接口类型。

1.6.2 存储器存储结构，各项性能参数设置，数据分布，容量计算。

1.7 信息在计算机中的表示

1.7.1 信息表示单位，常用进制数，BCD 编码，传输速率单位。

1.7.2 整数编码表示，8 位原码、补码和反码表示，实数编码表示，机器数，真值，数据溢出。

1.7.3 比特位逻辑运算，二/八/十/十六进制数之间的转换，进制数的运算；原码、反码与补码之间的转换，原码和补码表示数的范围。

2. 计算机软件

2.1 软件基本概念

2.1.1 软件的定义。

2.1.2 软件的分类。

2.2 操作系统

2.2.1 操作系统的基本概念、作用。

2.2.2 操作系统的类型、特征。

2.2.3 操作系统的基本功能。

2.2.4 常用操作系统。

2.3 程序设计语言

2.3.1 程序设计语言的分类。

2.3.2 程序设计语言的组成。

2.3.3 程序的控制结构。

2.3.4 源程序执行方式。

2.3.5 常用程序设计语言。

2.4 算法和数据结构

2.4.1 算法的基本概念，算法复杂度的概念和意义(时间复杂度与空间复杂度)。

2.4.2 数据结构的定义，数据的逻辑结构与存储结构，数据结构的图形表示，线性结构与非线性结构的概念。

2.4.3 线性表的定义，线性表的顺序存储结构及其插入与删除运算。

2.4.4 栈和队列的定义，栈和队列的顺序存储结构及其基本运算。

2.4.5 线性单链表、双向链表与循环链表的结构及其基本运算。

2.4.6 树的基本概念，二叉树的定义及其存储结构，二叉树的前序、中序和后序遍历。

2.5 软件工程基础

2.5.1 软件工程基本概念与生命周期。

2.5.2 结构化设计方法，总体设计与详细设计。

2.5.3 面向对象分析与设计：OOD，UML 图。

2.5.4 软件测试的方法，白盒测试与黑盒测试。

2.5.5 程序的调试，静态调试与动态调试。

3. 计算机网络与互联网

3.1 计算机网络基础

3.1.1 计算机网络的定义、组成和分类。

3.1.2 网络服务分类，网络软件，网络操作系统，网络应用软件。

3.2 计算机局域网

3.2.1 局域网的特点、组成、分类。

3.2.2 有线局域网。

3.2.3 无线局域网。

3.3 计算机广域网

3.3.1 广域网基础知识，广域网接入技术。

3.3.2 分组交换与路由。

3.4 互联网及应用

3.4.1 互联网发展，网络互联与 TCP/IP 协议。

3.4.2 IP 地址(IPv4、IPv6)及分类，域名。

3.4.3 交换机与路由器。

3.4.4 互联网提供的服务。

3.5 网络信息安全

3.5.1　信息安全基本概念。

3.5.2　信息安全规范。

3.5.3　入侵检测、防火墙、计算机病毒。

3.5.4　加密和解密基本概念。

3.5.5　威胁防范与信息安全发展趋势。

3.5.6　应急响应处理流程。

4. 多媒体技术

4.1　文本与文本处理

4.1.1　文本,文本处理,文本输入方法。

4.1.2　文本的表示与字符编码。

4.1.3　文本的保存与文本文件的类型。

4.1.4　文本的编辑处理,检索与文本的展现。

4.2　图像与图形及应用

4.2.1　色彩产生,色彩的表达方法,色彩空间。

4.2.2　数字图像的获取与重现。

4.2.3　模拟图像的数字化过程。

4.2.4　数字图像的表示及存储数据量的计算,压缩编码类型,数字图像的性能指标。

4.2.5　常用图像文件格式,数字图像处理及应用,常用软件。

4.2.6　计算机合成图像,合成过程,优点,常见的绘图软件。

4.3　波形声音的获取与播放

4.3.1　模拟声音信号的数字化。

4.3.2　波形声音的获取设备,波形声音的表示及存储数据量的计算,压缩编码和编辑。

4.3.3　计算机合成声音的制作与播放。

4.4　数字视频及应用

4.4.1　视频信号的组成、原理,彩色电视的三种制式。

4.4.2　数字视频的获取、播放。

4.4.3　视频信号的数字化。

4.4.4　数字视频存储数据量的计算、压缩编码、编辑和应用。

4.4.5　计算机合成数字视频。

4.4.6　流媒体。

(二)课程B:信息技术导论

【考查目标】

1. 掌握信息、信息技术、通信技术等相关基础知识,了解信息系统和关系数据库系统。

2. 熟悉物联网相关概念,了解物联网关键技术及典型应用。

3. 熟悉移动互联网相关概念,了解移动互联网关键技术及典型应用场景。

4. 熟悉云计算相关概念,了解云计算关键技术、部署方式和服务模式,了解主流云服务平台。

5. 熟悉大数据相关概念,了解大数据关键技术和典型应用领域。

6. 熟悉人工智能相关概念,了解人工智能技术分类及常用平台,了解人工智能典型应用领域。

7. 熟悉区块链相关概念，了解区块链关键技术和典型应用领域。

【考查内容】

1. 信息和信息系统

1.1 信息和信息技术

1.1.1 信息特性及定义，数据、信息、知识，信息处理系统。

1.1.2 信息分类及信息处理，信息技术内容。

1.2 信息通信技术

1.2.1 通信系统基本原理，信道、信源、信宿，模拟信号，数字信号。

1.2.2 信道的传输模式，信道的带宽，信道的传输速率，多路复用技术，交换技术。

1.2.3 有线传输，无线传输，有线载波通信，传输介质，光纤通信。

1.2.4 无线电通信，微波通信，卫星通信，红外线通信，移动通信。

1.3 计算机信息系统

1.3.1 计算机信息系统的含义及特点。

1.3.2 计算机信息系统的类型。

1.3.3 计算机信息系统的结构。

1.3.4 计算机信息系统的发展趋势。

1.4 典型信息系统

1.4.1 制造业信息系统。

1.4.2 电子商务。

1.4.3 电子政务。

1.4.4 地理信息系统和数字地球。

1.4.5 远程教育。

1.4.6 远程医疗。

1.4.7 数字图书馆。

1.5 关系数据库系统

1.5.1 数据库系统的组成和特点。

1.5.2 数据模型的基本概念及类型。

1.5.3 关系数据模型。

1.5.4 关系运算。

1.5.5 关系数据库语言 SQL。

1.5.6 数据库系统及应用新技术。

2. 物联网技术

2.1 物联网概述

2.1.1 物联网的基本概念。

2.1.2 物联网发展历程及国内外现状。

2.1.3 物联网与互联网的区别。

2.2 物联网关键技术

2.2.1 物联网三层体系结构。

2.2.2　物联网感知层关键技术，RFID、EPC、传感器等技术基本原理。

2.2.3　物联网网络层关键技术，ZigBee、Wi-Fi、蓝牙等技术基本原理与特点。

2.2.4　物联网应用层关键技术原理，物联网应用与云计算、大数据、人工智能等技术的融合。

2.3　物联网的主要应用领域

2.3.1　物联网技术在智慧物流、智慧医疗、智能家居、智能制造、智能交通、现代农业等领域的应用。

2.3.2　物联网技术未来发展趋势。

3. 移动互联网技术

3.1　移动互联网概述

3.1.1　移动互联网的基本概念。

3.1.2　移动互联网的特征。

3.1.3　移动互联网的发展历程。

3.1.4　5G关键技术和主要优势。

3.2　移动互联网的关键技术

3.2.1　SOA面向服务架构的基本概念。

3.2.2　Web 2.0的含义。

3.2.3　HTML 5的新特性。

3.2.4　Android的系统架构。

3.2.5　iOS的系统架构。

3.3　移动互联网的应用领域

3.3.1　移动互联网在金融服务、电子政务、娱乐等领域的应用。

3.3.2　移动互联网未来发展趋势。

4. 云计算技术

4.1　云计算概述

4.1.1　云计算的基本概念。

4.1.2　云计算产生的历史背景。

4.1.3　云计算的优势。

4.2　云计算的关键技术

4.2.1　分布式计算的概念及特点。

4.2.2　虚拟化技术的概念及特点。

4.2.3　存储技术的概念及特点。

4.3　云计算的技术应用

4.3.1　公有云、私有云、混合云。

4.3.2　IaaS、PaaS、SaaS。

4.3.3　AWS、Google、阿里云、华为云、腾讯云等国内外主流云服务提供平台。

5. 大数据技术

5.1　大数据概述

5.1.1　大数据产生背景与基本概念、主要特性。

5.1.2　大数据的发展历程。

5.1.3　大数据与云计算、人工智能技术的关系。

5.2　大数据的关键技术

5.2.1　Hadoop、MapReduce、NoSQL 等技术基本功能。

5.2.2　爬虫、清洗等技术基本概念及常用工具认知。

5.2.3　大数据分析、挖掘、可视化技术基本概念。

5.3　大数据主要应用领域

5.3.1　大数据在农业、工业互联网、服务业等领域的典型应用。

5.3.2　大数据未来发展趋势。

6. 人工智能技术

6.1　人工智能概述

6.1.1　人工智能的基本概念。

6.1.2　人工智能的基本原理。

6.1.3　人工智能发展历程。

6.2　人工智能技术分类

6.2.1　深度学习的概念，常用算法。

6.2.2　自然语言处理的概念。

6.2.3　计算机视觉的概念。

6.2.4　数据挖掘的概念，常用算法。

6.3　人工智能主要应用领域

6.3.1　腾讯、阿里、华为、科大讯飞等国内常用人工智能平台。

6.3.2　人工智能在智能家居、智能交通、智能制造、智慧医疗、智慧金融、智慧教育等领域的应用。

6.3.3　人工智能未来发展趋势。

7. 区块链

7.1　区块链概述

7.1.1　区块链基本概念。

7.1.2　区块链技术基础、技术特点及价值。

7.1.3　区块链的发展历程。

7.2　典型区块链技术介绍

7.2.1　以太坊技术框架。

7.2.2　超级账本 Fabric 技术框架。

7.3　区块链主要应用领域

7.3.1　区块链在金融、供应链、保险、慈善、教育就业等行业的应用。

7.3.2　区块链发展趋势。

五、考试形式和试卷结构

（一）考试形式：闭卷、笔试。

（二）试卷满分及考试时间：专业综合基础理论满分 150 分。考试时间 100 分钟。

（三）试卷内容结构

（1）课程 A　约 60％

（2）课程 B　约 40％

（四）试卷题型结构

题型	题量、分值	占比
判断题	约 10 小题，每小题 1 分	约 6.7％
单选题	约 50 小题，每小题 2 分	约 66.7％
多项选择题	约 10 小题，每小题 2 分	约 13.3％
填空题	约 10 空，每空 2 分	约 13.3％

（五）试卷难度结构：较易题约占 30％，中等难度题约占 50％，较难题约占 20％。

六、其他

本大纲由省教育厅负责解释。

本大纲自 2022 年开始实施。

江苏省普通高校"专转本"选拔考试
计算机专业大类专业综合操作技能考试大纲

一、考试性质

计算机专业大类专业综合科目操作技能考试是为江苏省普通高校招收计算机专业大类的"专转本"学生而设置的、具有选拔性质的全省统一考试，其目的是科学、公平、有效地测试考生在高职(专科)阶段相关专业操作技能的掌握水平。考试评价的标准是报考该专业大类的高职(专科)优秀毕业生应能达到的及格或及格以上水平，以利于各普通本科院校择优选拔，确保招生质量。

二、适用专业

本考试大纲适用于计算机科学与技术(080901)、软件工程(080902)、网络工程(080903)、信息安全(080904K)、物联网工程(080905)、数字媒体技术(080906)、遥感科学与技术(081202)、地理信息科学(070504)。

三、命题原则

1. 计算机专业大类专业综合操作技能考试命题标准

《计算机专业大类专业综合操作技能考试》笔试统考命题，重点考核对基本编程、数据库应用、局域网搭建、操作系统应用、UML 建模等能力要求，并体现专转本考试中以培养应用型人才为主要目标的特点。在题量上保证中等水平的考生能够在规定时间内全部完成技能考核，并有适量的时间进行检查。

2. 计算机专业大类专业综合操作技能考试依据和范围

以《计算机专业大类专业综合操作技能考试》考试大纲为依据，考试范围不能超出考试大纲。在命题中，既要体现对计算机类所必需的专业综合操作技能的考核，又要体现对程序设计逻辑思维能力与解决实际问题能力的考核。

四、考查内容

(一) 技能一：程序设计(C 语言)

【考查目标】

1. 掌握 C 语言程序结构。
2. 掌握 C 语言的基本数据类型及数据运算。
3. 掌握基本语句的使用。

4. 掌握选择结构编程。

5. 掌握循环结构编程。

6. 掌握数组存储与处理批量数据。

7. 了解模块化程序设计思想,学会使用函数进行简单编程。

【考查内容】

1. C语言程序的结构

1.1 程序的构成,main函数和其他函数。

1.2 头文件,数据说明,程序注释。

1.3 源程序的书写格式。

2. 数据类型及其运算

2.1 C语言的基本数据类型及定义方法。

2.2 C语言运算符的种类、运算优先级和结合性。

2.3 不同类型数据间的转换与运算。

2.4 C语言表达式类型(赋值表达式,算术表达式,关系表达式,逻辑表达式,条件表达式,逗号表达式)和求值规则。

3. 基本语句

3.1 表达式语句,空语句,复合语句。

3.2 输入/输出函数的调用,正确输入数据并正确设计输出格式。

4. 选择结构程序设计

4.1 用if语句实现选择结构。

4.2 用switch语句实现多分支选择结构。

4.3 选择结构的嵌套。

5. 循环结构程序设计

5.1 for循环结构。

5.2 while和do-while循环结构。

5.3 continue语句和break语句。

5.4 循环的嵌套。

6. 数组的定义和引用

6.1 一维数组的定义、初始化和数组元素的引用。

6.2 二维数组的定义、初始化和数组元素的引用。

6.3 字符串与字符数组。

6.4 使用一维数组解决批量数据查找或排序等问题。

7. 函数定义与调用

7.1 库函数的正确调用。

7.2 用户自定义函数的定义、类型与返回值。

7.3 函数的正确调用、参数的值传递。

7.4 函数的嵌套调用、递归调用。

7.5 局部变量与全局变量。

（二）技能二：数据库（MySQL）

【考查目标】

1. 掌握绘制 E-R 图的方法。
2. 掌握创建配置数据库。
3. 掌握创建表、表间联系等约束条件的方法。
4. 掌握常用的 SQL 数据操纵语言。

【考查内容】

1. 数据库概述

根据系统需求绘制 E-R 图。

2. 创建数据库和表

2.1 创建配置数据库。

2.2 使用合适的数据类型创建表。

2.3 修改表结构。

2.4 删除表和数据库。

3. SQL 数据操作语言

3.1 数据的插入、删除和修改处理。

3.2 简单查询、连接查询。

3.3 嵌套子查询。

3.4 对查询结果进行排序、计算及分组。

3.5 求和、统计、求平均值等常用函数在查询操作中的应用。

4. 视图和索引

4.1 创建和查看视图。

4.2 用视图检索和修改基本表中数据。

4.3 创建索引。

（三）技能三：UML 建模

【考查目标】

1. 掌握用例图的绘制方法。
2. 掌握类图的绘制方法。
3. 掌握顺序图的绘制方法。

【考查内容】

1. 用例图

1.1 参与者、用例的基本概念。

1.2 用例描述的格式要求。

1.3 绘制用例图。

2. 类图和对象图

2.1 类图的基本概念。

2.2 分析识别类，绘制类图。

2.3 绘制对象图。

3. 顺序图

3.1　顺序图的组成。

3.2　顺序图中的消息类型。

3.3　绘制顺序图。

4. 状态图

4.1　状态机的含义。

4.2　状态机图中的基本标记符。

4.3　绘制状态图。

(四) 技能四:局域网搭建

【考查目标】

1. 掌握有线局域网的拓扑结构和基本组成,并学会搭建有线局域网。

2. 了解无线局域网的组网模式和基本组成,并学会搭建无线局域网。

【考查内容】

1. 有线局域网

1.1　根据实际应用场景选择合适的拓扑结构。

1.2　根据实际应用场景选择合适的交换机、路由器等网络设备。

1.3　搭建有线局域网。

2. 无线局域网

2.1　根据实际应用场景选择合适的无线局域网的组网模式。

2.2　配置无线局域网的 SSID、安全类型和加密类型。

2.3　搭建无线局域网。

(五) 技能五:操作系统配置与管理(Windows 10)

【考查目标】

1. 掌握 Windows 10 操作系统下软件管理。

2. 掌握 Windows 10 操作系统下用户账户管理。

3. 掌握 Windows 10 操作系统下硬件设备管理。

4. 掌握 Windows 10 操作系统下常用网络设置与应用。

【考查内容】

1. Windows 10 操作系统下软件管理

1.1　启动或关闭 Windows 功能。

1.2　软件的安装、升级、卸载管理。

2. Windows 10 操作系统下用户账户管理

2.1　创建、删除本地或管理员账户。

2.2　配置用户账户。

3. Windows 10 操作系统下硬件设备管理

3.1　查看系统设备信息。

3.2　硬件设备驱动安装、更新。

4. Windows 10 操作系统下常用网络设置与应用

4.1　IP 地址、DNS 服务器的配置。

4.2 文件及设备的共享配置。

4.3 互联网的连接、应用及选项配置。

4.4 远程控制的设置与远程桌面连接。

4.5 Windows 防火墙配置。

(六) 技能六:Linux 配置与管理(CentOS 7)

【考查目标】

1. 掌握 Linux 操作系统的安装与登录。
2. 熟悉 Linux 操作系统的基本命令。
3. 掌握 Linux 操作系统的网络配置和软件安装。

【考查内容】

1. Linux 的安装(CentOS 7)

1.1 安装、启动、关闭 Linux 系统。

1.2 本地登录和远程登录。

2. 基础操作命令

2.1 目录与路径。

2.2 Linux 的基础命令。

2.3 常用文件处理命令。

2.4 常用目录处理命令。

3. 网络管理

3.1 网卡配置文件、DNS 配置文件、主机名配置文件。

3.2 网络配置工具 NetworkManager。

4. 软件包管理

4.1 设置软件仓库。

4.2 使用 yum 安装软件。

五、考试形式和试卷结构

(一) 考试形式:闭卷、笔试。

(二) 试卷满分及考试时间:专业综合操作技能满分 80 分。考试时间 50 分钟。

(三) 试卷内容结构

(1) 技能一　约 40%

(2) 技能二　约 20%

(3) 技能三　约 10%

(4) 技能四　约 10%

(5) 技能五　约 10%

(6) 技能六　约 10%

(四) 试卷题型结构

题型	题量、分值	占比
判断题	约 8 小题,每小题 1 分	约 10%
单选题	约 20 小题,每小题 2 分	约 50%

填空题	约10空,每空2分	约25%
综合题	约2小题,每小题6分	约15%

(五) 试卷难度结构:较易题约占30%,中等难度题约占50%,较难题约占20%。

六、其他

本大纲由省教育厅负责解释。

本大纲自2022年开始实施。

第二部分

课程 A　计算机应用基础

第 1 章　计算机硬件及信息表示

1.1　计算机基本原理

电子计算机是 20 世纪最伟大的发明之一。随着微型计算机的出现以及计算机网络的发展，计算机的应用已渗透到社会的各个领域。

1.1.1　计算机系统组成

完整的计算机系统由硬件系统和软件系统两大部分组成。计算机系统的组成如图 1-1 所示。

- 完整的计算机系统
  - 硬件系统
    - 运算器
    - 存储器
      - 内存
      - 外存
    - 控制器
    - 输入设备
    - 输出设备
  - 软件系统
    - 系统软件
      - 操作系统
      - 语言处理系统
      - 数据库管理系统
      - 其他系统软件
    - 应用软件

图 1-1　计算机系统的组成

计算机硬件是指组成计算机的各种物理装置，是计算机工作的基础。计算机硬件系统包括运算器、存储器、控制器、输入设备和输出设备，各部件相互配合、协调工作。

计算机软件是指在硬件设备上运行的各种程序、数据及其有关的资料。程序是为完成指定任务的计算机指令序列。计算机软件系统是指相互配合、协调工作的各种计算机软件。计算机软件系统包括系统软件和应用软件。系统软件又包括操作系统、语言处理系统、数据库管理系统和其他系统软件（或系统工具）。操作系统是计算机系统中最重要、最核心的系统软件。

计算机的硬件系统和软件系统是相互依存的。计算机硬件系统和软件系统作为计算机系统的组成部分，相辅相成。有了硬件，软件才有运行的基础，同样，有了软件，才能发挥硬件的作用。计算机的许多功能既可以用硬件实现，也可以用软件实现。

1.1.2　计算机的发展

1. 计算机发展

自 1946 年美国发明了第一台计算机 ENIAC 以来，在短短的 70 多年中，计算机得到了突飞猛进的发展，其体积越来越小、功能越来越强、价格越来越低、应用越来越广。通常人们按电子计算机所采用的内部电子元器件将其划分为4代。

(1) 第一代计算机(1946—1958年)

该时期计算机的内部电子元器件大都采用电子管，因此称为电子管计算机。这时的计算机软件还处于初始发展阶段，人们使用机器语言与符号语言编制程序，应用领域主要是科学计算。第一代计算机不仅造价高、体积大、能耗高，而且故障率高。由于处于计算机发展的最初阶段，高级程序设计语言还没出现，操作系统更是闻所未闻。

(2) 第二代计算机(1958—1964年)

该时期计算机的内部电子元器件大都采用晶体管，因此称为晶体管计算机。其软件开始使用计算机高级语言，出现了较为复杂的管理程序，在数据处理和事务处理等领域得到应用。这一代计算机与前一代相比体积大大缩小，且具有运算速度快、可靠性高、使用方便、价格便宜等优点。

(3) 第三代计算机(1964—1971年)

该时期计算机的内部电子元器件大都采用中小规模集成电路，因此称为中小规模集成电路计算机。软件出现了操作系统和会话式语言，应用领域扩展到文字处理、企业管理、自动控制等。第三代计算机的体积和功耗得到进一步的缩小，可靠性和速度也得到了进一步提高，产品实现了系列化和标准化。

(4) 第四代计算机(1971年至今)

该时期计算机的内部电子元器件大都采用大规模集成电路(LSI)或超大规模集成电路(VLSI)，因此称为大规模或超大规模集成电路计算机。软件也越来越丰富，出现了数据库系统、可扩充语言、网络软件等。这一代计算机在各种性能上都得到了大幅度提高，并随着微型计算机和计算机网络的出现，其应用已经涉及国民经济的各个领域，在办公自动化、数据库管理、图像识别、语音识别、专家系统及家庭娱乐等众多领域中都得到了广泛的应用。

尽管人们早已习惯谈论第五代、第六代计算机，但学术界、工业界普遍认为不再沿用“第五代计算机”的说法为好，而赞成用“新一代计算机”或“未来型计算机”来称呼可能出现的新事物。

新一代的计算机系统将会具有知识表示和推理能力，可以模拟或部分替代人的智能活动，并具有人机自然通信能力。

目前计算机用的几乎都是半导体集成电路，但现在人们也在努力研究基于其他材料的计算机，如：

- 量子计算机：建立在量子力学基础上，可以同时使用多个不同的量子态来处理和存储信息。
- 光学计算机：以光子代替电子，光互连代替导线互连，光硬件代替计算机中的电子硬件，光运算代替电运算。
- 生物计算机：蛋白质分子与周围物理化学介质的相互作用过程。计算机的转换开关由酶来充当，而程序则在酶合成系统本身和蛋白质的结构中极其明显地表示出来。预计10～20年后，DNA计算机将进入实用阶段。

2. 计算机新技术展望

计算机系统约每3～5年更新一次，性能价格比成十倍地提高，体积大幅度减小。超大规模集成电路技术将继续快速发展,并对各类计算机系统均产生巨大而又深刻的影响。64位微型机已经普及,单片上做 1 亿个元件已成为历史,Intel Core i7 处理器的芯片集成度达到了 14 亿个晶体管。光纤通信将大量应用。各种高速智能化外部设备不断涌现,光盘的问世使辅助海量存储器面目一新。新型非冯·诺依曼机、推理计算机、知识库计算机等已开始实际使用。软件开发将摆脱落后低效状态,软件工程正在深入发展,软件生产正向工程化、形式化、自动化、模块化、集成化方向发展。新的高级语言如逻辑型语言、函数型语言和人工智能的研究将使人—机接口简单自然(能直接看、听、说、画)。数据库技术将大为发展,计算机网络将广泛普及,以巨大处理能力(例如每秒亿亿次操作)、巨大知识信息库、高度智能化为特征的下一代计算机系统正在大力研制,计算机应用将日益广泛。计算机辅助设计、计算机控制的生产线、智能机器人将大大提高社会劳动生产力。办公、医疗、通信、教育及家庭生活都将计算机化。计算机对人们生活和社会组织的影响将日益广泛、深刻。

1.1.3　计算机的分类

随着计算机应用领域的不断扩大,人们研制出了各种不同种类的计算机,这些计算机尽管种类不同,但它们有许多共同的特点。正是由于计算机的这些特点,才使其在各个领域发挥了巨大作用。

计算机分为巨型机、大型机、小型机、个人计算机和嵌入式计算机等。

1. 巨型机

巨型机也称为超级计算机,其性能最强、价格最贵,运算速度一般都超过每秒几万亿次。目前巨型机多用于核武器的设计、空间技术、石油勘探、天气预报等领域。巨型机已成为一个国家经济实力和科技水平的重要标志。2016 年 6 月 20 日,在德国法兰克福举行的国际超算大会发布了超级计算机 TOP 500 榜单,中国"神威·太湖之光"计算机系统首次亮相,一举夺冠。此前,由我国国防科学技术大学研制的"天河二号"已创下"六连冠"的辉煌战绩。这标志着我国超级计算机研制能力已位居世界先进水平。这是全球第一台运行速度超过 10 亿亿次/秒的超级计算机,峰值性能高达 12.54 亿亿次/秒。

2. 大型机

大型机即通常所说的大、中型机,其特点是处理能力强、通用性好,每秒可执行几亿到几十亿条指令,主要用于各大银行、公司和科研部门。

3. 小型机

小型机的性能低于大型机,但其结构简单、可靠性高、价格相对便宜、使用维护费用低,广泛用于中小型公司和企业。

4. 个人计算机

个人计算机即人们平常所说的微型计算机,也称为 PC 机。个人计算机软件丰富、价格便宜、功能齐全,主要用于办公、联网终端、家庭等。

笔记本计算机也称手提计算机或膝上型计算机,是一种小型、可携带的个人计算机。笔记本计算机除了键盘外,还提供了触控板或触控点,提供了更好的定位和输入功能。

5. 嵌入式计算机

把运算器、控制器、存储器、输入/输出控制、接口电路全都集成在一块芯片上,这样的超大规模集成电路称为"单片计算机"或"嵌入式计算机"。主要用途如掌上电脑(PDA)、计算器、电视机顶盒、手机、数字电视、多媒体播放器、汽车、微波炉、数字相机、家庭自动化系统、电梯、空调、安全系统、自动售货机、蜂窝式电话、消费电子设备、工业自动化仪表与医疗仪器等。

1.1.4 计算机的作用

计算机自出现以来,被广泛应用于社会的各个领域,遍及社会的各个方面,并且仍然呈上升和扩展趋势。目前计算机的应用主要可概括为以下几个方面:

1. 科学计算

利用计算机可以解决科学技术和工程设计中大量繁杂,并且用人力难以完成的计算问题。早期的计算机主要用于科学计算。目前,科学计算仍然是计算机应用的一个重要领域。由于计算机具有很高的运算速度和精度,使得过去用手工无法完成的计算成为可能,如卫星轨道的计算、气象资料的分析、地质数据的处理、大型结构受力分析等。

2. 信息管理

信息管理是指利用计算机来收集、加工和管理各种形式的数据资料,如库存管理、财务管理、成本核算、情报检索等(也称数据处理或信息处理)。信息管理是目前计算机应用最为广泛的一个领域。近年来,许多单位开发了自己的管理信息系统(MIS),许多企业开始采用制造资源规划(MRP)软件,这些都是计算机在信息管理方面的应用实例。

3. 实时控制

实时控制是指在某一过程中,利用计算机自动采集各种参数,监测并及时控制相应设备工作状态的一种控制方式。例如数控机床、自动化生产线、导弹控制等均涉及实时控制问题。实时控制应用于生产,可节省劳动力、减轻劳动强度、提高劳动生产率、节约原材料、提高产品质量,从而产生显著的经济效益。

4. 计算机辅助系统

计算机辅助系统(Computer-aided system)是利用计算机辅助完成某项任务的系统的总称。如计算机辅助设计(Computer Aided Design,简称CAD)是借助计算机进行设计的一项实用技术,采用计算机辅助设计,使设计过程实现自动化或半自动化,不仅可以大大缩短设计周期、加速产品的更新换代、降低生产成本、节省人力物力,而且对保证产品质量有重要作用。

计算机辅助系统有计算机辅助教学(CAI)、计算机辅助设计(CAD)、计算机辅助工程(CAE)、计算机辅助制造(CAM)、计算机辅助测试(CAT)、计算机辅助翻译(CAT)、计算机集成制造(CIMS)等系统。

5. 网络通信

网络通信是指利用计算机网络实现信息的传递、交换和传播。随着 Internet 的快速发展,人们很容易实现地区间、国际间的通信与各种数据的传输与处理,从而改变了人们的时空概念。

6. 人工智能

人工智能是利用计算机模拟人类的某些智能行为,使计算机具有“学习”“联想”和“推理”等功能。人工智能主要应用在机器人、专家系统、模式识别、自然语言理解、机器翻译、定理证明等方面。

7. 多媒体

多媒体是多种媒体的综合,包括文本、声音、图像和视频等多种媒体形式。可以在多媒体计算机上看电视、看高清电影、听音乐、玩游戏、在网上和朋友聊天等等。

8. 嵌入式系统

把嵌入式计算机嵌入到系统中完成特定的处理任务,主要是消费电子产品和工业制造系统。

1.2 计算机硬件组成

1.2.1 计算机硬件系统的逻辑组成

目前使用的电子数字计算机是根据冯·诺依曼提出的基本原理设计,其主要内容是:

(1) 计算机由控制器、运算器、存储器、输入设备、输出设备五大部分组成。

(2) 程序和数据以二进制代码形式不加区别地存放在存储器中,存放位置由地址确定。

(3) 存储程序控制的原理。

其结构如图 1-2 所示。

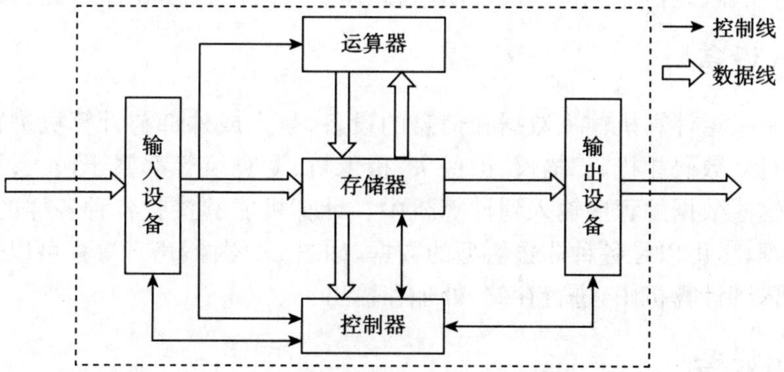

图 1-2 计算机硬件系统的逻辑组成

1.2.2 中央处理器

运算器、控制器合称为中央处理器(Central Processing Unit,简称 CPU),是计算机的主要部件之一,是计算机中的核心部件。CPU 的功能主要是解释计算机指令以及处理计算机软件中的数据。计算机中所有操作都由 CPU 负责,是读取指令、指令译码、执行指令的核心部件。

运算器又称算术逻辑单元(ALU),是对信息进行加工、运算的部件。运算器的主要功能是对二进制数据进行算术运算和逻辑运算。

控制器是整个计算机的控制指挥中心,其功能是控制和协调计算机各部件自动、连续地执行各条指令。

1.2.3 内存储器

计算机的内存储器是由半导体器件构成的。从使用功能上分,有随机存取存储器(简称

RAM),又称读写存储器;只读存储器(简称为 ROM)。

1. 随机存取存储器(RAM)

RAM 有以下特点:可以读出,也可以写入。读出时并不损坏原来存储的内容,只有写入时才修改原来所存储的内容。断电后,存储内容立即消失,即具有易失性。

RAM 可分为动态和静态两大类。动态寄存器 DRAM 的特点是集成度高,主要用于大容量内存储器。静态寄存器 SRAM 的特点是存取速度快,主要用于高速缓冲存储器。

2. 只读存储器(ROM)

ROM 是只读存储器。顾名思义,它的特点是只能读出原有的内容,不能由用户再写入新内容。原来存储的内容是采用掩膜技术由厂家一次性写入的,并永久保存下来。它一般用来存放专用的固定的程序和数据。不会因断电而丢失。

1.2.4 外存储器

外存储器主要包括硬盘、光盘、U 盘和移动硬盘。目前 U 盘和移动硬盘得到广泛使用。

外存储器又称辅助存储器,简称外存。外存储器的特点是容量大、价格低,但是存取速度慢。外存储器用于长期存放计算机的程序和数据。内存储器和外存储器之间常常频繁地交换信息。外存通常是磁性介质、光盘或半导体介质,能长期且不依赖于电来保存信息。外存读写信息时,硬盘、光盘需机械部件带动,因此速度与内存储器相比要慢得多。

1.2.5 输入设备

输入设备是指给计算机输入数据和信息的设备,是人或外部与计算机进行交互的一种装置。键盘、鼠标、数码相机、扫描仪、摄像头、摄像机、麦克风等都属于输入设备,用于把原始数据和处理这些数据的程序输入到计算机中。计算机能够接收各种各样的数据,既可以是数值型的数据,也可以是各种非数值型的数据,如图形、图像、声音等都可以通过不同类型的输入设备输入到计算机中,进行存储、处理和输出。

1.2.6 输出设备

输出设备将计算机中的数据或信息输出给用户。如显示器、打印机等。它把计算机的计算结果或中间结果以各种方式输出。

最常用的输出设备是显示器和打印机。显示器要有一块插在主机板上的显示适配卡(简称显示卡或显卡)与之配套使用;打印机通常连接到主机板的并行通信口上,目前主要是 USB 接口。此外,音箱、绘图仪也是计算机的常用输出设备。

1.2.7 总线

总线(Bus)是计算机各种功能部件之间传送信息的公共通信干线,它是由导线组成的传输线路,按照计算机所传输的信息种类,计算机的总线可以划分为数据总线 DB(Data Bus)、地址总线 AB(Address Bus)和控制总线 CB(Control Bus),分别用来传输数据信号、地址信号和控制信号。

(1) 数据总线 DB:用于传送数据信息。数据总线是双向三态形式的总线,它既可以把 CPU 的数据传送到存储器或 I/O 接口等其他部件,也可以将其他部件的数据传送到 CPU。

数据总线的位数是计算机的一个重要指标，通常与 CPU 的字长相一致。常见的数据总线为 ISA、EISA、VESA、PCI、PCI-E 等。

(2) 地址总线 AB：是专门用来传送地址的，由于地址只能从 CPU 传向外部存储器或 I/O 端口，所以地址总线总是单向三态的，这与数据总线不同。地址总线的位数决定了 CPU 可直接寻址的内存空间大小，假如计算机地址总线 32 位，则可寻址空间为 $2^{32}=4$ GB。

(3) 控制总线 CB：用来传送控制信号和时序信号。控制信号中，有的是微处理器送往存储器和 I/O 接口电路的，也有是其他部件反馈给 CPU 的。因此，控制总线的传送方向由具体控制信号而定，一般是双向的，控制总线的位数要根据系统的实际控制需要而定。实际上控制总线的具体情况主要取决于 CPU。

总线可同时传输的数据数称为数据宽度(Width)，以比特为单位，总线宽度越大，传输性能就越佳。总线的带宽(即单位时间内可以传输的总数据数)＝总线工作频率×数据线宽度/8(Bytes/s)。

按照传输数据的方式划分，可以分为串行总线和并行总线。串行总线中，二进制数据逐位通过一根数据线发送到目的器件。常见的串行总线有 SPI、I2C、USB 及 RS-232 等。

按照时钟信号是否独立，可以分为同步总线和异步总线。同步总线的时钟信号独立于数据，而异步总线的时钟信号是从数据中提取出来的。SPI、I2C 是同步串行总线，RS-232 采用异步串行总线。

目前 I/O 总线主要有 PCI 和 PCI-E。

1. PCI 总线

PCI(Peripheral Component Interconnect，外设部件互连标准)是个人电脑中使用最为广泛的接口，几乎所有的主板产品上都带有这种插槽。其特点：

(1) PCI 总线的时钟与 CPU 时钟无关；

(2) PCI 可支持多个外围设备；

(3) PCI 能与其他 I/O 总线共存于 PC 系统中；

(4) PCI 的数据线宽度可为 32 位(数据传输速度 133 MB/s)，也可为 64 位(数据传输速度 266 MB/s)。

2. PCI-E 总线

PCI-E 总线是一种通用的总线规格，由英特尔提出，原名为"3GIO"，改名为"PCI-Express"(PCI-E)。目标是全面取代现行的 PCI 和 AGP，实现总线接口的统一。同时，PCI-E 还有多种不同速度的接口模式，包括 x1、x2、x4、x8、x16 以及更高速的 32X。其特点：

(1) PCI-E 采用高速串行传输(PCI-Ex1 单向传输带宽即可达到 250 MB/s，双向传输带宽更能够达到 500 MB/s)，以点对点的方式与主机进行通信。(2.0 版速率可提高为 2 倍，3.0 版为 4 倍)。

(2) 用于取代 AGP 接口的 PCI Express 接口带宽为 x16，将能够提供 4 GB/s 的带宽，远远超过 AGP 8x 的 2.1 GB/s 的带宽。

(3) PCIe 最大的意义在于它的通用性，它把整个 I/O 统一起来了，增加了计算机的可移植性和模块化。

1.2.8 I/O 接口

I/O 接口是一电子电路(以 IC 芯片或接口板形式出现),其内由若干专用寄存器和相应的控制逻辑电路构成,它是 CPU 和 I/O 设备之间交换信息的媒介和桥梁。CPU 与外部设备、存储器的连接和数据交换都需要通过接口设备来实现,前者被称为 I/O 接口,而后者则被称为存储器接口。存储器通常在 CPU 的同步控制下工作,接口电路比较简单;而 I/O 设备品种繁多,其相应的接口电路也各不相同,接口一般指 I/O 接口。

由于计算机的外围设备品种繁多,几乎都采用了机电传动设备,因此,CPU 在与 I/O 设备进行数据交换时存在以下问题:

(1) 速度不匹配:I/O 设备的工作速度要比 CPU 慢许多,而且由于种类的不同,速度差异也很大。

(2) 时序不匹配:各个 I/O 设备都有自己的定时控制电路,以各自的速度传输数据,无法与 CPU 的时序取得统一。

(3) 信息格式不匹配:不同的 I/O 设备存储和处理信息的格式不同,如传输方式可分为串行和并行两种;数据格式可分为二进制格式、ACSII 编码和 BCD 编码等。

(4) 信息类型不匹配:不同 I/O 设备采用的信号类型不同,有数字信号和模拟信号,因此所采用的处理方式也不同。

基于以上原因,CPU 与外设之间的数据交换必须通过接口来完成,通常接口有以下一些功能:

(1) 设置数据的寄存、缓冲逻辑,以适应 CPU 与外设之间的速度差异,接口通常由一些寄存器或 RAM 芯片组成,如果芯片足够大还可以实现批量数据的传输。

(2) 能够进行信息格式的转换,例如串行和并行的转换。

(3) 能够协调 CPU 和外设两者在信息的类型和电平的差异,如电平转换驱动器、数/模或模/数转换器等。

(4) 协调时序差异。

(5) 地址译码和设备选择功能。

(6) 设置中断和 DMA 控制逻辑,以保证在中断和 DMA 允许的情况下产生中断和 DMA 请求信号,并在接收到中断和 DMA 应答之后完成中断处理和 DMA 传输。

1.2.9 存储程序控制原理

存储程序控制(或存储程序和程序控制)原理是由冯·诺依曼提出,是目前计算机工作的基本原理。

程序是为解决某个问题相关的一个指令序列。

指令与数据在计算机中都用二进制表示,预先存放在存储器内(存储程序)。

计算机工作时,CPU 从内存取出指令和数据,按机器指令的规定,对数据进行运算处理,直到程序完成为止(程序控制)。

CPU 与内存、外存的关系如图 1-3 所示。

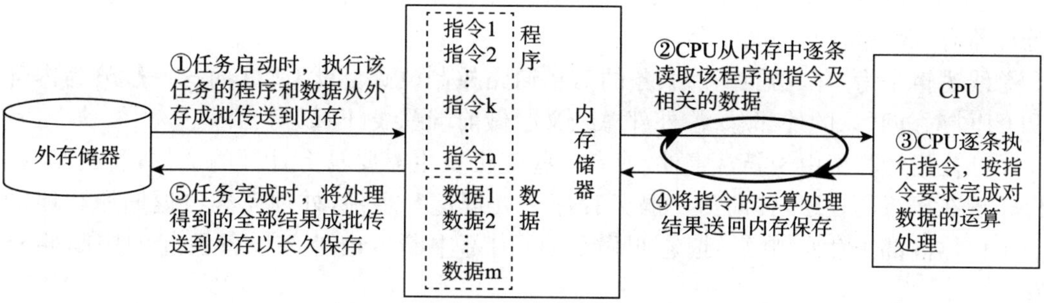

图 1-3　CPU 与内存、外存的关系

1.3　CPU

1.3.1　CPU 的组成

中央处理器(简称 CPU)是计算机的核心部件,其功能主要是解释计算机指令以及处理计算机软件中的数据。

中央处理器由三部分组成:运算器、控制器和寄存器组。

运算器是计算机对数据进行加工处理的中心,它主要由算术逻辑部件(ALU:Arithmetic and Logic Unit)、寄存器组和状态寄存器组成。ALU 主要完成对二进制信息的定点算术运算、逻辑运算和各种移位操作。

控制器是计算机的控制中心,它决定了计算机运行过程的自动化。它不仅要保证程序的正确执行,而且要能够处理异常事件。控制器一般包括指令控制逻辑、时序控制逻辑、总线控制逻辑、中断控制逻辑等几个部分。

指令控制逻辑要完成取指令、指令译码和执行指令的操作。时序控制逻辑要为每条指令按时间顺序提供应有的控制信号。一般时钟脉冲就是最基本的时序信号,是整个机器的时间基准,称为机器的主频。执行一条指令所需要的时间叫做一个指令周期,不同指令的指令周期有可能不同。一般为便于控制,根据指令的操作性质和控制性质不同,会把指令周期划分为几个不同的阶段,每个阶段就是一个 CPU 周期。

寄存器组包括通用寄存器、专用寄存器和状态寄存器。

通用寄存器是中央处理器的重要组成部分,通用寄存器组是用来保存参加运算的操作数和运算的中间结果。大多数指令都要访问到通用寄存器。通用寄存器的宽度决定计算机内部的数据通路宽度,其端口数目往往可影响内部操作的并行性。

专用寄存器是为了执行一些特殊操作所需用的寄存器。

状态寄存器通常用来指示机器执行的状态,或者保持某些指针。状态寄存器有处理状态寄存器、地址转换目录的基地址寄存器、特权状态寄存器、条件码寄存器、处理异常事件寄存器以及检错寄存器等。状态寄存器在不同的机器中有不同的规定,程序中,状态位通常作为转移指令的判断条件。

另外,有些中央处理器还具有一些缓存,用来暂时存放一些数据指令,缓存越大,说明

CPU 的运算速度越快，目前市场上的中高端中央处理器都有 2M 左右的二级缓存，高端中央处理器有 4M 左右的二级缓存。

总线逻辑是为多个功能部件服务的信息通路控制电路。就 CPU 而言一般分为内部总线和 CPU 对外联系的外部总线，外部总线又叫做前端总线(FSB)等。

中断是指计算机由于异常事件，或者一些随机发生需要马上处理的事件，引起 CPU 暂时停止现在执行的程序，转向另一服务程序去处理这一事件，处理完毕再返回原程序的过程。由机器内部产生的中断，把它叫做陷阱(内部中断)，由外部设备引起的中断叫外部中断。

1.3.2 指令

能够被计算机识别并执行的命令称为指令，指令规定了计算机能完成的某一种操作。程序就是一系列按一定顺序排列的指令，执行程序的过程就是计算机的工作过程。通常一条指令包括两方面的内容：操作码和操作数。操作码决定要完成的操作，操作数指参加运算的数据或其所在的单元地址。一条指令就是机器语言的一个语句，指令的基本格式如下：

操作码	操作数或操作数地址

不同的 CPU，其指令的数量与功能、指令格式、寻址方式、数据格式都有差别，即使是一些常用的基本指令，如算术逻辑运算指令、转移指令等也是各不相同的。

在计算机中，操作码和操作数(或操作数地址)都由二进制数码表示，整条指令以二进制编码的形式存放在存储器中。

1.3.3 指令系统

CPU 可执行的全部指令称为该 CPU 的指令系统，即它的机器语言。它是软件和硬件的交界面，从系统结构的角度看，它是系统程序员看到的计算机的主要属性。

1. 指令系统的特点及要求

指令系统的性能决定了计算机的基本功能，它的设计直接关系到计算机的硬件结构和用户的需要。一个完善的指令系统应满足如下四方面的要求：

(1) 完备性：完备性要求指令系统丰富、功能齐全、使用方便。

(2) 有效性：指利用该指令系统所编写的程序能够高效率地运行。高效率主要表现在程序占据存储空间小、执行速度快。

(3) 规整性：包括指令系统的对称性、匀齐性、指令格式和数据格式的一致性。对称性是指在指令系统中所有的寄存器和存储器单元都可同等对待，所有的指令都可使用各种寻址方式；匀齐性是指一种操作性质的指令可以支持各种数据类型；指令格式和数据格式的一致性是指指令长度和数据长度有一定的关系，以方便处理和存取。

(4) 兼容性：至少要能做到向上兼容，即低档机上运行的软件可以在高档机上运行。

2. 寻址方式

根据指令内容确定操作数地址的过程称为寻址。完善的寻址方式可为用户组织和使用数据提供方便。

(1) 直接寻址:指令地址域中表示的是操作数地址。

(2) 间接寻址:指令地址域中表示的是操作数地址的地址,即指令地址码对应的存储单元所给出的是地址 A,操作数据存放在地址 A 指示的主存单元内。有的计算机的指令可以多次间接寻址,如 A 指示的主存单元内存放的是另一地址 B,而操作数据存放在 B 指示的主存单元内,称为多重间接寻址。

(3) 立即寻址:指令地址域中表示的是操作数本身。

(4) 变址寻址:指令地址域中表示的是位移值 D。将指定的变址寄存器内容 E 与位移值 D 相加,其和 E+D 为操作数地址。许多计算机具有双变址功能,即将两个变址寄存器内容与位移值相加,得操作数地址。变址寻址有利于数组操作和程序共用。同时,位移值长度可短于地址长度,因而指令长度可以缩短。

(5) 相对寻址:指令地址域中表示的是位移值 D。指令计数器内容(即本条指令的地址)K 与位移值 D 相加,得操作数地址 K+D。当程序在主存储器浮动时,相对寻址能保持原有程序功能。此外,还有自增寻址、自减寻址、组合寻址等寻址方式。寻址方式可由操作码确定,也可在地址域中设标志,指明寻址方式。

3. 指令的种类

常见指令按功能可划分为:

(1) 数据处理指令:包括算术运算指令、逻辑运算指令、移位指令、比较指令等。

(2) 数据传送指令:包括寄存器之间、寄存器与主存储器之间的传送指令等。

(3) 程序控制指令:包括条件转移指令、无条件转移指令、转子程序指令等。

(4) 输入/输出指令:包括各种外围设备的读、写指令等。有的计算机将输入/输出指令包含在数据传送指令类中。

(5) 状态管理指令:包括诸如实现置存储保护、中断处理等功能的管理指令。

4. 指令格式

计算机的指令格式与机器的字长、存储器的容量及指令的功能都有很大的关系。如何合理、科学地设计指令系统的指令格式,使指令既能给出足够的信息,又使其长度尽可能地与机器的字长相匹配,以节省存储空间,缩短取指时间,提高机器的性能,这是指令格式设计中的一个重要问题。

计算机是通过执行指令来处理各种数据的。为了指出数据的来源、操作结果的去向及所执行的操作,一条指令必须包含下列信息:

(1) 操作码。它具体说明了操作的性质及功能。一台计算机可能有几十条至几百条指令,每一条指令都有一个相应的操作码,计算机通过识别该操作码来完成不同的操作。

(2) 操作数的地址。CPU 通过该地址就可以取得所需的操作数。

(3) 操作结果的存储地址。把对操作数的处理所产生的结果保存在该地址中,以便再次使用。

(4) 下条指令的地址。执行程序时,大多数指令按顺序依次从主存中取出执行,只有在遇到转移指令时,程序的执行顺序才会改变。为了压缩指令的长度,可以用一个指令计数器 PC 存放指令地址。每执行一条指令,PC 的指令地址就自动加 1(设该指令只占一个主存单元),指出将要执行的下一条指令的地址。当遇到执行转移指令时,则用转移地址修改 PC 的内容。由于使用了 PC,指令中就不必明显地给出下一条将要执行指令的地址。

指令包括操作码域和地址域两部分。根据地址域所涉及的地址数量，常见的指令格式有以下几种：

(1) 三地址指令。一般地址域中 A1、A2 分别确定第一、第二操作数地址，A3 确定结果地址。下一条指令的地址通常由指令计数器按顺序给出。

(2) 二地址指令。地址域中 A1 确定第一操作数地址和结果地址，A2 确定第二操作数地址。

(3) 单地址指令。地址域中 A 确定第一操作数地址。固定使用某个寄存器存放第二操作数和操作结果。因而在指令中隐含了它们的地址。

(4) 零地址指令。在堆栈型计算机中，操作数一般存放在下推堆栈顶的两个单元中，结果又放入栈顶，地址均被隐含，因而大多数指令只有操作码而没有地址域。

(5) 可变地址数指令。地址域所涉及的地址的数量随操作定义而改变。如有的计算机的指令中的地址数可少至 0 个，多至 6 个。

1.3.4 CPU 执行指令过程

1. 取指令

取指令阶段完成将现行指令从内存中取出来并送到指令寄存器中。具体操作为：第一，将指令计数器 PC 中的内容通过地址总线送至内存地址寄存器；第二，向内存发读命令；第三，从内存中取出的指令经数据寄存器、数据总线送到指令寄存器中；第四，将 PC 的内容递增，为取下一条指令做好准备。

2. 分析指令(也称指令译码)

取出指令后，控制器立即进入分析及取数阶段，指令译码器可识别和区分不同的指令类型及各种获取操作数的方法。由于各条指令功能不同，寻址方式也不同，所以分析及取数阶段的操作也不同。

3. 执行指令

执行指令阶段完成指令规定的各种操作，产生运算结果，并将结果存储起来。

总之，计算机的基本工作过程可以概括为取指令、分析及取数、执行等，然后再取下一条指令，如此周而复始，直到遇到停机指令或外来事件的干预为止。

CPU 在执行指令的过程中，要用到指令计数器(PC)和指令寄存器(IR)。

指令计数器(PC)是计算机处理器中的寄存器，它存放的是 CPU 待处理指令的地址(位置)。在每个指令被获取之后，指令计数器指向顺序中的下一个指令。当计算机重启或复位时，指令计数器通常恢复到零。

指令寄存器(IR)用于存放当前从主存储器读出的正在执行的一条指令。当 CPU 执行一条指令时，指令将从内存传送至 IR。

1.3.5 CPU 的性能指标

计算机性能由许多因素决定，例如 CPU、内存、硬盘、显卡等，但通常 CPU 是主要因素。CPU 的性能指标主要有：

(1) 主频：主频指 CPU 芯片中电子线路(门、触发器)的工作频率，也叫时钟频率，它决定着 CPU 芯片内部数据传输与操作速度的快慢，单位是 GHz。主频是用来表示 CPU 的运算速度的主要指标之一。CPU 的主频＝外频×倍频系数。

(2) 外频：外频是 CPU 的基准频率，单位是 MHz。CPU 的外频决定着整块主板的运行速度。通俗地说，在台式机中所说的超频，都是超 CPU 的外频（当然一般情况下，CPU 的倍频都是被锁住的）。

(3) 前端总线（FSB）频率：前端总线（FSB）频率（即 CPU 总线频率）直接影响 CPU 与内存数据交换的速度。

(4) CPU 字长：指通用寄存器和定点运算器的宽度（即二进制整数运算的位数）。能处理字长为 64 位数据的 CPU 通常就叫 64 位的 CPU。

(5) 倍频系数：倍频系数是指 CPU 主频与外频之间的相对比例关系。在相同的外频下，倍频越高 CPU 的频率也越高。

(6) 多核：一个 CPU 芯片封装有 2 个或以上功能完全相同的 CPU 内核。

(7) 高速缓冲存储器（Cache）：

① 高速缓存（Cache）是一种小容量高速缓冲存储器，Cache 直接制作在 CPU 芯片内，速度几乎与 CPU 一样快。

② 程序运行时，CPU 使用的一部分数据/指令会预先成批复制在 Cache 中，Cache 的内容是主存储器中部分内容的映象（或备份）。

③ 访问过程：当 CPU 需要从内存读数据或指令时，先检查 Cache 中有没有，若有，就直接从 Cache 中读取，而不用访问主存储器。

④ Cache 的命中率：CPU 需要的指令或数据在 Cache 中能直接取到的概率。

⑤ Cache 容量越大、级数越多，访问 Cache 的命中率就越高，CPU 的速度就越快。

⑥ Cache（缓存/快存）的特点有如下几点：

- 使用 SRAM 芯片组成的一种高速缓冲存储器。
- 速度：CPU ＞ Cache ＞ 内存。
- 容量比主存小。
- 作用是弥补 CPU 与内存的速度差异。
- 其原理是根据 CPU 局部访问原理：CPU 所执行的指令和处理的数据往往集中于存储器的局部范围内。
  - ■ 空间局部性：当前访问的某个数据（或指令）邻近范围的数据（或指令）可能很快也会被访问（程序在一段时间内所访问的数据或指令集中在一小部分地址空间中）。
  - ■ 时间局部性：当前访问的某个数据（或指令）可能很快又再次被访问。
- CPU 的 Cache 中的指令与数据是主存中部分内容的映射。
- 目前 CPU 都采用多级 Cache 技术（2 级或 3 级等）。

(8) 其他因素：

- 指令系统：指令的类型、数目和功能等都会影响程序的执行速度。
- CPU 包含的定点运算器和浮点运算器的数目、采用的流水线结构和级数、指令分支预测的机制、执行部件的数目等。

(9) 提高 CPU 性能的 3 大措施：改进 CPU 结构、提高 IC 速度（主频）、增加 CPU（核）的数目。具体的：

- 扩展 CPU 的字长：32 位扩到 64 位；

● 扩充 CPU 指令系统:SSE 指令(单指令多数据流扩展);
● 提高 CPU 主频:从 1.5 GHz 提到 3 GHz 以上,目前最高已经接近 4 GHz;
● 加快 CPU 前端总线的数据传输速率;
● 增大 Cache 存储器容量、增加 Cache 的级数(目前大多采用三级 Cache);
● 改进 CPU 内部的逻辑结构;
● 采用多内核结构。

【阅读资料】高速缓存 Cache

高速缓冲存储器是存在于主存与 CPU 之间的一级存储器,由静态存储芯片(SRAM)组成,容量比较小但速度比主存高得多,接近于 CPU 的速度。在计算机存储系统的层次结构中,是介于中央处理器和主存储器之间的高速小容量存储器。主要由三大部分组成:

● Cache 存储体:存放由主存调入的指令与数据块。
● 地址转换部件:建立目录表以实现主存地址到缓存地址的转换。
● 替换部件:在缓存已满时按一定策略进行数据块替换,并修改地址转换部件。

Cache 与主存间的地址映象和调度。地址映象是指某一数据在内存中的地址与在缓存中的地址,两者之间的对应关系。

PC 系统的发展趋势之一是 CPU 主频越做越高,系统架构越做越先进,而主存 DRAM 的结构和存取时间改进较慢。因此,Cache 技术愈显重要,在 PC 系统中 Cache 越做越大。广大用户已把 Cache 作为评价和选购 PC 系统的一个重要指标。本来传输速度有较大差异的设备间都可以利用 Cache 作为匹配来调节差距,或者说是这些设备的传输通道。在显示系统、硬盘和光驱以及网络通信中,都需要使用 Cache 技术。

替换算法:Cache 产生了一次访问未命中之后,相应的数据应同时读入 CPU 和 Cache。但是当 Cache 已存满数据后,新数据必须替换(淘汰)Cache 中的某些旧数据。最常用的替换算法有随机算法、先进先出算法(FIFO)和近期最少使用算法(LRU)。

多级 Cache 存储结构:Cache 的速度在一定程度上同样影响着系统的性能。一般情况 Cache 的速度可以达到 1 ns,几乎可以和 CPU 寄存器速度媲美。当 Cache 中没有缓存我们想要的数据的时候,依然需要漫长的等待从主存中读取数据。为了进一步提升性能,引入多级 Cache。前面提到的 Cache,称之为 L1 Cache(第一级 Cache)。在 L1 Cache 后面连接 L2 Cache,在 L2 Cache 和主存之间连接 L3 Cache。等级越高、速度越慢、容量越大,但是速度相比较主存而言,依然很快。

1.4 PC 机的组成

1.4.1 PC 机的组成

1. PC 机的组成(如图 1-4 所示)

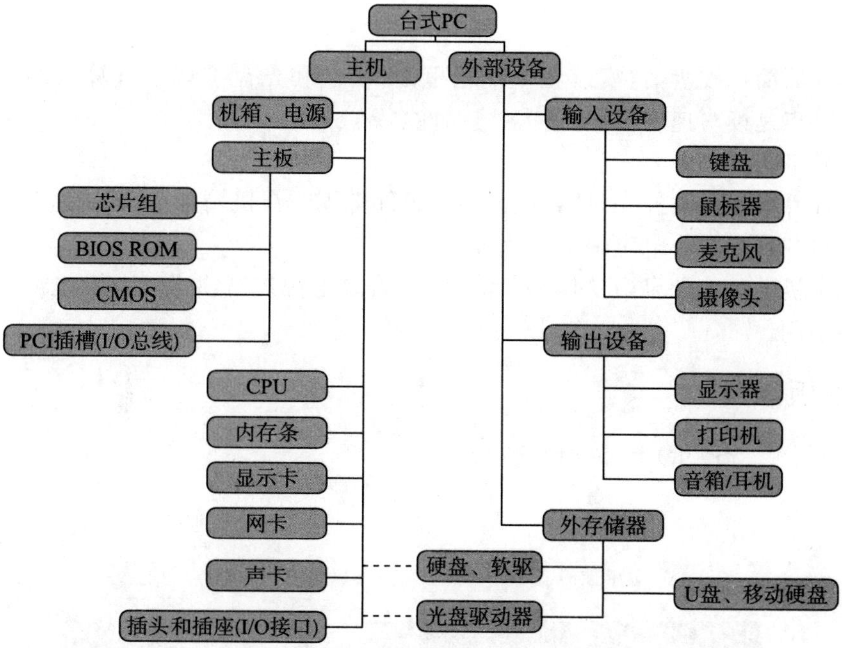

图 1－4　PC 机的组成

2. PC 机主机组成

(1) 主板

主板(Main Board,简称 MB)是计算机主机中最大的一块长方形电路板。主板是主机核心,CPU、内存、声卡、显卡等部件都固定在主板的插槽上,另外机箱电源上的引出线也接在主板的接口上。

(2) I/O 接口

输入输出接口简称 I/O 接口。I/O 接口连接主板与输入输出设备。包括:

- PS/2 接口:连接鼠标和键盘。
- USB 接口:连接使用 USB 口的外部设备。
- COM 口:连接使用 COM 口的外部设备。
- 并口:连接并口打印机、扫描仪等设备。

(3) CPU 插座

CPU 是计算机最核心、最重要的部件。目前市场上的 PC 机的 CPU 主要是由 Intel 和 AMD 两家公司生产,CPU 需插入到主板的 CPU 插座中。

(4) 内存条

主板上的内存通常被称做内存条,是计算机中数据存储和交换的部件。因为 CPU 工作时需要与外部存储器(如硬盘、软盘、光盘)进行数据交换,而外部存储器的速度远低于 CPU 的速度,所以需要一种工作速度较快、完成数据暂存和交换的部件,即内存。内存主要是在硬盘与 CPU 间传递数据。

PC 机的主存储器由 1～4 个内存条组成,内存条是把若干片 DRAM 芯片焊装在一小条印制电路板上制成。内存条必须插在主板上的内存条插槽中才能使用。目前内存条大多采用 DDR 等系列内存芯片。

（5）硬盘

硬盘驱动器简称硬盘，它安装在主机箱里面，硬盘和光盘都属于计算机的外部存储设备。硬盘的特点是读写速度快、容量大、可靠性高。

（6）机箱和电源

机箱是计算机主机的外壳，计算机大多数组件都固定在机箱内部，保护这些组件不受到碰撞、减少灰尘吸附、减小电磁辐射干扰等。

电源是主机的动力源泉，主机的所有组件都需要电源进行供电，因此，电源质量直接影响计算机的使用。

1.4.2　主板组成

主板（如图 1－5 所示）上部件包括：

图 1－5　PC 机主板

- 芯片组：芯片组是计算机主板的核心。
- CPU 插座：用于安装 CPU。
- 内存条插槽：用于安装内存条，可以通过增加内存条来增大内存容量。
- 显卡插槽：用来连接显卡。
- PCI 插槽：主要用来连接 PCI 设备。
- AMR 插槽：在主板边上，长度大约只有 PCI 插槽的一半，用于连接一些 AMR 设备。
- 驱动器接口：用来连接软驱、硬盘、光驱等设备。
- 主板电源插座：用来连接机箱电源的主板电源插头，为主板提供电能。
- 输入/输出接口。

- BIOS芯片:BIOS(基本输入/输出系统)是一组固化到主板上的一个ROM(只读存储器)芯片中的程序,它保存着最重要的基本输入输出程序、系统设置信息、开机上电自检程序和系统启动自举程序。
- 电池:在主板断电期间维持系统CMOS的内容和主板上系统时钟的运行。

1.4.3　芯片组

芯片组通常指主板上的两个主要芯片:北桥芯片和南桥芯片。芯片组几乎决定着主板的全部功能,其中包括CPU的类型、主板的系统总线频率、内存类型、容量和性能等。显卡插槽规格是由芯片组中的北桥芯片决定。而扩展槽的种类与数量、扩展接口的类型和数量(如USB、串口、并口)等,是由芯片组的南桥决定。

芯片组技术发展迅速,从ISA、PCI到AGP,从ATA到SATA,Ultra DMA技术,双通道内存技术,高速前端总线等等,每一次新技术的进步都带来计算机性能的提高。近年来,芯片组技术又有重大变革,最引人注目的就是PCI Express总线技术,它取代了PCI和AGP,极大地提高了设备带宽,从而带来一场计算机技术的革命。另一方面,芯片组技术也在向着高整合性方向发展,现在的芯片组产品已经整合了音频、网络、显示、SATA等功能,大大降低了整机成本。对于不同的芯片组,在性能上的表现也存在差距。除了最通用的南北桥结构外,目前芯片组正向更高级的加速集线架构发展,它将一些子系统如IDE接口、音效、MODEM和USB直接融入主芯片,并支持SATA-Express。

目前最新CPU芯片,北桥大部分功能集成到CPU内,其余功能与南桥合并为新的单桥(PCH)(单芯片组)。

1.4.4　BIOS

BIOS(Basic Input Output System),中文名称为基本输入输出系统,是一组固化在计算机主板上一个ROM芯片上的程序。其主要功能是为计算机提供最底层的、最直接的硬件设置和控制。

BIOS包括以下几种程序:CMOS设置程序、开机自检程序、计算机基本的输入/输出程序、中断服务程序和系统引导程序。

BIOS中断服务程序:计算机系统中软件与硬件之间的一个可编程接口,主要用于程序软件功能与微机硬件之间实现衔接。操作系统对硬盘、光驱、键盘、显示器等外围设备的管理,都是直接建立在BIOS系统中断服务程序的基础上,操作人员也可以通过访问INT5、INT13等中断点而直接调用BIOS中断服务程序。

CMOS系统设置程序:在CMOS芯片中,保存有系统基本情况、CPU特性、软硬盘驱动器、显示器、键盘等部件的信息。在BIOS ROM芯片中装有系统设置程序,该程序主要用来设置CMOS中的各项参数。该程序在开机时按下某个特定键即可进入设置状态,并提供了良好的界面供操作人员使用。设置CMOS参数的过程常称为BIOS设置。

POST上电自检程序:计算机接通电源后,系统首先由POST(上电自检)程序来对内部各个设备进行检查。通常完整的POST自检将包括对CPU、内存、ROM、主板、CMOS存储器、串并口、显示卡、软硬盘子系统及键盘进行测试,在自检中一旦发现问题,系统将给出提示信息或鸣笛警告。

BIOS系统启动自举程序：系统在完成POST自检后，BIOS首先按照系统CMOS设置中保存的启动顺序，搜寻软硬盘驱动器及CD-ROM、网络服务器等有效地启动驱动器，读入操作系统引导记录，然后将系统控制权交给引导记录，由引导记录来完成系统顺利启动。

1.4.5 CMOS

CMOS(Complementary Metal Oxide Semiconductor，互补金属氧化物半导体)是指制造大规模集成电路芯片用的一种技术或用这种技术制造出来的芯片。是计算机主板上的一块可读写的RAM芯片。因为可读写的特性，所以在计算机主板上用来保存由BIOS设置的有关计算机硬件参数等数据，这个芯片仅仅是用来存放数据的。

CMOS常指保存计算机基本启动信息(如日期、时间、启动设置等)的芯片。有时会把CMOS和BIOS混称，其实CMOS是主板上的一块可读写的RAM芯片，是用来保存BIOS的硬件配置和用户对某些参数设定的数据。CMOS需由主板的电池供电，这样即使系统掉电，信息也不会丢失。CMOS RAM本身只是一块存储器，只有数据保存功能。而对BIOS中各项参数的设定要通过专门的程序。CMOS设置程序一般都被厂商整合在芯片中，在开机时通过特定的按键就可进入CMOS设置程序，方便地对系统进行设置。

1.4.6 内存储器芯片

内存又称为内存储器，通常也泛称为主存储器，也是计算机中的主要部件。

1. 内存的发展

(1) 486和Pentium时代

486时代盛行的内存条叫做EDO DRAM(外扩充数据模式存储器)内存，EDO-RAM速度要比普通DRAM快15%～30%。工作电压一般为5V，带宽32 bit，速度在40 ns以上，其主要应用在当时的486及后期的Pentium计算机上。

(2) PⅡ时代

随着CPU速度的不断提升，EDO DRAM内存性能再也无法满足需要，内存技术必须满足新一代CPU架构的需求，因此内存进入比较经典的SDRAM时代。SDRAM内存由早期的66 MHz发展到后来的100 MHz、133 MHz，但仍然无法彻底解决内存带宽的瓶颈问题。

(3) P4时代

P4时代的内存叫DDR。DDR SDRAM简称DDR，也就是“双倍速率SDRAM”的意思。DDR可以说是SDRAM的升级版本。

(4) 目前最新的内存是DDR5。DDR内存经历了DDR、DDR2、DDR3、DDR4，直到目前的DDR5，从规格、技术、总线带宽等不断更新换代。内存的更新换代其目的在于提高内存的带宽，以满足CPU不断攀升的带宽要求，避免成为高速CPU运算的瓶颈。不过目前DDR5只是用作显存，计算机主存只使用到DDR4。

2. 内存的基本概念

内存储器由存储器芯片的半导体集成电路组成。主要分两类：RAM(随机存取存储器，Random Access Memory)和ROM(只读存储器，Read Only Memory)。

3. RAM

RAM 的特点是易失性(断电后信息一般会立即丢失)、可读可写。又分 DRAM 和 SRAM 两种:

(1) 动态随机存取存储器 DRAM

特点:每个存储单元由 1 个电容和 1 个晶体管组成,每 10～100 ms 必须刷新一次,对电器干扰比较敏感,比 SRAM 速度慢,成本较低,电路简单,集成度高。

用途:内存储器的主体部分(主存储芯片)。

(2) 静态随机存取存储器 SRAM

特点:每个存储单元(Cell)由 6 个晶体管组成,只要加上电,信息就能一直保持,不需要刷新,对电器干扰相对不很敏感,速度比 DRAM 更快,但成本也更高。

用途:高速缓冲存储器 Cache。

内存以字节作为存储单位,内存中的每个存储单元为 1Byte(字节,8bit)。每个存储单元(一个字节)都有一个唯一的编号称地址。主存储器以字节为单位进行连续编址,CPU 按地址对存储器进行访问。

4. ROM

只读存储器只能读出无法写入信息,信息一旦写入后就固定下来,即使切断电源,信息也不会丢失,所以又称为固定存储器。ROM 所存数据通常是装入整机前写入的,计算机工作过程中只能读出,不能方便地改写 ROM 的内容。ROM 所存数据稳定,断电后所存数据也不会改变,并且结构较简单,使用方便,因而常用于存储各种固定程序和数据。

ROM 也有多种,不同种类的只读存储器功能不同。ROM 有五种类型:掩膜只读存储器 MROM(Mask Programmed ROM)、可编程只读存储器 PROM(Programmable ROM)、可擦除可编程只读存储器 EPROM(Erasable Programmable ROM)、可电擦除可编程只读存储器 EEPROM(Electrically Erasable Programmable ROM)和快擦除读写存储器(Flash Memory)。

(1) 掩膜只读存储器 MROM

掩膜只读存储器中存储的信息由生产厂家在掩膜工艺过程中"写入"。在制造过程中,将资料以一特制光罩(Mask)烧录于线路中,有时又称为"光罩式只读内存"(Mask ROM),此内存的制造成本较低,常用于计算机中的 BIOS。MROM 的主要优点是存储内容固定,掉电后信息仍然存在,可靠性高;缺点是信息一次写入(制造)后就不能修改,很不灵活且生产周期长,用户与生产厂家之间的依赖性大。

(2) 可编程只读存储器 PROM

可编程只读存储器允许用户通过专用的设备(编程器)一次性写入自己所需要的信息,其一般可编程一次。PROM 存储器出厂时各个存储单元皆为 1 或皆为 0,用户使用时再使用编程的方法使 PROM 存储所需要的数据。

(3) 可擦除可编程只读存储器 EPROM

可擦除可编程只读存储器可多次编程,是一种以读为主的可写可读的存储器。是一种便于用户根据需要来写入,并能把已写入的内容擦去后再改写的 ROM。其存储的信息可以由用户自行加电编写,也可以利用紫外线光源或脉冲电流等方法先将原存的信息擦除,然后用写入器重新写入新的信息。EPROM 比 MROM 和 PROM 更方便、灵活、经济实惠。

但是 EPROM 采用 MOS 管，速度较慢。

(4) 可电可擦除可编程只读存储器 EEPROM

可电可擦除可编程只读存储器是一种随时可写入而无须擦除原先内容的存储器，其写操作比读操作时间要长得多。EEPROM 把不易丢失数据和修改灵活的优点组合起来，修改时只需使用普通的控制、地址和数据总线。EEPROM 运作原理类似 EPROM，但擦除的方式是使用高电场来完成，因此不需要透明窗。EEPROM 比 EPROM 贵、集成度低、成本较高，一般用于保存系统设置的参数、IC 卡上存储信息、电视机或空调中的控制器。但由于其可以在线修改，所以可靠性不如 EPROM。

(5) 快擦除读写存储器 Flash Memory

快擦除读写存储器是英特尔公司 20 世纪 90 年代中期发明的一种高密度、非易失性的读/写半导体存储器，它既有 EEPROM 的特点，又有 RAM 的特点，是一种全新的存储结构，俗称快闪存储器。

(6) 一次编程只读内存

一次编程只读内存(One Time Programmable Read Only Memory，简称 OTPROM)之写入原理同 EPROM，但是为了节省成本，编程写入之后就不再擦除，因此不设置透明窗。

5. 内存的性能指标

(1) 存储速度

内存的存储速度用存取一次数据的时间来表示，单位为纳秒，记为 ns，1 秒＝10 亿纳秒，即 1 ns＝10^{-9} s。ns 值越小，表明存取时间越短，速度就越快。目前，DDR4 内存的存取时间一般为 1 ns 左右，而更快的存储器 DDR5 多用在显卡的显存上，速度已经达到惊人的 0.4 ns。

(2) 存储容量与寻址范围

内存的存储容量与地址总线直接相关，如果地址总线有 32 根，则最大内存空间为 2^{32} B＝4 GB，其最大地址为 FFFFFFFFH。

随着 DDR4 的发展，最大单条 RAM 容量已达到 16 GB，整机甚至达到固态硬盘级的 128 GB。

(3) 内存带宽

内存带宽计算公式：内存带宽＝内存工作频率×内存总线宽度/8×每个总线周期的传输次数。

现在的单通道内存控制器一般都是 64 bit 的，换算成字节是 64/8＝8 Byte，再乘以内存的运行频率，如果是 DDR 内存就要再乘以 2，因为它是以 SDRAM 内存双倍的速度传输数据的，所以：

DDR-266：运行频率为 133 MHz，带宽为 133×2×64/8＝2 128 MB/s＝2.1 GB/s

DDR-333：运行频率为 166 MHz，带宽为 166×2×64/8＝2 656 MB/s＝2.6 GB/s

DDR-400：运行频率为 200 MHz，带宽为 200×2×64/8＝3 200 MB/s＝3.2 GB/s

1.4.7 I/O 设备接口

I/O 接口是指 I/O 设备与主机之间的连接器，包括插头/插座的形式、通信规程和电器特性等。

1. 分类

(1) 从数据传输方式来分:串行(一次只传输 1 位)、并行(多位一起进行传输)。

(2) 从是否能连接多个设备来分:总线式(可连接多个设备)、独占式(只能连接 1 个设备)。

(3) 从是否符合标准来分:标准接口(通用接口)、专用接口(专用接口)。

2. 接口组成

I/O 接口的功能是负责实现 CPU 通过系统总线把 I/O 电路和外围设备联系在一起,按照电路和设备的复杂程度,I/O 接口的硬件组成主要分为以下两大类:

(1) I/O 接口芯片

这些芯片大都是集成电路,通过 CPU 输入不同的命令和参数,并控制相关的 I/O 电路和简单的外设作相应的操作,常见的接口芯片如定时/计数器、中断控制器、DMA 控制器、并行接口等。

(2) I/O 接口控制卡

有若干个集成电路按一定的逻辑组成为一个部件,或者直接与 CPU 同在主板上,或是一个插件插在系统总线插槽上。

3. 接口控制方式

CPU 通过接口对外设进行控制的方式有以下几种:

(1) 程序查询方式

这种方式下,CPU 通过 I/O 指令询问指定外设当前的状态,如果外设准备就绪,则进行数据的输入或输出,否则 CPU 等待,循环查询。

这种方式的优点是结构简单,只需要少量的硬件电路即可,缺点是由于 CPU 的速度远远高于外设,因此通常处于等待状态,工作效率很低。

(2) 中断处理方式

在这种方式下,CPU 不再被动等待,而是可以执行其他程序,一旦外设为数据交换准备就绪,可以向 CPU 提出服务请求,CPU 如果响应该请求,便暂时停止当前程序的执行,转去执行与该请求对应的服务程序,完成后,再继续执行原来被中断的程序。

中断处理方式的优点是,不但为 CPU 省去了查询外设状态和等待外设就绪所花费的时间,提高了 CPU 的工作效率,还满足了外设的实时要求。但需要为每个 I/O 设备分配一个中断号和相应的中断服务程序,此外还需要一个中断控制器(I/O 接口芯片)管理 I/O 设备提出的中断请求,例如设置中断屏蔽、中断请求优先级等。

此外,中断处理方式的缺点是每传送一个字符都要进行中断,启动中断控制器,还要保留和恢复现场以便能继续原程序的执行,花费的工作量很大,这样如果需要大量数据交换,系统的性能会很低。

(3) DMA(直接存储器存取)传送方式

DMA 最明显的一个特点是它不是用软件而是采用一个专门的控制器来控制内存与外设之间的数据交流,无须 CPU 介入,大大提高了 CPU 的工作效率。

在进行 DMA 数据传送之前,DMA 控制器会向 CPU 申请总线控制权,CPU 如果允许,则将控制权交出,因此,在数据交换时,总线控制权由 DMA 控制器掌握,在传输结束后,DMA 控制器将总线控制权交还给 CPU。

(4) 无条件传送方式:CPU 和外设需要同步,如果不同步,数据将无法正确传输,无条件传送方式在传送时,不需要对外部的数据传送状态进行判断,缺点是传送不能太频繁。

(5) I/O 通道方式:通道与设备控制器之间一般采用标准的 I/O 接口来连接。通道的类型按通道的工作方式,通道分为选择通道、字节多路通道和数组多路通道三种类型。

(6) I/O 处理机方式。是通道方式的进一步发展,CPU 将 I/O 操作及外围设备的管理权全部交给 I/O 处理机,提高效率。

4. USB 接口

(1) 传输速率

USB 1.1 版:1.5 MB/s。

USB 2.0 版:使用 1 对双绞线进行半双工传输,最高有效传输速率可达 60 MB/s。

USB 3.0 版:使用 2 对双绞线进行全双工高速数据传输,最高有效传输速率可达 625 MB/s。

最新的 USB 3.1 版,最高有效传输速率已达 1.25 GB/s。

(2) 特点

USB 2.0 采用 4 线接口(红白绿黑)、支持热插拔技术和即插即用功能、高速、可连接多个设备(最多 127 个)、串行传输、可向外设供电(+5 V,100~500 mA)。

(3) USB 接口及常用的连接器(见表 1-1)

表 1-1 USB 接口及常用的连接器

	USB 2.0				USB 3.0		USB 3.1
特点	带宽:480 Mb/s;供电:4.4~5.25 V,100~500 mA				带宽:5 Gb/s;供电:+5 V,150~900 mA		带宽:10 Gb/s;
	标准 A	标准 B	小型 B	微型 B	标准 A	微型 B	USB-C
插头	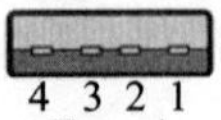 4 3 2 1 Type A	1 2  4 3 Type B	5 4 3 2 1  Mini-B	54321  Micro-B	5 6 7 8 9 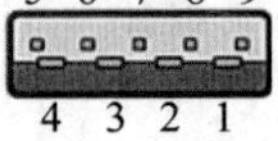 4 3 2 1	109876 54321 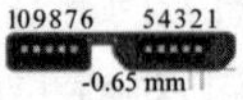 -0.65 mm	 Type-C
插座	 1 2 3 4 Type A	2 1 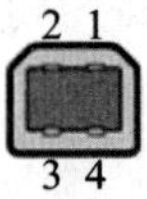 3 4 Type B	12345  Mini-B	12345  Micro-B			 Type-C
说明	PC 主机使用	PC 外设使用	数码产品使用	手机等移动终端使用	PC 主机使用	外置硬盘、U 盘、蓝光光驱等使用	各种设备的通用连接器

5. 各种接口形式(如图 1－6 所示)

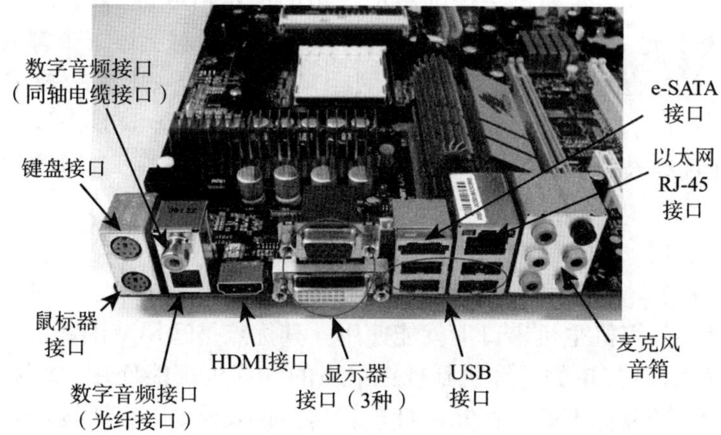

图 1－6　各种接口形式

1.5　输入/输出设备

1.5.1　输入设备

1. 键盘

键盘是最常用的输入设备,它是由一组开关矩阵组成,包括数字键、字母键、符号键、功能键及控制键等。每一个按键在计算机中都有它的唯一代码。当按下某个键时,键盘接口将该键的二进制代码送入计算机主机中,并将按键字符显示在显示器上。当快速大量输入字符,主机来不及处理时,先将这些字符的代码送往内存的键盘缓冲区,然后再从该缓冲区中取出进行分析处理。键盘接口电路多采用单片微处理器,由它控制整个键盘的工作,如上电时对键盘的自检,键盘扫描,按键代码的产生、发送及与主机的通信等。

键盘连接到计算机的方式有很多种,其中包括标准的 DIN 连接器,通常在 80486 之前的主板都是这种设计,后来被 PS/2 连接器取代。现在应用更广的是 USB 连接器,但在部分应用如电子游戏上,USB 无法完全取代 PS/2,主因是 USB 键盘最多只能同时输入 6 个键(除功能键外的键)加 2 个功能键,而部分 PS/2 键盘就可以同时输入十多个键甚至所有键。

除了有线键盘外,还有无线键盘。无线键盘是键盘盘体与计算机间没有直接的物理连线,通过红外线或无线电波将输入信息传送给特制的接收器,准确地来说就是蓝牙设备。

2. 鼠标器

鼠标器(Mouse)是一种手持式屏幕坐标定位设备,它是适应菜单操作的软件和图形处理环境而出现的一种输入设备,特别是在现今流行的 Windows 图形操作系统环境下应用鼠标器方便快捷。常用的鼠标器有两种,一种是机械式的,另一种是光电式的。

机械式鼠标器的底座上装有一个可以滚动的金属球,当鼠标器在桌面上移动时,金属球与桌面摩擦,发生转动。金属球与四个方向的电位器接触,可测量出上下左右四个方向的位移量,用以控制屏幕上光标的移动。光标和鼠标器的移动方向是一致的,而且移动的距离成比例。

鼠标器上有两个键的，也有三个键的。最左边的键是拾取键，最右边的键为消除键，中间的键是菜单的选择键。由于鼠标器所配的软件系统不同，对上述三个键的定义有所不同。

同键盘一样，鼠标也分有线鼠标和无线鼠标。无线鼠标采用无线技术与计算机通信。通常采用无线通信方式，包括蓝牙、Wi-Fi（IEEE 802.11）、Infrared（IrDA）、ZigBee（IEEE 802.15.4）等多个无线技术标准，但对于当前主流无线鼠标，仅有27 MHz、2.4 G和蓝牙无线鼠标三类。

有线鼠标的接口有三种：串口、PS/2和USB。

串口就是串行接口，即COM接口。这是最古老的鼠标接口，是一种9针或25针的D型接口，将鼠标接到计算机主机串口上就能使用。其优点是适用范围和机型最多，从古老的没有PS/2接口和USB接口的计算机到现在最新的计算机都能使用；缺点是串口通信的数据传输率太低，中高档鼠标不能发挥其高性能优势，而且不支持热插拔，串口鼠标也必将逐渐被淘汰。

PS/2接口是目前最常见的鼠标接口，最初是IBM公司的专利，俗称“小口”。是鼠标和键盘的专用接口（6针的圆型接口），但鼠标只使用其中的4针传输数据和供电，其余2针为空脚。

3. 数码相机

数码相机是常用的输入设备之一。数码相机作为输入设备，就是将数码相机中拍摄的照片或视频传输到计算机中。

成像芯片决定了图像分辨率。中高档数码相机用CCD，CCD像素个数越多，影像分辨率越高，图像质量越好。低档普及型相机用CMOS。

数码相机传输到计算机有以下两种方法：

（1）数码相机数据线与计算机相连进行照片传输

只要计算机安装了该数码相机的USB驱动程序，用数据线直接将数码相机与计算机连接起来即可。因为数码相机的存储卡与一般的移动硬盘、U盘的性质一样，接通之后打开数码相机电源开关，即可从数码相机存储卡（计算机显示为“可移动硬盘”）中找到照片保存的文件夹，将数码照片拷贝到硬盘。

（2）用读卡器传输数码照片

如果你拥有数码照片存储卡读卡器，可以用读卡器传输数码照片，即首先将数码相机中的存储卡取出，插入到读卡器上，而读卡器是与计算机相连的，这样开启读卡器就可以从计算机上读取数码相机存储卡上的照片文件，复制、粘贴、清除文件的方式与“数码相机数据线与计算机相连进行照片传输”中的方法一样。

数码相机主要技术指标是像素与分辨率。照片分辨率达1 600×1 200时，共有1 920 000个像素（约200万像素），这种数码相机能满足一般应用要求。500万像素的数码相机所拍摄的图像的最高分辨率能达到2 592×1 944。

4. 扫描输入设备

扫描仪是将原稿（如图片、照片、胶片、文稿等）输入计算机的一种图像输入设备，扫描仪输入到计算机中的是位图图像。

扫描仪是利用光电技术和数字处理技术，以扫描方式将图形或图像信息转换为数字信号的装置。扫描仪是集光、机、电一体化的高科技产品，是将各种形式的图像信息输入计算机的重要工具，是继键盘和鼠标之后的第三代计算机输入设备。扫描仪具有比键盘和鼠标更强的功能，从最原始的图片、照片、胶片到各类文稿资料都可用扫描仪输入到计算机中，进而实现对这些图像形式的信息的处理、管理、使用、存储、输出等。配合光学字符识别软件 OCR 还能将扫描的文稿转换成计算机的文本形式。

扫描仪可分为滚筒式扫描仪和平面扫描仪。近几年才有的是笔式扫描仪、便携式扫描仪、馈纸式扫描仪、胶片扫描仪、三维扫描仪、手持式三维扫描仪、底片扫描仪和名片扫描仪。

扫描仪的主要性能：

(1) 分辨率

分辨率是扫描仪最主要的技术指标，它表示扫描仪对图像细节上的表现能力，即决定了扫描仪所记录图像的细致度，其单位为 DPI，通常用每英寸长度上扫描图像所含有像素点的个数来表示。目前大多数扫描仪的分辨率在 300～2 400 DPI 之间。DPI 数值越大，扫描仪的分辨率越高，扫描图像的品质越高，但这是有限度的，当分辨率大于某一特定值时，只会使图像文件增大而不易处理，并不能对图像质量产生显著的改善。

扫描仪分辨率一般有两种：真实分辨率(又称光学分辨率)和插值分辨率。

- 光学分辨率就是扫描仪的实际分辨率，它是图像的清晰度和锐利度的关键性能指标。
- 插值分辨率则是通过软件运算的方式来提高分辨率的数值，即用插值的方法将采样点周围遗失的信息填充进去，因此也被称作软件增强的分辨率。例如扫描仪的光学分辨率为 300 DPI，则可以通过软件插值运算法将图像提高到 600 DPI，插值分辨率所获得的细部资料要少些。尽管插值分辨率不如真实分辨率，但它却能大大降低扫描仪的价格，且对一些特定的工作例如扫描黑白图像或放大较小的原稿时十分有用。

(2) 灰度级

灰度级表示图像的亮度层次范围。级数越多扫描仪图像亮度范围越大、层次越丰富，目前多数扫描仪的灰度为 256 级。256 级灰阶中已真实呈现出比肉眼所能辨识出来的层次还多的灰阶层次。

(3) 色彩数

色彩数表示彩色扫描仪所能产生颜色的范围。通常用表示每个像素点颜色的数据闰数即比特位(bit)表示。所谓 bit，就是计算机最小的存储单位，以 0 或 1 来表示比特位的值，越多的比特位数可以表现越复杂的图像资讯。例如常说的真彩色图像指的是每个像素点由三个 8 bit 的彩色通道所组成即 24 位二进制数表示，红绿蓝通道结合可以产生 $2^{24}=$ 16 777 216 种颜色的组合，色彩数越多扫描图像越鲜艳真实。

(4) 扫描速度

扫描速度有多种表示方法，因为扫描速度与分辨率、内存容量、存取速度、显示时间以及图像大小有关，通常用指定的分辨率和图像尺寸下的扫描时间来表示。

(5) 扫描幅面

表示扫描图稿尺寸的大小，常见的有 A4、A3、A0 幅面等。

5. 声音输入设备

话筒又称麦克风，是一种电声器材，属传声器，是声电转换的换能器。其工作原理为通过声波作用到电声元件上产生电压，再转为电能，把模拟的波形声音转换为模拟的电信号。

6. 手写笔

手写笔的出现就是为了输入中文，使用者不需要再学习其他的输入法就可以很轻松地输入中文，当然这还需要专门的手写识别软件。同时手写笔还具有鼠标的作用，可以代替鼠标操作 Windows，并可以作画。

1.5.2 输出设备

1. 显示器

显示器用来显示字符或图形信息，是微型计算机必不可少的输出设备。显示器连接到显示卡上。早期的计算机使用单色显示器，现在多为彩色显示器。常见的显示器有两种：CRT(阴极射线管)显示器和 LCD(液晶)显示器。

CRT 显示器体积大，比较笨重，且工作时有辐射，但价格相对低廉，色彩还原效果好。LCD 显示器轻巧，没有辐射污染，但价格高，色彩还原效果不如前者。由于 LCD 显示器对人体健康的危害较小，已经成为家用计算机用户的首选。

CRT 显示器有以下 5 个主要性能指标：

- 尺寸：显示器的尺寸即显示器屏幕的大小，以显示屏的对角线长度来度量。常见的有 17 英寸、19 英寸、22 英寸、27 英寸等。尺寸越大，支持的分辨率往往也越高，显示效果也越好。
- 分辨率：显示器的分辨率是指显示器屏幕能显示的像素数目。目前低档显示器的分辨率为 1 280×1 024，中、高档显示器的分辨率为 1 600×1 200、1 920×1 080、2K、4K 等。分辨率越高，显示的图像越细腻。
- 点距：显示器的点距是指显示器上相邻两个像素之间的距离。目前显示器常见的点距有 0.28 mm 和 0.26 mm 两种。点距越小，显示器的分辨率越高。在图形、图像处理等应用中，一般要求使用点距较小的显示器。
- 扫描方式：CRT 显示器的扫描方式分为逐行扫描和隔行扫描两种。逐行扫描是指在显示一屏内容时，逐行扫描屏幕上的每一个像素。隔行扫描是指在显示一屏内容时，只扫描偶数行或奇数行的像素。逐行扫描的显示器显示的图像稳定，清晰度高，效果好。
- 刷新频率：CRT 显示器的刷新频率是指 1 秒钟刷新屏幕的次数。目前显示器常见的刷新频率有 60 Hz、75 Hz、85 Hz、100 Hz 等几种。刷新频率越高，刷新一次所用的时间越短，显示的图像越稳定。

LCD 显示器有如下性能指标：

- 分辨率：LCD 显示器的分辨率与 CRT 显示器不同，一般不能任意调整，它是制造商设置和规定的。分辨率是指屏幕上每行有多少像素点、每列有多少像素点，一般用矩阵行列式来表示，其中每个像素点都能被计算机单独访问。
- 刷新率：刷新率就是屏幕每秒画面被刷新的次数，与屏幕扫描速度及避免屏幕闪烁的能力相关。当刷新频率过低，可能出现屏幕图像闪烁或抖动。

- 响应时间：响应时间越小越好，它反映了液晶显示器各像素点对输入信号反应的速度，即像素由暗转亮或由亮转暗的速度。响应时间越小则使用者在看运动画面时不会出现尾影拖拽的感觉。
- 可视角度：一般而言，LCD 显示器的可视角度都是左右对称的，但上下可就不一定了。而且，常常是上下角度小于左右角度。当然可视角是越大越好。何谓可视角度？当可视角度是左右 80°时，表示站在始于屏幕法线 80°的位置时仍可清晰看见屏幕图像，但每个人的视力不同，因此一般以对比度为准，在最大可视角时所量到的对比度越大越好。
- 对比度：对比度是指图像最亮的白色区域与次暗的黑色区域之间的比值。在液晶显示器中，对比度是衡量其好坏的主要参数之一。在液晶显示器中对比度越高意味着显示器所能呈现的色彩层次越丰富。在目前一般液晶显示器的静态对比度可达 1 000∶1，少数高端品可达 3 000∶1。动态对比度更是达到惊人的百万级。
- 亮度：在液晶显示器中，与对比度一起成为衡量液晶显示器好坏的主要参数之一。在液晶显示器，亮度越高，使画面更加亮丽、更加清晰。亮度的单位是 cd/m^2（为每平方米的烛光亮度）。目前液晶显示器的亮度一般都能达到 300 cd/m^2，好的能达到 370 cd/m^2。亮度与对比度对 LCD 显示器的影响是相互关联的，选择时应尽量平衡考虑。

2. 显示卡

显示卡简称显卡，是主机与显示器之间的接口电路。显示卡直接插在系统主板的总线扩展槽上，它的主要功能是将要显示的字符或图形的内码转换成图形点阵，并与同步信息形成视频信号输出给显示器。

显卡组成：显示控制电路、绘图处理器(GPU)、显示存储器(VRAM)、接口电路。

- 绘图处理器(GPU)又称为图形加速芯片，相当于显卡的"CPU"，是显卡的核心。
- 显示存储器(VRAM)相当于显卡的"内存"，暂时存放显示芯片(显示屏上)所有像素的颜色信息。VRAM 在物理上独立于 PC 机的内存，但逻辑上是一个整体(与内存统一编址，CPU 可直接进行访问)。

注意：显示 2D 景物时，VRAM 的存储容量等于屏幕分辨率(像素的总数)乘每个像素的色彩深度(像素位数)。

- 接口电路：AGP(加速图形接口)。可以将显存与主存直接连接起来，数据传输率很高)、PCI-E X16。
- 绘图和显示控制电路：控制显示器工作过程中的光栅扫描、同步、画面刷新等操作。

显卡分成三类：集成显卡、独立显卡和核芯显卡。

(1) 集成显卡

集成显卡是将显示芯片、显存及其相关电路都做在主板上，与主板融为一体。集成显卡的显示芯片有单独的，但大部分都集成在主板的北桥芯片中。一些主板集成的显卡也在主板上单独安装了显存，但其容量较小，集成显卡的显示效果与处理性能相对较弱，不能对显卡进行硬件升级，但可以通过 CMOS 调节频率或刷入新 BIOS 文件实现软件升级来挖掘显示芯片的潜能。

集成显卡的优点：功耗低、发热量小。部分集成显卡的性能已经可以媲美入门级的独立显卡。

集成显卡的缺点：性能相对略低，且固化在主板或 CPU 上，本身无法更换。

（2）独立显卡

独立显卡是指将显示芯片、显存及其相关电路单独做在一块电路板上，自成一体而作为一块独立的板卡存在，它需占用主板的扩展插槽（ISA、PCI、AGP 或 PCI-E）。

独立显卡的优点：单独安装有显存，一般不占用系统内存，在技术上也较集成显卡先进得多，比集成显卡能够得到更好的显示效果和性能，容易进行显卡的硬件升级。

独立显卡的缺点：系统功耗有所加大，发热量也较大，占用更多空间。

（3）核芯显卡

核芯显卡是 Intel 新一代图形处理核心。和以往的显卡设计不同，Intel 凭借其在处理器制程上的先进工艺以及新的架构设计，将图形核心与处理核心整合在同一块基板上，构成一颗完整的处理器。智能处理器架构这种设计上的整合大大缩减了处理核心、图形核心、内存及内存控制器间的数据周转时间，有效提升处理效能并大幅降低芯片组整体功耗，有助于缩小核心组件的尺寸，为手提计算机、一体机等产品的设计提供了更大选择空间。

核芯显卡的优点：低功耗和高性能是核芯显卡的最主要优势，由于新的精简架构及整合设计，核芯显卡对整体能耗的控制更加优异，高效的处理性能大幅缩短了运算时间，进一步缩减了系统平台的能耗。

显卡主要性能指标：

- 显示芯片。包括制造工艺、核心频率等。
- 显卡内存。包括显存类型、容量、带宽（显存频率×显存位宽÷8）、速度等。
- 制造工艺。制造工艺指的是在生产 GPU 过程中，要进行加工各种电路和电子元件，制造导线连接各个元器件。通常其生产的精度以 nm（纳米）来表示（1 mm＝10^6 nm）。精度越高，生产工艺越先进，在同样的材料中可以制造更多的电子元件，连接线也越细，提高芯片的集成度，芯片的功耗也越小。
- 显卡接口。显卡接口是指计算机的独立型显卡硬件的连接位置。显卡接口可分两种，一种是信号输入输出接口，另一种是总线接口。显卡的总线接口决定着显卡与系统之间数据传输的最大带宽，也就是瞬间所能传输的最大数据量。

显卡发展至今共出现 ISA、PCI、AGP、PCI-E 等几种接口，所能提供的数据带宽依次增加。目前主流台式计算机可以使用的显卡接口包括 AGP、PCI-E X16。PCI-E X16 接口是最新的版本。

3. 打印机

打印机将信息输出到打印纸上，以便长期保存。打印机主要有针式打印机、喷墨打印机、激光打印机和热升华打印机四类。

（1）针式打印机

针式打印机是击打式打印机。针式打印机在打印时，打印头上的钢针撞击色带，将字印在打印纸上。针式打印机常见的有 9 针和 24 针打印机，所谓××针打印机就是打印头上有××根钢针。

针式打印机是一种特殊的打印机，和喷墨打印机、激光打印机都存在很大的差异，而针式打印机的这种差异是其他类型的打印机不能取代的，正是因为如此，针式打印机一直都有着自己独特的市场份额，服务于一些特殊的行业用户。

针式打印机是通过打印头中的 24 根针击打复写纸，从而形成字体，在使用中，用户可以根据需求来选择多联纸张，一般常用的多联纸有 2 联、3 联、4 联纸，其中也有使用 6 联的打印机纸。多联纸一次性打印完成只有针式打印机能够快速完成，喷墨打印机、激光打印机无法实现多联纸打印。

针式打印机的使用成本也是所有打印机中最经济的，主要耗材色带每根只要几元钱，可以使用较长时间。

(2) 喷墨打印机

喷墨打印机是打印机的一种，用各种色彩的墨水混合印制。喷墨打印机可以把数量众多的微小墨滴精确地喷射在要打印的媒介上，对于彩色打印机包括照片打印机来说，喷墨方式是绝对主流。由于喷墨打印机可以不仅局限于三种颜色的墨水，现在已有六色甚至七色墨盒的喷墨打印机，其颜色范围早已超出了传统 CMYK 的局限，也超过了四色印刷的效果，印出来的照片已经可以媲美传统冲洗的相片，甚至有防水特性的墨水上市。

目前喷墨打印机按打印头的工作方式可以分为压电喷墨技术和热喷墨技术两大类型。按照喷墨的材料性质又可以分为水质料、固态油墨和液态油墨等类型的打印机。

(3) 激光打印机

激光打印机是非击打式打印机。激光打印机是采用激光和电子放电技术，通过静电潜像，再用碳粉使潜像变成粉像，加热后碳粉固定，最后印出内容。激光打印机打印噪音低、效果好、速度快，但打印成本较高。

激光式则是利用电子照相原理，由受到控制的激光束射向感光鼓表面，在不同位置吸附上厚度不同的碳粉，通过温度与压力的作用把相应的字符或图形印在纸上。它与静电打印机的方式很相似。激光打印机分辨率高，印出的字形清晰美观，但价格较高。

普通激光打印机的印字分辨率都能达到 300 DPI(每英寸 300 个点)或 400 DPI，甚至 600 DPI。特别是对汉字或图形/图像输出，是理想的输出设备。

激光打印机的使用成本仅次于针式打印机，比喷墨打印机经济，打印效果是所有打印机中最好的。

(4) 热升华打印机

热升华打印机的工作原理是将四种颜色(青色、品红色、黄色和黑色，简称 CMYK)的固体颜料(称为色卷)设置在一个转鼓上，这个转鼓上面安装有数以万计的半导体加热元件，当这些加热元件的温度升高到一定程度时，就可以将固体颜料直接转化为气态(固态不经过液化就变成气态的过程称为升华，因此这种打印机被称为热升华打印机)，然后将气体喷射到打印介质上。每个半导体加热元件都可以调节出 256 种温度，从而能够调节色彩的比例和浓淡程度，实现连续色调的真彩照片效果。

4. 绘图仪

绘图仪是直接由计算机或数字信号控制，用以自动输出各种图形、图像和字符的绘图设备。可采用联机或脱机的工作方式，是计算机辅助制图和计算机辅助设计中广泛使用的一种外部设备。

绘图仪可将计算机的输出信息以图形的形式输出，主要可绘制各种管理图表和统计图、大地测量图、建筑设计图、电路布线图、各种机械图与计算机辅助设计图等。最常用的是X-Y绘图仪。现代的绘图仪已具有智能化的功能，它自身带有微处理器，可以使用绘图命令，具有直线和字符演算处理以及自检测等功能，这种绘图仪一般还可选配多种与计算机连接的标准接口。

绘图仪是一种输出图形的硬拷贝设备。绘图仪在绘图软件的支持下可绘制出复杂、精确的图形，是各种计算机辅助设计不可缺少的工具。绘图仪的性能指标主要有绘图笔数、图纸尺寸、分辨率、接口形式及绘图语言等。绘图仪除了必要的硬件设备之外，还必须配备丰富的绘图软件。只有软件与硬件结合起来，才能实现自动绘图。

绘图仪按结构和工作原理可以分为：滚筒式绘图仪、平台式绘图仪、跟踪式绘图机和扫描式绘图机。

5. 语音输出装置

又称语音响应装置，是再现人的语音的装置，其最终目标是能发出与人的自然发音相同的语音。它分为生活服务用的语音终端装置和自动控制用的语音信号机两类。语音信号机的作用是用语音发信报警。它的优点是：能正确地传递大量信息，不会产生人为的误读或人为的记忆错误而造成判断差错；快速性好，在很短的时间内操作员能很快地接受大量的报警信息；节省空间，只需要一个扬声器就能实现多种方式的报警。作为自动控制用的语音信号机能有效地利用语音的效能进行操作指导、配合阴极射线管显示器画面进行辅助说明以及故障报警等。采用任意语音合成技术的高性能语音输出装置能发出与人的自然发音相同的语音。

1.6 外存储器

1.6.1 硬盘

硬盘是微型计算机非常重要的外存储器。硬盘按其存储介质，可以分为机械硬盘和固态硬盘两种。机械硬盘的存储介质为磁性碟片，一般是多张碟片叠加在一起的。

机械硬盘由一个盘片组(可包括多个盘片)和硬盘驱动器组成，被固定在一个密封的盒内。硬盘的精密度高，存储容量大，存取速度快。除特殊需要外，一般的微型计算机都配有硬盘，有些还配有多个硬盘。系统和用户的程序、数据等信息通常保存在硬盘上(如图1-7所示)。

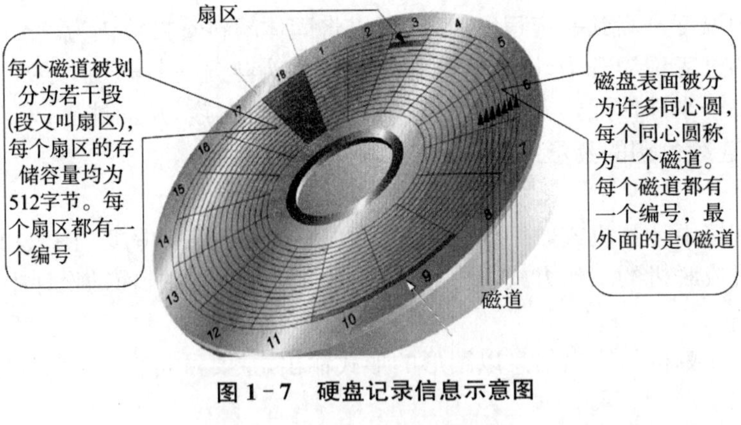

图1-7 硬盘记录信息示意图

1. 硬盘的主要性能指标

(1) 平均存取时间:磁盘上的信息以扇区为单位进行读写,平均存取时间为:T=寻道时间+旋转等待时间+数据传输时间。其中:寻道时间是磁头寻找到指定磁道所需时间(大约5 ms),旋转等待时间是指定扇区旋转到磁头下方所需要的时间(大约 4~6 ms,硬盘转速一般是 4 200 r/min、5 400 r/min、7 200 r/min 或 10 000 r/min),数据传输时间大约为 0.01 ms。

(2) 容量:硬盘容量是指硬盘能存储信息量的大小。早期计算机硬盘的容量只有几MB,现在的硬盘容量以 TB 为单位。硬盘容量越大,存储的信息就越多。

硬盘容量=磁头数×柱面数(磁道数)×扇区数×每扇区字节数

一般硬盘厂商定义的单位 1 GB=1 000 MB,而系统定义为 1 GB=1 024 MB,所以会出现硬盘上的标称值大于格式化容量的情况,属于正常情况。单碟容量就是指一张碟片所能存储的字节数。随着硬盘单碟容量的增大,硬盘的总容量已经可以实现几 TB。

(3) 转速:硬盘转速是指硬盘内主轴的转动速度,单位是 r/min(转/分,也可标 rpm)。目前常见的硬盘转速有 5 400 r/min、7 200 r/min 等。转速越大,硬盘与内存之间的传输速率越高。转速是硬盘内部传输速率的决定因素之一,它的快慢在很大程度上决定了硬盘的运行速度,同时也是区别硬盘档次的重要标志。

平均等待时间计算:(1 min×60×1 000)/(2×硬盘转速),单位:ms。如硬盘转速为10 000 r/min,则平均等待时间=(1×60×1 000)/(2×10 000)=3 ms。

(4) 缓存:硬盘自带的缓存越大,硬盘与内存之间的数据传输速率越高。通常缓存有512 KB、1 MB、2 MB、4 MB、8 MB 等几种。

(5) 内部传输速率:这是硬盘的外圈的传输速率,它是指磁头和高速数据缓存之间的最高数据传输速率,单位为 MB/s。最高内部传输速率的性能与硬盘转速以及盘片存储密度(单碟容量)有直接的关系。

(6) 接口:硬盘接口是指硬盘与主板的接口。主板上的外设接口插座有 IDE(平行ATA)、EIDE、SCSI 等类型,硬盘接口也有这些类型。目前常用的硬盘接口为 SATA(串行ATA,最新是 SATA3)。硬盘的接口不同,支持的硬盘容量不一样,传输速率也不一样。

2. 固态硬盘

固态硬盘(Solid-State Drive,简称 SSD),简称固盘。固态硬盘是用固态电子存储芯片阵列制成的硬盘,由控制单元和存储单元(FLASH 芯片、DRAM 芯片)组成。当前固态硬盘普遍采用 SATA-2 接口、SATA-3 接口、SAS 接口、MSATA 接口、PCI-E 接口、NGFF 接口、CFast 接口和 SFF-8639 接口。

固态硬盘的接口规范和定义、功能及使用方法上与普通硬盘几近相同,外形和尺寸也基本与普通硬盘一致。

固态硬盘具有传统机械硬盘不具备的快速读写、质量轻、能耗低以及体积小等特点,同时其劣势也较为明显。尽管 IDC 认为 SSD 已经进入存储市场的主流行列,但其价格仍较为昂贵,容量较低,一旦硬件损坏,数据较难恢复等,并且亦有人认为固态硬盘的耐用性(寿命)相对较短。

固态硬盘的内部结构比较简单,维修时可以打开外壳。而机械磁盘的数据读写是靠盘片的高速旋转所产生的气流来托起磁头,使得磁头无限接近盘片而又不接触盘片,并由步进电机来推动磁头进行换道数据读取,所以其内部构造相对较为复杂,也较为精密,一般情况下不允许拆卸。一旦人为拆卸，极有可能损坏，使磁盘无法正常工作。

固态硬盘的优点：

(1) 读写速度快。采用闪存作为存储介质，读取速度相对机械硬盘更快。固态硬盘不用磁头，寻道时间几乎为 0。持续写入的速度非常惊人，固态硬盘厂商大多会宣称自家的固态硬盘持续读写速度超过 500 MB/s！固态硬盘绝不仅仅体现在持续读写速度快上，随机读写速度也快，在绝大部分的日常操作中主要是随机读写。另外固态硬盘存取时间短，与最常见的 7 200 转机械硬盘的寻道时间一般为 12～14 ms 相比，固态硬盘可以轻易达到 0.1 ms 甚至更低。

(2) 防震抗摔性好。传统硬盘都是磁碟型的，数据储存在磁碟扇区里。而固态硬盘是使用闪存颗粒(即 MP3、U 盘等存储介质)制作而成，所以 SSD 固态硬盘内部不存在任何机械部件，这样即使在高速移动甚至伴随翻转倾斜的情况下也不会影响到正常使用，而且在发生碰撞和震荡时能够将数据丢失的可能性降到最小。相较传统硬盘，固态硬盘占有绝对优势。

(3) 功耗低。固态硬盘的功耗上要低于传统硬盘。

(4) 无噪音。固态硬盘没有机械马达和风扇，工作时噪音值几乎是 0 dB。基于闪存的固态硬盘在工作状态下能耗和发热量较低(但高端或大容量产品能耗会较高)。内部不存在任何机械活动部件，不会发生机械故障，也不怕碰撞、冲击、振动。由于固态硬盘采用无机械部件的闪存芯片，所以具有发热量小、散热快等特点。

(5) 工作温度范围大。典型的硬盘驱动器只能在 5～55 ℃范围内工作。而大多数固态硬盘可在－10～70 ℃工作。固态硬盘比同容量机械硬盘体积小、重量轻。固态硬盘的接口规范和定义、功能及使用方法上与普通硬盘的相同，在产品外形和尺寸上也与普通硬盘一致。其芯片的工作温度范围很宽，可在－40～85 ℃范围内工作。

(6) 轻便。固态硬盘在重量方面更轻，与常规 1.8 英寸硬盘相比，重量轻 20～30 g。

1.6.2 移动硬盘与 U 盘

1. 移动硬盘

移动硬盘顾名思义是以硬盘为存储介质，计算机之间交换大容量数据，强调便携性的存储产品。市场上绝大多数的移动硬盘都是以标准硬盘为基础的，而只有少部分的是以微型硬盘(1.8 英寸硬盘等)，但价格因素决定着主流移动硬盘还是以标准笔记本硬盘为基础。采用硬盘为存储介质，移动硬盘在数据的读写模式与标准 IDE 硬盘是相同的。移动硬盘多采用 USB 等传输速度较快的接口，可以较高的速度与系统进行数据传输。

移动硬盘大多采用 USB 接口，能提供较高的数据传输速率。USB 2.0 接口传输速率是 480 Mb/s，USB 3.0 更是把速度提高到了 5 Gb/s。

按存储介质分类，移动硬盘分为机械移动硬盘和固态移动硬盘两种。

机械移动硬盘按规格分有 3.5 英寸、2.5 英寸、1.8 英寸和固态移动硬盘等几种。一般尺寸越大，容量越大，速度越快；尺寸越小，容量越小，越轻便，越容易携带，价格越贵。

2. U 盘

(1) 闪存(Flash Memory)

闪速存储器是半导体集成电路存储器，非易失性存储器。

优点:闪存没有机械运动部件,工作时无噪音,尺寸小、轻便,抗震性更好,能耐受高压高温。

不足之处:写入过程较复杂,写入速度慢于读出速度,写入次数有限制;性价比低于传统硬盘。

分类:

- NOR 型闪存,可以按字节地址读出,用来存储需要运行而不要经常更新的程序代码,可作内存使用。
- NAND 型闪存,比 NOR 型闪存的存储密度高,每个比特的成本也低,它具有较快的抹写速度,可抹除次数也高出 NOR 闪存十倍。但 NAND 闪存不能按字节随机读写,只能像硬盘那样以数据块为单位存取信息。

(2) U 盘

U 盘也称闪存盘,是一种利用低成本的半导体集成电路制造而成的大容量固态存储器,其中的信息是在一瞬间被存储的,之后即使除去电源,所存储的信息也不会消失,使用过程中既可读出信息,又可随时写入新的信息。

由于 U 盘具有存储容量大(目前常用的 U 盘容量有 4 G、8 G、16 G、32 G、64 G 等)、体积小、存取速度快、保存数据期长且安全可靠和携带方便等特点,因此被人们视为理想的计算机外部存储器,是软盘的理想替代产品。

U 盘其实就是一个移动的硬盘,但科学技术永远是为人类的方便服务的,设计者将庞大的硬盘缩小到小小的一块,更加利于人类的携带和应用,从这方面讲,科技方便人类生活一点也不错。如今 U 盘还可以代替光驱成为系统安装的一种新的工具。

U 盘的接口主要有 USB 2.0 和 USB 3.0 两种。USB 2.0 接口能提供 480 Mb/s 的数据传输率,USB 3.0 能提供 5 Gb/s 的数据传输率。但这些都是该接口理想状态下所能达到的最大数据传输率,在实际应用中会因为某些客观的原因(例如存储设备采用的主控芯片、电路板的制作质量是否优良等),减慢了在应用中的传输速率。

USB 3.0 是蓝色的,仔细看接口处,它上下都有金属片,是双通道接口。USB 2.0 接口只有上面是金属片。USB 3.0 在保持与 USB 2.0 兼容性的同时,还提供了下面的增强功能:

① 极大提高了带宽,高达 5 Gb/s 全双工(USB 2.0 则为 480 Mb/s 半双工)。

② USB 3.0 可以在存储器件所限定的存储速率下传输大容量文件(如 HD 电影)。例如,一个采用 USB 3.0 的 U 盘器可以在 3.3 s 将 1 GB 的数据转移到一个主机,而 USB 2.0 则需要 33 s。

1.6.3　光盘存储器

光盘存储器的发展(如表 1-2 所示)。

表 1-2　光盘存储器的发展

分代	年份	名称	激光类型	存储容量
第 1 代	1982 年	CD 光盘存储器	红外光	650 MB

（续表）

分代	年份	名称	激光类型	存储容量
第 2 代	1995 年	DVD 光盘存储器	红光	4.7 GB
第 3 代	2006 年	BD 光盘存储器	蓝光	25 GB

光盘有压模光盘和刻录光盘两种。压模光盘使用自动生产线大批量进行的方式生产。光盘上的信息是通过压制在光盘上的细小坑点来储存的，并由这些不同时间长度的细小坑点和坑点之间的平面组成了一个由里向外的螺旋轨迹。当激光光斑扫描这些坑点组成的螺旋轨迹时，就读出了这些信息。光盘记录信息示意图如图 1－8 所示。

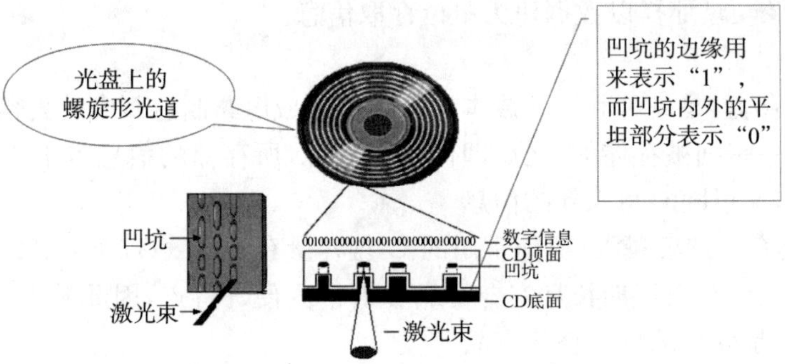

图 1－8　光盘记录信息示意图

压模光盘的生产工序分为钢模制作—母盘制作—流水线复制三个流程，具有数量大、品质高的特点。每次进行压制之前都要经过检测、金属母盘压制等工序，因此，光盘压制适合大批量的制作。

刻录光盘主要有一次写入光盘（CD-R）、可擦写光盘（CD-RW）和 DVD 光盘等几类。其中 DVD 光盘又分为蓝光 DVD（BD）和普通 DVD 两种。CD 光盘的存储容量约为 650 MB，单面单层的普通 DVD 光盘的存储容量约为 4.7 GB，单面单层的蓝光 DVD 光盘的存储容量约为 25 GB。DVD 光盘分为单面单层、单面双层、双面单层和双面双层等四种。

CD-R 是在普通的 CD 盘片中加了一层染色层，光盘刻录机的激光头所发出的光束强度可以随时变化，这样就能改变碟片染料层的状态。激光根据数据的不同，在空白的 CD 盘片上烧出可供读取的反光点，数据也就被记录。CD-RW（多次写入多次读取）的原理与 CD-R 基本相同，只是染色层变成可改写的，不像 CD-R 用烧制这种破坏性办法。利用染料层的结晶/非结晶过程是一可逆反应，实现碟片内的资料可以反复擦写。

光盘中的信息是通过光盘驱动器来读取的。最初光驱的数据传输速率是 150 KB/s，光驱的数据传输速率一般都是这个速率的整数倍，称为倍速，如 40 倍速光驱甚至 52 倍速光驱等。光盘驱动器有四类：普通光驱、DVD 光驱、光盘刻录机和蓝光光驱。

- 普通光驱：普通光驱能读取 CD-ROM、CD-R、CD-RW 光盘，但不能读取 DVD 光盘，也不能往 CD-R 和 CD-RW 光盘中写入数据。
- DVD 光驱：DVD 光驱能读取 CD-ROM、CD-R、CD-RW 光盘和 DVD 光盘，但不能往 CD-R 和 CD-RW 光盘中写入数据。
- 光盘刻录机：光盘刻录机分普通刻录机和 DVD 刻录机两种。普通刻录机既能读取

CD-ROM、CD-R、CD-RW光盘，还能往CD-R或CD-RW光盘中刻写数据，但不能读取和刻录DVD。DVD刻录机除了普通刻录机的功能外，还能读取和刻录DVD。

- 蓝光光驱：能读取蓝光光盘的光驱，向下兼容DVD、VCD、CD等格式。蓝光(Blu-ray)或称蓝光盘(Blu-ray Disc，缩写为BD)利用波长较短(405 nm)的蓝色激光读取和写入数据，并因此而得名。而传统DVD需要激光头发出红色激光(波长为650 nm)来读取或写入数据，通常来说波长越短的激光，能够在单位面积上记录或读取更多的信息。因此，蓝光极大地提高了光盘的存储容量，对于光存储产品来说，蓝光提供了一个跳跃式发展的机会。

1.7　集成电路

1.7.1　概述

集成电路是微电子技术的核心，其特点是体积小、重量轻、功耗小、成本低、速度快、可靠性高。

微电子技术是现代电子信息技术的基础，推动了通信技术、计算机技术和网络技术的发展。微电子技术也是衡量一个国家科技力量的重要标志，对信息时代具有重大的影响。

1.7.2　集成电路

集成电路，又称为IC，是一种微型电子器件或部件，按照一定的工艺(氧化、光刻、扩散、外延、蒸铝等工艺)，把所需的晶体管、电阻、电容和电感等元件及布线互连起来，制作在一块基片上，然后封装在一个管壳内，成为具有所需电路功能的微型结构。目前半导体制造工艺大多数应用的是基于硅的集成电路。

集成电路技术包括芯片制造技术与设计技术，主要体现在加工设备、加工工艺、封装测试、批量生产及设计创新的能力上。

现代集成电路使用的半导体材料主要有：硅、锗、硒、化合物砷化镓等。

集成电路的分类：

1. 按用途分

- 通用集成电路：通用集成电路是按照标准输入/输出要求模式，完成某一特定功能的集成电路，如微处理器、存储器芯片等。
- 专用集成电路(简称ASIC)：专用集成电路是为特定用户或特定电子系统制作的集成电路，是针对整机或系统的需要，专门为之设计制造的集成电路。

2. 按电路的功能分

- 数字集成电路。
- 模拟集成电路。

3. 按晶体管结构、电路和工艺分

- 双极型集成电路。
- 金属氧化物半导体(MOS)电路。
- 双极-金属氧化物半导体(MOS)电路。

4. 按集成电路规模分

- 小规模集成电路(SSI)(<100 个元件)。
- 中规模集成电路(MSI)(100～3 000 个元件)。
- 大规模集成电路(LSI)(3 000～10 万个元件)。
- 超大规模集成电路(VLSI)(10 万～100 万个元件)。
- 极大规模集成电路(ULSI)(>100 万个元件)。

1.7.3 集成电路的发展趋势

集成电路的发展以追求高速度、高集成度、多功能、低功耗为目标。集成电路的工作速度主要取决于晶体管的尺寸,晶体管的尺寸越小,其极限工作频率越高,门电路的开关速度就越快,相同面积的晶片可容纳的晶体管数目就越多。所以从集成电路问世以来,人们就一直在缩小晶体管、电阻、电容、连接线的尺寸上下功夫。

摩尔(Moore)定律:是由英特尔(Intel)创始人之一戈登·摩尔(Gordon Moore)在 1965 提出来的。其内容为:单块集成电路的集成度平均每 18～24 个月翻一番。尽管这种趋势已经持续了超过半个世纪,但它只适合于一段时间内,不可能永远成立。最近,全球最知名的学术刊物《自然》杂志上一篇文章写道,即将出版的国际半导体技术路线图,不再以摩尔定律为目标,芯片行业 50 年的神话终于被打破。

1.7.4 IC 卡

IC 卡(Integrated Circuit Card,集成电路卡),也称智能卡(Smart Card)或微芯片卡等。它是将一个微电子芯片嵌入塑料卡基片内,做成卡片形式。IC 卡与读写器之间的通信方式可以是接触式的,也可以是非接触式的。

IC 卡的分类:

1. 根据通信接口分类

- 接触式 IC 卡:接触式 IC 卡的表面可以看到一个方形镀金接口,共有八或六个镀金触点,用于与读写器完全接触,通过电流信号完成读写。刷卡时,须将 IC 卡插入读写器。这种 IC 卡刷卡过程较慢,但可靠性高,可用于存储信息量大、读写操作复杂的场合。
- 非接触式 IC 卡:非接触式 IC 卡成功地将射频识别技术和 IC 卡技术结合起来,其表面没有方形镀金接口,但卡上设有射频信号接收器或红外线收发器,在一定距离内即可收发读写器的信号,实现非接触读写。该类型用于读写信息较简单的场合,如身份验证等。

非接触式 IC 卡又称射频 IC 卡、感应卡。射频 IC 卡是采用 RFID 技术,使用电磁波和非触点来与终端通信的 IC 卡。使用此卡时,不需要把卡片插入到特定读写器插槽之中。

RFID 技术(Radio Frequency Identification,射频识别技术)是一种利用电磁波进行信号传输 IC 卡的识别方法,被识别的物体本身应具有电磁波的接收和发送装置。RFID 系统使用的通信频段划分为三个范围:低频(30～300 kHz)、高频(3～30 MHz)和超高频(300 MHz～3 GHz)。常见的工作频率有低频 125 kHz、134.2 kHz 及高频 13.56 MHz 等等。

射频 IC 卡有主动式和被动式之分。主动式 IC 卡是指卡片需要主动靠近读卡器,用户需要将卡在读卡器上读卡区内读取卡上信息才完成交易;被动式 IC 卡不用出示卡片,只要走过读卡器的范围,即可读取卡上的信息,完成交易。

- 双界面卡(同时具备接触式与非接触式通信接口)。

2. 根据芯片结构分类

- 存储卡:这种 IC 卡内封装的集成电路一般为电可擦除的可编程只读存储器 EEPROM。这种器件的特点是:存储数据量大,容量为几 KB 到几十 KB,信息可以长期保存,也可以在读写器中擦除和改写,读写速度快,操作简单。卡上数据的保护主要依赖于读写器中的软件口令以及向卡上加密写入信息,软件读出时破译。因此这种 IC 卡安全性较差,但这种 IC 卡结构简单、使用方便、成本低,与磁卡相比又有存储容量大、信息在卡上存储、不需读写器联网的特点,因此得到广泛的应用。主要用于安全性要求不高的场合,如电话卡、水电费卡、医疗卡等。另外还有一种逻辑加密存储器卡,这种 IC 卡中除了封装了上述 EEPROM 存储器外,还专设有逻辑加密电路,提供了硬件加密手段,因此不但可保证卡上存储数据读写安全,而且能进行用户身份的认证。
- CPU 卡:CPU 卡内嵌芯片相当于一个特殊类型的单片机,内部除了带有控制器、存储器、时序控制逻辑等外,还带有算法单元和操作系统。由于 CPU 卡有存储容量大、处理能力强、信息存储安全等特性,广泛用于信息安全性要求特别高的场合。另外 CPU 卡还有超级智能卡,在卡上具有 MPU 和存储器,并装有键盘、液晶显示器和电源,有的卡上还具有指纹识别装置等。

1.8　信息在计算机中的表示

现代信息技术的三大特征:以数字技术为基础、以计算机为核心、采用电子(激光)技术。而数字技术是指采用 0 和 1 两个数字表示、处理、存储和传输信息的技术。数字技术是电子信息技术的基础。

1.8.1　比特(bit)与字节(Byte)

1. 比特

比特是信息的基本单位,二进制数字“0”或“1”中的一位,称比特(bit),通常用小写字母 b 表示,它是组成信息的最小单位。

比特只有两种状态,即“0”和“1”,其特点是:

- 没有颜色;
- 没有大小的概念;
- 既可以表示数值、文字,也可以表示图像、声音等;
- 存储方式:使用具有两种稳定状态的器件;
- 使用二进制原因:制造双稳态电路比制造多稳态电路容易。

2. 字节

字节(Byte)在计算机信息技术中作为存储容量的一种计量单位,通常用大写字母 B 表示。一个字节(1 Byte)由 8 个位(8 bit)组成。bit 与 Byte 之间可以进行换算,其换算关系为:1 Byte=8 bit(或简写为:1 B=8 b);在实际应用中一般用简称,即 1 bit 简写为 1 b(注意是小写英文字母 b),1 Byte 简写为 1 B(注意是大写英文字母 B)。

3. 比特与字节的区别

比特是数字系统中处理、存储、传输信息的最小单位,一般数据传输速率用比特作为单位。而稍大些的数字信息计量单位是“字节”,一个字节包含 8 个比特,字节是数据存储的计量单位。

4. 比特的运算

比特的取值 0 或 1,它们不是数量上的概念,而是表示两种不同的状态。因此,对比特的运算需要使用逻辑运算。

最基本的逻辑运算有三种:逻辑加(也称“或”运算,用符号“OR”“∨”或“+”表示)、逻辑乘(也称“与”运算,用符号“AND”“∧”或“·”表示)和逻辑非(也称“取反”运算,用符号“NOT”或“－”表示)。它们的运算规则如下:

逻辑加:(“∨”“OR”或“+”)——“或运算”

$$\begin{array}{r}0\\ \vee 0\\ \hline 0\end{array}\qquad\begin{array}{r}0\\ \vee 1\\ \hline 1\end{array}\qquad\begin{array}{r}1\\ \vee 0\\ \hline 1\end{array}\qquad\begin{array}{r}1\\ \vee 1\\ \hline 1\end{array}$$

逻辑乘:(“∧”“AND”或“·”)——“与运算”

$$\begin{array}{r}0\\ \wedge 0\\ \hline 0\end{array}\qquad\begin{array}{r}0\\ \wedge 1\\ \hline 0\end{array}\qquad\begin{array}{r}1\\ \wedge 0\\ \hline 0\end{array}\qquad\begin{array}{r}1\\ \wedge 1\\ \hline 1\end{array}$$

取反:(“NOT”或“－”)——“非运算”

“0”取反后是“1”,“1”取反后是“0”。

逻辑运算按位独立进行,没有进位,在进行多位二进制信息运算时,对其他位没有影响,也不会产生数据溢出。

数据溢出:在计算机中,当要表示的数据超出计算机所使用的数据的表示范围时,则产生数据的溢出。

例:设有两个二进制信息 A=1101,B=1001,求:A∧B、A∨B。

$$\begin{array}{r}1101\\ \wedge 1001\\ \hline 1001\end{array}\qquad\begin{array}{r}1101\\ \vee 1001\\ \hline 1101\end{array}$$

5. 比特的存储

存储 1 个比特需要使用具有两种稳定状态的元器件。在计算机系统中,不同部件在存储比特信息时,采用不同的方法。如 CPU 使用一种称为“触发器”的双稳态电路来存储;存储器中用电容器存储(磁盘利用磁介质表面区域的磁化状态来存储,光盘通过“刻”在光盘片表面上的微小凹坑来记录)等。

在数据存储时，比特作为存储单位太小，所以一般把字节作为存储的计量单位，其中：

- 1 B(Byte)＝8 b(bit)；
- 1 KB(千字节)＝2^{10} 字节＝1 024 B(K 字节)；
- 1 MB(兆字节)＝2^{20} 字节＝1 024 KB(兆字节)；
- 1 GB(吉字节)＝2^{30} 字节＝1 024 MB(千兆字节)；
- 1 TB(太字节)＝2^{40} 字节＝1 024 GB(兆兆字节)。

需要注意的是：这里的 K 等单位与物理上的计量单位并不相同。这里的 K 是 2^{10}，是 1 024，而物理上的计量单位 k 是 10^3，是 1 000。这些差异，需要特别引起注意。

6. 比特的传输

在通信和计算机领域，比特率 bps(比特/秒，或 b/s)是单位时间内传输或处理的比特的数量。比特率经常在通信领域用作连接速度、传输速度、信道容量、最大吞吐量和数字带宽容量的同义词。如：9 600 bps (b/s)、56 Kbps (Kb/s)。

另外，比特率经常和国际单位制词头关联在一起，如“千”(Kb/s 或 Kbps)，“兆”(Mb/s 或 Mbps)，“吉”(Gb/s 或 Gbps)和“太”(Tb/s 或 Tbps)。其中：

- 千比特/秒(Kb/s)，1 Kb/s＝10^3 b/s＝1 000 b/s；
- 兆比特/秒(Mb/s)，1 Mb/s＝10^6 b/s＝1 000 kb/s；
- 吉比特/秒(Gb/s)，1 Gb/s＝10^9 b/s＝1 000 Mb/s；
- 太比特/秒(Tb/s)，1 Tb/s＝10^{12} b/s＝1 000 Gb/s。

1.8.2　进位计数制

人们习惯使用十进制数，而计算机中所有的信息都以二进制表示，因此，在计算机工作过程中，不可避免地需要对不同进制之间的数值进行转换。

进位计数制最核心的概念是基数和位权。所谓基数，是指任何进制数 R，其特点是由 0～(R－1)共 R 个不同的数字符号表示，且逢 R 进一(即基数)。所谓位权，是指数值中的每一个数位上都具有对应权值。例如：

十进制数，由 0～9 十个数字组成，且逢十进一；每一个数位上数码，其权值是以 10 为底的幂，用后缀符号 D 表示。

二进制数，由 0、1 两个数字组成，且逢二进一；每一个数位上数码，其权值是以 2 为底的幂，用后缀符号 B 表示。

八进制数，由 0～7 八个数字组成，且逢八进一；每一个数位上数码，其权值是以 8 为底的幂，用后缀符号 O 表示。

十六进制数，由 0～9 十个数字和英文字母 A、B、C、D、E、F 共十六个数字组成，且逢十六进一；每一个数位上数码，其权值是以 16 为底的幂，用后缀符号 H 表示。其中字母 A、B、C、D、E、F 分别相当于十进制数 10、11、12、13、14、15。

由于不同位上的权值不同，因此同一数码在不同的位置上，其表示的值也不同。每位数字的位置标注方法是：从小数点开始，整数部分从 0 开始往左计数，小数部分从－1 开始往右计数。例如：

```
3   4   5 .  6
↑   ↑   ↑    ↑
```

位：2　　1　　0　　−1

权：10^2　10^1　10^0　10^{-1}

因此，十进制数 345.6，数字 3，其权值是 $10^2=100$，所以称百位，表示 300；数字 4，其权值是 $10^1=10$，所以称十位，表示 40；数字 5，其权值是 $10^0=1$，所以称个位，表示 5；数字 6，其权值是 $10^{-1}=0.1$，表示 0.6。由此可见，同一数字的值随位置而变，所以称为位置表示法。

这样，数 345.6 的值可表示为：

$$3\times10^2+4\times10^1+5\times10^0+6\times10^{-1}$$

对于任何一个 R 进数 N，可以表示为：

$$G_nG_{n-1}\cdots G_2G_1G_0.G_{-1}G_{-2}\cdots G_{-m}$$

可以表示成按权展开的多项式：

$$N=G_n\times R^n+G_{n-1}\times R^{n-1}+\cdots+G_1\times R^1+G_0\times R^0+G_{-1}\times R^{-1}+\cdots+G_{-m}\times R^{-m}$$
$$=\sum_{i=n}^{-m}G_i\times R^i$$

其中，G_i 是 0～(R−1)个数字中的任意一个，m、n 是正整数，R 被称为 R 进制数的基数。

1.8.3　不同数制之间的转换

不同进位制数值之间的数制转换，其原则是：不同进位制数的整数部分和小数部分必须分别相等。因此，转换时整数部分和小数部分应分别进行。

1. 任意进制数 R 转换为十进制数

将一个任意 R 进制数转换成十进制数可以按权展开的多项式进行，其和就是对应的十进制数。

[**例 1**] 求二进制数$(11001.011)_2$ 等值的十进制数。

解：(1　1　0　0　1 . 0　1　1)$_2$

　　↑　↑　↑　↑　↑　↑　↑　↑

　　4　3　2　1　0　−1　−2　−3

$$(11001.011)_2=1\times2^4+1\times2^3+0\times2^2+0\times2^1+1\times2^0+0\times2^{-1}+1\times2^{-2}+1\times2^{-3}$$
$$=16+8+0+0+1+0+0.25+0.125=(25.375)_{10}$$

[**例 2**] 将八进制数$(345.6)_8$ 转换成十进制数。

解：$(345.6)_8=3\times8^2+4\times8^1+5\times8^0+6\times8^{-1}=192+32+5+0.75=(229.75)_{10}$

[**例 3**] 将十六进制数$(2AF.C)_{16}$ 转换成十进制数。

解：$(2AF.C)_{16}=2\times16^2+10\times16^1+15\times16^0+12\times16^{-1}$
$=512+160+15+0.75$
$=(687.75)_{10}$

2. 十进制数转换成二进制数

十进制数转换成二进制数需对整数部分和小数部分分别进行转换，且采用不同的方法。

[**例 4**] 把 43.375 转换成二进制数。

解:首先,把十进制数 43.375 分成整数部分 43 和小数部分 0.375,整数部分采用除 2 取余法,小数部分采用乘 2 取整法。

(1) 整数部分:

```
2 | 43    ……余1(G0) 低位   ↑
 2 | 21   ……余1(G1)
  2 | 10  ……余0(G2)
   2 | 5  ……余1(G3)
    2 | 2 ……余0(G4)
     2 | 1 ……余1(G5) 高位
         0
```

结果为:$(43)_{10}=(101011)_2$

(2) 小数部分:

```
  0.375
×     2
  0.750 ……0(G-1)   ↓
×     2
  1.500 ……1(G-2)
×     2
  1.000 ……1(G-3)
```

结果为:$(0.375)_{10}=(0.011)_2$

将整数部分和小数部分用小数点连接起来就是对应的二进制数。

整个数值的结果为:$(43.375)_{10}=(101011.011)_2$

上述转换方法可以引入十进制数转换成任意进制数 R,整数部分采用除 R 取余法。所以,十进制整数转换成八进制数时,采用除 8 取余法;十进制整数转换成十六进制数时,采用除 16 取余法。同样,小数部分采用乘 R 取整法,十进制小数转换成八进制数时,采用乘 8 取整法;十进制小数转换成十六进制数时,采用乘 16 取整法。

[**例 5**] 将$(156)_{10}$转换成八进制数。

解:

```
8 | 156   ……余4   ↑
 8 | 19   ……余3
  8 | 2   ……余2
      0
```

所以:$(156)_{10}=(234)_8$

3. 二进制数与八进制数、十六进制数的相互转换

由于 $2^3=8$,因此八进制数的一位对应于二进制数的三位;$2^4=16$,因此十六进制数的一位对应于二进制数的四位,所以二进制数与八进制数、十六进制数的转换是非常方便的。

二进制数转换成八进制数时,采用的原则是“三位并一位”。具体方法:以小数点为基准,整数部分从右至左,每 3 位一组,最高位不足时补 0;小数部分从左至右,每 3 位一组,最低有效位不足 3 位时补 0。然后,将每组数字转换成 1 位等值的八进制数。

二进制数转换成十六进制数时,采用的原则是“四位并一位”。具体方法:以小数点为基准,整数部分从右至左,每 4 位一组,最高位不足时补 0;小数部分从左至右,每 4 位一组,最低有效位不足 4 位时补 0。然后,将每组数字转换成 1 位等值的十六进制数。

而八进制数转换成二进制数，采用的原则是“一位拆三位”。具体方法：把每位八进制数用等值的3位二进制数代替，然后顺序依次连接。

十六进制数转换成二进制数，采用的原则是“一位拆四位”。具体方法：把每位十六进制数用等值的4位二进制数代替，然后顺序依次连接。

表1-3　二、八、十六进制数之间的对应关系

二、八进制数之间的对应关系		二、十六进制数之间的对应关系			
二进制	八进制	二进制	十六进制	二进制	十六进制
000	0	0000	0	1000	8
001	1	0001	1	1001	9
010	2	0010	2	1010	A
011	3	0011	3	1011	B
100	4	0100	4	1100	C
101	5	0101	5	1101	D
110	6	0110	6	1110	E
111	7	0111	7	1111	F

[**例6**] 将 $(10111101.11011)_2$ 分别转换成八进制数和十六进制数。

解：将 $(10111101.11011)_2$ 转换成八进制数：

$\underline{010}\ \underline{111}\ \underline{101}\ .\ \underline{110}\ \underline{110}$

2　7　5　6　6

结果为：$(10111101.11011)_2 = (275.66)_8$

将 $(10111101.11011)_2$ 转换成十六进制数：

$\underline{1011}\ \underline{1101}\ .\ \underline{1101}\ \underline{1000}$

B　D　D　8

结果为：$(10111101.11011)_2 = (BD.D8)_{16}$

[**例7**] 将 $(46.5)_8$ 转换成二进制数。

解：　4　6　.　5

$\underline{100}\ \underline{110}\ .\ \underline{101}$

结果为：$(46.5)_8 = (100110.101)_2$

[**例8**] 将 $(4A.C)_{16}$ 转换成二进制数。

解：　4　A　.　C

$\underline{0100}\ \underline{1010}\ .\ \underline{1100}$

结果为：$(4A.C)_{16} = (1001010.1100)_2$

4. 含有特征数据的转换方法

所谓特征数据，是指2的幂次方的数据，如4、8、16、32、64、128等。当这些数据出现在分母或两数相乘中某一个数据，其转换二进制时，可采用如下方法：

[**例9**] 将 $(15/128)_{10}$ 转换成二进制数。

解：$(15/128)_{10}=(15/2^7)_{10}=(15\times2^{-7})_{10}=(1111)_2\times2^{-7}$

即二进制数 1111 往右移七位$=(0.0001111)_2$

所以：$(15/128)_{10}=(0.0001111)_2$

[**例 10**] 将 $3\times64+5\times16+2\times8+1$ 转换成二进制数。

解：$3\times2^6+5\times2^4+2\times2^3+1$

$=(11)_2\times2^6+(101)_2\times2^4+(10)_2\times2^3+1$

$=(11000000)_2+(1010000)_2+(10000)+1$

$=(100100001)_2$

1.8.4　计算机中的数据表示和存储

在计算机中，所有的数据、指令和符号都是用二进制表示。一个数在计算机内部表示的二进制形式称为机器数，原来的数称为真值。

机器数具有下列特点：

(1) 固定位数。机器数所能表示的数的范围，受计算机硬件设备的限制。当硬件设备制造完毕，机器数具有的位数和表示的范围也完全固定下来，当超过这个范围便会发生溢出。

(2) 符号数字化。计算机中所有信息使用二进制数表示，所以，数的正负号也通过 0 和 1 来加以区分。在机器数中规定的符号位(一般是一个数的最高位)分别用取“0”或“1”表示数值的正负号。

(3) 小数点位置。机器数中按照格式上的约定来确定小数点位置，有定点数和浮点数之分。

1. 定点数

(1) 无符号整数

计算机在表示整数时，最左边的这一位(称最高位)一般用来表示这个数是正数还是负数，那这个数称有符号整数。如果最左边这一位不用来表示正负，也用来表示一位数值，那这个数称无符号整数。无符号整数一般用来表示地址等信息。

n 个二进制数表示的无符号整数的范围是 $0\sim(2^n-1)$。8 个二进制数表示的无符号整数的范围是 00000000～11111111[即 $0\sim255(2^8-1)$]。

[**例 1**] 求 11 个二进制数表示的无符号整数，所能表示的最大值是多少？

解：根据 n 个二进制数表示的无符号整数的范围是 $0\sim(2^n-1)$，则最大数应该是 2^n-1。对于 11 位二进制数，则能表示的最大无符号整数是 $2^{11}-1$，其中：2^{10} 是 1024，2^{11} 是 2048，所以，11 个二进制数表示的无符号整数，所能表示的最大值是 2047。

(2) 有符号整数

在数值计算时，数据往往是有符号的。

在计算机中，用最高位表示其符号(假设 0 表示正数，1 表示负数)。在数据运算时，若符号位和数值位一起进行运算，往往会得到错误的结果。而假设加法和减法分别用加法器和减法器来完成，又会增加运算器的成本。因此，在计算机中符号整数采用补码来表示。

计算机中有关数据的表示，有多种表示方法。下面介绍常用的几种机器数表示方法：原码、反码和补码。

● 原码表示法

原码表示法是一种最简单的机器数表示方法。其中最高位是符号位，用“0”表示正数、“1”表示负数；其他位是数值位，直接用数的二进制表示。

[例 2] 假设用 8 位二进制数表示机器数，写出＋43 和－43 的原码表示。

解：43 的二进制数是 101011，共 6 位数字，再加上符号位共 7 位，还差 1 位，需在符号位和 6 位数字之间增加 1 个 0，保证其机器数是 8 位。所以：

$[+43]_{原}=00101011$　　$[-43]_{原}=10101011$

原码表示法，0 的表示并不是唯一的，有＋0 和－0 之分。

$[+0]=00000000$　　$[-0]=10000000$

原码表示范围：

n 位二进制数：$-2^{n-1}+1\sim+2^{n-1}-1$

8 位二进制数：－127～＋127(11111111B～01111111B)

[例 3] 求 11 个二进制数原码表示法所能表示的范围。

解：n＝11，所以 11 个二进制数原码表示法所能表示的范围是：$-2^{10}+1\sim+2^{10}-1$，即－1023～＋1023。

原码表示简单直观，与真值转换方便，但是加减法运算时，符号不能和数字一同进行计算。因为当两个数相加时，如两数符号相同，则两数相加，相加结果的符号要保持不变；而两数符号不同，则两数相减，此时结果的符号可能正也可能负，确定结果的符号比较困难。解决该问题的方法是采用补码表示法。

● 反码表示法

反码表示法很少直接使用，主要用于求补码的一个中间码。

反码定义为：正数的反码与其原码相同；负数的反码，符号位保持不变，其他位在原码基础上按位取反。所谓按位取反，是指原码对应位是 1，则反码是 0；原码对应位是 0，则反码是 1。

如：[＋1]的原码是 00000001B，反码是 00000001B。

　[－1]的原码是 10000001B，反码是 11111110B。

[例 4] 若有 8 位二进制原码表示为 10101100B，求其反码。

解：$\boxed{1}$ 0101100

———————

符号位保持不变：$\boxed{1}$

其他位上按位取反：1010011

所以，10101100B 的反码是 11010011B。

● 补码表示法

模的概念可以帮助理解补码的概念。

“模”是指一个计量系统的计数范围。如时钟、日历中的日期、月份等。比较容易理解的是时钟。

例如，时钟的模为 12，计量范围是 0～11。如果当前时针指向 9 点，而准确时间是 4 点，调整时间可有以下两种方法：一种是倒拨 5 小时，另一种是顺拨 7 小时。

在以 12 模的系统中，加 7 和减 5 结果是相同的，因此如果是减 5 运算，则可以用加 7 来代替。由此可见，任何有模的计量器，其减法运算均可化为加法运算。

补码定义为：正数的补码与其原码相同；负数的补码，是在反码基础上加 1。

如：[＋1]的原码是 00000001B，反码是 00000001B，补码是 00000001B。

[－1]的原码是 10000001B，反码是 11111110B，补码是 11111111B。

[例 5] 若有 8 位二进制原码表示为 10101100B，求其补码。

解： 1 0101100

符号位保持不变：1

其他位上按位取反：　1010011

加 1　　　　　　　＋　　　1

1 1010100

所以，10101100B 的补码是 11010100B。

补码表示范围：

n 位二进制数：$-2^{n-1} \sim +2^{n-1}-1$

8 位二进制数：－128～＋127(10000000B～01111111B)

[例 6] 求－57 的补码。

解： 先将－57 表示成二进制数－0111001B，则原码为 10111001B，反码是 11000110B，补码是 11000111B。

所以，－57 的补码是 11000111B。

● 补码求真值

补码求真值的方法是：若最高位(符号位)为 0，表示正数，则符号位后的二进制数就是真值。若最高位(符号位)为 1，将符号位后的二进制代码逐位取反，再在末位加 1，得到原码，则符号位后的二进制数就是真值，且是负数。

[例 7] 求补码 11001010 的真值。

解： 先除符号位外，其他位按位取反为 10110101，再末位加 1，结果为 10110110，即真值为－0110110B，即－54D。

计算机中采用了补码表示法，把加法和减法统一成了加法运算，大大简化了计算机运算部件的电路设计，因此，在计算机中所有整数使用补码形式。

2. 浮点表示法

计算机中所处理的数据很多是实型数据，另外在数值计算过程中，也需要处理数值很大和很小的数，这就涉及小数点如何表示的问题。

计算机所表示的数，其小数点位置是可变的。这种数称为浮点数。

浮点数的表示形式为：

任何一个二进制数都可表示成：

$$X = \pm M \times 2^{\pm E}$$

其中，M 称尾数，表示数的有效数字，它决定了数据的精度；E 被称为阶(或阶码)，表示 2 的幂次，它决定了数据表示的范围。任何一个浮点数均由尾数和阶构成。尾数可正可负，同样阶也可正可负。

浮点数的格式为：

数符	阶	阶符	尾数

或

阶符	阶	数符	尾数

尾数要求为二进制的纯小数，其小数点位置在尾数最高位的左边；阶为二进制形式的整数。

3. BCD 编码

BCD 码(Binary-Coded Decimal)用 4 位二进制数来表示 1 位十进制数中的 0～9 这 10 个数码，是一种二进制的数字编码形式，用二进制编码的十进制代码。BCD 码这种编码形式利用了四个位元来储存一个十进制的数码，使二进制和十进制之间的转换得以快捷地进行。

BCD 码也称二进码十进数，BCD 码可分为有权码和无权码两类。其中，常见的有权 BCD 码有 8421 码、5421 码、2421 码，无权 BCD 码有余 3 码、余 3 循环码、格雷码。8421BCD 码是最基本和最常用的 BCD 码，它和四位自然二进制码相似，各位的权值为 8、4、2、1，故称为有权 BCD 码。5421BCD 码和 2421BCD 码同为有权码，它们从高位到低位的权值分别为 5、4、2、1 和 2、4、2、1。余 3 码是由 8421 码加 3 后形成的，是一种"对 9 的自补码"。余 3 循环码是一种变权码，每一位的 1 在不同代码中并不代表固定的数值，主要特点是相邻的两个代码之间仅有一位的状态不同。格雷码(也称循环码)是由贝尔实验室的 Frank Gray 在 1940 年提出的，用于 PCM 方法传送信号时防止出错。格雷码是一个数列集合，它是无权码，它的两个相邻代码之间仅有一位取值不同。余 3 循环码是取 4 位格雷码中的 10 个代码组成的，它同样具相邻性的特点。

不同 BCD 编码介绍：

- 8421 码：8421 码是最基本和最常用的 BCD 码，它和四位自然二进制码相似，各位的权值为 8、4、2、1，故称为有权 BCD 码。和四位自然二进制码不同的是，它只选用了四位二进制码中前 10 组代码，即用 0000～1001 分别代表它所对应的十进制数，余下的六组代码不用。
- 5421 码和 2421 码：5421 码和 2421 码为有权 BCD 码，它们从高位到低位的权值分别为 5、4、2、1 和 2、4、2、1。这两种有权 BCD 码中，有的十进制数码存在两种加权方法，例如，5421 BCD 码中的数码 5，既可以用 1000 表示，也可以用 0101 表示；2421 BCD 码中的数码 6，既可以用 1100 表示，也可以用 0110 表示。这说明 5421 BCD 码和 2421 BCD 码的编码方案都不是唯一的，表 1-3 只列出了一种编码方案。
- 余 3 码：余 3 码是 8421 BCD 码的每个码组加 3(0011)形成的。常用于 BCD 码的运算电路中。
- 余 3 循环码：余 3 循环码是无权码，即每个编码中的 1 和 0 没有确切的权值，整个编码直接代表一个数值。主要优点是相邻编码只有一位变化，避免了过渡码产生的"噪声"。

● Gray 码:Gray 码(格雷码)也称循环码。在一组数的编码中,若任意两个相邻的代码只有一位二进制数不同,则称这种编码为格雷码。

表 1-4　各种 BCD 码表示方法对照表

十进制数	8421 码	5421 码	2421 码	余 3 码	余 3 循环码
0	0000	0000	0000	0011	0010
1	0001	0001	0001	0100	0110
2	0010	0010	0010	0101	0111
3	0011	0011	0011	0110	0101
4	0100	0100	0100	0111	0100
5	0101	1000	1011	1000	1100
6	0110	1001	1100	1001	1101
7	0111	1010	1101	1010	1111
8	1000	1011	1110	1011	1110
9	1001	1100	1111	1100	1010

本章小结

现代计算机的诞生是 20 世纪人类最伟大的发明创造之一。在半个多世纪的发展过程中,经历了 4 个阶段:电子管时代、晶体管时代、集成电路时代和超大规模集成电路时代。计算机的发明是为了解决人计算(处理数据)能力的不足。计算机按照不同的方法分类,有不同的类别。

计算机由五大部件组成。最重要的是 CPU,它是计算机的核心。每种 CPU 对应于一套指令系统,每一条指令都由操作码和操作数两部分组成。

一台 PC 机由主机和外设两部分组成。计算机的主机通常由机箱、主机板、硬盘、光驱以及电源等组成。主机板上集成有芯片组、BIOS、CMOS、总线和 I/O 接口等,可以在上面安装 CPU、内存、显卡、声卡、网卡等。

数字技术是采用有限个状态来表示、处理、存储和传输信息的技术。数字技术的处理对象是“比特”,比特是计算机和其他数字系统处理、存储和传输信息的最小单位。

本章重点主要有:计算机五大部件、CPU 结构组成、指令的组成、指令系统、CPU 性能指标、BIOS 和 CMOS、芯片组、内存、PCI-E、USB 接口、显示器接口、输出设备、硬盘、光盘、进制转换、机器数。

习题 1

一、简答题

1. 计算机的逻辑组成有五大部件,分别是哪些?

2. 简述计算机的工作原理。

3. 简述 CPU 的结构组成及各自的功能。

4. 简述指令的组成及执行过程。

5. 简述 PC 机的组成。

6. 简述硬盘记录信息的方法。

7. 简述基数与位权的概念。

二、填空题

1. 硬盘盘片的表面由外向里分成若干个同心圆，每个圆称为一个________。

2. 如果需要计算机运行存放在磁盘上的程序，必须先将程序调入________，然后才能由 CPU 执行程序。

3. 把磁头移动到数据所在磁道(柱面)所需要的平均时间称为硬盘存储器的平均______时间，它是衡量硬盘机械性能的重要指标。

4. 将计算机内部用“0”“1”表示的信息转换成人可以识别的信息形式(如文字、图形等)的设备称为________设备。

5. 扫描仪的主要性能指标包括：________、色彩位数、扫描幅面、与主机的接口。

6. 指令是一种使用二进制表示的命令语言(又称机器语言)，它规定了计算机执行什么操作以及操作的对象，一般情况下，指令由________和操作数(或操作数地址)组成。

7. 转速为 10 000 rpm 的硬盘，它的平均等待时间约为________ms。

8. 从逻辑功能上讲，计算机硬件系统中最核心的部件是________，它控制着内存储器、外存储器和 I/O 设备有条不紊地工作。

9. 地址线数目是 36 位的 CPU，它可支持的最大物理存储空间为________GB。

10. 对于巨型机和大型机，度量其 CPU 性能的指标之一是“MIPS”，它的中文意义是________/秒。

11. MOS 型半导体存储器芯片可以分为 DRAM 和 SRAM 两种，它们之中________芯片的电路简单，集成度高，成本较低，但速度要相对慢很多。

12. 计算机系统中 Cache 存储器与主存相比容量较小，但________较快。

13. CPU 中用于分析指令操作码以确定需要执行什么操作的部件是指令________部件。

14. CPU 是计算机硬件的重要组成部分，其结构主要由运算器、控制器和________三部分组成。

15. Cache 存储器的有无与大小是影响 CPU 性能的一个重要因素。通常 Cache 容量越大，访问 Cache 命中率就越________，CPU 速度就越快。

16. PC 机中系统配置信息如硬盘的参数，当前时间、日期等，均保存在主板上使用电池供电的________存储器中。

17. 色彩位数(色彩深度)反映了扫描仪对图像色彩的辨析能力。色彩位数为 8 位的彩色扫描仪，可以反映________种不同的颜色。

18. 用户可以自己写入信息，也可以对写入的信息进行擦除和改写的光盘，其英文缩写为________。

19. 硬盘上的一块数据需要三个参数来定位：柱面号、扇区号和________。

20. 十进制数 205.5 的八进制数表示为________。

21. 采用某种进制表示时，如果 4×5＝17，那么 3×6＝________。

22. 与八进制数 377 等值的二进制数是________。

23. 十进制数－31 使用 8 位(包括符号位)补码表示时，其二进制代码为________。

24. 十进制算式 2×64＋2×8＋2×2 的运算结果用二进制数表示为________。

25. 若一个 4 位补码由 2 个“1”和 2 个“0”组成，则可表示的最小十进制整数为________。

三、判断题

1. CD-ROM 光盘记录信息的原理与磁盘一样，只是读出方法不同。（　）

2. 刷新速率指显示器所显示的图像每秒钟更新的次数。通常，刷新速率越高图像的稳定性越好。（　）

3. CD-RW 光盘采用在盘上压制凹坑的办法来记录信息。（　）

4. 光盘片是一种可读不可写的存储介质。（　）

5. CRT 显示器的彩色由 R、G、B 三基色合成得到，而液晶显示器的彩色由 C、M、Y 三基色合成得到。（　）

6. 多任务处理就是 CPU 在同一时刻执行多个程序。（　）

7. 显示卡主要是由显示控制电路、显示存储器和接口电路三个部分组成。（　）

8. 计算机硬件从逻辑上讲包括 CPU、内存储器、外存储器、输入设备和输出设备等，它们通过系统总线互相连接。（　）

9. PC 机的主存储器包含大量的存储单元，每个存储单元都可以存放 8 个 Byte。（　）

10. 总线的重要性能指标之一是带宽，它指的是总线中数据线的宽度，用二进位数来表示(如 64 位)，是决定总线数据传输速率的重要因素。（　）

11. 高速缓存(Cache)可以看作主存的延伸，是主存中部分内容的映射，与主存统一编址，接受 CPU 的访问，但其速度要比主存高得多。（　）

12. 分辨率是数码相机的主要性能指标，分辨率的高低取决于数码相机中的 CCD 芯片内像素的数量，像素越多分辨率就越高。（　）

13. 打印精度是打印机的主要性能指标，它用 DPI 表示。300 DPI 表示每英寸可打印 300 个点。（　）

14. CD-R 光盘是一种能够多次读出和反复修改已写入数据的光盘。（　）

15. 硬盘中不同磁道上的所有扇区能存储的数据量是相同的。（　）

16. 使用同样的字长表示，浮点数表示的数值范围大，定点数表示的数值范围小。（　）

17. 任何一个十进制数都能精确地转换为二进制数。（　）

18. 在计算机网络中传输二进制信息时，经常使用的速率单位有“Kbps”“Mbps”等。其中，1 Mbps＝1 000 Kbps。（　）

第2章　计算机软件

2.1　计算机软件概述

2.1.1　计算机软件的概念

计算机软件(Software,也称软件)是指计算机系统中的程序、运行程序所需的数据及其相关文档。程序是对计算任务的处理对象和处理规则的描述;文档是为了便于了解程序所需的阐明性资料。

软件是根据需要开发出来的。软件开发是根据用户要求建造出软件系统或者系统中的软件部分的过程。软件开发是一项包括需求分析、设计、实现和测试的系统工程。

计算机软件都是用各种程序设计语言编写的。最底层的叫机器语言,它由一些0和1组成,可以被计算机直接理解。上一层叫汇编语言,运行时需由计算机汇编器软件翻译成机器语言程序才能执行。人们常用的计算机语言是更上一层的高级语言,如C、Java、FORTRAN、BASIC等。由计算机高级语言编写的程序一般能在多种计算机上运行,但必须由编译器或者是解释器将高级语言程序翻译成特定的机器语言程序。

软件是一系列按照特定顺序组织的计算机数据和指令的集合。一般来说软件被划分为系统软件和应用软件两类。其中系统软件为计算机使用提供最基本的功能,但是并不针对某一特定应用领域。而应用软件则恰好相反,不同的应用软件根据用户和所服务的领域提供不同的功能。

软件按工作方式可分为实时处理软件、分时软件、交互式软件、批处理软件等。

2.1.2　软件的定义

1. 程序

程序是告诉计算机做什么和如何做的一组指令(或语句),这些指令(或语句)都是计算机能够理解并能够执行的一些命令。程序的特性:

(1) 用于完成某一确定的信息处理任务;

(2) 使用某种计算机语言描述如何完成该任务;

(3) 存储在计算机中,启动运行后才能发挥其作用。

2. 计算机软件

计算机软件往往指的是设计比较成熟、功能比较完善、具有某种使用价值、且有一定规模的程序。软件包含程序、与程序相关的数据和文档。

(1) 程序:是软件的主体;

(2) 数据:是程序运行过程中所处理的对象(数据)和必须使用的一些参数;

(3) 文档:是与程序开发、维护及操作有关的一些资料(如设计报告、维护手册和使用指南等)。

3. 软件的作用

软件能控制管理计算机的软硬件等所有资源,提高计算机使用效率,协调计算机各组成部分的工作,具体的有:

(1) 提供计算机软件开发工具和环境;

(2) 使计算机能完成各项应用任务;

(3) 扩大计算机的功能,实现计算机硬件本身并不提供的功能;

(4) 为用户提供尽可能方便、灵活的计算机操作使用界面。

软件的功能都在硬件的支撑下实现,用硬件实现的功能可以由软件来部分实现。

4. 软件、硬件和用户的关系(如图 2-1 所示)

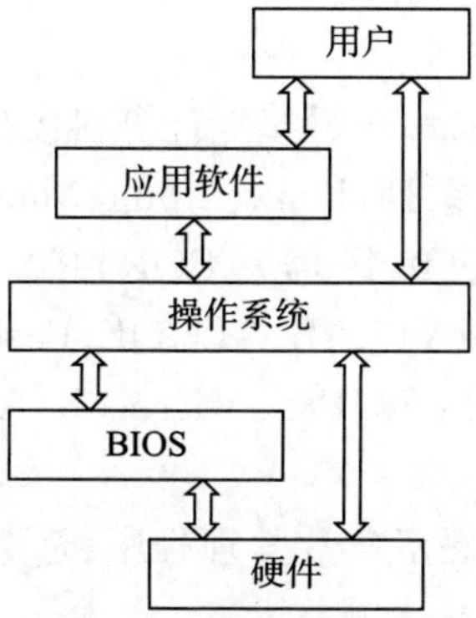

图 2-1　软件、硬件和用户的关系

注意:

(1) 硬件的能力非常有限,只是速度极高而已。

(2) 没有软件,硬件几乎什么任务也完成不了。

5. 软件的特性

(1) 不可见性:软件是无形的,不能被人们直接观察、欣赏和评价。

(2) 无磨损性:软件功能和性能一般不会随着时间的推移而发生任何变化。

(3) 适用性:软件可以适应一类应用问题的需要。

(4) 易复制性:软件可以非常容易且毫无失真地进行复制。

(5) 依附性:软件需依附于一定的硬件、软件和网络环境运行。

(6) 复杂性:软件规模越来越大,开发人员越来越多,开发成本也越来越高。

(7) 不断演变性:软件版本不断改版、软件不断更新(升级、补丁等)、添加新特性、修复漏洞、提高安全性等。

(8) 有限责任或有限保证:"本软件不做任何保证。""程序运行的风险由用户自己承担。""这个程序可能会有一些错误,你需要自己承担所有服务、维护和纠正软件错误的费用。另外,生产厂商不对软件使用的正确性、精确性、可靠性和通用性做任何承诺。"

(9) 脆弱性:软件容易受到黑客攻击、病毒入侵、信息盗用。

2.1.3 软件的分类

按照不同的原则和标准,可以将软件划分为不同的种类。

1. 按用途分类(或总体分类)

(1) 系统软件

系统软件泛指那些为了有效地使用计算机系统、给应用软件开发与运行提供支持或者能为用户管理与使用计算机提供方便的一类软件。例如基本输入/输出系统(BIOS)、操作系统(如 Windows)、程序设计语言处理系统(如 C 语言编译器)、数据库管理系统(如 ORACLE、Access 等)、常用的实用程序(如磁盘清理程序、备份程序等)等都是系统软件。

系统软件的主要特征是:它与计算机硬件有很强的交互性,能对硬件资源进行统一的控制、调度和管理。系统软件有一定的通用性,它并不是专为解决某个具体应用而开发的。在通用计算机系统中,系统软件是必不可少的。通常在购买计算机时,计算机供应厂商为用户提供一些最基本的系统软件,否则计算机无法工作。

系统软件包括:

- 基本输入/输出系统(BIOS)——最接近计算机硬件的系统软件。
- 操作系统:DOS、Windows 系列、Unix、Linux、Mac OS、手机版操作系统等。
- 程序设计语言处理系统(编译器):FORTRAN、BASIC、Visual Basic、Java、C、C++、LISP、PROLOG、MATLAB、ALGOL、Pascal、Python 等。
- 数据库管理系统(DBMS):FoxPro、Microsoft Access、VFP、SQL Server、Oracle、DB 2、SYBASE 等。
- 实用程序:磁盘清理程序、磁盘碎片整理程序、杀毒软件、防火墙等。

操作系统是最重要的系统软件。

(2) 应用软件

应用软件泛指那些专门用于解决各种具体应用问题的软件。由于计算机的通用性和应用的广泛性,应用软件比系统软件更丰富多样。按照应用软件的开发方式和适用范围,应用软件可再分成通用应用软件和定制应用软件两大类。

① 通用应用软件

现代社会不论是学习还是工作,也不论从事何种职业、处于什么岗位,都需要阅读、书写、通信、娱乐和查找信息等,且有时可能还要做演讲、发消息,所有这些活动都有相应的软件,能使其方便、有效地进行。由于这些软件几乎人人都需要使用,所以把它们称为通用应用软件。

通用应用软件分为多种,如文字处理软件、信息检索软件、游戏软件、媒体播放软件、网络通信软件、个人信息管理软件、演示软件、图像处理软件、电子表格软件等。这些软件设计精巧、易学易用,几乎不经培训就能使用。在普及计算机应用的进程中,它们起到了关键的作用。

② 定制应用软件

定制应用软件是按照不同领域用户的特定应用要求而专门设计开发的软件,如超市的销售管理和市场预测系统、汽车制造厂的集成制造系统、大学教务管理系统、医院挂号计费系统、酒店客房管理系统等。这类软件专用性强,设计和开发成本相对较高,只有一些机构用户需要购买，因此价格比通用应用软件贵得多。

所有广泛使用的应用软件，一般都具有如下的共同特点：

- 它们能替代现实世界已有的其他工具，而且使用起来比已有工具更方便、有效。
- 它们能完成已有工具很难完成甚至完全不可能完成的事，扩展了人们的能力。

由于应用软件是在系统软件的基础上开发和运行的，而系统软件又有多种，如果每种应用软件都要提供能在不同系统上运行的版本，将导致开发成本大大增加。目前有一类称为"中间件"的软件，它们作为应用软件与各种系统软件之间使用的标准化编程接口和协议，可以起承上启下的作用，使应用软件的开发相对独立于计算机硬件和操作系统，并能在不同的系统上运行，实现相同的应用功能。

2. 按软件权益分类

如果按照软件权益如何处置来进行分类，则软件有商品软件、共享软件、自由软件和免费软件四类。

(1) 商品软件

商品软件是用户需要付费才能得到其使用权，它除了受版权保护之外，通常还受到软件许可证(License)的保护。软件许可证是一种法律合同，用户购买了商品软件将获得一份软件许可证，软件许可证确定了用户对软件的使用方式，扩大了版权法给予用户的权利。例如，版权法规定将一个软件复制到其他机器去使用是非法的。

软件是智力活动的成果，受到知识产权(版权)法的保护。软件保护相关法律法规主要有《知识产权法》《著作权法》《专利法》《计算机软件保护条例》等。

软件的作者享有拷贝、发布、修改等权利，用户购买软件只获得使用权。在未获得版权所有者许可的情况下复制和散发商品软件的行为是一种违法行为。

用户购买一个软件后只能安装在约定的计算机上使用。购买一个软件，用户仅仅得到了该软件的使用权，并没有获得它的版权。

(2) 共享软件

共享软件是一种"买前免费试用(也称先试用后付费)"的具有版权的软件，它通常允许用户试用一段时间，也允许用户进行拷贝和散发(但不可修改后散发)，但过了试用期若还想继续使用，就得支付注册费，成为注册用户才行。这是一种为了节约市场营销费用的有效的软件销售策略。

(3) 自由软件

自由软件的创始人是理查德·斯托曼，他于 1984 年启动了开发"类 UNIX 系统"的自由软件工程(名为 GNU)，创建了自由软件基金会(FSF)，拟定了通用公共许可证(GPL)，倡导自由软件的非版权原则。该原则是：用户可共享自由软件，允许随意拷贝、修改其源代码，允许销售和自由传播，但对软件源代码的任何修改都必须向所有用户公开，还必须允许此后的用户享有进一步拷贝和修改的自由。自由软件有利于软件共享和技术创新，它的出现成就了 TCP/IP 协议、Apache 服务器软件和 Linux 操作系统等一大批精品软件。

(4) 免费软件(Freeware)

无需付费即可获得的软件。例如 PDF 阅读器、Flash 播放器等。自由软件很多是免费软件，免费软件不全是自由软件。

2.2 操作系统

操作系统(Operating System,简称 OS)是控制和管理计算机系统内各种硬件和软件资源、有效地组织多道程序运行的系统软件(或程序集合),是用户与计算机之间的接口。操作系统是一个大型的软件系统,负责计算机的全部软件、硬件资源的管理,控制和协调并发活动,实现信息的存储和保护,为用户使用计算机系统提供方便的用户界面,从而使计算机系统的运行实现高效率和高自动化。

2.2.1 操作系统的概念、作用、功能及分类

操作系统是计算机运行配置必不可少的底层系统软件,是最重要的系统软件。只有硬件而没有安装任何软件的计算机称为裸机。

1. 操作系统的概念、作用

(1) 操作系统的概念

操作系统在计算机系统中充当计算机硬件系统与应用程序之间的界面,所以,操作系统既面向系统资源又面向用户。面向系统资源,操作系统必须尽可能提高资源利用率;面向用户,操作系统必须提供方便易用的用户界面。

从系统观点:操作系统是对计算机资源管理,这些资源包括硬件和软件。操作系统向用户提供了高级而调用简单的服务,掩盖了绝大部分硬件设备复杂的特性和差异,使得用户可以免除大量的乏味的杂务,而把精力集中在自己所要处理的任务上。

从软件观点:操作系统是程序和数据结构的集合。操作系统是直接和硬件相邻的第一层软件,它是大量极其复杂的系统程序和众多的数据结构集成的。

从用户观点:操作系统提供了方便易用的用户界面,操作系统是用户与计算机硬件之间的接口,一般可以分为三种:命令方式、系统调用、图形界面。

(2) 操作系统的三个主要作用

- 为计算机中运行的程序管理和分配系统中的各种软硬件资源。
- 为用户提供友善的人机界面。如图形用户界面 GUI。
- 为应用程序开发和运行提供高效率的平台。

(3) 其他辅助功能

辅导用户操作(帮助功能)、处理软硬件错误,保护系统安全,显示系统状态。

2. 操作系统的功能

(1) CPU 管理

操作系统 CPU 管理模块的主要任务是确定对 CPU 资源的分配策略,实施对进程或线程的调度和管理。

(2) 存储管理

存储管理涉及系统另一个紧俏资源——内存,它一方面要为系统进程及各个用户进程提供其运行所需要的内存空间,另一方面还要保证各用户进程之间互不影响,此外,还要保证用户进程不能破坏系统进程,提供内存保护。

(3) 设备管理

对所有 I/O 设备进行统一调度和管理。

(4) 文件管理

操作系统的文件管理子系统是最接近用户的部分，它给用户提供一个方便、快捷、可以共享、同时又提供保护的对文件的使用环境。

(5) 网络管理

随着计算机网络功能的不断加强，网络的应用不断深入社会的各个角落，操作系统必须提供计算机与网络进行数据传输和网络安全防护的功能。

3. 操作系统的分类

(1) 按照安装工作方式分

① 批处理操作系统

批处理操作系统的工作方式是：用户将作业交给系统操作员，系统操作员将许多用户的作业组成一批作业，之后输入到计算机中，在系统中形成一个自动转接的连续的作业流，然后启动操作系统，系统自动、依次执行每个作业。最后由操作员将作业结果交给用户。

批处理系统分为：单道批处理系统和多道批处理系统。

② 分时操作系统

分时操作系统的工作方式是：一台主机连接了若干个终端，每个终端有一个用户在使用。用户交互式地向系统提出命令请求，系统接受每个用户的命令，采用时间片轮转方式处理服务请求，并通过交互方式在终端上向用户显示结果。用户根据上步结果发出下道命。分时操作系统将 CPU 的时间划分成若干个片段，称为时间片。操作系统以时间片为单位，轮流为每个终端用户服务。每个用户轮流使用一个时间片，使每个用户并不感到有别的用户存在。分时系统具有多路性、交互性、“独占”性和及时性的特征。多路性指同时有多个用户使用一台计算机，宏观上看是多个人同时使用一个 CPU，微观上是多个人在不同时刻轮流使用 CPU。交互性是指用户根据系统响应结果进一步提出新请求(用户直接干预每一步)。“独占”性是指用户感觉不到计算机为其他人服务，就像整个系统为他所独占。及时性指系统对用户提出的请求及时响应，支持位于不同终端的多个用户同时使用一台计算机，彼此独立、互不干扰，用户感到好像一台计算机全为他所用。

常见的通用操作系统是分时系统与批处理系统的结合，其原则是：分时优先，批处理在后。“前台”响应需频繁交互的作业，“后台”处理时间性要求不强的作业。

③ 实时操作系统

实时操作系统是指使计算机能及时响应外部事件的请求，在规定的严格时间内完成对该事件的处理，并控制所有实时设备和实时任务协调一致地工作的操作系统。实时操作系统追求的目标是：对外部请求在严格时间范围内做出反应，有高可靠性和完整性。其主要特点是资源的分配和调度首先要考虑实时性然后才是效率。此外，实时操作系统应有较强的容错能力。

④ 网络操作系统

网络操作系统是基于计算机网络的，是在各种计算机操作系统上按网络体系结构协议标准开发的软件，包括网络管理、通信、安全、资源共享和各种网络应用。其目标是相互通信及资源共享。主要特点是与网络的硬件相结合来完成网络的通信任务。

⑤ 分布式操作系统

它是为分布计算系统配置的操作系统。大量的计算机通过网络被连结在一起，可以获得极高的运算能力及广泛的数据共享，这种系统被称作分布式系统，它在资源管理、通信控制和操作系统的结构等方面都与其他操作系统有较大的区别。

(2) 按照应用领域分

① 桌面操作系统

桌面操作系统主要用于个人计算机。个人计算机市场从硬件架构上来说主要分为两大阵营，PC 机与 Mac 机，从软件上主要分为两大类，分别为 Windows 操作系统和 Unix 操作系统。

② 服务器操作系统

服务器操作系统一般指的是安装在大型计算机上的操作系统，比如 Web 服务器、应用服务器和数据库服务器等。服务器操作系统主要集中在三大类：Unix 系列、Linux 系列和 Windows 系列。

③ 嵌入式操作系统

嵌入式操作系统是应用在嵌入式系统的操作系统。嵌入式系统广泛应用在生活的各个方面，涵盖范围从便携设备到大型固定设施，如数码相机、手机、平板电脑、家用电器、医疗设备、交通灯、航空电子设备和工厂控制设备等，越来越多的嵌入式系统安装有实时操作系统。

在嵌入式领域常用的操作系统有嵌入式 Linux、Windows Embedded、VxWorks 等，以及广泛使用在智能手机或平板电脑等消费电子产品的操作系统，如 Android、iOS、Symbian、Windows Phone 和 BlackBerry OS 等。

2.2.2 处理器管理

处理器管理的主要任务是对处理器进行分配，并对其运行进行有效的控制和管理。在现代操作系统中，处理器的分配和运行都是以进程为基本单位的，因而对处理器的管理也可以视为对进程的管理。进程是程序的一次执行过程。

1. 处理器管理的功能

(1) 进程控制

在并发运行环境中，要使程序运行，必须先为它创建一个或几个进程，并给它分配必要的资源。程序运行结束时，要撤销这些进程，并回收这些进程所占用的各类资源。

进程控制的主要任务就是为程序创建进程，撤销已结束的进程，以及控制进程在运行过程中的状态转换。

(2) 进程同步

在并发运行环境中，进程是以异步方式工作的，并且以不可预知的速度向前推进。为了使多个进程能有条不紊地运行，系统中必须设置进程同步机制。进程同步的主要任务是对众多的进程运行进行协调。

(3) 进程通信

在系统中经常会有多个进程需要相互配合去完成一个共同的任务，而在这些进程之间，往往需要相互交换信息。进程通信的任务就是用来实现相互合作进程之间的信息交换。

(4) 处理器调度

等待在后备队列上的作业，通常要经过处理器调度才能执行。处理器调度包括作业调度和进程调度。处理器调度也称高级调度，进程调度也称低级调度。

2. Windows 任务管理器

Windows 是一个单用户多任务的操作系统。任务指的是要计算机做的一件事，计算机执行一个任务通常就对应着运行一个应用程序。单任务处理是前一个任务完成后才能启动后一个任务的运行，任务是按顺序执行的；多任务处理就是允许计算机同时执行多个任务，任务是并发执行的。例如边播放音乐边下载电影边编辑 Word 文稿，就是三个任务同时在执行。

这里的并发，实际上是分时处理的。让 CPU 轮流为所有任务服务，依据公平性、优先级、负载均衡的原则，按时间片轮转（如 10～20 ms 为一个时间片），按优先级调度，使用“进程”和“线程”的概念管理（如图 2-2）。

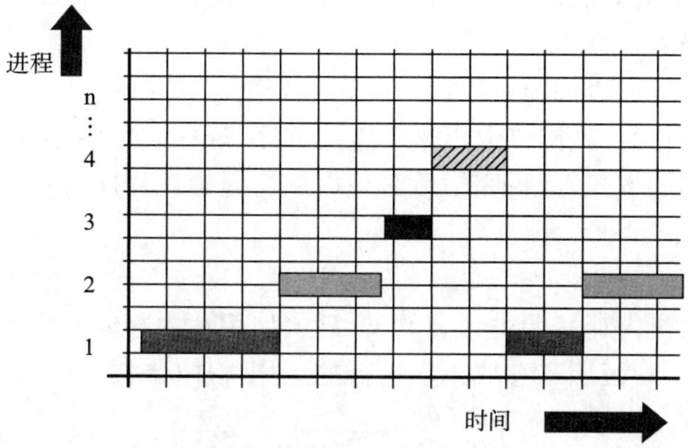

图 2-2　CPU 按时间片轮转

进程是程序的一次执行，线程可以理解为进程中执行的一段程序片段。进程间是独立的，这表现在内存空间、上下文环境方面。线程运行在进程空间内。一般来讲（不使用特殊技术），进程是无法突破进程边界存取其他进程内的存储空间的，而线程由于处于进程空间内，所以同一进程所产生的线程共享同一内存空间。如果不引进线程，同一进程中的两段代码就不能够同时执行。线程是属于进程的，当进程退出时该进程所产生的线程都会被强制退出并清除。线程占用的资源要少于进程所占用的资源。进程和线程都可以有优先级。在线程系统中进程也是一个线程。可以将进程理解为一个程序的第一个线程。

多任务处理的优点是大大提高了用户的工作效率和计算机的使用效率。计算机之所以可以执行多任务，是因为：① CPU 速度极高，且有时不止一个；② CPU 与 I/O（外围设备）可以并行工作，CPU 不必等待 I/O 完成；③ 各个外围设备之间可以并行工作，例如键盘和显示器及网卡。

Windows 任务管理器提供了管理任务的功能，并显示了计算机上所运行的程序和进程的详细信息。如果连接到网络，那么还可以查看网络状态并迅速了解网络是如何工作的。它的用户界面提供了文件、选项、查看、窗口、关机、帮助等六大菜单项，其下还有应用程序、进程、性能、联网、用户等五个标签页，窗口底部则是状态栏，从这里可以查看到当前系统的进程数、CPU 使用比率、更改的内存容量等数据，默认设置下系统每隔两秒钟对数据进行一次自动更新，也可以点击“查看更新速度”菜单重新设置。

对于用户，每启动一个应用程序，OS 就会打开一个相应的窗口，通常一个窗口就是一个任务，每启动一个应用程序，OS 就会在任务栏上显示一个相应的任务按钮（程序按钮），通常一个按钮就是一个任务，窗口可以放大或缩小，甚至可以“最小化”，但任务的运行不受其影响。使用“任务管理器”程序可以了解每个任务的运行情况。

Windows 的任务分为前台任务和后台任务两种。前台任务就是能接受用户输入（击键或点击鼠标）的任务。这样的窗口只能有一个，称为活动窗口，它所对应的任务称为前台任务。除前台任务外，所有其他任务均为后台任务。前台任务与后台任务的区别是，前台任务对应的窗口（活动窗口）位于其他窗口的前面，活动窗口的标题栏比非活动窗口颜色更深（深蓝色），前台任务与后台任务的共同点是都在计算机中运行。前台任务与后台任务可以切换，为了输入信息到某个后台任务中去，必须切换窗口。单击要激活的后台任务窗口的任何区域，或单击任务栏中对应的任务按钮，可以激活此后台任务，将其切换为前台任务，原前台任务自动转为后台任务。

每一个应用程序运行时都要占用大量的系统资源（存储器、CPU、屏幕等），所以当不再需要某个应用程序运行时，就应该退出这个应用程序，释放它所占用的资源。多数应用程序都设计成交互式控制的方式，运行完毕后必须由用户退出该程序。

2.2.3 存储管理

存储管理使计算机内存资源得到高效、合理的使用。内存储器空间划分为两个部分：操作系统区和用户区，用户区用来存放正在运行的应用程序（如图 2－3 所示）。

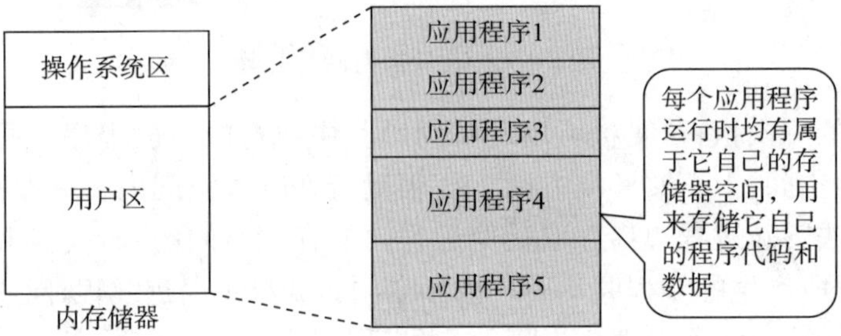

图 2－3 内存储器空间划分示意图

1. 内存管理

所有程序，只有装入内存后才能运行。计算机启动时，首先装入计算机内存的是操作系统，操作系统在其低地址处划出一块内存空间（系统区）给操作系统使用，内存其余空间作为用户空间（用户区）。

程序在装入内存时，操作系统在用户区为其分配空间，分配的策略有以下几种：

● 单一连续分配

把内存分为系统区和用户区两部分，系统区仅提供给 OS 使用，用户区提供给用户使用，即分配时将整个用户区分配给用户使用。这种方式只用于单用户、单任务的操作系统。

● 固定分区分配

把内存的用户空间划分为若干个固定大小的分区，并为之建立一张分区使用表，当一用户程序要装入时，由内存分配程序检索该表，从中找出一个能满足要求的、尚未分配的分区，将其分配之。

● 动态分区分配

根据进程的需要，动态地为之分配内存空间，大小合适，因而不会浪费存储空间。分区分配中的数据结构包括空闲分区表（利用一张表记录着每个空闲分区的分区号、起始地址、分区大小）和空闲分区链（使用指针将各个空闲分区连成一条链表）两种。分区分配算法包括首次适应算法（从头开始检测出第一个大小合适的分区分配之）、循环首次适应算法（从上一次分配位置开始检测出第一个大小合适的分区分配之）、最佳适应算法（空闲分区链表为从小到大排序，从头检测出不小于申请分区大小的分区按申请分区大小分配之，剩余的插回链表中，这种分配方法容易产生碎片）。

● 可重定位分区分配

由于动态分配会造成许多不能使用的小的空闲区，称为“零头”或“碎片”，这时，可以将多个分散在内存中的作业的地址重定位，将它们“拼接”或“紧凑”起来，这样，那些“零头”或“碎片”也就会连接成更大的连续存储空间以便分配之。可重定位分区分配与动态分区分配基本相同，仅仅是前者增加了紧凑功能。

● 对换与覆盖

对换技术：把内存中暂时不能运行的进程或暂时不用的程序和数据，调出到外存上，以便腾出更多的内存空间。

覆盖技术：一个程序被分为若干功能上相对独立的程序段，让那些不会同时执行的程序段共享一块内存。

操作系统要为每个任务分配存储空间，任务结束收回存储空间，对存储空间进行保护，保护操作系统所在区域不被应用程序修改，保护每个应用程序的私有区域不被其他程序修改。

2. 虚拟内存技术

由于任务数量可以很多，所以无论计算机有多少内存，理论上说都是不够用的，解决的办法就是使用虚拟内存技术，对存储空间进行扩充，使应用程序的存储空间不受实际存储容量大小的限制。

虚拟内存是计算机系统内存管理的一种技术，它使得应用程序认为它拥有连续的可用的内存（一个连续完整的地址空间），而实际上，它通常是被分隔成多个物理内存碎片，还有部分暂时存储在外部磁盘存储器上，在需要时进行数据交换。目前，大多数操作系统都使用了虚拟内存，如 Windows 家族的“虚拟内存”、Linux 的“交换空间”等。

虚拟存储技术的基本思想：任务在运行时，没有必要将全部程序和数据同时放进内存。虚拟存储技术只把当前需要运行的那部分程序和数据放入内存，且当其不再使用时，就被换出到外存。即程序中暂时不用的其他部分放在作为虚拟存储器的硬盘上，运行时由操作系统根据需要把保存在外存上的部分调入内存。

虚拟内存是 Windows 为作为内存使用的一部分硬盘空间。虚拟内存在硬盘上其实就是一个很大的文件，文件名是 PageFile. sys，它位于系统盘根目录下，通常状态下是看不到的，必须关闭资源管理器对系统文件的保护功能才能看到这个文件。虚拟内存有时候也被称为“页面文件”，是从这个文件的文件名直译而来。

Windows XP 操作系统中，虚存空间最大可达到 4GB，页面的大小通常是 4KB，页面调度算法是“最近最少使用”(LRU)算法。

虚拟存储技术使外存空间成为内存空间的延伸，取消了内存和外存的区分，增加了运行程序可用的存储容量，使计算机系统似乎有一个比实际内存储器容量大得多的内存空间。

2.2.4 文件管理

1. 文件和文件夹

文件是存储在外存储器中的一组相关信息的集合。当程序和数据需要长期保存，必须以文件的形式保存在外存中，并使用其名字进行存取操作，例如一个程序、一张数码相片、一首 MP3 歌曲、一封电子邮件等。文件是外存中信息的存取(读出/写入)单位。

文件的名字由两部分组成：(主文件名)[.扩展名]。

主文件名(简称文件名)是文件的主要标识，不可省略。

文件扩展名由“.”加 1～4 个英文字母组成，用于区分文件的类型，所以文件扩展名也称类型名，如程序文件(可执行文件).exe、.com(文件中包含的是可以由 CPU 执行的该程序的二进制代码)及数据文件中的纯文本文件(.txt)、Word 文件(.doc)等。处理不同类型的数据文件一般需要使用(关联)不同的程序。

文件名使用西文(或中文)字符组成，但不能使用某些特殊字符，如?、*、\、/、＜、＞、:、|、”等。

(1) 文件：文件是存储在外存储器中的程序和数据的集合，是由二进制组成。日常在计算机中运行的程序、处理的图像、音乐、文字，都是二进制形式，以文件的形式存放在外存中。

(2) 文件夹：文件夹主要是用于文件管理，是将文件分门别类地存放，方便计算机中文件的管理。

(3) 文件的组成：每一个文件都由两部分组成，即文件说明信息和文件内容。

文件说明信息包括：文件名和文件扩展名、文件大小(长度)、在磁盘上存放的起始位置、文件时间(创建时间、最近修改时间、最近访问时间等)、文件创建者、文件属性。

文件属性：可以打开文件属性窗口查看某个或多个文件的属性。在文件属性窗口，可以看到文件的全名、文件的大小、文件的类型、文件的打开方式、文件的位置(就是所在的路径)、文件的创建时间等。另外，还可以设置文件是否只读等用来防止文件被修改或删除。文件属性有：

① 系统文件：是操作系统本身所包含的文件，删除时系统会给出警告，资源管理器若不特别设置为“显示全部文件”(在“工具”菜单的“文件夹选项”对话框中设置)时不会在文件列表中显示。

② 隐藏文件：当资源管理器设置为“不显示隐藏文件”时，它不会在文件列表中列出。

③ 存档属性：通常被当作文件的一种标识，“文件备份程序”通过该属性来决定文件是否需要进行备份，新建的文件或在备份后又被修改过的文件，系统自动地将其属性设置为存档，在执行了备份操作后所有被备份的文件均被清除存档属性。

④ 只读文件：表示该文件只能阅读，不允许进行修改，若需修改则操作系统给出警告。

⑤ 压缩、加密、编制索引属性：前两个属性分别用来指出该文件的数据，在保存到磁盘存储器时，是否需要进行数据压缩(为了节省磁盘空间)和数据加密(不让无关用户了解文件的内容)，后一个属性可以帮助编制该文件的索引，以利于快速进行检索。

Windows 操作系统可对任何一个文件夹设置为共享或非共享的访问权限。具有共享属性的文件可以被网络上的其他用户共享；非共享的文件只限本计算机使用。共享访问可以设置安全性，安全性有三种：只读、可读可修改、需密码访问。

2. 文件组织

每个逻辑盘（物理盘或硬盘上的分区）是一个根文件夹，文件夹中既可包含文件，也可包含文件夹（子文件夹），子文件夹又可存放文件和子文件夹，形成树状多级文件夹结构（也称树型文件夹结构、树型目录结构），如图 2－4 所示。

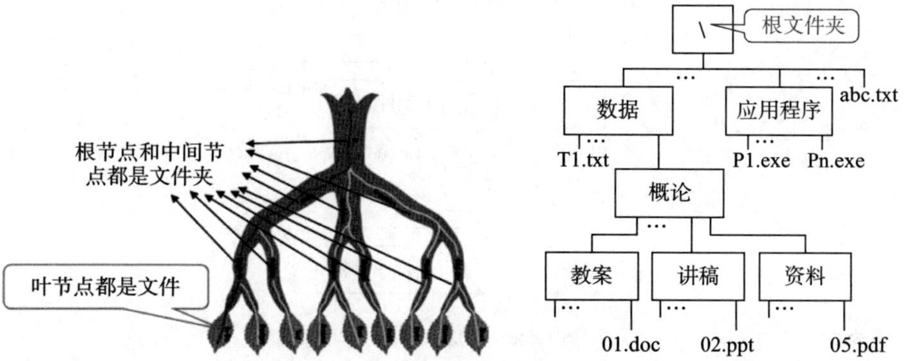

图 2－4　树型结构示意图

使用多级文件夹主要是：有利于文件分类存储、允许文件同名（在不同文件夹中时）、便于文件共享和保护。

（1）路径：文件路径是指文件存储的位置。

计算机中的每个文件都有一个确定的位置，文件的位置有两种表示：绝对路径和相对路径。

① 绝对路径

绝对路径是指目录下的绝对位置，通常是从盘符开始的路径。完整地描述文件位置的路径就是绝对路径。绝对路径名的指定是从树型文件夹结构顶部的根文件夹开始到某个文件夹或文件的路径，由一系列连续的文件夹组成，中间用斜线分隔，直到要指定的文件夹或文件。文件的绝对路径表示由存放文件的逻辑驱动器号、文件路径以及文件名组成：驱动器号（盘符）＋文件路径＋文件名。

［**例 1**］如图 2－5 所示，图中文件 02. ppt 的位置是：D:\数据\概论\讲稿\02. ppt。

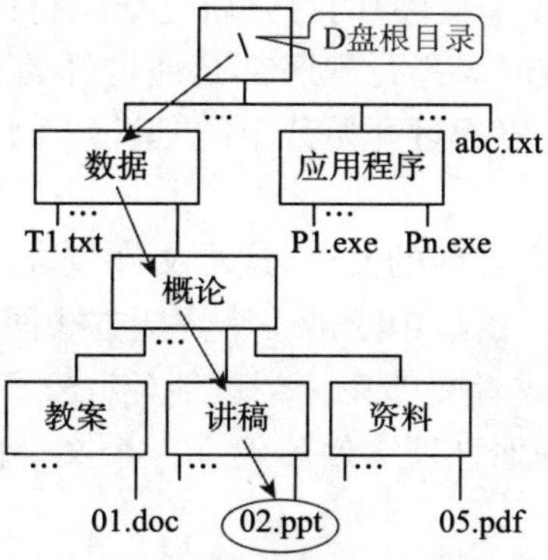

图 2－5　绝对路径表示示意图

HTML 绝对路径(Absolute Path)指带域名的文件的完整路径。

② 相对路径

相对路径是指相对目前所在的位置,跟其他文件(或文件夹)的路径关系。使用相对路径可以带来更多的便利。

[例 2] 如图 2-6 所示,假设现在的位置是在"教案"子文件夹,图中文件 02. ppt 的位置是:..\讲稿\02. ppt。其中".."是上一级文件夹。

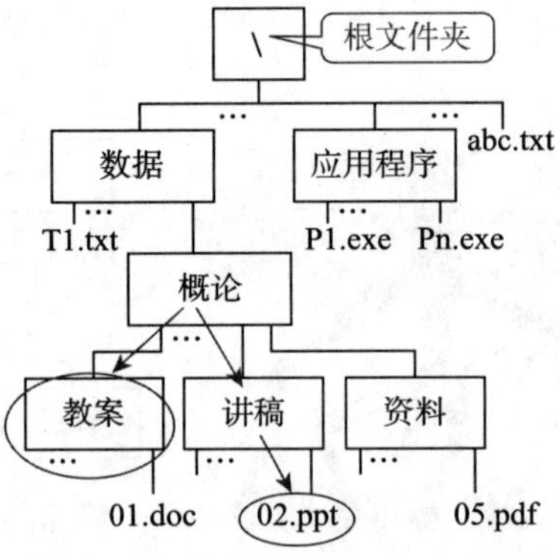

图 2-6　相对路径表示示意图

(2) 文档文件的打开

文档文件一般是指供程序使用或者程序产生的资料性文件,如文字、图像、音乐数据等(文档文件也称为数据文档)。这些文档数据如果能看到和听到,就需要专门的程序还原成字符、图像、声音等可以接受的形式,这个过程就称为文档文件的打开。不同的文档文件需要不同的程序来还原(打开)。

(3) 文件的关联

在 Windows 窗口中双击某个文档文件,这个文档文件就自动地被某个程序打开,这个打开的程序就称为文档文件的关联。文件的关联是一个非常实用方便的功能,很多应用程序安装的时候就设置好了自己关联的文档文件,比如在安装 ACDSee 这个看图程序的时候,就会提示是否关联 BMP、JPG、GIF 等格式的图像文件。另外,也可以手动设置某种格式文件的关联程序(在文件窗口中的"工具/文件夹选项/程序关联"中设置)。

(4) 程序文件的打开

程序文件(. exe、. com、. bat 等文件)的打开就是指运行该程序文件,方法是直接在文件窗口双击该程序文件,但大多数时候运行程序都是通过开始菜单"程序"中的快捷方式或者桌面上的快捷方式。另外,也可以通过开始菜单的"运行"来启动一个程序。

(5) 文件的快捷方式

文件的快捷方式实际上是个特殊的文件,这个文件包含了一个路径,这个路径指向某个文件或者文件夹,当在 Windows 窗口中双击一个快捷方式图标,则 Windows 系统将根据文件内的所指路径打开真实文件或者文件夹。合理地建立文件和文件夹的快捷方式,可以提高操作电脑的速度,也可以更好地管理文件。建立一个文件的快捷方式比较简单的办法就是使用鼠标右键菜单。

(6) 文件的查找

在 Windows 系统中尽管采用了很多方法来加强文件的管理，但实际上常常找不到自己想要的文件，这个时候，可以使用 Windows 的文件查找功能。启动文件查找窗口比较简单的方法是选择某个文件夹，如"我的电脑"文件夹，在右键菜单中选择"查找"，然后在打开的窗口中填入要查找文件名的关键词，如"图片"，确定后程序即可找出"我的电脑"文件夹中名字中有"图片"二字的文件和文件夹。另外，通过开始菜单的"查找"项，可以进行更加丰富的查找。

(7) 磁盘管理

磁盘管理虽然没有文件管理那么多种多样，但实际上还是相当的复杂，这其中包括了软盘、硬盘分区、光盘等的管理。一般的磁盘操作在"我的电脑"文件窗口或者资源管理器中完成，主要的操作是复制、格式化、备份、打开等。

(8) 资源管理器

文件窗口就是简化的资源管理器，而真正的资源管理器可以通过开始菜单的"程序/Windows 的资源管理器"启动，启动后可以看到资源管理器和普通的文件窗口很相像，而只是在左边多了一个文件夹窗口，通过这个文件夹窗口可以比较方便地切换到需要的文件夹，而且在文件的拖动操作上也带来一些方便，但在普通的文件窗口也同样能够实现资源管理器的功能。

2.2.5　设备管理

设备管理就是对系统中的各种输入/输出设备进行管理，处理用户(或应用程序)的输入/输出请求，方便、有效、安全地完成输入/输出操作。

设备管理的主要技术：中断技术、通道技术、虚拟设备技术、缓冲技术。通道技术分为字节多路通道、选择通道和数组多路通道三种。虚拟设备就是"利用某种技术把独占设备改造成可由多个进程共享的设备"。

设备管理的任务：解决 I/O 与 CPU 性能匹配问题，统一管理 I/O 设备，"顺序共享"式有效共享独占型设备。

设备管理的功能：管理各类外围设备，完成用户提出的 I/O 请求，加快 I/O 信息的传送速度，发挥 I/O 设备的并行性，提高 I/O 设备的利用率，以及提供每种设备的设备驱动程序和中断处理程序，向用户屏蔽硬件使用细节。

Windows 使用设备管理器来管理设备。设备管理器是一种管理工具，可用它来管理计算机上的设备。可以使用"设备管理器"查看和更改设备属性、更新设备驱动程序、配置设备设置和卸载设备。设备管理器提供计算机上所安装硬件的图形视图。所有设备都通过一个称为"设备驱动程序"的软件与 Windows 通信。

使用设备管理器可以安装和更新硬件设备的驱动程序、修改这些设备的硬件设置以及解决相关问题。

2.2.6　常用操作系统

1. 不同操作系统的特点

在计算机的发展过程中，出现过许多不同的操作系统，其中最为常用的有 Windows、Mac OS、Linux、Free BSD、Unix/Xenix、OS/2 等，下面介绍不同的操作系统的特点。

（1）PC 机使用的操作系统一般都具有多任务处理功能。

（2）网络服务器上安装运行的是"网络操作系统"，特点是：

- 具有强大的多用户并发处理能力；
- 支持多种网络通信功能，提供专门的网络应用服务；
- 安全性强，可靠性好。

（3）军事指挥和武器控制系统、电网调度和工业控制系统、证券交易系统等，安装运行的是"实时操作系统"，特点是：

- 对外部事件能在允许的时间范围内快速作出响应；
- 具有很高的可靠性和安全性。

（4）嵌入式计算机应用中运行的是"嵌入式操作系统"，特点是：

- 快速、高效，具有实时处理功能
- 代码非常紧凑，存储器需求小。

（5）手机操作系统：

- Android：Android 是一种以 Linux 为基础的开放源代码操作系统，主要使用于便携设备。
- iOS：iOS 操作系统是由苹果公司开发的手持设备操作系统。iOS 与苹果的 Mac OS Ⅹ操作系统一样，它也是以 Darwin 为基础的，因此同样属于类 Unix 的商业操作系统。原本这个系统名为 iPhone OS，直到 2010 年 6 月 7 日 WWDC 大会上宣布改名为 iOS。
- WP：Windows Phone（简称 WP）是微软发布的一款手机操作系统，它将微软旗下的 Xbox Live 游戏、Xbox Music 音乐与独特的视频体验集成至手机中。
- 华为鸿蒙系统（HarmonyOS）：是一款"面向未来"、面向全场景（移动办公、运动健康、社交通信、媒体娱乐等）的分布式操作系统。在传统的单设备系统能力的基础上，HarmonyOS 提出了基于同一套系统能力、适配多种终端形态的分布式理念，能够支持多种终端设备。2019 年 8 月，华为在开发者大会上正式发布鸿蒙系统。2020 年 9 月，华为在开发者大会上发布鸿蒙 2.0，并面向应用开发者发布 Beta 版本。2020 年 12 月，华为发布鸿蒙 OS 2.0 手机开发者 Beta 版。

2. 常用操作系统介绍

（1）Mac OS Ⅹ操作系统

Mac OS 操作系统是美国苹果计算机公司为它的 Macintosh 计算机设计的操作系统的一代操作系统，该机型于 1984 年推出，在当时的 PC 机还只是 DOS 枯燥的字符界面的时候，Mac 率先采用了一些至今仍为人称道的技术。比如 GUI 图形用户界面、多媒体应用、鼠标等，Macintosh 计算机在出版、印刷、影视制作和教育等领域有着广泛的应用，Microsoft Windows 至今在很多方面还有 Mac 的影子，2001 年苹果公司又发布了先进的个人电脑操作系统 Mac OS Ⅹ。

（2）Windows 系统（最普遍最常用的操作系统）

Windows 是 Microsoft 公司在 1985 年 11 月发布的第一代窗口式多任务系统，它使 PC 机开始进入了所谓的图形用户界面时代。在图形用户界面中，每一种应用软件（即由 Windows 支持的软件）都用一个图标（Icon）表示，用户只需把鼠标移到某个图标上，连续两次按下鼠标器的拾取键即可进入该软件，这种界面方式为用户提供了很大的方便，把计算机的使用提高到了一个新的阶段。

(3) Unix 系统

Unix 系统是 1969 年在贝尔实验室诞生，最初是在中小型计算机上运用。最早移植到 80286 微机上的 Unix 系统，称为 Xenix。Xenix 系统的特点是短小精干，系统开销小，运行速度快。Unix 为用户提供了一个分时的系统以控制计算机的活动和资源，并且提供一个交互、灵活的操作界面。Unix 被设计成能够同时运行多进程，支持用户之间共享数据。同时，Unix 支持模块化结构，当安装 Unix 操作系统时，只需要安装工作需要的部分，例如 Unix 支持许多编程开发工具，但是如果用户并不从事开发工作，只需要安装最少的编译器。用户界面同样支持模块化原则，互不相关的命令能够通过管道相连接用于执行非常复杂的操作。Unix 有很多种，许多公司都有自己的版本，如 AT&T、Sun、HP 等。

(4) Linux 系统

Linux 是当今电脑界一个耀眼的名字，它是目前全球最大的一个自由免费软件，其本身是一个功能可与 Unix 和 Windows 相媲美的操作系统，具有完备的网络功能，它的用法与 Unix 非常相似，因此许多用户不再购买昂贵的 Unix，转而投入 Linux 等免费系统的怀抱。Linux 最初由芬兰人 Linus Torvalds 开发，其源程序在 Internet 网上公开发布，由此，引发了全球电脑爱好者的开发热情，许多人下载该源程序并按自己的意愿完善某一方面的功能，再发回网上，Linux 也因此被雕琢成一个全球最稳定的、最有发展前景的操作系统。曾经有人戏言：要是比尔·盖茨把 Windows 的源代码也作同样处理，现在 Windows 中残留的许多 BUG(错误)早已不复存在，因为全世界的电脑爱好者都会成为 Windows 的义务测试和编程人员。

Linux 操作系统具有如下特点：

- 它是一个免费软件，您可以自由安装并任意修改软件的源代码。
- Linux 操作系统与主流的 Unix 系统兼容，这使得它一出现就有了一个很好的用户群。
- 支持几乎所有的硬件平台，包括 Intel 系列、680x0 系列、Alpha 系列、MIPS 系列等，并广泛支持各种周边设备。

(5) PS/2 系统

1987 年 IBM 公司在激烈的市场竞争中推出了 PS/2(Personal System/2)个人电脑。PS/2 系列电脑大幅度突破了现行 PC 机的体系，采用了与其他总线互不兼容的微通道总线 MCA，并且 IBM 自行设计了该系统约 80%的零部件，以防止其他公司仿制。OS/2 系统正是为系列机开发的一个新型多任务操作系统。OS/2 克服了 DOS 系统 640KB 主存的限制，具有多任务功能。OS/2 也采用图形界面，它本身是一个 32 位系统，不仅可以处理 32 位 OS/2 系统的应用软件，也可以运行 16 位 DOS 和 Windows 软件。OS/2 系统通常要求在 4MB 内存和 100MB 硬盘或更高的硬件环境下运行。由于 OS/2 仅限于 PS/2 机型，兼容性较差，故而限制了它的推广和应用。

(6) 手机操作系统

- Android：是一种基于 Linux 内核(不包含 GNU 组件)的自由及开放源代码的操作系统。主要使用于移动设备，如智能手机和平板电脑，由美国 Google 公司和开放手机联盟领导及开发。Android 操作系统最初由 Andy Rubin 开发，主要支持手机。

- iOS：iOS 是由苹果公司开发的移动操作系统。苹果公司最早于 2007 年 1 月 9 日的 Macworld 大会上公布这个系统，最初是设计给 iPhone 使用的，后来陆续套用到 iPod touch、iPad 上。iOS 与苹果的 Mac OS 操作系统一样，属于类 Unix 的商业操作系统。原本这个系统名为 iPhone OS，因为 iPad、iPhone、iPod touch 都使用 iPhone OS，所以 2010 年 WWDC 大会上宣布改名为 iOS（iOS 为美国 Cisco 公司网络设备操作系统注册商标，苹果改名已获得 Cisco 公司授权）。
- WP：Windows Phone（简称 WP）是微软发布的一款手机操作系统，它将微软旗下的 Xbox Live 游戏、Xbox Music 音乐与独特的视频体验集成至手机中。
- 华为鸿蒙系统（HarmonyOS）：是华为在 2019 年 8 月 9 日于东莞举行华为开发者大会，正式发布的操作系统。HarmonyOS 是华为基于开源项目 OpenHarmony 开发的面向多种全场景智能设备的商用版本。鸿蒙系统是一款全新的面向全场景的分布式操作系统，创造一个超级虚拟终端互联的世界，将人、设备、场景有机地联系在一起，将消费者在全场景生活中接触的多种智能终端实现极速发现、极速连接、硬件互助、资源共享，用合适的设备提供场景体验。

2.3 程序设计语言及其处理系统

计算机语言（Computer Language）指用于人与计算机之间通信的语言。语言分为自然语言与人工语言两大类。自然语言是人类在自身发展的过程中形成的语言，是人与人之间传递信息的媒介。计算机语言是人与计算机之间传递信息的媒介。计算机系统最大的特征是指令通过一种语言传达给计算机。

2.3.1 程序设计语言概述

计算机语言的种类很多，但可以分成机器语言、汇编语言和高级语言三大类。

计算机每做的一次动作、一个步骤，都是按照已经用计算机语言编写好的程序来执行，程序是计算机要执行的指令的集合，而程序全部是用计算机语言来编写的，人们要控制计算机就必须通过计算机语言向计算机发出命令。

1. 机器语言

机器语言是指一台计算机全部的指令集合。

计算机所使用的是由“0”和“1”组成的二进制数，二进制是计算机语言的基础。机器语言是计算机唯一能够认识的语言，但掌握机器语言十分困难。

机器语言是由 CPU 的指令组成，指令是不可分割的最小功能单元。每台计算机的指令系统往往各不相同。机器语言是所有语言中效率最高的，是第一代计算机语言。

优点：可以直接被计算机执行。机器语言编写的程序代码短、占用内存少，执行效率高，速度快。

缺点：记不住、难理解、编程效率低、不易维护；不同的机器语言程序，相互不兼容（可移植性差）；现在已不直接用机器语言编制程序。

2. 汇编语言

为了减轻使用机器语言编程难度，人们进行了一种有益的改进：用一些简洁的英文字母、符号串来替代一个特定的指令的二进制串，比如，用“ADD”代表加法，“MOV”代表数据传送等等，这种程序设计语言称为汇编语言，是第二代计算机语言。但计算机并不认识这些符号，需要一个专门的程序，负责将这些符号翻译成二进制数的机器语言，这种翻译程序被称为汇编程序。

汇编语言同样十分依赖于机器硬件，移植性不好，但效率仍很高，针对计算机特定硬件而编制的汇编语言程序，能准确发挥计算机硬件的功能和特长，程序精炼而质量高，所以至今仍是一种常用而强有力的软件开发工具。

汇编语言的实质和机器语言是相同的，都是直接对硬件操作，只不过指令采用了英文缩写的标识符，更容易识别和记忆。它同样需要编程者将每一步具体的操作用命令的形式写出来。

汇编程序的每一条指令只能对应实际操作过程中的一个很细微的动作，例如取操作数(数据传送)、做加法操作、存结果，因此汇编源程序一般比较冗长、复杂、容易出错。使用汇编语言编程需要有更多的计算机专业知识。汇编语言的优点是：源程序经汇编生成的可执行文件小，执行速度快。

汇编语言编写的程序，必须经过汇编程序翻译才能运行。

3. 高级语言

高级语言有：BASIC(True BASIC、QBASIC、Visual Basic)、C、C++、Pascal、Fortran、智能化语言(LISP、Prolog、CLIPS、OpenCyc、Fazzy)、动态语言(Python、PHP、Ruby、Lua)等等。高级语言源程序可以用解释、编译两种方式执行，常用编译方式。

高级语言是目前绝大多数编程者的选择，和汇编语言相比，它不但将许多相关的机器指令合成为单条指令，并且去掉了与具体操作有关但与完成工作无关的细节。例如使用堆栈、寄存器等，这样大大简化了程序中的指令。由于省略了很多细节，所以编程者也不需要具备太多的专业知识。高级语言主要是相对于汇编语言而言，它并不是特指某一种具体的语言，而是包括了很多编程语言，如目前流行的 VB、VC++等，这些语言的语法、命令格式都各不相同。

4. 高级语言的发展

在 C 语言诞生以前，系统软件主要是用汇编语言编写。由于汇编语言程序依赖于计算机硬件，其可读性和可移植性都很差，但一般的高级语言又难以实现对计算机硬件的直接操作，于是希望有一种兼有汇编语言和高级语言特性的新语言——C 语言。

高级语言的发展经历了计算机语言到面向过程程序设计语言(或称结构化程序设计语言)，从面向过程到面向对象程序设计语言的过程。与之对应的，软件开发也由最初的个体手工作坊式的封闭式生产，发展为产业化、流水线式的工业化生产。

20 世纪 80 年代初提出面向对象的程序设计思想，而在此之前，基本都是面向过程的程序设计。面向过程的程序设计的最大特点是模块化，程序主要由模块组成，程序的执行是通过模块调用执行，前一模块执行结束，新模块才可以开始执行，无法动态地改变程序的执行方向。而面向对象的程序设计是面向具体的应用功能，也就是对象。

高级语言的下一个发展目标是面向应用，只需要告诉程序要干什么，程序就能自动生成算法，自动进行处理，这就是非过程化的程序语言。

2.3.2 程序设计语言的基本成分

程序设计语言的基本成分有：

- 数据成分：描述程序所涉及的数据。
- 运算成分：描述程序中的所有运算。
- 控制成分：描述程序的控制流程。
- 传输成分：表达数据的传输和输入输出。

1. 程序设计语言的数据成分

学习计算机语言的一个重要任务就是编写程序。计算机程序的主要功能就是处理数据。现实世界中的各种事物，在计算机程序中均要描述为数据。为了更好地处理数据，在计算机语言中都有相应规定，对数据的定义、存储格式、运算规则等进行规范。

数据的基本属性有：标识符、类型和作用域。

(1) 常量和变量

按照程序运行时数据的值能否改变，将数据分为常量和变量。变量具有左值和右值，在程序运行过程中其左值可以改变；常量只有右值，在程序运行过程中不能改变。

(2) 全局变量和局部变量

按照数据的作用域范围，可分为全局变量和局部变量。系统为全局变量分配的存储空间在程序运行的过程中一直不变，而为局部变量分配的存储单元是动态的。

(3) 数据类型

按照数据组织形式不同可将数据分为基本类型、用户自定义类型、构造类型和其他类型。

- 基本类型：整型(int)、字符型(char)、实型(float、double)和布尔类型(bool)。
- 特殊类型：空类型(void)。
- 用户定义类型：枚举类型(enum)。
- 构造类型：数组、结构、联合。
- 指针类型：type *。

2. 程序设计语言的运算成分

用以描述程序中所包含的运算(算术运算、逻辑运算、字符串运算等)。

3. 程序设计语言的控制成分

控制成分用来提供一种基本框架，在此基本框架的支持下，将数据和对数据的运算组合成程序。控制成分指明语言允许表述的控制结构。基本的控制成分有以下三种：

(1) 顺序结构

顺序结构用来表示一个计算操作序列，从第一个操作开始，按顺序依次执行后续的操作，直到最后一个操作。

(2) 选择结构

选择结构提供了在两种或多种分支中选择其中一个操作。

(3) 循环结构

循环结构描述了重复计算的过程，通常由三部分组成：初始化、循环体和循环条件。主要有三种形式：while 型循环结构、do-while 型循环结构和 for 型循环结构。三种基本控制结构如图 2-7 所示。

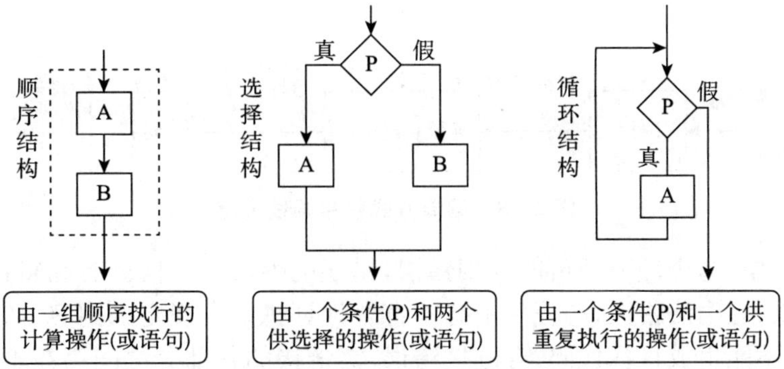

图 2-7　三种基本控制成分

控制成分主要是指选择结构语句和循环结构语句。

4. 传输成分

用以描述程序中的数据传输操作，例如 I/O 语句。

2.3.3　程序设计语言处理系统

1. 高级语言的翻译程序

高级语言编写的程序，计算机是不能直接执行的，必须要翻译成机器语言。在程序设计中，把高级语言编写的程序称为源程序，把机器语言程序称为目标程序。按照翻译方式的不同，可以把高级语言分为以下两类：

(1) 解释程序(或称解释器)：执行方式类似于日常生活中的"同声翻译"，应用程序源代码一边由相应语言的解释器"翻译"成目标代码(机器语言)，一边执行，因此效率比较低，而且不能生成可独立执行的可执行文件，应用程序不能脱离其解释器，但这种方式比较灵活，可以动态地调整、修改应用程序。

(2) 编译程序(或称编译器)：编译是指在应用源程序执行之前就将程序源代码"翻译"成目标代码(机器语言)，因此其目标程序可以脱离其语言环境独立执行，使用比较方便，效率较高。但应用程序一旦需要修改，必须先修改源代码，再重新编译生成新的目标文件才能执行，只有目标文件而没有源代码，修改很不方便。现在大多数的编程语言都是编译型的，例如 C 语言、Visual C++等。

从源程序开始，到目标程序，通常需要以下四个环节：

- 将源程序录入计算机。这个环节称为编辑。通常编辑都是在某个环境或工具中完成，也可以在任意编辑软件中完成。
- 将源程序翻译成目标程序，这个环节叫编译。通常一种高级语言有几种编译器，例如 C 语言就有三种：TC、BC 和 VC。这些编译器的翻译结果在某些方面存在着差异。
- 将分开编写、单独编译的多个目标程序组合成一个整体。这个环节称为链接(或连接)。现代的程序，往往都是团队合作的结果，每个人承担的，只是任务的一个部分，这些部分往往是分别编译、集中组合。
- 运行。编译方式程序调试过程如图 2-8 所示。

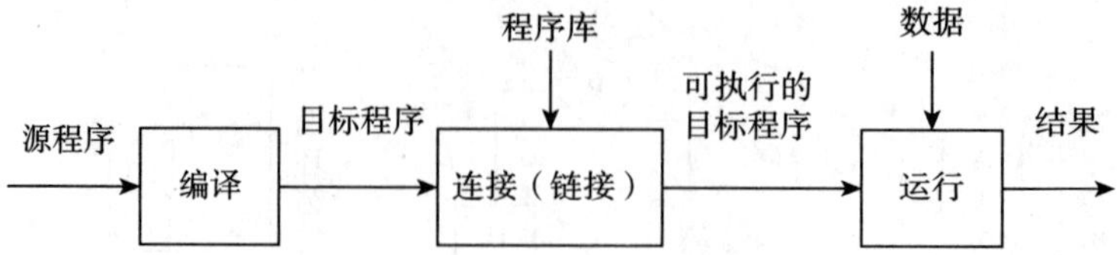

图 2－8　编译方式程序调试过程

这四个环节中，每个环节都可能发现错误，错误的性质也不同。有编辑错误，就是录入过程发生的错误；有语法错误，源程序中有不符合计算机语言规定的内容，如果存在语法错误，编译程序就不能生成目标代码；有链接错误，需链接的各部分之间存在不符合规定的地方；在运行阶段发生的错误，称为运行时错误，运行时错误可能是结果不正确，也可能是没有结果，或者是系统出现异常。

程序在各个环节发生错误，都需要回头去分析、改正错误，称为调试。一般的，程序都要经过反复调试才能正确运行。

2. 汇编语言的翻译程序

汇编语言编写的程序，计算机也是不能直接执行的，必须要翻译成机器语言。把从汇编语言到机器语言的翻译程序称汇编程序。

2.3.4　常用程序设计语言

1. FORTRAN 语言

FORTRAN 是 FORmula TRANslation（公式翻译）的缩写词，它是一种主要用于数值计算的面向过程的程序设计语言。FORTRAN 语言的特点是接近数学公式，简单易用。

2. BASIC 语言

Visual BASIC（VB）语言是微软公司基于 BASIC 发展而来的一种程序设计语言，特点是：是一种可视化的、面向对象的、采用事件驱动方式的结构化高级程序设计语言，具有高效率、简单易学及功能强大的特点，可以高效、快速地开发 Windows 环境下功能强大、图形界面丰富的应用软件。

3. Java 语言

由 SUN Microsystem 公司于 1995 年发布的一种面向对象的、用于网络环境的程序设计语言。基本特征是：适用于网络分布环境，具有一定的平台独立性，安全性和稳定性好，Java 语言受到各种应用领域的重视，取得快速的发展，在 Internet 上已推出了用 Java 语言编写的很多应用程序。

4. C 语言和 C＋＋语言

C 语言是 1972—1973 年间由 AT&T 公司 Bell 实验室开发而成的。C 语言兼有高级语言的优点和汇编语言的效率，有效地解决了简洁性和实用性、可移植性和高效性之间的矛盾。C＋＋语言以 C 语言为基础发展而成，既有数据抽象和面向对象能力，运行性能高，又能与 C 语言兼容，因而 C＋＋语言迅速流行，成为当前面向对象程序设计的主流语言。

5. MATLAB（矩阵实验室）语言：数值计算语言。

6. Python 语言：是一种解释型、面向对象、纯粹的自由软件的高级程序设计语言。

2.4　算法和数据结构

2.4.1　程序的概念

程序是利用计算机解决某个实际问题而采用程序设计语言编写的一个指令序列。

程序都是由某种计算机语言编写而来,可以实现某种功能。

传统的程序设计理论认为,算法和数据结构是程序最重要的成分。没有数据结构,就无法描述问题的对象(数据),没有算法,则不能处理数据。

2.4.2　算法表示与评价

算法是解决问题的方法与步骤,是按照要求设计好的有限的确切的计算序列,并且这样的步骤和序列可以解决一类问题。

1. 算法的特性

一个算法应该具有以下五个特性:

(1) 确定性:算法的每一个步骤必须有确切的定义,无二义性。

(2) 有穷性:算法的有穷性是指算法必须能在执行有限个步骤之后终止。

(3) 可行性:算法中有待实现的操作都是计算机可执行的,即必须在计算机的能力范围之内,且在有限时间内能够完成。

(4) 输入:一个算法有 0 个或多个输入,以刻画运算对象的初始情况,所谓 0 个输入是指算法本身定出了初始条件。

(5) 输出:一个算法有 1 个或多个输出,以反映对输入数据加工后的结果。没有输出的算法是毫无意义的。

2. 算法的表示

算法可以使用自然语言(文字说明)、伪代码、流程图、N-S 图、PAD 图等多种不同的方法来描述。

伪代码:是指一种介于自然语言和程序设计语言之间的文字和符号表达工具。

3. 算法设计

算法显著特征是,它解决的是某一类问题而不是一个特定的问题。算法设计一般采用由粗到细、由抽象到具体的逐步求精的方法。对于同一个问题可采用不同的算法去解决,但不同的算法具有不同的效率。

4. 算法与程序的区别

终止性区别:一个程序不一定满足有穷性,如操作系统。

能行性区别:程序中的指令必须可执行并描述精确,而算法无此限制。

5. 算法的评价

分析一个算法的好坏,除其正确性外,还应考虑以下因素:

(1) 算法效率(或称占用的计算机资源)。

(2) 是否易理解、易调试和易测试等。

算法效率分析分为两种:时间效率和空间效率。时间效率被称为时间复杂度(或时间代价),而空间效率被称作空间复杂度(或空间代价)。

- 时间复杂度:时间复杂度主要衡量的是一个算法的运行速度,一个算法花费的时间与算法中语句的执行次数成正比,执行次数越多,花费的时间就越多。一个算法中的执行次数称为语句频度或时间频度,记为 T(n)。
- 空间复杂度:指的是内存占用的空间,与求解问题的数据规模关系密切。由于目前计算机的存储容量很大,所以不再特别关注一个算法的空间复杂度。

(1) 时间复杂度

时间复杂度的定义:在计算机科学中,算法的时间复杂度是一个函数,用于定量描述了该算法的运行时间。一个算法执行所耗费的时间理论上来说是无法计算的,因为它不仅仅与算法有关,还与运行这个算法的计算机有关系,如果计算机性能好、运算速度快,那么所耗费的时间就可能会少,因此,一个算法所耗费的时间是需要放在计算机上实际测试才能确定的。但算法的好坏应该与具体的计算机无关,所以就有了时间复杂度这样的分析方式。

一个算法所花费的时间与其语句的执行次数成正比,算法中的基本操作的执行次数作为算法的时间复杂度。

时间复杂度:时间复杂度是一个函数 f(n)[f(n)是引入了一个辅助函数],表示基本操作重复执行的次数,通过分析函数来确定数量级,数量级用 O 表示,所以算法的时间复杂度为:T(n)=O(f(n))。

[例 3]

有如下程序代码:

```
int f(int n)
{
    int i , j , sum = 0; //执行 1 次
    for (i = 1; i <= n; ++i)   //执行 n 次
        for (j = 1; j <= n; ++j)   //执行 n * n 次
            sum = sum + i * j; // 执行 n * n 次
    return sum; // 执行 1 次
}
```

设每条代码的执行时间为 t,该程序代码的执行时间为[2×(n×n)+n+2]×t。在算法分析中,通常使用 T(n)表示代码执行时间,n 表示数据规模大小,f(n)表示代码执行次数。上面这个例子可以表示为 $f(n)=(2n^2+n+2)\times t$,是一个求总和的计算式,O()表示代码执行时间与 f(n)成正比例。

当 n 变得越来越大时,公式中的低阶、常量、系数三部分对其增长趋势影响小或不大,可以直接忽略,只需记录一个最大的量级,所以上述例子实际它们的时间复杂度应该记为:T(n)=O(n×n)或 $T(n)=O(n^2)$。

$O(n^2)$时间复杂度并不具体表示程序代码真正的执行时间,而是表示代码执行时间随数据规模增长的变化趋势,因此也叫作渐进时间复杂度,简称时间复杂度。

常见的时间复杂度有以下七种:O(1)常数型,$O(\log_2 n)$对数型,O(n)线性型,$O(n\log_2 n)$二维型,$O(n^2)$平方型,$O(n^3)$立方型,$O(2^n)$指数型。

一个算法存在最好、平均、最坏三种情况,最值得关注的是最坏情况,最坏情况是任何算

法运行时间的上界，对于某些算法来说，平均情况和最坏情况一样差。

算法的时间复杂度反映了程序执行时间随数据规模增长而增长的量级，其很大程度上能反映出算法的优劣与否。

时间复杂度的分析与计算方法：

① 循环次数最多原则

[例 4] 计算 1+2+3+…+100 的程序。

```
int sum()
{
    int i , s = 1; // 执行 1 次，忽略不计
    for (i = 1; i <=100; ++i)   // 执行 100 次
        s = s + i; // 执行 100 次，是个常量，忽略不计
    returns; // 执行 1 次，忽略不计
}
```

该程序代码的执行时间是(2×100+2)×t。该算法的时间复杂度 O(1)。

[例 5] 计算 n! 的程序。

```
int f(int n)
{
    int i , s = 1; // 执行 1 次，忽略不计
    for (i = 1; i <= n; ++i)   //执行 n 次
        s = s * i; // 执行 n 次
    returns; // 执行 1 次，忽略不计
}
```

该程序代码的执行时间是(2×n+2)×t。循环执行次数最多为 n 次，因此时间复杂度记为 O(n)。

[例 6] 再分析上述例子。

```
int f(int n)
{
    int i , j , sum = 0; //执行 1 次，忽略不计
    for (i = 1; i <= n; ++i)   //执行 n 次
        for (j = 1; j <= n; ++j)   //执行 n * n 次
            sum = sum + i * j; // 执行 n * n 次
    return sum; // 执行 1 次，忽略不计
}
```

该程序代码的执行时间为(2n×n+n+2)×t。程序中循环次数最多的是 n×n，因此时间复杂度应该记为 $O(n^2)$。

② 加法原则

[例 7]

```
int f(int n)
{
```

```
    int i , j , sum = 0; //常量级,忽略
    for (i = 1; i <=100; i++)
        sum += i; //执行 100 次,还是常量级,忽略
    for (i = 0; i < n; i++)
        sum += i; //执行 n 次
    for (i = 0; i < n; i++)
        for (j = 0; j < n; j++)
            sum += i; //执行 n * n 次
    return sum;
}
```

上述程序代码中,代码时间复杂度分别为 O(1)、O(n)和 $O(n^2)$,其结果本应该是:T(n)=O(1)+O(n)+$O(n^2)$,应取其中最大的量级,因此该程序代码的时间复杂度应记为 $O(n^2)$。

③ 乘法原则

[例 8]

```
int f1(int n)
{
    int i , sum=0;
    for (i = 1; i <= n; i++)
        sum += f2(n); //执行 n 次,每次都会调用 f2 函数执行 n 次
}
int f2(int n)
{
    int i , sum = 0;
    for ( i = 1; i <= n; i++)
        sum +=i; //执行 n 次
    return sum;
}
```

这段程序代码时间复杂度为 $O(n) \times O(n) = O(n \times n) = O(n^2)$

[例 9]

```
int f1(int n , int m)
{
    int i , sum=0;
    for (i = 1; i <= n; i++)
        sum += f2(m); //执行 n 次,每次都会调用 f2 函数执行 n 次
}
int f2(int n)
{
    int i , sum = 0;
    for (i = 1; i <= n; i++)
```

```
        sum += i; //执行 n 次
    return sum;
}
```

该程序代码的时间复杂度就是 O(n×m)。

[例 10] 冒泡排序。

```
for (i =0; i < n-1; i++)
    for (j =n-1; j > i; j--)
        if (a[j]< a[j-1])
        {    t = a[j];   a[j] = a[j-1];   a[j-1] = t; }
```

该程序代码的时间复杂度就是 $O(n^2)$。

④ 对数原则

[例 11]

```
void f(int n)
{
    int i;
    for (i = 1; i <= n; i++)
        i = i * 2;
}
```

该程序代码执行第一次 i=2,执行第二次 i=4,执行第三次 i=8,…

假设它执行了 x 次,则 x 的取值为:

2^x =n

x = $\log_2 n$ (以 2 为底,n 的对数)

当上述代码的 i×2 改成 i×3 的时候,则 x 的取值为:

3^x = n

x = $\log_3 n$ (以 3 为底,n 的对数)

不管 log 的底数是 2、是 3、是 e 或是 10,统统记为 O(logn)。

[例 12]

```
void f1(int n)
{
    int i;
    for (i = 0; i < n; i++)
        f2(n); //执行 n 次,嵌套调用,每次调用执行 logn 次
}
void f2(int n)
{
    int i;
    for (i = 0; i < n; i++)
        i = i * 2; //执行 logn 次
}
```

该程序代码的时间复杂度就是 O(nlogn)。

(2) 空间复杂度

空间复杂度是对一个算法在运行过程中临时占用存储空间大小的量度。一个算法在计算机上占用的内存包括:程序代码、输入/输出数据、中间辅助变量所占用的空间。程序代码所占用的空间取决于算法本身的长短,输入/输出数据所占用的空间取决于要解决的问题,辅助变量是算法运行过程中临时占用的存储空间。

空间复杂度是对一个算法在运行过程中临时占用存储空间大小的量度,不是程序代码占用了多少的空间。空间复杂度考虑的是算法在运行过程中变量的个数。空间复杂度计算规则与时间复杂度基本类似,也使用 O()表示法。

算法中如果不涉及动态分配的空间,以及递归、栈所需的空间,空间复杂度通常为 O(1)。

[**例 13**] 上述冒泡排序,其空间复杂度为 O(1)。

[**例 14**] 计算斐波那契数列(Fibonacci sequence)。

```
long * Fib(int n)
{
    if(n==0) return 0;
    long *F =(long *)malloc((n+1) * sizeof(long));
    F[0] = 1;
    F[1] = 1;
    for (int i = 2; i <= n ; ++i)
        F[i] = F[i - 1] + F[i -2];
    return F ;
}
```

该算法的时间复杂度为 O(n)。

算法的时间复杂度和空间复杂度往往是相互影响的。一个好的时间复杂度往往使空间复杂度的性能变差,而一个好的空间复杂度,可能会使时间复杂度的性能变差。算法的所有性能之间一般存在着或多或少的相互影响,当设计一个算法时,要综合考虑算法的各项性能、处理的数据量的大小、描述语言的特性、运行计算机系统环境等多方面因素,才能够设计出比较好的算法。

6. 常用算法

(1) 递推法

递推是计算机中的一种常用算法。递推是按照一定的规律来计算序列中的每个项(多项式),通常是通过前面的一些项,利用递推公式来得出序列中的后续项的值。递推思想是把一个复杂的计算过程转化为简单多次重复的过程,该算法主要利用了计算机速度快等特点。

(2) 递归法

程序调用自身的编程技巧称为递归。一个过程或函数在其定义或说明中有直接或间接调用自身的一种方法。递归通常把一个大型复杂的问题层层转化为一个与原问题相似的规模较小的问题来求解,递归策略只需少量的程序就可描述出解题过程所需要的多次重复计算,大大地减少了程序的代码量。递归的能力在于用有限的语句来定义对象的无限集合。

递归实现时，需要有递归边界条件、递推阶段和回归阶段。当边界条件不满足时，递推继续；当边界条件满足时，进入回归阶段。递归就是在过程或函数里调用自身，在使用递归策略时，必须有一个明确的递归结束条件，称为递归出口。

(3) 穷举法

穷举法，或称为暴力破解法，是一种针对于密码的破译方法，即将密码进行逐个推算直到找出真正的密码为止。例如一个已知是四位并且全部由数字组成的密码，其可能共有 10 000 种组合，因此最多尝试 10 000 次就能找到正确的密码。理论上利用这种方法可以破解任何一种密码，问题只在于如何缩短试误时间。因此可以运用计算机来增加效率，或辅以字典来缩小密码组合的范围。

(4) 贪心算法

贪心算法(又称贪婪算法)是一种对某些求最优解问题的更简单、更迅速的设计技术。用贪心法设计算法的特点是一步一步地进行，常以当前情况为基础根据某个优化测度作最优选择，而不考虑各种可能的整体情况，贪心算法省去了为找最优解要穷尽所有可能而必须耗费的大量时间，采用自顶向下，以迭代的方法做出相继的贪心选择，每做一次贪心选择就将所求问题简化为一个规模更小的子问题，通过每一步贪心选择，可得到问题的一个最优解，虽然每一步上都要保证能获得局部最优解，但由此产生的全局解有时不一定是最优的，所以贪心算法不要回溯。

(5) 分治法

分治法是把一个复杂的问题分成两个或更多的相同或相似的子问题，再把子问题分成更小的子问题……直到最后子问题可以简单地直接求解，原问题的解即子问题的解的合并。

分治法所能解决的问题一般具有以下几个特征：

① 该问题的规模缩小到一定的程度就可以容易地解决。

② 该问题可以分解为若干个规模较小的相同问题，即该问题具有最优子结构性质。

③ 利用该问题分解出的子问题的解可以合并为该问题的解。

④ 该问题所分解出的各个子问题是相互独立的，即子问题之间不包含公共的子子问题。

(6) 动态规划法

动态规划是一种在数学和计算机科学中使用的，用于求解包含重叠子问题的最优化问题的方法。其基本思想是，将原问题分解为相似的子问题，在求解的过程中通过子问题的解求出原问题的解。动态规划的思想是多种算法的基础，被广泛应用于计算机科学和工程领域。

动态规划程序设计是对解最优化问题的一种途径、一种方法，而不是一种特殊算法。不像前面所述的那些搜索或数值计算那样，具有一个标准的数学表达式和明确清晰的解题方法。动态规划程序设计往往是针对一种最优化问题，由于各种问题的性质不同，确定最优解的条件也互不相同，因而动态规划的设计方法对不同的问题，有各具特色的解题方法，而不存在一种万能的动态规划算法，可以解决各类最优化问题。因此读者在学习时，除了要对基本概念和方法正确理解外，必须具体问题具体分析处理，以丰富的想象力去建立模型，用创造性的技巧去求解。

(7) 迭代法

迭代法也称辗转法，是一种不断用变量的旧值递推新值的过程，跟迭代法相对应的是直接法(或者称为一次解法),即一次性解决问题。迭代法又分为精确迭代和近似迭代。“二分法”和“牛顿迭代法”属于近似迭代法。迭代法是用计算机解决问题的一种基本方法,它利用计算机运算速度快、适合做重复性操作的特点,让计算机对一组指令(或一定步骤)进行重复执行,在每次执行这组指令(或这些步骤)时,都从变量的原值推出它的一个新值。

(8) 分支限界法

分支限界法是一个用途十分广泛的算法,运用这种算法的技巧性很强,不同类型的问题解法也各不相同。分支限界法的基本思想是对有约束条件的最优化问题的所有可行解(数目有限)空间进行搜索。该算法在具体执行时,把全部可行的解空间不断分割为越来越小的子集(称为分支),并为每个子集内的解的值计算一个下界或上界(称为限界)。分支限界法与贪心算法一样,这种方法也是用来为组合优化问题设计求解算法的,所不同的是它在问题的整个可能解空间搜索,所设计出来的算法虽其时间复杂度比贪心算法高,但它的优点是与穷举法类似,都能保证求出问题的最佳解,而且这种方法不是盲目的穷举搜索,而是在搜索过程中通过限界,可以中途停止对某些不可能得到最优解的子空间进一步搜索,故它比穷举法效率更高。

2.4.3 数据结构基本概念

数据结构是研究如何在计算机中表示被处理的对象及对象之间的关系,是计算机存储、组织数据的方式。精心设计的数据结构可使算法获得更高的时间效率或空间效率。

1. 数据的逻辑结构(抽象结构)

数据结构是指同一组数据元素中各数据元素之间存在的关系。数据结构研究的主要内容分别为逻辑结构、存储结构(物理结构)和数据的运算。数据的逻辑结构是从具体问题抽象出来的数学模型,是描述数据元素及其关系的数学特性,有时把逻辑结构简称为数据结构。数据的逻辑结构包括:

(1) 集合结构

数据结构中的元素之间除了“同属一个集合”的相互关系外,别无其他关系。

(2) 线性结构

数据结构中的元素存在一对一的相互关系。

(3) 层次结构(也称树形结构)

数据结构中的元素存在一对多的相互关系。

(4) 网状结构(也称图形结构)

数据结构中的元素存在多对多的相互关系。

层次结构和网状结构称非线性结构。

数据的逻辑结构如图 2-9 所示。

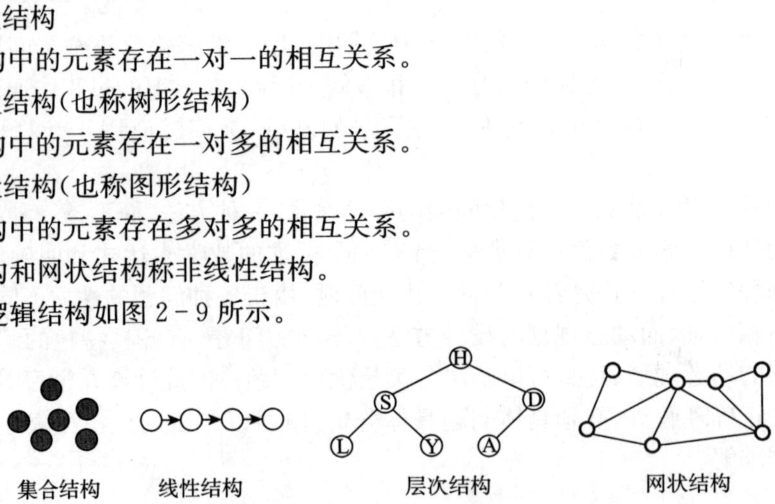

图 2-9 逻辑结构

2. 数据的物理结构(存储结构)

数据结构在计算机中的表示称为数据的物理结构。它包括数据元素的表示和关系的表示。数据元素之间的关系有两种不同的表示方法:顺序表示和非顺序表示,并由此得到两种不同的存储结构,顺序存储结构和链式存储结构。

(1) 顺序存储方法:它是把逻辑上相邻的节点存储在物理位置相邻的存储单元里,节点间的逻辑关系由存储单元的邻接关系来体现,由此得到的存储表示称为顺序存储结构。顺序存储结构是一种最基本的存储表示方法,通常借助于程序设计语言中的数组来实现。

(2) 链式存储方法:它不要求逻辑上相邻的节点在物理位置上亦相邻,节点间的逻辑关系是由附加的指针字段表示的。由此得到的存储表示称为链式存储结构,链式存储结构通常借助于程序设计语言中的指针类型来实现。

数据结构中,逻辑上可以把数据结构分成线性结构和非线性结构。线性结构的顺序存储结构是一种顺序存取的存储结构,线性表的链式存储结构是一种随机存取的存储结构。线性表若采用链式存储表示时,所有节点之间的存储单元地址可连续或不连续。

3. 数据结构的运算

算法的设计取决于数据(逻辑)结构,而算法的实现依赖于采用的存储结构。数据的存储结构实质上是它的逻辑结构在计算机存储器中的实现,为了全面地反映一个数据的逻辑结构,它在存储器中的表示包括两方面内容,即数据元素之间的信息和数据元素之间的关系。不同数据结构有其相应的若干运算。数据的运算是在数据结构上定义的操作算法,如检索、插入、删除、更新和排序等。

数据的运算是数据结构的一个重要方面,讨论任何一种数据结构时都离不开对该结构上的数据运算及其实现算法的讨论。

数据结构不同于数据类型,也不同于数据对象,它不仅要描述数据类型的数据对象,而且要描述数据对象各元素之间的相互关系。

数据类型是一个值的集合和定义在这个值集上的一组操作的总称。数据类型可分为两类:原子类型、结构类型。一方面,在程序设计语言中,每一个数据都属于某种数据类型。类型明显或隐含地规定了数据的取值范围、存储方式以及允许进行的运算。可以认为,数据类型是在程序设计中已经实现了的数据结构。另一方面,在程序设计过程中,当需要引入某种新的数据结构时,总是借助编程语言所提供的数据类型来描述数据的存储结构。

一个软件系统框架应建立在数据之上,而不是建立在操作之上。一个含抽象数据类型的软件模块应包含定义、表示、实现三个部分。

对每一个数据结构而言,必定存在与它密切相关的一组操作。若操作的种类和数目不同,即使逻辑结构相同,数据结构能起的作用也不同。

不同的数据结构其操作集不同,但下列操作不可或缺:

- 结构的生成;
- 结构的销毁;
- 在结构中查找满足规定条件的数据元素;
- 在结构中插入新的数据元素;
- 删除结构中已经存在的数据元素;
- 遍历。

4. 数据结构的地位

瑞士计算机科学家尼克劳斯·沃思(Niklaus Wirth)在20世纪70年代曾经提出过一个著名公式：

数据结构＋算法＝程序

之后他又提出：“计算机科学就是研究算法的学问”。

2.4.4 线性表

线性表是最基本、最简单也是最常用的一种数据结构。线性表是多个具有相同特性的数据元素的有限序列。

线性表中数据元素之间的关系是一对一的关系，即除了第一个和最后一个数据元素之外，其他数据元素都是首尾相接的。

线性表是逻辑结构，线性表在存储时分顺序结构和链表结构两种。

1. 顺序结构

顺序存储的优点：无须为表示表中元素之间的逻辑关系而增加额外的存储空间。可以快速地存取表中任意位置的元素，如图2－10所示。

a_1	a_2	…	a_i	…	a_n

图2－10 顺序结构

顺序存储的缺点：当插入数据时，插入点后面所有的数据要后移一个数据；而当删除数据时，删除数据后面的所有数据要前移一个数据，所以进行插入和删除操作时需要移动大量元素。另外，当线性表长度变化较大时，难以确定存储空间的容量。

2. 链表结构

链表又分单向链表、双向链表、循环链表、有序链表等。

顺序结构每个数据元素只需要存储数据元素信息就可以，而链表结构，除了要存储数据元素信息外，还要存储它的后继元素的存储地址(指针)。把存储数据元素信息的域称为数据域，把存储直接后继位置的域称为指针域。指针域中存储的信息称为指针或链。这两部分信息组成数据元素，称为节点(Node)。

链表的每个节点中只包含一个指针域，则称为单向链表(图2－11)，而链表的每个节点中只包含两个指针域，则称为双向链表。

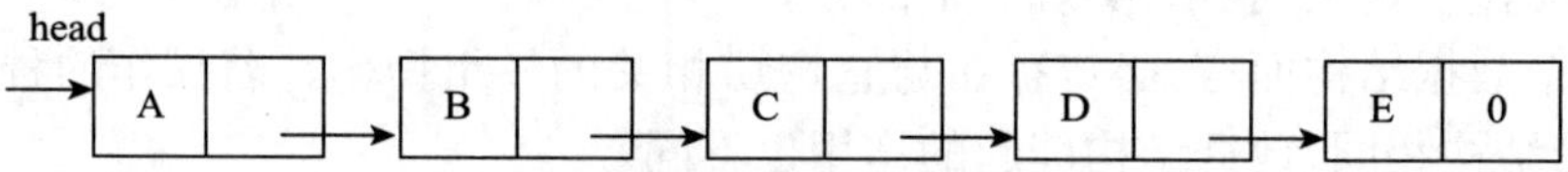

图2－11 单向链表

如果链表最后一个节点地址域指向链表的第一个节点，则称为循环链表。头指针是指向链表第一个节点的指针，若链表有头节点，则是指向头节点的指针。链表的操作有建立、插入、删除、查找、输出等。链表在访问时，总是从头指针开始。

2.4.5 栈和队列

栈(stack)和队列(queue)都属于操作受到限制的特殊线性表。

1. 栈

对栈的操作是数据的添加和删除必须在表的固定一端进行，每次只能添加或删除一个数据元素。数据添加和删除的一端称为“栈顶”(top)，另一端称为“栈底”(bottom)。添加数据的操作称为“压栈”或“进栈”(push)，删除数据的操作称为“出栈”(pop)。栈结构的操作具有先进后出(FILO:First In Last Out)的特点。图 2－12 是栈结构示意图。

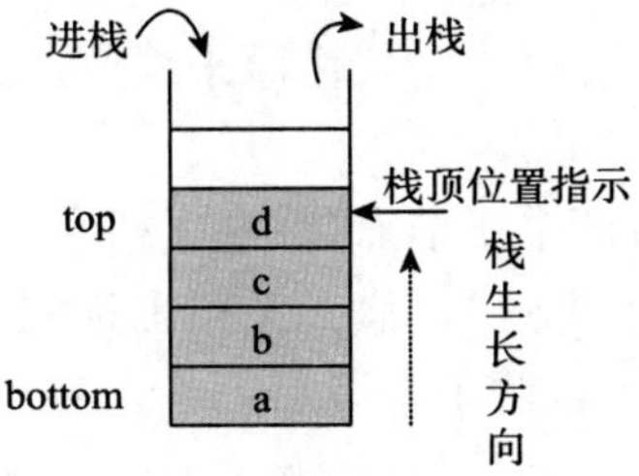

图 2－12　栈结构示意图

2. 队列

队列的操作是数据的增加和删除分别在表的两端进行，每次只能增加或删除一个数据元素。其中，添加数据的一端称为“队尾”(rear)，删除数据的一端称为“队头”(front)。添加数据的操作称为“入队”或“进队”，删除数据的操作称为“出队”。队列结构的操作具有先进先出(FIFO:First In First Out)的特点。图 2－13 是队列结构示意图。

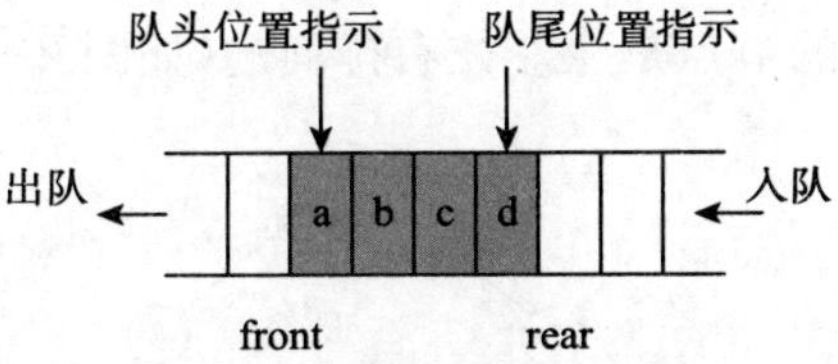

图 2－13　队列结构示意图

循环队列是把顺序队列首尾相连，把存储队列元素的表从逻辑上看成一个环，成为循环队列。在循环队列中，当队列为空时，有 front＝rear，而当所有队列空间全占满时，也有 front＝rear。为了区别这两种情况，规定循环队列最多只能有 MaxSize－1 个队列元素，当循环队列中只剩下一个空存储单元时，队列就已经满了。因此，队列判空的条件是 front＝rear，而队列判满的条件是 front＝(rear＋1)％MaxSize。

2.4.6　树

树属于非线性结构，如图 2－14 所示。

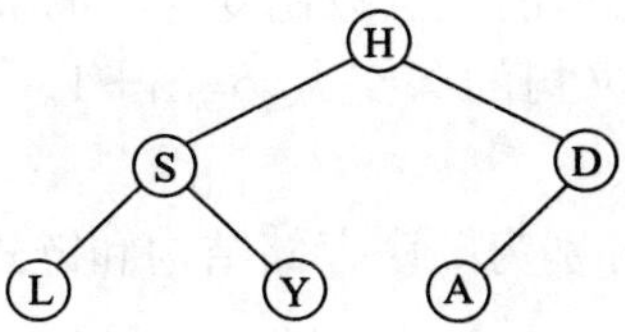

图 2－14　树

其中：H 称 S、D 的双亲(或称父节点)，S、D 是 H 的孩子(或称子节点)，S 和 D 是兄弟。没有双亲节点的 H 称根节点，而没有孩子节点的 L、Y、A 称叶节点。

1. 树的相关概念

(1) 树的度：树中所有节点中子节点数的最大值。

(2) 树的深度：也称为树的高度，树中所有节点的层次最大值称为树的深度。

(3) 森林：由 m(m≥0)棵互不相交的树构成一片森林。如果把一棵非空的树的根节点删除，则该树就变成了一片森林，森林中的树由原来根节点的各棵子树构成。

2. 二叉树的定义及分类

二叉树每个节点最多只能有两个子节点，称左子树和右子树。二叉树的分类：

(1)满二叉树(Perfect Binary Tree)。满二叉树也称完美二叉树(如图 2－15)。满二叉树满足两个特性：所有的节点都包含两个子节点。

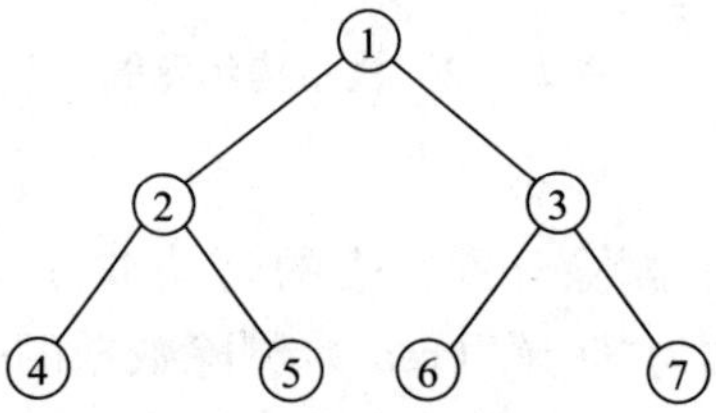

图 2－15　满二叉树

(2) 完全二叉树(Complete Binary Tree)。完全二叉树是除了最后一层都是满的(都有两个子节点)，并且最后一层的节点是从左往右排列的(如图 2－16)。

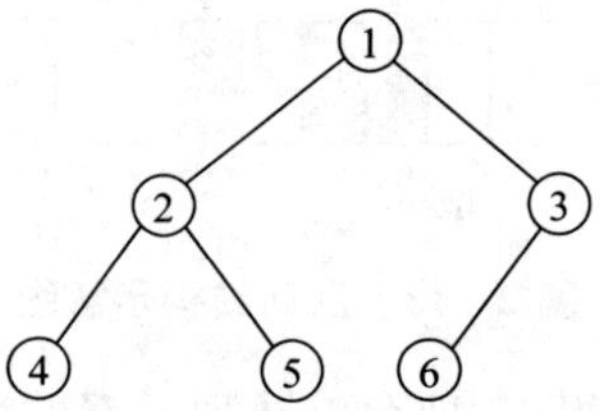

图 2－16　完全二叉树

完全二叉树，通俗点说就是节点按层从左往右排列。如果最后一层排满了就是满二叉树，没有满则是完全二叉树。所以满二叉树一定是完全二叉树，完全二叉树不一定是满二叉树。

3. 二叉树的性质

(1) 在二叉树的第 i 层上最多有 $2^{(i-1)}$ (i>=1)个节点。

(2) 深度为 k 的二叉树最多有 2^k-1(k>=1)个节点。

(3) 任意一个二叉树中，度为 0 的节点数比度为 2 的节点数加 1。

(4) 具有 n 个节点的完全二叉树的深度为 $\log_2 n+1$。

4. 二叉树的存储结构

二叉树的存储结构有两种，分别为顺序存储结构和链式存储结构。

(1) 二叉树的顺序存储结构

顺序存储结构指的是使用顺序表(数组)存储二叉树。顺序存储只适用于完全二叉树，如果是普通二叉树，则需要提前将普通二叉树转化为完全二叉树。

普通二叉树转完全二叉树的方法很简单，只需给二叉树额外添加一些节点，将其“构造”成完全二叉树（如图 2－17 所示）。

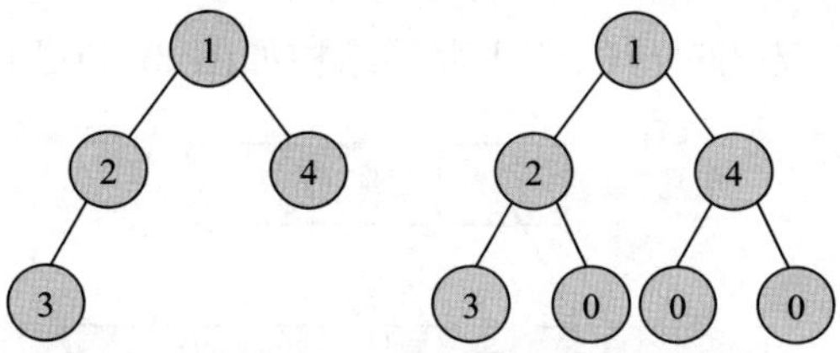

图 2－17　普通二叉树的转化

二叉树的顺序存储结构是用一组地址连续的存储单元依次自上而下、自左至右存储完全二叉树上的节点元素，即将完全二叉树上编号为 i 的节点元素存储在某个数组下标为 i—1 的分量中，然后通过一些方法确定节点在逻辑上的父子和兄弟关系。

［**例 15**］见图 2－18。

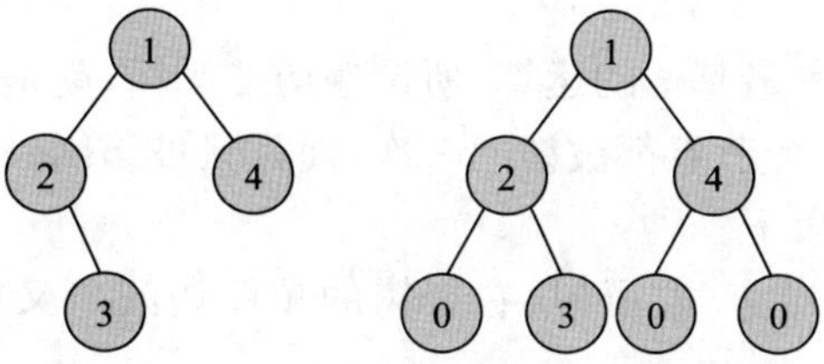

图 2－18　顺序存储例子——满二叉树

对应数组的表示形式为：

1	2	4	0	3	0	0

为节省存储空间，也可以转化为完全二叉树。如图 2－19 所示。

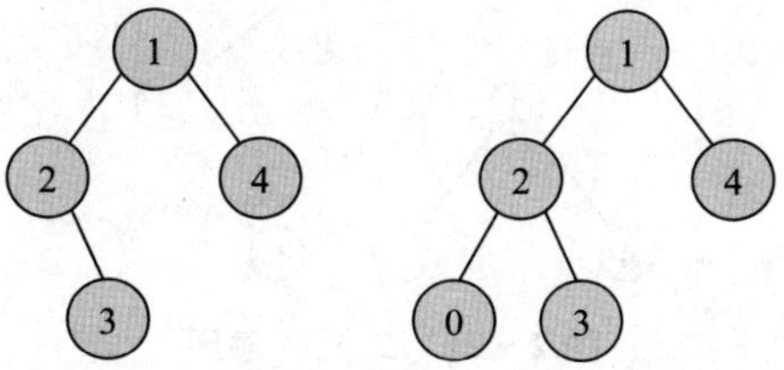

图 2－19　顺序存储例子——完全二叉树

对应数组的表示形式为：

1	2	4	0	3

(2) 二叉树的链式存储结构

如图 2－17 所示左侧部分，是一棵普通的二叉树，若将其采用链式存储，则只需从树的根节点开始，将各个节点及其左右孩子使用链表存储即可。

采用链式存储二叉树时，其节点结构由三部分构成：

Lchild	data	Rchild

其中:Lchild 为指向左孩子节点的指针、data 为节点存储的数据、Rchild 为指向右孩子节点的指针。

因此,图 2－17 左侧二叉树对应的链式存储结构如图 2－20 所示。

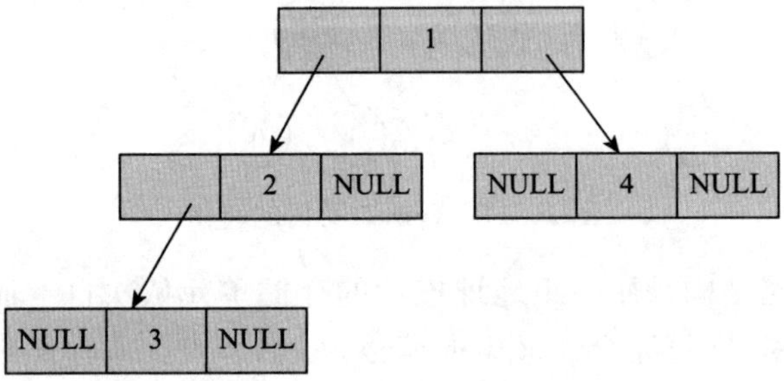

图 2－20　二叉树链式存储结构示意图

5. 二叉树遍历

遍历是对二叉树的一种最基本的运算,所谓遍历二叉树,就是按一定的规则和顺序走遍二叉树的所有节点,使每一个节点都被访问一次,而且只被访问一次。

二叉树的遍历方法有以下三种:

(1) 先序遍历:按照根节点、左子树、右子树的顺序访问二叉树。如图 2－21 的遍历结果是:124536。

(2) 中序遍历:按照左子树、根节点、右子树的顺序访问二叉树。如图 2－21 的遍历结果是:425163。

(3) 后序遍历:按照左子树、右子树、根节点的顺序访问二叉树。如图 2－21 的遍历结果是:452631。

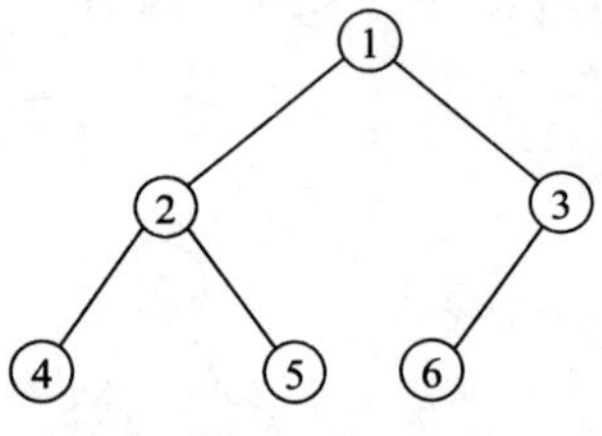

图 2－21　二叉树遍历

2.5　软件工程基础

2.5.1　软件工程基础概述与生命周期法

1. 软件危机

软件危机是指落后的软件生产方式无法满足迅速增长的计算机软件需求,从而导致软件开发与维护过程中出现一系列严重问题的现象。

2. 产生软件危机的原因

软件生产所具有的知识密集和人力密集的特点是造成软件危机的根源所在：

- 用户需求不明确；
- 缺乏正确的理论指导；
- 软件开发规模越来越大；
- 软件开发复杂度越来越高。

解决途径：软件工程。

3. 软件危机的具体体现

- 软件开发进度难以预测；
- 软件开发成本难以控制；
- 用户对产品功能难以满足；
- 软件产品质量无法保证；
- 软件产品难以维护；
- 软件缺少适当的文档资料。

4. 软件工程的概念

软件工程诞生于 20 世纪 60 年代末期，它作为一个新兴的工程学科，主要研究软件生产的客观规律性，建立与系统化软件生产有关的概念、原则、方法、技术和工具，指导和支持软件系统的生产活动，以期达到降低软件生产成本、改进软件产品质量、提高软件生产率水平的目标。软件工程学从硬件工程和其他人类工程中吸收了许多成功的经验，明确提出了软件生命周期的模型，发展了许多软件开发与维护阶段适用的技术和方法，并应用于软件工程实践，取得良好的效果。

5. 软件工程包括三个要素

方法、工具和过程。

6. 软件工程方法要点

- 软件开发技术：软件开发规范化和工程化，对开发中的策略、原则、步骤和文档做出规定。
- 软件工程管理：对软件生产中重要环节，按计划、进度执行，实现预期的社会和经济效益。
- 软件开发方法：是软件工程学科的核心内容，主要有生命周期方法、原型法以及面向对象的分析设计方法等。
- 软件开发工具：采用软件开发工具和环境，保证软件开发各个阶段任务的完成。

7. 软件工程的基本原理

- 用分阶段的生命周期计划严格管理；
- 坚持进行阶段评审；
- 实行严格的产品控制；
- 采用现代程序设计技术；
- 结果应能清楚地审查。

8. 软件生命周期法

软件生命周期可分为三个阶段：软件定义、软件开发、软件运行及维护。其主要活动阶段包括可行性分析与计划制订、需求分析、软件设计(概要设计和详细设计)、软件实现(编码)、测试、维护等,其中软件开发阶段包括软件设计、实现(编码)与测试,如图 2-22 所示。

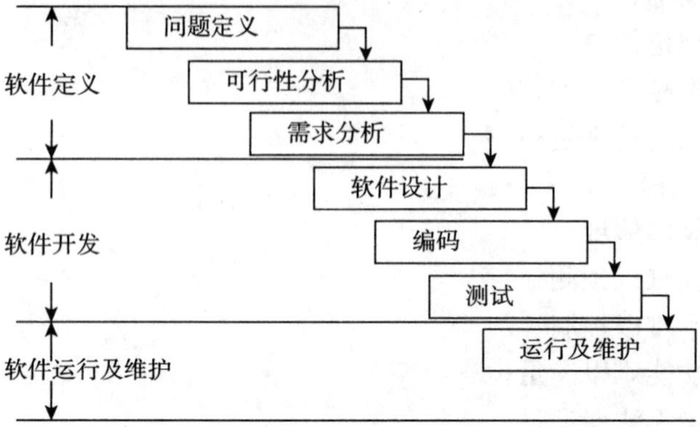

图 2-22　软件生命周期三个阶段

(1) 软件定义:包括问题定义,可行性研究,需求分析。

(2) 软件开发:包括软件设计(总体设计也称概要设计和详细设计),编码和测试。

(3) 软件运行及维护:持久满足用户需求。

2.5.2　结构化设计方法

结构化设计方法给出一组帮助设计人员在模块层次上区分设计质量的原理与技术。它把系统作为一系列数据流的转换,输入数据被转换为期望的输出值,通过模块化来完成自顶而下实现的文档化,并作为一种评价标准在软件设计中起指导性作用,通常与结构化分析方法衔接起来使用,以数据流图为基础得到软件的模块结构。

1. 结构化设计方法的设计原则

(1) 使每个模块执行一个功能(坚持功能性内聚)。

(2) 每个模块用过程语句(或函数方式等)调用其他模块。

(3) 模块间传送的参数作数据用。

(4) 模块间共用的信息(如参数等)尽量少。

2. 软件设计的基本原理

为了开发出高质量低成本的软件,软件设计遵循软件工程的基本目标和原则,建立了适用于在软件设计中应该遵循的基本原理和与软件设计有关的概念。在软件开发过程中必须遵循下列软件工程原则:

(1) 抽象(abstraction)

抽取事物最基本的特性和行为,忽略非基本的细节。采用分层次抽象的办法可以控制软件开发过程的复杂性,有利于软件的可理解性和开发过程的管理。

(2) 信息隐藏(information hiding)

信息隐藏:采用封装技术,将程序模块的实现细节(过程或数据)隐藏起来,对于不需要这些信息的其他模块来说是不能访问的,使模块接口尽量简单。

按照信息隐藏的原则,系统中的模块应设计成“黑箱”,模块外部只能使用模块接口说明中给出的信息,如操作、数据类型等。

(3) 模块化(modularity)

使程序由许多个逻辑上相对独立的模块组成。模块(module)是程序中逻辑上相对独立的单元;模块的大小要适中;原则是高内聚、低耦合。

- 内聚性:一个模块内部各个元素彼此结合的紧密程度的度量。
- 耦合性:模块间相互结合的紧密程度的度量。

(4) 一致性(consistency)

整个软件系统(包括文档和程序)的各个模块均应使用一致的概念、符号和术语;程序内部接口应保持一致;软件与硬件接口应保持一致;系统规格说明与系统行为应保持一致;实现一致性需要良好的软件设计工具(如数据字典、数据库、文档自动生成与一致性检查工具等)、设计方法和编码风格的支持。

3. 软件设计方法

(1) 需求分析

这个阶段的任务仍然不是具体地解决客户的问题,而是准确地回答"目标系统必须做什么"这个问题。

虽然在可行性研究阶段已经粗略了解了用户的需求,甚至还提出了一些可行的方案,但是,可行性研究的基本目的是用较小的成本在较短的时间内确定是否存在可行的解法,因此许多细节被忽略了。然而在最终的系统中却不能遗漏任何一个微小的细节,所以可行性研究并不能代替需求分析,它实际上并没有准确地回答"目标系统必须做什么"这个问题。

需求分析的任务还不是确定系统怎样完成它的工作,而仅仅是确定系统必须完成哪些工作,也就是对目标系统提出完整、准确、清晰和具体的要求。

用户了解他们所面对的问题,知道必须做什么,但是通常不能完整准确地表达出他们的要求,更不知道怎样利用计算机解决他们的问题。软件开发人员知道怎样用软件实现人们的要求,但是对特定用户的具体要求并不完全清楚。因此,系统分析员在需求分析阶段必须与用户密切配合,充分交流信息,以得出经过用户确认的系统需求。

这个阶段的另外一项重要任务是用正式文档准确地记录对目标系统的需求,该文档通常称为需求规格说明书(specification)。

(2) 概要设计的主要任务是,把需求分析得到的系统扩展用例图转换为软件结构和数据结构。设计软件结构的具体任务是:将一个复杂系统按功能进行模块划分、建立模块的层次结构及调用关系、确定模块间的接口及人机界面等。数据结构设计包括数据特征的描述、确定数据的结构特性以及数据库的设计。显然,概要设计建立的是目标系统的逻辑模型。

概要设计阶段通常得到软件结构图,详细设计阶段常用的描述方式有:流程图、N-S图、PAD图、伪代码等。

(3) 详细设计是软件工程中软件开发的一个步骤,是对概要设计的一个细化。详细设计给出每个模块实现算法及所需的局部结构。在详细设计阶段,主要是通过需求分析的结果设计出满足用户需求的嵌入式系统产品。

详细设计阶段是为每个模块完成的功能进行具体的描述,要把功能描述转变为精确的、结构化的过程描述。

2.5.3 面向对象分析与设计方法

1. 概述

面向对象程序设计(Object Oriented Programming,简称 OOP)是一种计算机编程架构。OOP 的一条基本原则是计算机程序由单个能够起到子程序作用的单元或对象组合而成。OOP 达到了软件工程的三个主要目标:重用性、灵活性和扩展性。OOP=对象+类+继承+多态+消息,其中核心概念是对象和类。

面向对象程序设计方法是尽可能模拟人类的思维方式,使得软件的开发方法与过程尽可能接近人类认识世界、解决现实问题的方法和过程,使得描述问题的问题空间与问题的解决方案空间在结构上尽可能一致,把客观世界中的实体抽象为问题域中的对象。

面向对象程序设计以对象为核心,该方法认为程序由一系列对象组成。

类是对现实世界的抽象,包括表示静态属性的数据和对数据的操作,对象是类的实例化。对象间通过消息传递相互通信,来模拟现实世界中不同实体间的联系。在面向对象的程序设计中,对象是组成程序的基本模块。

2. 特点

(1) 封装性

封装是指将一个计算机系统中的数据以及与这个数据相关的一切操作语言(即描述每一个对象的属性以及其行为的程序代码)组装到一起,一并封装在一个有机的实体中,把它们封装在一个“模块”中,也就是一个类中,为软件结构的相关部件所具有的模块性提供良好的基础。在面向对象技术的相关原理以及程序语言中,封装的最基本单位是对象,而使得软件结构的相关部件的实现“高内聚、低耦合”的“最佳状态”,也是面向对象技术的封装性所需要实现的最基本的目标。对于用户来说,对象是如何对各种行为进行操作、运行、实现等细节是不需要刨根问底了解清楚的,用户只需要通过封装外的通道对计算机进行相关方面的操作即可,大大地简化了操作的步骤,使用户使用起计算机来更加高效、更加得心应手。

(2) 继承性

继承性是面向对象技术中的另外一个重要特点,其主要指的是两种或者两种以上的类之间的联系与区别。继承,顾名思义,是后者延续前者的某些方面的特点,而在面向对象技术则是指一个对象针对于另一个对象的某些独有的特点、能力进行复制或者延续。如果按照继承源进行划分,则可以分为单继承(一个对象仅仅从另外一个对象中继承其相应的特点)与多继承(一个对象可以同时从另外两个或者两个以上的对象中继承所需要的特点与能力,并且不会发生冲突等现象);如果从继承中包含的内容进行划分,则继承可以分为四类,分别为取代继承(一个对象在继承另一个对象的能力与特点之后将父对象进行取代)、包含继承(一个对象在将另一个对象的能力与特点进行完全的继承之后,又继承了其他对象所包含的相应内容,结果导致这个对象所具有的能力与特点大于等于父对象,实现了对于父对象的包含)、受限继承、特化继承。

(3) 多态性

从宏观的角度来讲,多态性是指在面向对象技术中,当不同的多个对象同时接收到同一个完全相同的消息之后,所表现出来的动作是各不相同的,具有多种形态。从微观的角度来讲,多态性是指在一组对象的一个类中,面向对象技术可以使用相同的调用方式来对相同的函数名进行调用，这若干个具有相同函数名的函数所表示的函数功能是不同的。

3. OOD

面向对象设计(Object-Oriented Design，简称 OOD)方法是 OO 方法中一个中间过渡环节，其主要作用是对 OOA(Object-Oriented Analysis，面向对象分析)分析的结果作进一步的规范化整理，以便能够被 OOP 直接接受。

OOD 的目标是管理程序内部各部分的相互依赖，为了达到这个目标，OOD 要求将程序分成块，每个块的规模应该小到可以管理的程度，然后分别将各个块隐藏在接口(interface)的后面，让它们只通过接口相互交流。比如说，如果用 OOD 的方法来设计一个服务器-客户端(client-server)应用，那么服务器和客户端之间不应该有直接的依赖，而是应该让服务器的接口和客户端的接口相互依赖。这种依赖关系的转换使得系统的各部分具有了可复用性。还是拿上面那个例子来说，客户端就不必依赖于特定的服务器，所以就可以复用到其他的环境下。如果要复用某一个程序块，只要实现必须的接口就行了。

OOD 是一种解决软件问题的设计范式(paradigm)，一种抽象的范式。使用 OOD 这种设计范式，我们可以用对象(object)来表现问题领域(problem domain)的实体，每个对象都有相应的状态和行为。我们刚才说到 OOD 是一种抽象的范式，抽象可以分成很多层次，从非常概括的到非常特殊的都有，而对象可能处于任何一个抽象层次上。另外，彼此不同但又互有关联的对象可以共同构成抽象：只要这些对象之间有相似性，就可以把它们当成同一类的对象来处理。

4. UML 图

统一建模语言(Unified Modeling Language，简称 UML)，又称标准建模语言。是用来对软件密集系统进行可视化建模的一种语言。UML 的定义包括 UML 语义和 UML 表示法两个元素。

UML 是在开发阶段说明、可视化、构建和书写一个面向对象软件密集系统的制品的开放方法。最佳的应用是工程实践，对大规模、复杂系统进行建模方面，特别是在软件架构层次，已经被验证有效。统一建模语言(UML)是一种模型化语言，模型大多以图表的方式表现出来。一份典型的建模图表通常包含几个块或框、连接线和作为模型附加信息之用的文本，这些虽简单却非常重要，在 UML 规则中相互联系和扩展。

(1) UML 图的作用

UML 的目标是以面向对象图的方式来描述任何类型的系统，具有很宽的应用领域，其中最常用的是建立软件系统的模型。但它同样可以用于描述非软件领域的系统，如机械系统、企业机构或业务过程，以及处理复杂数据的信息系统、具有实时要求的工业系统或工业过程等。总之，UML 是一个通用的标准建模语言，可以对任何具有静态结构和动态行为的系统进行建模，而且适用于系统开发的不同阶段，从需求规格描述直至系统完成后的测试和维护。

(2) 特点

- UML 统一了各种方法对不同类型的系统、不同开发阶段以及不同内部概念的不同观点，从而有效地消除了各种建模语言之间不必要的差异。它实际上是一种通用的建模语言，可以为许多面向对象建模方法的用户广泛使用。
- UML 建模能力比其他面向对象建模方法更强。它不仅适合于一般系统的开发，而且对并行、分布式系统的建模尤为适宜。

- UML 是一种建模语言，而不是一个开发过程。

(3) 主要模型

在 UML 系统开发中有三个主要的模型：

- 功能模型：从用户的角度展示系统的功能，包括用例图。
- 对象模型：采用对象、属性、操作、关联等概念展示系统的结构和基础，包括类图、对象图、包图。
- 动态模型：展现系统的内部行为，包括序列图、活动图、状态图。

(4) 图的种类

截至 UML 2.0 一共有 13 种图形(UML1.5 定义了 9 种，UML 2.0 增加了 4 种)，分别是：用例图、类图、对象图、状态图、活动图、顺序图、协作图(分为序列图和交互图两种)、构件图、部署图、包图、组合结构图、交互概览图。

- 用例图：从用户角度描述系统功能。用例图描述角色以及角色与用例之间的连接关系，说明的是谁要使用系统，以及他们使用该系统可以做些什么。一个用例图包含了多个模型元素，如系统、参与者和用例，并且显示了这些元素之间的各种关系，如泛化、关联和依赖。
- 类图：描述系统中类的静态结构。类图是描述系统中的类以及各个类之间的关系的静态视图，能够让我们在正确编写代码以前对系统有一个全面的认识。类图是一种模型类型，确切地说，是一种静态模型类型。类图表示类、接口和它们之间的协作关系。
- 对象图：系统中的多个对象在某一时刻的状态。对象图与类图极为相似，它是类图的实例，对象图显示类的多个对象实例，而不是实际的类。它描述的不是类之间的关系，而是对象之间的关系。
- 状态图：是描述状态到状态控制流，常用于动态特性建模。状态图描述类的对象所有可能的状态，以及事件发生时状态的转移条件。可以捕获对象、子系统和系统的生命周期。他们可以告知一个对象可以拥有的状态，并且事件(如消息的接收、时间的流逝、错误、条件变为真等)会怎么随着时间的推移来影响这些状态。一个状态图应该连接到所有具有清晰的可标识状态和复杂行为的类；该图可以确定类的行为，以及该行为如何根据当前的状态变化，也可以展示哪些事件将会改变类的对象的状态。状态图是对类图的补充。
- 活动图：描述了业务实现用例的工作流程。活动图描述用例要求所要进行的活动，以及活动间的约束关系，有利于识别并行活动。能够演示出系统中哪些地方存在功能，以及这些功能和系统中其他组件的功能如何共同满足前面使用用例图建模的商务需求。
- 顺序图：对象之间的动态合作关系，强调对象发送消息的顺序，同时显示对象之间的交互。顺序图又叫序列图，是用来显示你的参与者如何以一系列顺序的步骤与系统的对象交互的模型。顺序图可以用来展示对象之间是如何进行交互的。顺序图将显示的重点放在消息序列上，即强调消息是如何在对象之间被发送和接收的。
- 协作图：描述对象之间的协助关系。协作图和序列图相似，显示对象间的动态合作关系。可以看成是类图和顺序图的交集，协作图建模对象或者角色，以及它们彼此之间是如何通信的。如果强调时间和顺序，则使用序列图；如果强调上下级关系，则选择协作图；这两种图合称为交互图。

- 构件图：一种特殊的 UML 图来描述系统的静态实现视图。构件图又叫组件图，用来描述代码构件的物理结构以及各种构建之间的依赖关系、建模软件的组件及其相互之间的关系，这些图由构件标记符和构件之间的关系构成。在组件图中，构件是软件单个组成部分，它可以是一个文件、产品、可执行文件和脚本等。
- 部署图：定义系统中软硬件的物理体系结构。部署图又叫配置图，是用来建模系统的物理部署，例如计算机和设备，以及它们之间是如何连接的。部署图的使用者是开发人员、系统集成人员和测试人员。部署图用于表示一组物理节点的集合及节点间的相互关系，从而建立了系统物理层面的模型。
- 包图：对构成系统的模型元素进行分组整理的图。包图用于描述系统的分层结构，由包或类组成，表示包与包之间的关系。
- 组合结构图：表示类或者构建内部结构的图。
- 交互概览图：用活动图来表示多个交互之间的控制关系的图。

(5) 相互关系

- 模型图各有侧重，用例图侧重描述用户需求；类图侧重描述系统具体实现。
- 描述的方面都不相同，类图描述的是系统的结构；序列图描述的是系统的行为。
- 抽象的层次也不同，构件图描述系统的模块结构，抽象层次较高；类图是描述具体模块的结构，抽象层次一般；对象图描述了具体的模块实现，抽象层次较低。
- 模型图分为三大类：结构分类、动态行为和模型管理。结构分类包括用例图、类图、对象图、构件图和部署图；动态行为包括状态图、活动图、顺序图和协作图；模型管理则包括类图。

2.5.4　软件测试方法

1. 软件测试方法

软件测试是使用人工或自动的手段来运行或测定某个软件系统的过程，其目的在于检验它是否满足规定的需求或弄清预期结果与实际结果之间的差别。

从是否关心软件内部结构和具体实现的角度划分，测试方法主要有白盒测试和黑盒测试。白盒测试方法主要有代码检查法、静态结构分析法、静态质量度量法、逻辑覆盖法、基本路径测试法、域测试、符号测试、路径覆盖和程序变异。黑盒测试方法主要包括等价类划分法、边界值分析法、错误推测法、因果图法、判定表驱动法、正交试验设计法、功能图法、场景法等。

从是否执行程序的角度划分，测试方法又可分为静态测试和动态测试。静态测试包括代码检查、静态结构分析、代码质量度量等。动态测试由三部分组成：构造测试实例、执行程序和分析程序的输出结果。

软件测试方法的目的包括：发现软件中的错误、对软件是否符合设计要求以及是否符合合同中所要达到的技术要求，进行有关验证以及评估软件的质量，最终实现将高质量的软件系统交给用户的目的。

软件测试方法众多,比较常用的测试方法有等价类划分、场景法,偶尔会使用到的测试方法有边界值分析和判定表,还有包括不经常使用到的正交排列法和测试大纲法。其中等价类划分、边界值分析、判定表等属于黑盒测试方法,只对功能是否可以满足规定要求进行检查,主要用于软件的确认测试阶段。白盒测试也叫做结构测试或逻辑驱动测试,是基于覆盖的全部代码和路径、条件的测试,通过测试检测产品内部性能,检验程序中的路径是否可以按照要求完成工作,但是并不对功能进行测试,主要用于软件的验证。

2. 软件测试原则

(1) 尽早不断测试的原则。应当尽早不断地进行软件测试。据统计约 60%的错误来自设计以前,并且修正一个软件错误所需的费用将随着软件生存周期的进展而上升。错误发现得越早,修正它所需的费用就越少。

(2) IPO 原则。测试用例由测试输入数据和与之对应的预期输出结果这两部分组成。IPO 原则是指测试用例应由测试输入数据、测试执行步骤、预期输出结果等。

(3) 独立测试原则。是指软件测试工作由在经济上和管理上独立于开发机构的组织进行。程序员应避免检查自己的程序,程序设计机构也不应测试自己开发的程序。软件开发者难以客观、有效地测试自己的软件,而找出那些因为对需求的误解而产生的错误就更加困难。

(4) 合法和非合法原则。在设计时,测试用例应当包括合法的输入条件和不合法的输入条件。

(5) 错误群集原则。软件错误呈现群集现象。经验表明,某程序段剩余的错误数目与该程序段中已发现的错误数目成正比,所以应该对错误群集的程序段进行重点测试。

(6) 严格性原则。严格执行测试计划,排除测试的随意性。

(7) 覆盖原则。应当对每一个测试结果做全面的检查。

(8) 定义功能测试原则。检查程序是否做了要做的事仅是成功的一半,另一半是看程序是否做了不属于它做的事。

(9) 回归测试原则。应妥善保留测试用例,不仅可以用于回归测试,也可以为以后的测试提供参考。

(10) 错误不可避免原则。在测试时不能首先假设程序中没有错误。

3. 软件测试分类

软件测试方法的分类有很多种,以测试过程中程序执行状态为依据可分为静态测试(Static Testing,简称 ST)和动态测试(Dynamic Testing,简称 DT);以具体实现算法细节和系统内部结构的相关情况为根据可分为黑盒测试、白盒测试;从程序执行的方式来分类,可分为人工测试(Manual Testing,简称 MT)和自动化测试(Automatic Testing,简称 AT);根据不同测试阶段,可分为单元测试、集成测试、系统测试和验收测试。

(1) 静态测试和动态测试

- 静态测试。静态测试的含义是被测程序不运行,只依靠分析或检查源程序的语句、结构、过程等来检查程序是否有错误。即通过对软件的需求规格说明书、设计说明书以及源程序做结构分析和流程图分析,从而找出错误,例如不匹配的参数、未定义的变量等。
- 动态测试。动态测试与静态测试相对应,其是通过运行被测试程序,对得到的运行结果与预期的结果进行比较分析，同时分析运行效率和健壮性能等。这种方法可简单分为三个步骤：构造测试实例、执行程序以及分析结果。

(2) 黑盒测试和白盒测试

- 黑盒测试。之所以被称为黑盒测试是因为可以将被测程序看成是一个无法打开的黑盒，而工作人员在不考虑任何程序内部结构和特性的条件下，根据需求规格说明书设计测试实例，并检查程序的功能是否能够按照规范说明准确无误地运行。其主要是对软件界面和软件功能进行测试。对于黑盒测试行为必须加以量化才能够有效地保证软件的质量。
- 白盒测试。其与黑盒测试不同，它主要是借助程序内部的逻辑和相关信息，通过检测内部动作是否按照设计规格说明书的设定进行，检查每一条通路能否正常工作。白盒测试是从程序结构方面出发对测试用例进行设计，其主要用于检查各个逻辑结构是否合理、对应的模块独立路径是否正常以及内部结构是否有效。

(3) 手动测试和自动化测试

- 手动测试，其在设计了测试用例之后，需要测试人员根据设计的测试用例一步一步来执行测试得到实际结果，并将其与期望结果进行比对。
- 自动化测试，顾名思义就是软件测试的自动化，即在预先设定的条件下运行被测程序，并分析运行结果。总的来说，这种测试方法就是将以人驱动的测试行为转化为机器执行的一种过程。

(4) 不同阶段测试

- 单元测试。单元测试主要是对该软件的模块进行测试，通过测试以发现该模块的实际功能出现不符合的情况和编码错误。由于该模块的规模不大、功能单一、结构较简单，且测试人员可通过阅读源程序清楚知道其逻辑结构，首先应通过静态测试方法，比如静态分析、代码审查等，对该模块的源程序进行分析，按照模块的程序设计的控制流程图，以满足软件覆盖率要求的逻辑测试要求。另外，也可采用黑盒测试方法提出一组基本的测试用例，再用白盒测试方法进行验证。若用黑盒测试方法所产生的测试用例满足不了软件的覆盖要求，可采用白盒测试法增补出新的测试用例，以满足所需的覆盖标准。其所需的覆盖标准应视模块的实际情况而定，对一些质量要求和可靠性要求较高的模块，一般要满足所需条件的组合覆盖或者路径覆盖标准。
- 集成测试。集成测试是软件测试的第二阶段，在这个阶段，通常要对已经严格按照程序设计要求和标准组装起来的模块同时进行测试，明确该程序结构组装的正确性，发现和接口有关的问题，比如模块接口的数据是否会在穿越接口时发生丢失；各个模块之间因某种疏忽而产生不利的影响；将模块各个子功能组合起来后产生的功能要求达不到预期的功能要求；一些在误差范围内且可接受的误差由于长时间的积累进而到达了不能接受的程度；数据库因单个模块发生错误造成自身出现错误等等。同时因集成测试是介于单元测试和系统测试之间的，所以，集成测试具有承上启下的作用，因此有关测试人员必须做好集成测试工作。在这一阶段，一般采用的是白盒测试和黑盒测试结合的方法进行测试，验证这一阶段设计的合理性以及需求功能的实现性。

- 系统测试。一般情况下,系统测试采用黑盒法来进行测试的,以此来检查该系统是否符合软件需求。本阶段的主要测试内容包括健壮性测试、性能测试、功能测试、安装或反安装测试、用户界面测试、压力测试、可靠性及安全性测试等。为了有效保证这一阶段测试的客观性,必须由独立的测试小组来进行相关的系统测试。另外,系统测试过程较为复杂,由于在系统测试阶段不断变更需求造成功能的删除或增加,从而使程序不断出现相应的更改,而程序在更改后可能会出现新的问题,或者原本没有问题的功能由于更改导致出现问题,所以,测试人员必须进行回归测试。
- 验收测试。验收测试是最后一个阶段的测试操作,是在软件产品投入正式运行前所要进行的测试工作。相比而言,验收测试与系统测试的区别是测试人员不同,验收测试是由用户来执行这一操作的。验收测试的主要目标是为向用户展示所开发出来的软件符合预定的要求和有关标准,并验证软件实际工作的有效性和可靠性,确保用户能用该软件顺利完成既定的任务和功能。通过了验收测试,该产品就可进行发布。但是,在实际交付给用户之后,开发人员是无法预测该软件用户在实际运用过程中是如何使用该程序的,所以从用户的角度出发,测试人员还应进行 Alpha 测试或 Beta 测试这两种情形的测试。Alpha 测试是在软件开发环境下由用户进行的测试,或者模拟实际操作环境进而进行的测试。Alpha 测试主要是对软件产品的功能、局域化、界面、可使用性以及性能等方面进行评价。而 Beta 测试是在实际环境中由多个用户对其进行测试,并将在测试过程中发现的错误有效反馈给软件开发者。所以在测试过程中用户必须定期将所遇到的问题反馈给开发者。

软件测试的目的就是确保软件的质量、确认软件以正确的方式完成所期望的事情,所以软件测试工作主要是发现软件的错误、有效定义和实现软件成分由低层到高层的组装过程、验证软件是否满足任务书和系统定义文档所规定的技术要求、为软件质量模型的建立提供依据。软件的测试不仅是要确保软件的质量,还要给开发人员提供信息,以方便其为风险评估做相应的准备,重要的是他要贯穿在整个软件开发的过程中,保证整个软件开发的过程是高质量的。

软件测试在软件设计及程序编码之后软件运行之前进行最为合适。考虑到测试人员在软件开发过程中的寻找 Bug、避免软件开发过程中的缺陷、关注用户的需求等任务,所以作为软件开发人员,软件测试要嵌入在整个软件开发的过程中,比如在软件的设计和程序的编码等阶段都得嵌入软件测试的部分,要时时检查软件的可行性,但是作为专业的软件测试工作,还是在程序编码之后软件运行之前进行最为合适。

2.5.5 程序调试

程序调试是将编制的程序投入实际运行前,用手工或编译程序等方法进行测试,修正语法错误和逻辑错误的过程。这是保证计算机信息系统正确性的必不可少的步骤。编完计算机程序,必须送入计算机中测试,根据测试时所发现的错误,进一步诊断,找出原因和具体的位置进行修正。

程序调试分类：

1. 静态调试

可以采用如下两种方法：

(1) 输出寄存器的内容。在测试中出现问题，设法保留现场信息。把所有寄存器和主存中有关部分的内容打印出来(通常以八进制或十六进制的形式打印)，进行分析研究。用这种方法调试，输出的是程序的静止状态(程序在某一时刻的状态)，效率非常低，不得已时才采用。

(2) 为取得关键变量的动态值，在程序中插入打印语句。这是取得动态信息的简单方法，并可检验在某时间后某个变量是否按预期要求发生了变化。此方法的缺点是可能输出大量需要分析的信息，必须修改源程序才能插入打印语句，这可能改变关键的时序关系，引入新的错误。

2. 动态调试

通常利用程序语言提供的调试功能或专门的调试工具来分析程序的动态行为。一般程序语言和工具提供的调试功能有检查主存和寄存器，通过设置断点(即当执行到特定语句或改变特定变量的值时)，程序停止执行，以便分析程序此时的状态。

2.5.6　系统维护

管理信息系统(MIS)在完成系统实施、投入正常运行之后，就进入了系统运行与维护阶段。系统维护包括四个方面：改正性(或纠正性)维护、适应性维护、完善性维护、预防性维护。

本章小结

软件是计算机的灵魂。软件分为系统软件和应用软件两类。软件由三部分组成：程序、数据和文档。程序是软件的主体，软件本质上和程序是相同的。软件是智力活动的成功，是知识产品。

软件具有一些本质特性，包括不可见性、适用性、依附性、复杂性、易复制性和不断演变性。

操作系统是最重要的软件，几乎所有计算机软件都建立在操作系统的基础之上。操作系统的主要功能有处理器管理、存储管理、文件管理、设备管理和任务管理。常见的操作系统有 Windows、Unit 和 Linux。

软件离不开计算机语言。计算机语言就是用来编写软件的，用来在人和计算机之间进行通信。计算机语言分为三类：机器语言、汇编语言和高级语言。高级语言主要有两个成分：数据成分和控制成分。

主要的计算机语言有 Fortran、Pascal、Basic、C 和 VB、C++、Java 等。

程序的核心是算法，程序=算法+数据结构。简单地说，算法就是解决问题的方法与步骤，算法必须满足一些基本要求，它解决的是一类问题，而不是一个特定的问题。

数据结构是算法处理的对象以及这些对象之间的相互关系。算法是建立在数据结构基础之上的。数据结构研究的是如何根据实际问题组织数据和定义新的数据类型。数据结构分为逻辑结构和存储结构两个方面。

软件工程是运用系统工程的思想、原理、理论、方法、技术、管理理念和相关工具，研究开发较大规模计算机软件系统的学科。主要介绍软件开发的基本原理、方法、技术和过程。

本章重点主要有：计算机软件的概念、软硬件和用户的关系、软件的特性和分类、操作系统的三大作用、CPU 管理的策略和原则、存储管理的作用和虚拟存储器、文件组织、设备管理的功能、程序设计语言的分类与特点、结构化程序设计的三种基本结构、编译的概念、算法的特性、设计原则、描述方法、评价、数据结构的逻辑结构和存储结构、栈、队列、二叉树的概念与遍历、软件危机的原因和表现、结构化生命周期法、测试与调试及面向对象程序设计类和对象的概念、设计目标、特点等。

习题 2

一、简答题

1. 简述计算机软件的组成。
2. 简述计算机硬件、软件与用户的关系。
3. 简述操作系统的三大作用。
4. 简述虚拟存储技术。
5. 简述机器语言的特点。
6. 简述算法的特点。
7. 简述数据结构研究的内容。
8. 产生软件危机的原因是什么？
9. 结构化生命周期分哪几个阶段？每个阶段的主要内容是什么？

二、填空题

1. 软件的主体是程序，程序的核心是________。
2. ________程序不需要语言处理，可直接被计算机识别并立即执行。
3. 为了寻求改进算法的途径，对算法占用的空间和执行所需时间的分析称为________。
4. 高级程序设计语言经过________得到目标程序。
5. 若求解某个问题的程序要反复多次执行，则在设计求解算法时，应重点从________代价上考虑。
6. 算法是对问题求解过程的一种描述，“算法中描述的每个操作都是可以由计算机执行的，且能够在有限时间内完成”，这句话所描述的性质被称为算法的________性。
7. 解决某一问题的算法也许有多种，但它们都必须满足确定性、有穷性、能行性、输入、输出等性质，其中输出的个数 n 应大于等于________（填一个数字）。

三、判断题

1. 软件是无形的产品，它不容易受到病毒入侵。　（　）
2. 操作系统之所以能同时进行多个任务的处理，是因为 CPU 具有多个执行部件，可同时执行多条指令。　（　）
3. 程序中仅使用条件选择结构也可以直接描述重复的计算过程。　（　）
4. 当操作系统采用多用户多任务方式管理 CPU 时，每个用户都可以独占计算机的全

部资源。（　　）

5. 从理论上来说，复杂的可计算问题的程序不能仅用顺序、选择、重复这三种控制成分来描述。（　　）

6. 在 C 语言中，"A+B-C"语句属于高级程序设计语言中的数据成分。（　　）

7. 高级语言源程序通过编译程序处理后，生成高效运行的目标程序，并把它保存在磁盘上，以备多次执行。（　　）

8. 在 C 语言中，"if…"语句属于高级程序设计语言中的运算成分。（　　）

9. 操作系统存储管理的主要功能包括对内存空间的分配、回收、共享、保护和扩充。（　　）

10. 计算机只有安装了操作系统之后，CPU 才能执行数据的存取和处理操作。（　　）

11. 汇编语言和机器语言都属于低级语言，之所以被称为低级语言，是因为用它们编写的程序可以被计算机直接识别执行。（　　）

12. 算法是对解题中的对象、解题方法和步骤的详尽描述，而程序是实现算法的一种表示。（　　）

13. 在设计算法的过程中，不需要考虑数据的表示，因此算法与数据无关。（　　）

14. 算法和数据结构之间存在密切关系，算法是建立在数据结构基础上的，若数据结构不同，对应问题的求解算法也会有差异。（　　）

第 3 章　计算机网络与互联网

今天，遍布全球的互联网（也称因特网，Internet）正在影响着我们的工作、学习和生活。计算机网络技术得到了飞速的发展，是计算机技术与通信技术紧密相结合的产物。

3.1　计算机网络概念

3.1.1　计算机网络基本知识

1. 计算机网络

计算机网络是把分布在不同地理位置上的具有独立功能的多台计算机、终端及其网络设备在物理上互连，以便相互共享资源和进行信息传递形成一个系统。

计算机网络也是一种通信系统，它与电话、电视系统不同，电话是语音通信系统，电视是图像（声音）通信系统，而计算机网络是一种数据通信系统，计算机之间传输的都是二进制形式的数据。

在计算机网络中，为使计算机之间或计算机与终端之间能正确地传输信息，必须对信息传输顺序、信息格式和信息内容等方面有一组约定或规则。例如数据如何表示？命令如何表示？通信对象如何区分？其身份如何鉴别？发生错误如何处理？等等，这些规则、规定或标准称为通信协议，简称协议。协议有三要素：语法、语义、规则。

- 语法：用来规定信息格式。包括数据及控制信息的格式、编码及信号电平等。
- 语义：用来说明通信双方应当怎么做。用于协调与差错处理的控制信息。
- 定时（或同步、时序）：定义了何时进行通信，先讲什么，后讲什么，讲话的速度等。比如是采用同步传输还是异步传输。

为了帮助和指导各种计算机在世界范围内互连成网，国际标准化组织（ISO）于 1977 年提出了“开放系统互连参考模型”（简称 OSI/RM）及相关的一系列协议。20 世纪 80 年代中期以来，因特网飞速发展，它由遍布全球的数千万台计算机互连而成，采用了美国国防部提出的 TCP/IP 协议系列，这是目前全球规模最大的计算机网络。

2. 计算机资源共享

为什么需要将分散的计算机互连成为计算机网络呢？一般说来，计算机联网的目的主要有下列几个方面的特点：

（1）数据通信。计算机网络能使分散在不同部门、不同单位甚至不同国家或地区的计算机相互之间进行通信，互相传送数据，方便地进行信息交换，例如收发电子邮件、在网上聊天、打 IP 电话、开视频会议等。

(2) 资源共享。这是计算机网络最具吸引力的功能。从原理上讲,只要允许,用户可以共享网络中其他计算机的软件、硬件和数据等资源,而不必考虑资源所在的地理位置。例如,使用浏览器浏览和下载远程 Web 网站上的信息、访问其他计算机中的文件等。

(3) 实现分布式信息处理。由于有了计算机网络,许多大型信息处理问题可以借助于分散在网络中的多台计算机协同完成,解决单机无法完成的信息处理任务。也可以实现分散在各地各部门的许多人通过网络合作完成一项共同的任务。

(4) 提高计算机系统的可靠性和可用性。网络中的计算机可以互为后备,一旦某台计算机出现故障,它的任务可由网络中其他计算机取而代之。当网络中某些计算机负荷过重时,网络可将一部分任务分配给较空闲的计算机去完成,提高了系统的可用性。

3. 网络的分类

计算机网络有多种不同的类型,分类的方法也很多。例如,按使用的传输介质可分为有线网和无线网;按网络的使用性质可分为公用网和专用网;按网络的使用范围和对象可分为企业网、政府网、金融网和校园网等。更多的情况下,人们按网络所覆盖的地域范围把计算机网络分为:

(1) 局域网(LAN):使用专用的高速通信线路把许多计算机相互连接成网,但地域上局限在较小的范围(如几千米),一般是一幢楼房、一个楼群、一个单位或一个小区。

(2) 广域网(WAN):把相距遥远的许多局域网和计算机用户互相连接在一起,它的作用范围通常可以从几十千米到几千千米,甚至更大的范围,所以广域网有时也称为远程网。

(3) 城域网(MAN):也叫城域网,其作用范围在广域网和局域网之间,例如作用范围是一个城市。城域网的数据传输速率也相当高,其作用距离约为 5～50 km。

3.1.2　网络工作模式及服务

1. 网络的工作模式

网络应用中,网络中的计算机可以扮演不同的角色。从共享资源的角度来看,提供共享资源(如数据文件、磁盘空间、打印机、处理器等)的计算机是服务器,使用服务器资源的计算机是工作站(或客户机)。每一台联网的计算机,其"身份"或是工作站(客户机),或是服务器,或者两种身份兼而有之。

计算机网络有两种基本工作模式:对等工作模式(Peer-To-Peer,简称 P2P 模式)和客户/服务器工作模式(Client/Server,简称 C/S 模式)。

(1) 对等工作模式的特点是:网络中的每台计算机既可以作为工作站也可以作为服务器,即每一台计算机都能既充当服务的请求者,又充当服务的提供者,这种情况以局域网居多。网络中可共享的资源主要是文件和打印机,由资源所在的计算机自己管理。对等网络中可以没有专门的硬件服务器,也不需要网络管理员,使用比较简单,但一般仅限于小型网络,性能不高,安全性也较差。Windows 操作系统中的"网上邻居"就是按对等模式的方式工作的,近年来因特网中盛行的"BT"也是对等模式的例子。

(2) 客户/服务器模式的特点是:网络中每一台计算机都扮演着固定的角色,要么是服务器,要么是客户机。其工作过程为:客户机向服务器提出请求(例如访问某个网页),服务器响应该请求,完成相应的处理(找到该网页,并将结果返回给客户机)。

客户/服务器工作模式如图 3－1 所示。

图 3－1　客户/服务器工作模式

一般来说，采用 C/S 模式工作的客户，都必须预先在服务器上注册，并由网络管理员为该用户分配访问网络资源的权限。每个注册用户都有自己的账号和口令，并获得使用某些服务的授权。在需要获得服务器的服务时，用户一般应经过登录（输入用户名和口令），才能访问服务器上的资源，得到服务器所提供的服务。服务器中的管理程序记录着用户每一次登录和退出的时间，以及每一次使用服务器资源的情况。负责在服务器上建立用户账号、分配权限和维护网络的人，称为网络管理员或网络超级用户。

扮演服务器角色的大多是一些专门设计的性能较高的计算机，它们的并行处理能力强，硬盘容量大，传输速率高，在网络中作为 Web 服务器、打印服务器、数据库服务器等使用。需要注意的是，有时候所说的服务器仅仅是逻辑上的概念，例如网络上的一台普通计算机，该机运行有关的软件能为网络上其他计算机提供服务（提供共享资源）时，它也就成了“服务器”。

2. 网络服务

网络服务是指用户通过计算机网络在共享资源及数据通信等方面能够得到的新增功能，最常用的服务有下列几个方面：

（1）文件服务

文件服务也称为共享存储服务，指的是网络上用户不仅可以使用自己工作站上的程序与数据，而且也可以通过网络使用网络服务器或者其他工作站中可共享的程序与数据。用户可以像使用本地的磁盘一样，对其中的程序和数据进行存取。

用户也可以直接启动存放在服务器上的程序工作，此时该程序就从服务器硬盘加载到工作站的内存储器中，然后开始运行。网络上的许多用户可以同时使用同一个程序，因为网络服务器会把程序的每一份拷贝送到每个用户工作站的内存中，这种工作方式称为程序的共享。程序共享有许多好处，如节省了工作站的存储空间，软件版本升级时只需要更新服务器上的一个版本，购买网络版软件许可证比购买许多份单机版软件在经济上更加划算等。

（2）打印服务

网络上的工作站一般都不再配置单独的打印机。用户需要打印输出时，操作系统将会自动地把输出的文件送到网络打印机去。对于每一个需要打印的文件，网络打印机按“先来先服务”的顺序将其存放在打印队列中，然后进行处理。对于这些正在打印或排队等待的打印任务，用户借助于工作站上的操作系统可以对它们方便地进行远程管理。例如了解打印任务的排队及完成情况，暂停或取消打印队列中的打印任务等。

（3）消息服务

消息服务指的是网络能实现用户之间的相互通信，在用户之间传递以文本、图像和声音所表示的消息(message)。与文件服务不同,网络不是简单地将消息保存起来,而是可以直接把消息传送给用户,或者通知应接收消息的用户。

最典型的消息服务是电子邮件。其他如网上聊天(如 QQ、微信等)、网络电话、网络传真、短信息、网上直播、视频会议等都是消息服务的不同形式,消息服务已得到了广泛的应用。

(4) 应用服务

应用服务是一种为网络用户运行软件的服务,即工作站需要执行的某一项任务,可以部分或全部都是由网络上的另一台计算机(称为应用服务器)完成。应用服务器允许网络上的计算机相互间共享处理能力,协同完成特定的一项任务。

数据库服务器是一种目前广泛使用的应用服务器,它运行数据库管理系统软件。负责完成数据库中数据的存储与检索,进行复杂的事务处理。网络工作站只要完成一些简单的任务,如说明数据处理的要求,这些要求被传送到数据库服务器之后,由数据库服务器进行处理,所得到的结果再传送回工作站,由工作站上的客户程序以列表或图形方式显示给用户。

3. 网络操作系统(NOS)

连接在网络上的计算机,其操作系统都必须具有网络通信功能才能使计算机接入网络并正常工作,即获得网络服务或者提供网络服务。目前几乎所有操作系统都具有一定的网络通信和网络应用功能。网络操作系统(NOS)是指运行在网络服务器上的、提供网络资源共享功能并负责管理整个网络的一种操作系统,有时也把它称之为服务器操作系统。与工作站上运行的普通操作系统不同,网络操作系统的目标是使网络获得最佳性能。如可支持许多客户机同时发出服务请求并快速作出响应,能协调资源的分配与共享,具有管理、监测与记录客户机的操作,有很强的数据保护和错误处理能力等。

目前使用的网络操作系统主要有三类:一是微软公司的 Windows 系统服务器版,如 Windows NT Server、Windows Server 2000,以及最新的 Windows Server 2022 等,一般用在中低档服务器中。二是由 AT&T 和 SCO 公司推出的 Unix 系统,如 Unix SVR 4.2 等,它们的稳定性和安全性好,可用于大型的网站或大型的企事业单位网络中。三是一种新型的网络操作系统 Linux 其最大特点是源代码开放,可以免费得到许多应用软件,目前也获得了很好的应用。

3.2　局域网

3.2.1　局域网的特点与组成

1. 局域网的特点

局域网(LAN)指较小地域范围(一千米到几千米)内的计算机网络,一般是一幢建筑物内或一个单位几幢建筑物内的计算机互连成网。局域网常见于企业、公司、学校、政府机构等,是计算机网络中最流行的一种形式,全世界估计有上百万个计算机局域网。

计算机局域网的主要特点是:

- 为一个单位所拥有,地理范围有限。

- 使用专门铺设的共享的传输介质进行连网。
- 数据传输速率高(10 Mbps～1 Gbps),延迟时间短,误码率低(10^{-8}～10^{-11})。

2. 局域网的分类

按网络拓扑结构分为总线型、星型、环型、树型、网状等。但网络拓扑结构有三种基本结构,即总线型、星型、环型,其他结构都可以通过这三种基本结构组合得到,如图 3-2 所示。

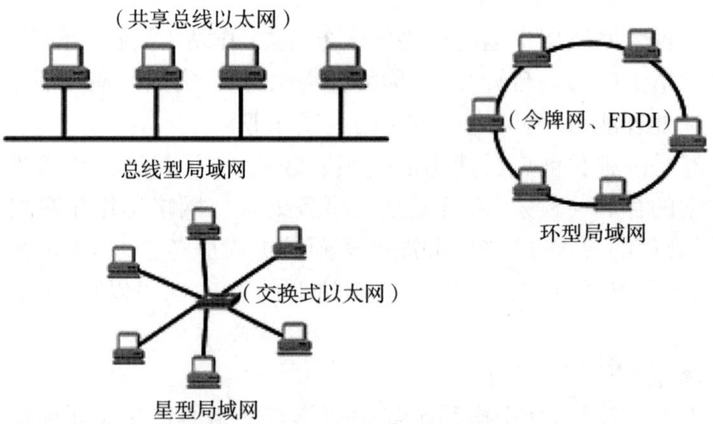

图 3-2　网络的三种基本结构

(1) 总线型网络:网络中所有的站点共享一条数据通道。总线型网络安装简单方便。主要代表是同轴电缆构建或使用 HUB 构建的共享式以太网。

(2) 星型网络:各站点通过点到点的链路与中心站相连。主要代表是使用 Switch 构建的交换式以太网。

(3) 环型网络:各站点通过通信介质连成一个封闭的环型。主要代表是光纤分布式数据接口(FDDI)。由光纤构成的 FDDI 网,其基本结构为逆向双环。一个环为主环,另一个环为备用环。一个顺时针传送信息,另一个逆时针传送信息。当主环上的设备失效或光缆发生故障时,通过从主环向备用环的切换可继续维持 FDDI 的正常工作。这种故障容错能力是其他网络所没有的。

3. 局域网组成与数据传送方式

计算机局域网的组成如图 3-3 所示,它包括网络工作站、网络服务器、网络打印机、网络接口卡(简称网卡)、传输介质、网络互连设备等。

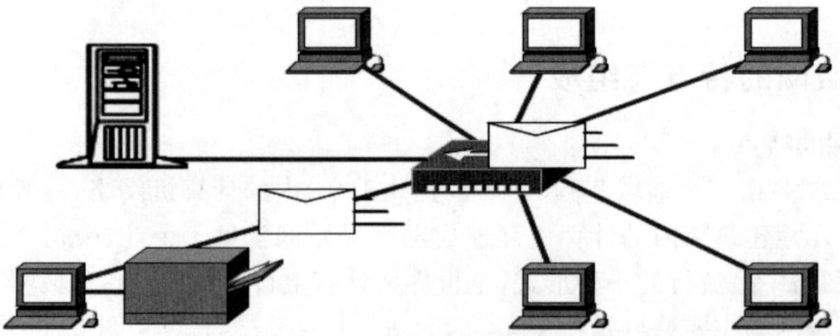

图 3-3　局域网的组成

网络上的每一台设备，包括工作站、服务器以及打印机等都被称为网络上的一个节点(Node)。局域网中的每个节点都有一个唯一的物理地址，称为介质访问地址(MAC 地址)，以便相互区别，实现节点之间的通信。

为了使得连接在网络上的节点都能得到迅速而公平的服务，局域网要求每个节点把要传输的数据分成小块(称为"帧"，Frame)。整个网络不允许任何节点连续传输，或传输任意长的数据，网络上需要发送数据帧的多个节点，以时分多路复用的方式共享传输介质，每个节点都有机会获得传输数据的机会。

数据帧的格式(如图 3－4 所示)：其中除了包含需要传输的数据(称为"有效载荷")之外，还必须包含发送该数据帧的节点地址和接收该数据帧的节点地址。由于电子设备与传输介质很容易受到电磁干扰，所以传输的数据在传输过程中可能会破坏或丢失，为此在帧中还需要附加一些信息(称为校验信息)，随同数据一起进行传输，以供接收节点在收到数据之后验证数据传输是否正确，如果发现数据有错就可以向发送节点指出，以便发送节点将这一帧数据重发一次。

发送地址	接收地址	控制信息	有效载荷(传输的数据)	校验信息

图 3－4　局域网数据帧的格式

4. 网卡

计算机需要和网络连接，都必须安装网络接口卡，简称网卡，每块网卡都有一个全球唯一的地址码，该地址码称为该网卡节点的 MAC 地址。网卡通过传输介质(双绞线、同轴电缆、光纤或者无线电波)把节点与网络连接起来。网卡的任务是负责在传输介质上发送数据帧和接收数据帧，CPU 将它视同为一个输入/输出设备。当节点需要发送数据时，网卡将数据分成小块，附加上节点地址和校验信息(这个过程称为"组帧")，然后在传输介质空闲时，把数据帧发送到传输介质。同时，网卡还不断地检测传输介质上有没有发给本节点的数据帧。如果有的话，就把数据帧从介质上接收下来，从帧中提取出数据并检验有无错误(这个过程称为"拆帧")，确定正确无误时就进行相应的处理。不同类型的局域网，其 MAC 地址的规定和数据帧的格式各不相同，因此连入不同局域网的节点需要使用不同类型的网卡。另外，即使是连入同类局域网，使用有线传输介质与使用无线传输介质的网卡也有区别。

网卡有独立网卡和集成网卡，由于芯片组集成度的提高和计算机联网的普及，现在网卡的功能均已集成在芯片组中。

3.2.2　常见局域网

局域网有多种不同的类型。按照它所使用的传输介质，可以分为有线网和无线网；按照网络中各种设备互连的拓扑结构，可以分为星型网、环型网、总线型网等；按照传输介质所使用的访问控制方法，可以分为以太网、FDDI 网、令牌网等。不同类型的局域网，MAC 地址格式和数据帧格式不同、网卡和网络协议不同、应用领域也有所不同。

1. 以太网连接

以太网(Ethernet)是最常用的一种局域网，网络中所有节点都通过以太网卡连接到网络中，实现相互间的通信。以太网采用 IEEE 802.3 协议。

以太网的拓扑结构如图 3－5 所示。

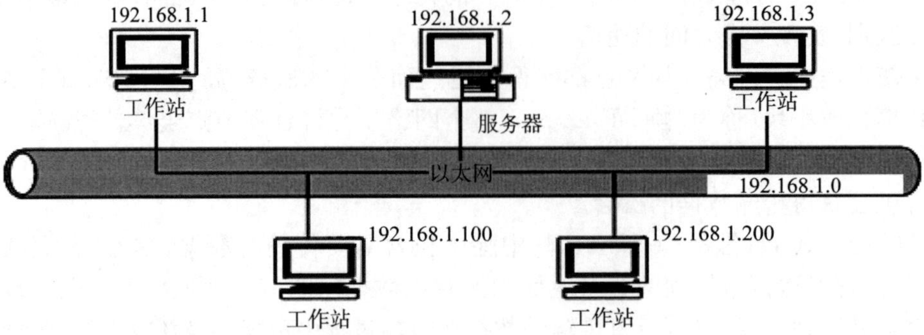

图 3－5　以太网的拓扑结构

早期的以太网大多数以集线器(HUB)为中心构成。总线式集线器连接网络中的各个节点,其基本功能是数据帧的分发,集线器从发送节点接收到数据帧之后,向所有端口分发出去(广播通信方式),并对信号进行放大,以扩大网络的传输距离,起着中继器的作用,其拓扑结构为总线结构,集线器上的每一个节点共享一定的带宽。图 3－6 是使用集线器组成以太网的例子,网络中的每一个节点通过网卡和网线(一般是 5 类双绞线)连接到集线器。

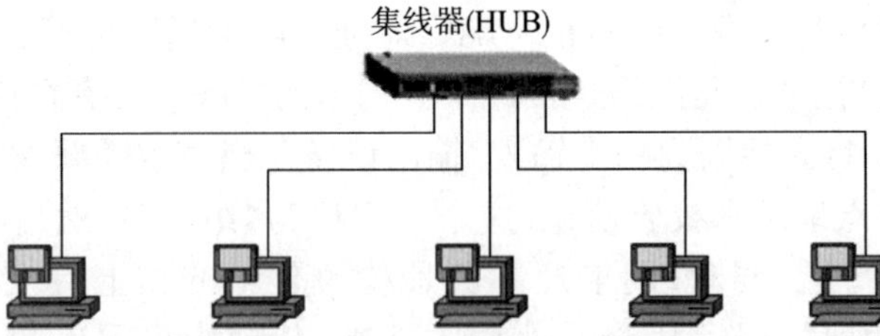

图 3－6　使用集线器构造以太网

交换式集线器(Switching Hub,称交换机 Switch)是一种高速电子交换器,连接在交换机上的所有节点可相互通信(图 3－7)。与总线网不同的是,交换机从发送节点接收数据帧之后,直接按接收节点 MAC 地址传送给指定的接收节点,不再向任何其他节点传送(点对点通信方式)。而且,它还能支持多对节点相互之间同时进行通信,例如图 3－7 中的 1 与 3、2 与 5、4

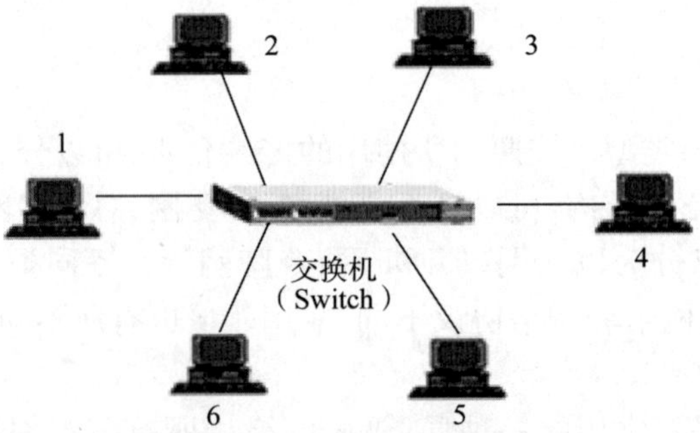

图 3－7　交换式局域网

与 6。因此，使用交换机 Switch 组成的以太网是一种星型拓扑结构。与总线型结构局域网的区别是，连接在交换机上的每一个节点各自独享一定的带宽（100 Mbps 或 1 000 Mbps，由该节点所使用的网卡和连接的交换器端口所决定），而总线型局域网上的所有节点却只能共享一定的带宽（10 Mbps 或 100 Mbps），因而在网络通信频繁时，网络性能会急剧下降。

交换机可以按层次方式互相连接起来，构成工作组、部门、公司的多层次的局域网。其中，用户的计算机与所在工作组的交换机连接，低层的交换机以 100 Mbps 或 1 000 Mbps 的速度与高层的中央交换机连接，中央交换机的总带宽可以达到每秒千兆位以上，传输介质（如果使用光纤）的长度可达几千米。网络服务器通过 100 Mbps 或 1 000 Mbps 的传输线路与中央交换机直接连接，这样可以发挥其最大潜力，同时为单位内的许多用户服务。这种局域网称为千兆位以太网。

交换机组成的千兆位以太网如图 3 - 8 所示。

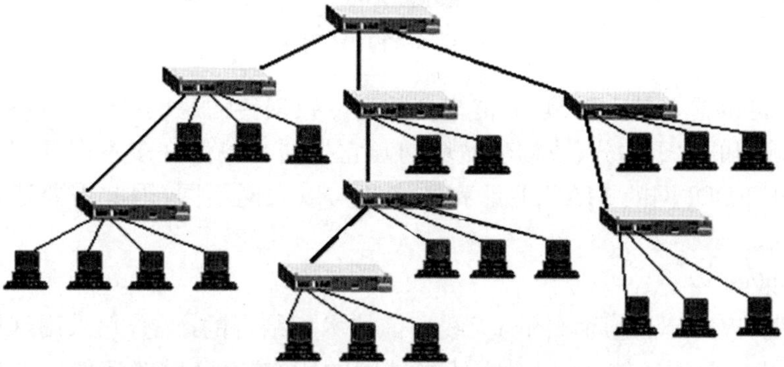

图 3 - 8　使用交换机组成的千兆位以太网

无论是总线式还是交换式以太网，使用的网卡并无区别。网卡按传输速度可分为 10 M 网卡、100 M 网卡、1 000 M 网卡及 10 M/100 M 自适应网卡。目前使用最多的是 1 000 M 网卡，每块网卡都有一个全球唯一的 48 位二进制数的 MAC 地址。

在总线结构以太网中，由于多台计算机共享一条总线，因此节点相互通信时，必须保证在任何时候总线上只有一个节点正在发送数据帧，为此采用了带冲突检测的载波侦听多路访问（CSMA/CD）方法。载波侦听是指节点在发送帧之前必须先对总线侦听，判断总线是否处于空闲状态。如果空闲，就进行发送；如果忙，即有载波，则等待一些时间后再重试。此外，每个节点在发送帧的期间，还必须检测是否有冲突发生，即是否有其他节点也发送了帧，若有冲突，则都立即停止发送，然后在随机等待一段时间之后再重试，这样，就能够实现许多节点无冲突地使用总线发送信息。

2. 光纤分布式数字接口网

光纤分布式数字接口网又称 FDDI，采用环型拓扑结构，它利用光纤将多个节点环接起来，环上的节点依次获得对环路的访问权，进行数据帧的发送或接收。为提高可靠性，FDDI 采用双环结构，分别称为主环和副环，主环支持正常情况下的数据传输工作，副环作为一种备份设施，保证在主环故障或者节点故障时环路仍然可以正常地工作。

FDDI 使用光纤作为传输介质，它的传输速率为 100 Mbps。由于光纤特有的低损耗特性，使得线路不间断传送距离增大，可用于长距离通信。此外，由于 FDDI 采用双环结构，每个设备可以挂接到两个环路上,因此FDDI具有高可靠性。加上光纤本身无辐射,因而增加了数据传输的保密性。

FDDI网如图3-9所示。

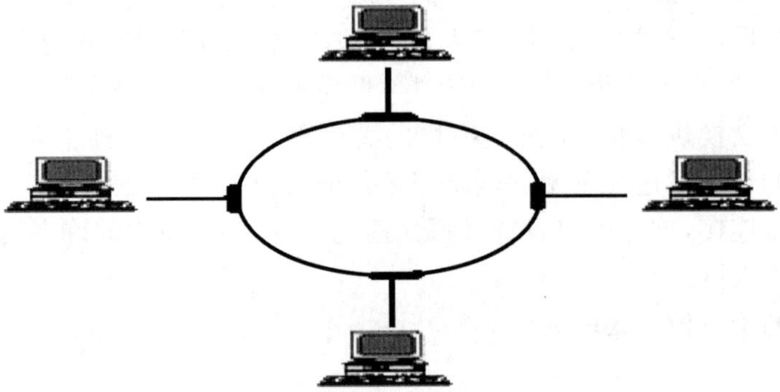

图3-9 FDDI网

FDDI网络可以覆盖较大的范围,能支持较高的数据传输速率(100 Mbps),实际应用中常用于构造局域网的主干部分(或构建城域网),它把同一单位许多不同部门的以太网互相连接起来。由于FDDI网的MAC地址和帧格式与以太网不同,因此需要通过网关或路由器进行转换。

3. 无线局域网

无线局域网(WLAN)是局域网与无线通信技术相结合的产物,它采用红外线(IR)或者无线电波(RF)进行数据通信,能提供有线局域网的所有功能,同时还能方便地移动节点的位置或改变网络的组成。

无线电波作为无线局域网的传输介质是目前用得最多的,所使用的频段主要是S频段(2.4～2.483 5 GHz),这个频段不会对人体健康造成伤害。无线电波的覆盖范围较广,使用扩频方式通信时,具有很强的抗干扰、抗噪声、抗衰落能力,这就使通信比较安全,基本避免了通信信号的偷听和窃取,具有很高的可用性。

无线局域网通过无线网卡、无线HUB、无线网桥等设备使无线通信得以实现。无线局域网采用的协议主要有IEEE 802.11(Wi-Fi,全称Wireless Fidelity)及蓝牙(Bluetooth)等标准。

IEEE 802.11是无线局域网目前最常用的传输协议,其中802.11a和802.11g的传输速率分别可达25 Mbps和54 Mbps,能满足传输语音、数据、图像等业务的需要。而目前使用最普遍的802.11b则采用了一种新的调制技术,使得传输速率能根据环境变化,最大可达到11 Mbps,可满足一般的使用要求。

蓝牙是一种近距离无线数字通信的技术标准,它是802.11的补充。蓝牙的最高数据传输速率为1 Mbps(有效传输速率为721 kbps),传输距离为10 cm～10 m,通过增加发射功率可达到100 m。蓝牙技术适合于办公室或家庭环境的无线网络。

无线局域网技术具有很好的灵活性,相对于有线网络,无线局域网的组建、配置和维护较为容易。目前无线局域网还不能完全脱离有线网络,它只是有线网络的补充,且传输速度还不快,容易受到外界干扰。但随着技术的发展,无线局域网将逐渐走向成熟。

无线局域网示意如图 3－10 所示。

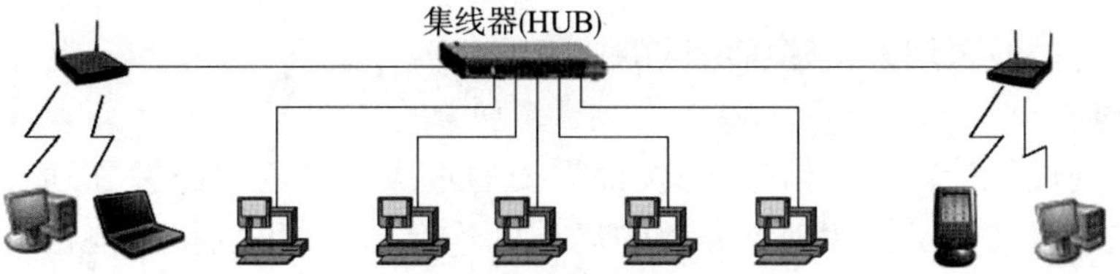

图 3－10　无线局域网

3.3　广域网

局域网技术的主要限制是它的规模：一个局域网既不能拥有任意多的计算机，也不能让计算机连接到任意距离的站点上。如何才能克服局域网在节点数量和距离方面的限制，解决的途径就是计算机广域网技术。

广域网(WAN)是跨越很大地域范围(从几十千米到几千千米)并包含大量计算机的一种计算机网络，它把许多局域网和计算机用户互相连接在一起，使网上用户能相互通信、共享资源。从功能上来说，广域网与局域网并无本质区别，但在数据传输速率方面相差很大，一些局域网上能够实现的功能在广域网上可能很难完成。

广域网中有许多是一些机构或组织自行构建用于处理特定事务的专用广域网，如政府网、金融网、教育网、军事网等。还有一些是网络服务提供商(如电信局、有线电视台)构建的用于为社会公众提供数据通信服务的营运性网络，称为公用数据网。

3.3.1　专用网

政府网、金融网和教育网等专用网络一般都使用网络服务提供商提供的传输线路和网络设备构建而成，很少有单位全部自行建设。具体做法有如下几种：

1. 电话网连接

通过电话网连接远程计算机，特别适合用于家庭用户、外出公干人员和企事业单位的外地分支机构。由于电话网的用户线路部分只适合于传输音频模拟信号，因此计算机与电话网连接时，必须使用调制解调器把数字信号调制成模拟音频信号进行传输。进行通信时发送方先进行拨号，通过电话网中的交换机为发送方和接收方建立一条临时的通信链路，供通信双方使用。一旦通信完毕，通信链路即被拆除。这种交换方式(称电路交换)比较简单，建立一次连接就可以传送大量数据。

电话网构建广域网如图 3－11 所示。

图 3－11　使用电话网构建广域网

除了普通电话网之外，也可以使用综合业务数字网（ISDN）或 xDSL 等来构建广域网。但公用电话网的缺点是线路利用率低、数据传输速度慢、通信质量不稳定、费用较高（特别是长途通信），因此一般只用来构建广域网的接入网。

2. 专线网

使用电话网进行计算机通信时，每次都需要通过拨号建立链路并在通信完毕后释放链路，效率低、速度慢。为了把地理上分散的局域网连接起来，可以租用电信局的中速或高速的数字远程通信线路建立专门的点到点的连接，以便实现每周 7 天、每天 24 小时（全天候）的不间断通信。每条专线连接两个特定的点，其费用取决于线路的容量和跨越的距离。政府网、金融网、教育网等广域网中的主干线路大多租用了电信局的专线。

使用专线构建广域网如图 3－12 所示。

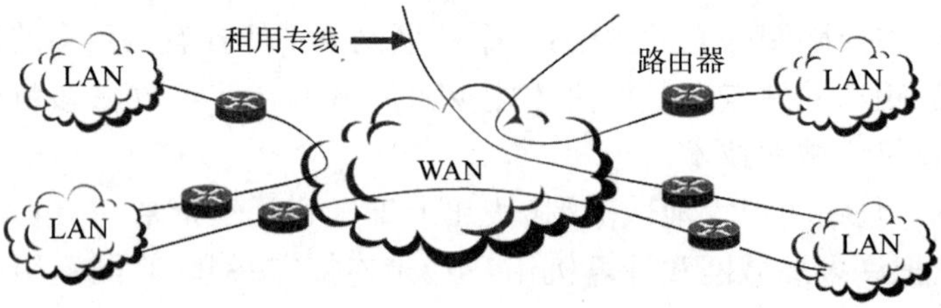

图 3－12　使用专线构建广域网

电信局提供的远程数字通信线路有准同步数字系列 PDH 和同步数字系列 SDH 两类：前者为低、中速率的线路，速率在每秒几兆到几百兆比特之间；后者是高速线路，速率可达每秒几百兆到几千兆比特，甚至更高，组网时可根据实际需要选用。

3. 虚拟专网

由于费用昂贵，租用专线构建广域网的做法许多单位难以承受，因而虚拟专网 VPN 应运而生。它采用隧道技术以及加密、身份鉴别等方法，在网络服务提供商的公用骨干网基础上构建自己逻辑上的专用网络，效果如同租用专线一样。之所以称为虚拟网，是因为整个 VPN 网络节点之间的连接并没有使用专线实现端到端的物理链路，而是架构在公用骨干网所提供的网络平台之上的逻辑网络（虚拟网络）。由于公用骨干网是共享的，利用效率高，因而降低了虚拟专网的通信资费和网络升级维护的费用。虚拟专网应用前景广阔，具体实施也并不困难。

虚拟专网可以构建在帧中继网、ATM 网等公用数据网之上，也可以构建在因特网平台之上，后者称为 IP VPN。基于因特网的 VPN 具有节省费用、运行灵活、易于扩展、易于管理等优点，由于采用 IPSec 安全协议对 IP 数据包进行加密和鉴别，信息安全也得到了保证。

使用公用骨干网构建虚拟专网如图 3－13 所示。

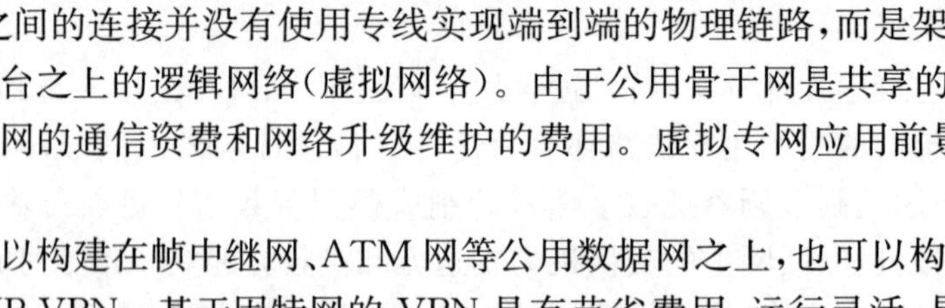

图 3－13　使用公用骨干网构建虚拟专网

3.3.2　公用数据网

几十年来，电信部门向社会公众提供的服务内容主要是电话、电报和传真。20 世纪 80 年代以来，随着数字通信技术的发展和计算机数据通信需求的增长，电信部门除了出租数字线路之外，也开始组建公用数据网，向公众提供数据通信的服务。公用数据网是国家的公用通信基础设施之一，一般由国家统一建设、管理和运营。

数据通信网采用的交换技术与电话通信网不同。电话网采用的是电路交换技术，如果数据通信也使用电路交换，则线路的使用效率低，因此数据通信网是采用分组交换技术。

1. 分组交换原理

分组交换也称为包交换。节点计算机把需要传输的数据划分为若干小块，为每小块数据附加上地址、编号等有关信息就组成了一个“包”(packet，也称为分组)，然后以包为单位进行传输。

数据包的格式如图 3－14 所示。

发送主机地址	目的主机地址	编号	有效载荷(传输的数据)	校验信息

图 3－14　分组交换中数据包的格式

数据包的概念与局域网中数据帧的概念相似。把数据分成包以后，就可以使得网络中所有需要传送数据的计算机都能及时而迅速地得到服务，而不会发生一台计算机任意长时间地独占传输线路的情况。把数据分成包的另外一个好处是，它能帮助发送方和接收方协调数据的传输过程，确定哪一个包已经完整到达，哪些包有错甚至丢失。对于后者，发送方只需重发有错或丢失的包，而不必重新发送全部数据。

分组交换原理如图 3－15 所示。

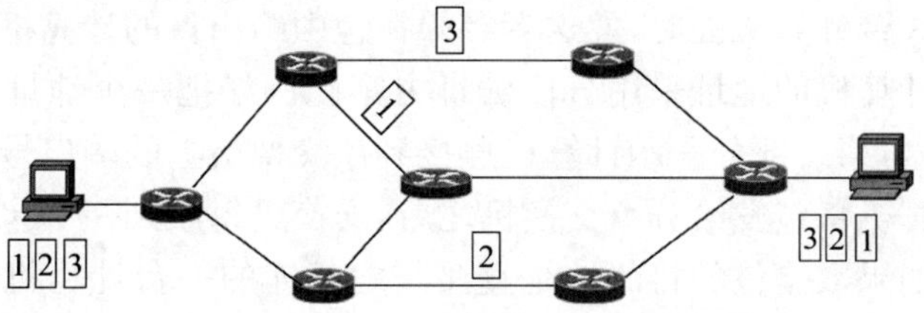

图 3－15　分组交换原理

分组交换的传输方式有不少优点，主要有线路利用率较高；收发双方不需同步工作，当接收方忙碌时，整个网络都可以作为它的缓冲；还可以给数据建立优先级，使得一些重要的数据能优先传递。分组交换的缺点是延时较长，不太适宜实时应用或交互方式的应用。

2. 分组交换机与存储转发

为了实现分组交换方式的数据传输，必须使用分组交换机。分组交换机是一种专用计算机，它的端口有两种，连接计算机的端口速度较低，连接另一个交换机的端口的速度较高。交换机与交换机之间是远程数字通信线路，几乎所有的点对点数字通信方式都可以使用，包括租用的专线、光纤、微波、卫星频道等。

利用分组交换机互连而成的计算机网如图 3－16 所示。

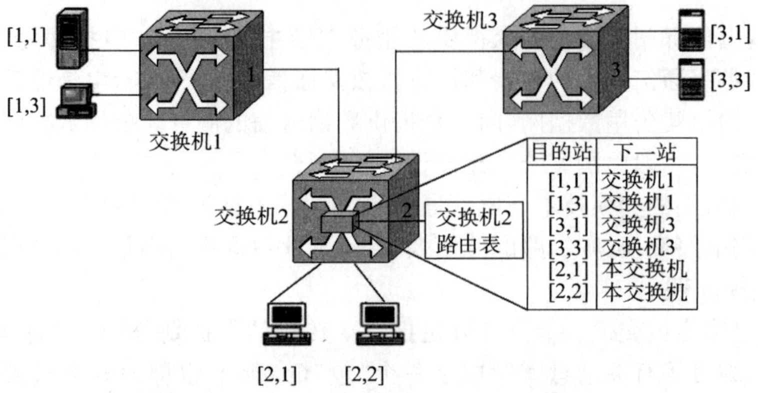

图 3－16　通过交换机互连而成的计算机网

分组交换网的基本工作模式是存储转发，即每当交换机收到一个包后，检查该数据包的目的地地址，决定应该送到哪个端口进行发送。考虑到往往会有许多包必须在同一端口发送，分组交换机的每个端口都有一个缓冲区，需要发送的包都存放在该端口的缓冲区中，端口每发送完一个包，就从缓冲区队列中提取下一个包进行发送。存储转发技术使分组交换机能对同时到达的许多包进行处理，而不会发生冲突。而且，这种方法还能使数据包以传输线路允许的最快速度在网络中进行传送。

分组交换网的规模由分组交换机数目和连入的计算机数目所决定，需要扩充时可接入新的分组交换机和计算机。

3. 数据包的传递

为了正确地传输数据包，连接在分组交换网上的每台计算机都必须有一个唯一地址，当发送数据包到另外一台计算机去时，发送者必须在包中给出目的计算机的地址。

分组交换网中计算机的地址采用分段编址方案。例如把一个地址分成两部分：第一部分表示分组交换机号，第二部分表示计算机连接到该交换机上的端口号。如图 3－16 所示。

发送数据的计算机将包发给分组交换机之后，交换机每收到一个包，就必须选择一条路径来转发这个包。如果数据包的目的地是直接与之相连的一台计算机，分组交换机就将包发往该计算机。如果包的目的地不是本分组交换机上的计算机，就应通过连接该交换机的高速数字线路转发给另一台交换机。为此，每一台交换机都必须有一张表，用来指出发送给哪台目的计算机的包应该从哪个端口转发出去，该表就称为路由表。

为使分组交换网能正确运行，网络中的所有交换机都必须有一张路由表。表中应有完整的路由，即必须包含所有可能目的地的下一站交换机位置，而且下一站的交换机位置必须是指向目的地的最短路径。

分组交换网各个交换机中的路由表是通过软件计算得到的，网络中的计算机发生变化时还应该随时更新。

4. 我国的公用数据网

为了开展数据通信业务，我国电信部门已经建设了若干不同的公用数据网，如低速的 X. 25 网、中速的帧中继网、高速的 ATM 网等，它们覆盖全国各地。除了作为一般的数据通信平台之外，还提供公用电子信箱业务、多媒体业务、电子数据交换(EDI)业务和因特网业务等。

20 世纪 70 年代中期，国外开始出现公用数据网，我国也在 20 世纪 80 年代后期建成国家公用数据网 CHINAPAC(CNPAC)。随后又相继建成了公用数字数据网(DDN)、公用帧中继网(FR)和公用 ATM 网等。这些公用数据网采用了不同的技术，它们的数据包格式、地址格式、相互连接的数据通信线路等各不相同，有着不同的应用。

(1) X. 25 网

X. 25 网是使用较早的分组交换网，它使用公共电话网以分组交换方式进行数据传输。由于信道质量较差，所以它在纠正信道差错方面考虑比较周全，处理比较复杂，从而网络延迟较大。传输速率一般小于 64 kbps。X. 25 分组网主要用于速度要求不高、数据传输量不大的业务(如连接商店中的信用卡刷卡机)。用户可以用电话专线或通过电话拨号方式接入 X. 25 分组网。

(2) 帧中继网(FR)

帧中继网也叫做帧中继交换网，是 X. 25 分组网的改进方案。帧中继网使用光纤作为传输介质，一方面提高了信道的传输速率，另一方面光纤通信的高可靠性使 X. 25 网中的差错处理等得到了简化，降低了传输延迟。

帧中继网的分组(称为帧)的长度远比 X. 25 分组网的 128 字节要长，至少有 1 600 字节，有些可达到 8 K 字节，使交换机的开销大大减少，适合计算机通信的需求。帧中继网的传输速率可以达到 2 Mbps。

(3) ATM 网

异步传输模式(ATM)是一种重要的分组网技术，它试图以一种单一的技术在很大的地域范围内提供语音、动态图像和数据服务，其中包的尺寸是关键问题之一。如为了能达到较高的传输效率，需要增大包的尺寸，但包的尺寸很大时，对于语音的实时传输又不合适，比如一个 8 KB 大小的语音数据的包，需要花费 1 秒钟时间才能采集。

为获得高速率、低延迟、无抖动的数据传输，ATM 把数据分成较小的固定大小的包，称为信元(cell)，每个 ATM 信元包括 53 个字节，其中包含 5 个字节的头部信息、48 个字节的数据。

与其他分组网技术一样，ATM 网交换机有多个端口，每个端口可连接另一台交换机或者计算机。为实现高速的数据传输，多数 ATM 网使用光纤作为通信介质。ATM 交换机上的一个典型端口其运行速率为 155 Mbps 或者更高。

我国自 1996 年开始规划建设公用宽带数据网，经过三期建设，已建成以 ATM 作为网络核心技术的覆盖全国所有省会城市的技术先进、安全可靠的宽带骨干网。它除了用于为政府和广大企事业单位构建专用网络之外，也是我国 IP 网络的主要数据传输平台。

3.4　互联网及应用

因特网是覆盖全球的最大的计算机广域网，它由大量的局域网和公用数据网互连而成，是一个计算机网络的网络。因特网离不开不同网络互连技术和使用的协议。

3.4.1 网络互连协议

如何把不同类型的网络连成一个巨大而统一的网络，并允许网络中的任意两台计算机进行通信呢？

为了帮助和指导各种计算机在世界范围内互连成网，国际标准化组织（ISO）于 1977 年提出了“开放系统互连参考模型”（Open System Interconnect/Reference Model，简称 OSI/RM）及相关的一系列协议。OSI/RM 网络体系分为七个独立的层次。

而美国国防部提出的 TCP/IP 协议系列，是以 TCP（Transmission Control Protocol，传输控制协议）和 IP（Internet Protocol，网络互连协议）为代表的协议集，它已被广泛地应用于解决计算机网络的互连问题，成为事实上的工业标准。TCP/IP 网络体系分为四个独立的层次。

1. OSI/RM 协议模型

OSI 参考模型的层次划分原则如下：

- 层数应足够多，以避免不同的功能混合在同一层中。
- 层次的划分应该有助于制定网络协议的国际标准。
- 各层的功能要尽可能具有相对独立性。
- 各层的划分要便于层与层之间的衔接。
- 网络中各节点都有相同的层次，相同的层次具有相同的功能。
- 扩充某一层功能或协议时，不能影响整体模型的主体结构。
- 每一层使用下层提供的服务，并向其上层提供服务。

按照以上的分层原则，OSI/RM 模型将整个网络分成七层结构，由低层到高层依次如图 3－17 所示。

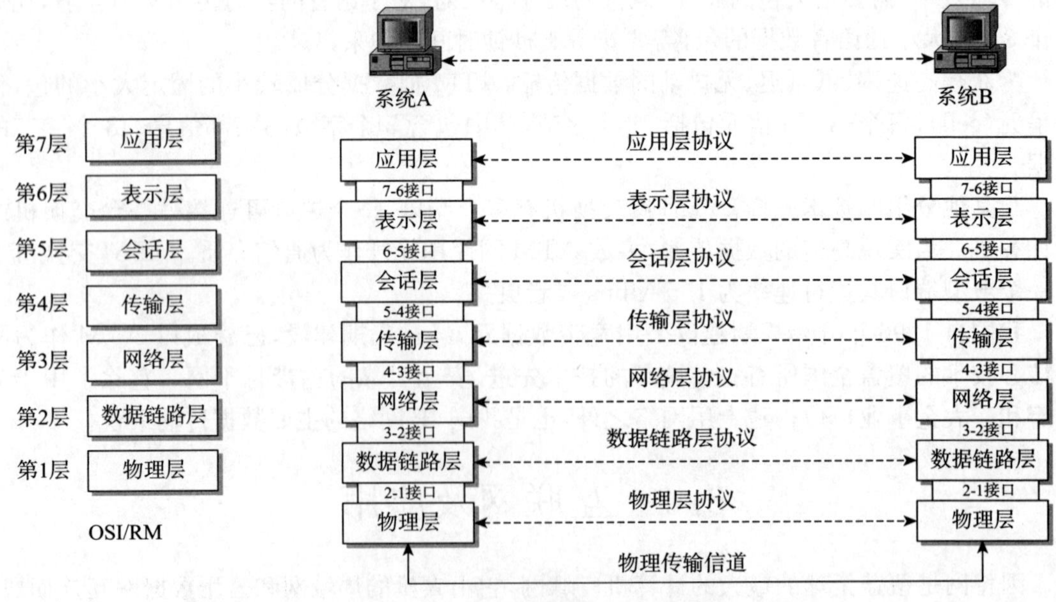

图 3－17　OSI/RM 模型及数据传送

第 1 层，物理层(Physical Layer)。提供物理链路，实现比特流的透明传输。主要功能为定义了网络的物理结构，传输的电磁标准，Bit 流的编码及网络的时间原则。简单地说，这一层主要负责实际的信号传输。

第 2 层，数据链路层(Data Link Layer)。是在两个主机上建立数据链路连接，向物理层传输数据信号，并对信号进行处理，使之无差错并合理地传输。

第 3 层，网络层(Network Layer)。主要功能是将网络地址翻译成对应的物理地址，包括负责路由，选择合适的路径，进行阻塞控制等功能。

第 4 层，传输层(Transport Layer)。是整个网络体系结构中的关键部分，利用通信子网向用户提供可靠、顺序、无差错的端到端服务。传输层屏蔽了下层的数据通信细节，让用户及应用程序不需要考虑实际的通信方法。

第 5 层，会话层(Session Layer)。主要任务是在传输连接的基础上提供增值服务，主要负责两个会话进程之间的通信，对端用户间的对话进行协调和管理。利用分段技术和拼接技术来提高数据交换的效率。

第 6 层，表示层(Presentation Layer)。处理通信信号的表示方法，进行不同的格式之间的翻译，并负责数据的加密解密、数据的压缩与恢复。

第 7 层，应用层(Application Layer)。是用户和网络的界面，为用户使用网络提供接口或手段。用户的应用进程利用 OSI 提供的网络服务进行通信，完成信息处理；而应用层为用户提供许多网络服务所需要的应用协议。

2. TCP/IP 协议标准

为了实现网络的互连，不同网络必须在保持自己个性(各自的包格式、编址方案等)的基础上遵守一个共同的协议。目前在网络互连中，使用最广泛的是 TCP/IP 协议。事实上，TCP/IP 是一个协议系列，包含了 100 多个协议，其中 TCP(传输控制协议)和 IP(网络互连协议)是两个最基本、最重要的协议，因此通常用 TCP/IP 来代表整个协议系列。

TCP/IP 每个层次的名称及层与层之间关系如图 3 - 18 所示。

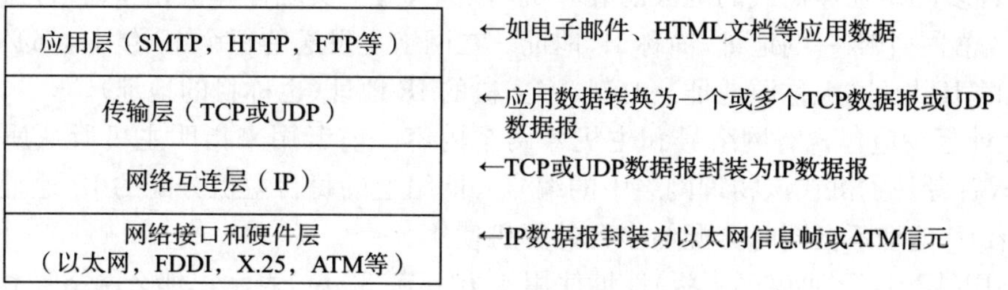

图 3 - 18　TCP/IP 的分层结构

TCP/IP 协议标准将计算机网络中的通信问题划分为四个层次。每一层的功能与目的概述如下：

第 4 层，应用层。规定了运行在不同主机上的应用程序之间(如电子邮件的用户与邮件服务器之间、Web 浏览器与 Web 服务器之间等)如何通过互连的网络进行通信。不同的应用需要使用不同的应用层协议，如电子邮件程序使用 SMTP(简单邮件传送协议)、Web 浏览器使用 HTTP(超文本传输协议)。

第 3 层，传输层。规定了怎样进行端-端的数据传输。有 TCP 和 UDP 两个协议，大部分应用程序使用 TCP 协议，它负责可靠地完成数据从发送计算机到接收计算机的传输，如电子邮件的传送和网页的下载；而使用 UDP 协议时网络只是尽力而为地进行快速数据传输，但不保证传输的可靠性，例如音频和视频数据的传输，就采用的是 UDP 协议。

第 2 层，网络互连层。规定了在整个互连的网络中所有计算机统一使用的编址方案和数据包格式(称为 IP 数据报)，以及怎样将 IP 数据报从一台计算机逐步地通过一个或多个路由器送达最终目标的转发机制。

第 1 层，网络接口和硬件层。规定了怎样与各种网络(如以太网、FDDI 网、X. 25 网、帧中继网、ATM 网等)进行接口，并负责把 IP 包转换成适合在特定网络中传输的帧格式。

TCP/IP 协议标准的主要特点如下：

- 适用于多种异构网络的互连。尽管低层各种网络使用的数据帧或包格式、地址格式等差别很大，但通过网络互连层的 IP 协议能够将它们统一起来，使得各种物理帧的差异对上层协议不复存在，这是 TCP/IP 协议实现异种网互连的关键。
- 确保可靠的端-端通信。传输层的 TCP 协议是确保可靠通信的机制，它具有解决数据报丢失、重复、损坏等异常情况的能力，是一种可靠的端-端通信协议。
- 与操作系统紧密结合。随着 TCP/IP 技术的成熟和因特网的大范围使用，操作系统与 TCP/IP 的结合越来越紧密。目前，流行的 Unix 和 Windows 操作系统等都已将遵循 TCP/IP 协议的通信软件作为其内核的一部分。
- TCP/IP 既支持面向连接服务(TCP)，也支持无连接服务(UDP)，两者并重，有利于在计算机网络上实现基于声音、视频通信的各种多媒体应用。

3. IP 地址

TCP/IP 协议标准定义了主机(Host)这一概念，它指的是任何按照 TCP/IP 协议连接到网络的计算设备。主机可以是 PC 机，也可以是服务器或者其他设备。主机的 CPU 可快可慢，内存可大可小，主机所连接的网络运行速度可高可低。TCP/IP 使得任何一对主机都可以连通并进行数据通信，前提是网络上所有主机都需要运行 TCP/IP 协议软件。

在由许多网络互连而成的庞大的计算机网络中，为了实现计算机相互通信，必须为每一台计算机分配一个唯一的地址，简称 IP 地址。在网络上发送的每个 IP 包中，都必须包含发送方主机的 IP 地址(也称源地址)和接收方主机的 IP 地址(也称目的地址)。

IP 地址至少应包含有网络号和主机号两个内容。前者用来指明主机所从属的物理网络的编号，后者是主机在该物理网络中的编号。网络上的每台主机分配的 IP 地址都是唯一的，即一个 IP 地址不会同时分配给多台计算机使用。

每个 IP(IPv4，IP 协议第 4 版)地址使用 4 个字节(32 位)表示。那么网络号和主机号各占几位？由于网络中既包含了一些规模很大的物理网络，同时也有许多小型网络，因此网络号与主机号的划分采取了一种能兼顾大网和小网的折中方案。这个方案将 IP 地址空间划分为三个基本类，每类有不同长度的网络号和主机号，另有两类分别作为组播地址和备用。

其中 A 类地址用于拥有大量主机(≤16 777 214 台)的超大型网络，只有少数一些网络可获得 A 类地址。A 类 IP 地址的特征是其二进制表示的最高位为“0”(首字节小于 128)。B 类 IP 地址的特征是其二进制表示的最高两位为“10”(首字节大于等于 128 但小于 192)，用于规模适中的网络(主机≤65 534 台)。C 类地址用于主机数量不超过 254 台的小型网络，其IP地址的特征是二进制表示的最高3位为“110”(首字节大于等于192但小于224)。

IP地址的分类及格式如图3-19所示。

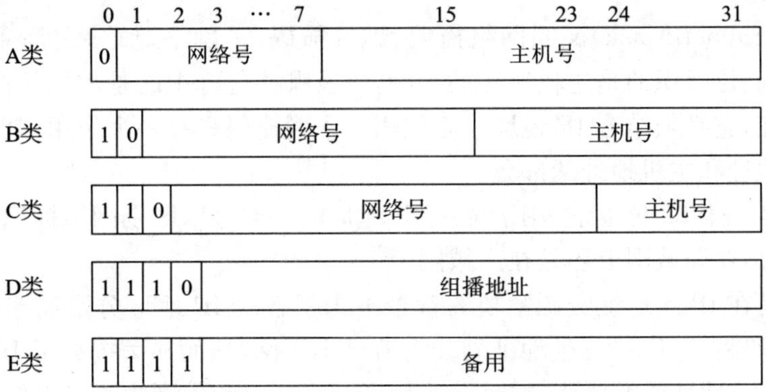

图3-19　IP地址的分类及格式

这样一来，每个IP地址就由如下的三个部分构成：

IP地址 ＝ 类型号 ＋ 网络号(net-id)＋ 主机号(host-id)

为了便于记忆，IP地址通常用4个十进制数来表示一个IP地址，每个十进制数对应IP地址中的一个字节，十进制数之间采用小数点“.”予以分隔，称点分十进制。

点分十进制是IPv4的IP地址标识方法。IPv4中用四个字节(8位)表示一个IP地址，每个字节按照十进制数表示为0～255。

点分十进制分类：

(1) A类地址(1～126)用于拥有大量主机的超大型网络，A类IP地址全球只有共126个。

(2) B类地址(128～191)用于主机规模适中的网络。

(3) C类地址(192～223)用于主机规模较小的网络，每个C类网络最多只能连接254台主机。

(4) D类：224～239。

(5) E类：240～255。

例如，26.10.35.48是一个A类地址，130.24.35.68是一个B类地址，202.119.23.12表示一个C类地址。

用户的计算机若要进入因特网，必须获得IP地址授权机构分配的IP地址。实际上授权机构只是分配一个类型号和网络号，组网者再对子网内的每一台主机指定一个主机号，从而构成了网络中每一台计算机的IP地址。

有一些特殊的IP地址从不分配给任何主机使用，其中每个网络中，主机地址每一位都为“0”的IP地址，称为网络地址，用来表示整个物理网络，指的是物理网络本身而非连到该网络上的计算机。主机地址每一位都为“1”的IP地址，称为直接广播地址，当一个包被发送到某个物理网络的直接广播地址时，这个包将送达该网络上的每一台主机。

以上介绍的是IPv4中对于主机地址的规定。由于地址长度为32位，只有大约36亿个地址，目前已经分配完毕。新的第6版IP协议IPv6已经把IP地址的长度扩展到128位，几乎可以不受限制地提供地址。此外，它还对服务质量、安全性、多播、移动通信等提供了支持。

4. 子网掩码

子网掩码(Subnet Mask)又叫网络掩码、地址掩码、子网络遮罩，它是一种用来指明一个 IP 地址的哪些位标识的是主机所在的子网，以及哪些位标识的是主机的位掩码。子网掩码不能单独存在，它必须结合 IP 地址一起使用。子网掩码只有一个作用，就是将某个 IP 地址划分成网络地址和主机地址两部分。

子网掩码是一个 32 位地址，用于屏蔽 IP 地址的一部分以区别网络标识和主机标识，并说明该 IP 地址是在局域网上还是在广域网上。

子网掩码是在 IPv4 地址资源紧缺的背景下为了解决 IP 地址分配而产生的虚拟 lP 技术，通过子网掩码将 A、B、C 三类地址划分为若干个子网，从而显著提高了 IP 地址的分配效率，有效解决了 IP 地址资源紧张的局面。另一方面，在企业内网中为了更好地管理网络，网管人员也利用子网掩码的作用，人为地将一个较大的企业内部网络划分为更多个小规模的子网，再利用三层交换机的路由功能实现子网互连，从而有效解决了网络广播风暴和网络病毒等诸多网络管理方面的问题。

(1) 子网掩码的功能

子网掩码是一个 32 位地址，是与 IP 地址结合使用的一种技术。它的主要作用有两个，一是用于屏蔽 IP 地址的一部分以区别网络标识和主机标识，并说明该 IP 地址是在局域网上还是在远程网上。二是用于将一个大的 IP 网络划分为若干个小的子网络。

使用子网是为了减少 IP 的浪费。因为随着互联网的发展，越来越多的网络产生，有的网络多则几百台，有的只有区区几台，这样就浪费了很多 IP 地址，所以要划分子网。使用子网可以提高网络应用的效率。

通过计算机的子网掩码判断两台计算机是否属于同一网段的方法是，将计算机十进制的 IP 地址和子网掩码转换为二进制的形式，然后进行二进制“与”(AND)计算(全 1 则得 1，不全 1 则得 0)，如果得出的结果是相同的，那么这两台计算机就属于同一网段。

(2) 默认子网掩码(如表 3 - 1 所示)

表 3 - 1 默认子网掩码

网络类型	二进制表示	点分十进制表示
A类	11111111 00000000 00000000 00000000	255.0.0.0
B类	11111111 11111111 00000000 00000000	255.255.0.0
C类	11111111 11111111 11111111 00000000	255.255.255.0

子网掩码工作过程是：将 32 位的子网掩码与 IP 地址进行二进制形式的按位逻辑“与”运算得到的便是网络地址，将子网掩码二进制按位取反，然后 IP 地址进行二进制的逻辑“与”(AND)运算，得到的就是主机地址。如：192.168.10.10 AND 255.255.255.0，结果为 192.168.10.0，其表达的含义为：该 IP 地址属于 192.168.10.0 这个网络，其主机号为 10，即这个网络中编号为 10 的主机。

(3) 划分子网

在一个计算机网络中,可将子网掩码的作用描述为通过逻辑运算,将 IP 地址划分为网络标识(Net - ID)和主机标识(Host - ID),只有网络标识相同的两台主机在无路由的情况下才能相互通信。

子网掩码机制提供了子网划分的方法。使用子网掩码划分子网后,子网内可以通信,跨子网不能通信,子网间通信应该使用路由器,并正确配置静态路由信息。划分子网,需遵循子网划分结构的规则。具体的是用连续的 1 在 IP 地址中增加表示网络地址,同时减少表示主机地址的位数。例如,IP 地址为 130.39.37.100,网络地址为 130.39.0.0、子网地址为 130.39.37.0、子网掩码为 255.255.255.0,网络地址部分和子网标识部分为“1”所对应,主机标识部分为“0”所对应。使用 CIDR 表示为:130.39.37.100/24,即 IP 地址/掩码长度。其中第三个字节上的 255 所对应的 8 位二进制数值就是将主机地址位数借给了网络地址部分,充当了划分子网的位数。注:CIDR 一般指无类别域间路由。

① 计算方式

由于子网掩码的位数决定于可能的子网数目和每个子网的主机数目。在定义子网掩码前,必须弄清楚本来使用的子网数和主机数目。

- 根据子网数计算:在求子网掩码之前必须先搞清楚要划分的子网数目,以及每个子网内的所需主机数目。

将子网数目转化为二进制来表示;

取得该二进制的位数,为 N;

取得该 IP 地址的子网掩码,将其主机地址部分的前 N 位置 1 即得出该 IP 地址划分子网的子网掩码。

例如,如欲将 B 类 IP 地址 168.195.0.0 划分成 27 个子网:

27=11011;

该二进制为五位数,N = 5;

将 B 类地址的子网掩码 255.255.0.0 的主机地址前五位置 1(B 类地址的主机位包括后两个字节,所以这里要把第三个字节的前五位置 1),得到 255.255.248.0。即为划分成 27 个子网的 B 类 IP 地址 168.195.0.0 的子网掩码(实际上是划分成了 32 个子网)。

- 根据主机数来计算:

将主机数目转化为二进制来表示。

如果主机数小于或等于 254(注意去掉保留的两个 IP 地址),则取得该主机的二进制位数,为 N,这里肯定 N<8;如果大于 254,则 N>8,这就是说主机地址将占据不止 8 位。

使用 255.255.255.255 来将该类 IP 地址的主机地址位数全部置 1,然后从后向前的将 N 位全部置为 0,即为子网掩码值。

例如,如欲将 B 类 IP 地址 168.195.0.0 划分成若干个子网,每个子网内有主机 700 台:

700=1010111100;

该二进制为十位数,N = 10;

将该 B 类地址的子网掩码 255.255.0.0 的主机地址全部置 1,得到 255.255.255.255 然后再从后向前将后十位置 0,即为 11111111.11111111.11111100.00000000,即 255.255.252.0。这就是该域划分成主机为 700 台的 B 类 IP 地址 168.195.0.0 的子网掩码。

② 可变长子网掩码

可变长子网掩码(Variable Length Subnet Mask,简称 VLSM)就是每段 IP 地址使用不同长度的子网掩码,可以对子网进行层次化编址,以便最有效地利用现有的地址空间。可变长子网掩码的出现是打破传统的以类(Class)为标准的地址划分方法,是为了缓解 IP 地址紧缺而产生的。它的作用是节约 IP 地址空间,减少路由表大小。需要注意的是:使用 VLSM 时,所采用的路由协议必须能够支持它,这些路由协议包括 RIPv2、OSPF、EIGRP 和 BGP。

可变长子网掩码是将一个网段拆成多个子网的应用,这种应用在教育网内特别普遍,教育网使用的是电信运营商提供的互联网出口。电信运营商为教育网提供了数个 C 类的公网 IP 地址,但是教育网的网管又希望每个学校都处于各自不同的网段,全市(包括县区在内)有上百所学校,为了适应这个要求,就必须使用可变长子网掩码来重新规划网络。

可变长子网掩码是网络规划中的一种常见应用,它的目的是最大限度地节省 IP 地址。网管员根据自己单位实际的网络情况,为不同网段灵活地定义不同的子网掩码,但是很多用户由于不了解可变长子网掩码的相关知识从而进行了错误的设置。

可变长子网掩码应用举例:现有一个 C 类网络,其网络地址为 192.168.1.0,请按照图 3-20 所示要求,划分成三个子网。

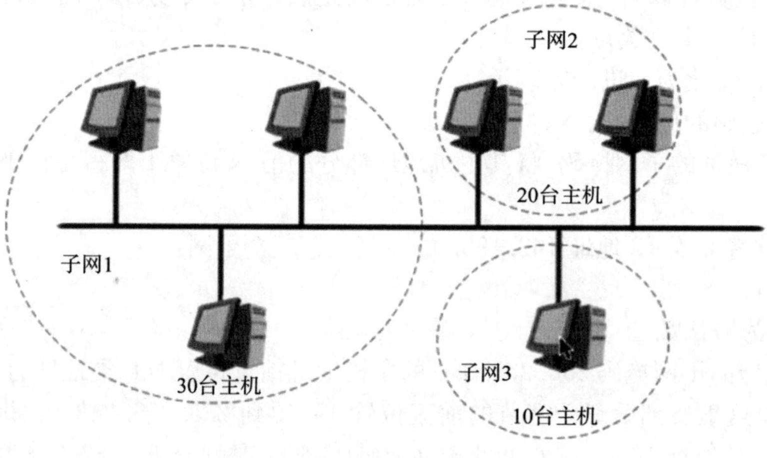

图 3-20　可变长子网掩码例子

子网 1:30 台主机的分配:$2^n-2>=30$,则 n=5,得出要分配的主机位为 5,所以子网掩码为 32-5=27 位。

从 192.168.1.0 开始划分,因为所算出子网掩码位为 27,所以为 192.168.1.0/27 开始。

将 192.168.1.0 先转换为二进制,网络号不变,主机号全 1 为广播地址。

11000000.10101000.00000001.000　00000　//网段

11111111.11111111.11111111.111　00000　//子网掩码

11000000.10101000.00000001.000　11111　//广播地址

网络号不变,主机号全 1,所以广播地址为 192.168.1.31。

192.168.1.0/27~192.168.1.31/27　//30 台主机 IP 地址

子网 2:20 台主机的分配:$2^n-2>=20$,则 n=5,得出要分配的主机位为 5,所以子网掩码为 32-5=27 位。

从 192.168.1.32 开始，先转换为二进制：

11000000.10101000.00000001.001　00000　　//网段

11111111.11111111.11111111.111　00000　　//子网掩码

11000000.10101000.00000001.001　11111　　//广播地址

网络号不变，主机号全 1，所以广播地址为 192.168.1.63。

192.168.1.32/27～192.168.1.63/27　　//32＋31＝63，加上主机总数

子网 3：10 台主机的分配，$2^n-2>=10$，则 n＝4，得出要分配的主机位为 4，所以子网掩码为 32－4＝28 位。

下一位地址为 192.168.1.64 开始：

11000000.10101000.00000001.0100　0000　//网段

11111111.11111111.11111111.1111　0000　//子网掩码

11000000.10101000.00000001.0100　1111　//广播地址

192.168.1.64/28～192.168.1.79/28　　//64＋15＝79，加上主机数

(4) 动态 IP 地址

IP 地址不足时，安装代理服务器动态分配 IP 地址，可使多台计算机需要时都能接入因特网。动态地址(内部地址)：专门为组织机构内部使用。以下列出留用的内部私有地址 A 类 10.0.0.0～10.255.255.255、B 类 172.16.0.0～172.31.255.255、C 类 192.168.0.0～192.168.255.255。

(5) IPv6 与子网掩码

IPv6 中没有子网掩码的概念，也没有网络号与主机号的概念。

5. IPv6

IPv6 是互联网工程任务组设计的用于替代现行版本 IP 协议(IPv4)的下一代 IP 协议，它由 128 位二进制数码表示。

由于 IPv4 最大的问题在于网络地址资源有限，严重制约了互联网的应用和发展，IPv6 的使用，不仅能解决网络地址资源数量的问题，而且也解决了多种接入设备连入互联网的障碍。

(1) IPv6 地址表示

IPv6 的 128 位地址通常写成 8 组，每组为四个十六进制数的形式。比如：AD80:0000:0000:0000:ABAA:0000:00C2:0002 是一个合法的 IPv6 地址。这个地址比较长，看起来不方便也不易于书写。零压缩法可以用来缩减其长度。如果几个连续段位的值都是 0，那么这些 0 就可以简单地以::来表示，上述地址就可写成 AD80::ABAA:0000:00C2:0002。这里要注意的是只能简化连续的段位的 0，其前后的 0 都要保留，比如 AD80 的最后这个 0 不能被简化。这个只能用一次，在上例中的 ABAA 后面的 0000 就不能再次简化。当然也可以在 ABAA 后面使用::，这样的话前面的 12 个 0 就不能压缩了。这个限制的目的是为了能准确还原被压缩的 0，不然就无法确定每个::代表了多少个 0。例如，下面是一些合法的 IPv6 地址：

CDCD:910A:2222:5498:8475:1111:3900:2020

1030::C9B4:FF12:48AA:1A2B

2000:0:0:0:0:0:0:1

同时前导的零可以省略，因此 2001:0DB8:02de::0e13 等价于 2001:DB8:2de::e13。

一个 IPv6 地址可以将一个 IPv4 地址内嵌进去，并且写成 IPv6 形式和平常习惯的 IPv4 形式的混合体。IPv6 有两种内嵌 IPv4 的方式：IPv4 映像地址和 IPv4 兼容地址。

IPv4 映像地址：比如::ffff:192.168.89.9 是 0000:0000:0000:0000:0000:ffff:c0a8:5909 的简化写法。IPv4 映像地址布局如下：| 80 bits | 16 | 32 bits |等价于 0000…0000 | FFFF | IPv4 address |。

IPv4 兼容地址：比如::192.168.89.9 是 0000:0000:0000:0000:0000:0000:c0a8:5909 的简化写法。IPv4 兼容地址布局如下：| 80 bits | 16 | 32 bits |等价于 0000…0000 | 0000 | IPv4 address |。

值得注意的是，IPv4 兼容地址已经被舍弃了，所以今后的设备和程序中可能不会支持这种地址格式。

(2) IPv6 寻址模式

IPv6 寻址模式分为三种，即单播地址、组播地址和泛播地址。下面我们依次介绍这三种寻址方式。

① 单播地址

单播地址又叫单目地址，就是传统的点对点通信，单播表示一个单接口的标识符。IPv6 单播地址的类型又分：全球单播地址、链路本地单播地址和站点本地单播地址。

全球单播地址相当于 IPv4 的公网地址，这类地址由供应商提供，或由交换局提供。地址的前 3 位格式前缀，用于区分其他地址类型，TLA ID 表示顶级聚合体，NLA ID 表示下级聚合体，这两个都是运营商管理的路由，SLA ID 表示节点级聚合体是本地站点管理的 16 位子网 ID，8 位的 Res 字节段是以备将来 TLA 或 NLA 扩充之用的，为保留位。64 位接口 ID 是用于识别 SLA 网络中某个接口的唯一性。

13 位 8 位 24 位 16 位 64 位

001 TLA ID RES NLA ID SLA ID INTERFACE ID

链路本地单播地址是处于可聚集全球单播地址外的，只限于直连链路，是单网络链路上给的主机编号，作用是进行链路上主机的通信。当你配置一个单播 IPv6 地址的时候，接口上会自动配置一个链路本地单播地址。格式为：1111111010(前 10 bit 为这个定值，换成十六进制为 FE80)00000…00000(接着这 54 bit 为 0)，剩下的 64 bit 为接口地址。网络中路由器对具有链路本地单播地址的包是不处理的，即路由器不支持链路本地单播地址的通信。

10 位 54 位 64 位

1111111010 0000000:0000000 INTERFACE ID

站点本地单播地址用于对特定范围的通信，也可说成是规定站点内的通信，不能与站点外地址通信，也不能直接连接到全球 Internet。类似于 IPv4 的企业专用地址 Intranet，站点本地单播地址格式为：1111111011(前 10 bit 为这个定值，换成十六进制为 FEC0)00000…00000(接着这 38 bit 为 0)，后 16 bit 为子网标识符，剩下的 64 bit 为接口地址。

10 位 38 位 16 位 64 位

1111111011 0000000:0000000 子网标识符 INTERFACE ID

② 组播地址

又称为多点传送地址或者多播，即一组接口的标识符，只要存在合适的多点传输的路由拓扑，就可将设有多播地址的包传输到这个地址识别的那组接口。

8 位 4 位 4 位 112 位

11111111 FLAGS SCOPE GROUP ID

多播地址开始的前 8 位标识一般都是 1111 1111。旗标(Flags)由 4 位组成：前面 3 位为保留位，初始设置为 0，后 1 位为 T。当 T=0，旗标指出的多播地址是 Internet Assigned Numbers Authority(IANA)配置的永久分配(知名)的多播地址；当 T=1，旗标指出的多播地址是一个非永久分配(临时)的多播地址。领域(Scope)字节段为 4 位，用来识别多播传输的 IPv6 网络范围。

路由器根据多播传输领域来判断多播数据包的转发。例如，使用多播地址 FF02::2 的通信具有链路本地作用域。IPv6 路由器永远不会将此通信转发到本地链路以外。多播地址的群组识别码(Group ID)占 112 位，它用于识别多点传输群组，即最多可识别 2^{112} 个群组 ID。不过因为传统方法是从 MAC 地址产生，故只有组群识别码中的最低 32 位可以使用。

③ 泛播地址

又称之为任意点传送地址，它也是一个标识符，可以识别多重接口的情况，只要有合适的路由拓扑，即可以将设有任意传播地址的数据包传给位址识别的最近的单一接口。最近的接口是指最短的路由距离。任意点传送地址空间可以认为是从单点传送地址空间中划分出来的，它可以是表示单点传送地址的任何形式。它与单点传送地址间结构上是没有差别的。任意点传送地址仅分配给路由器。子网-路由任意点传送地址是必须预先定义的，根据给定接口的子网前缀产生，要构建一个子网路由任意点地址必须固定子网前缀的位数，余下位数必须设定为 0。

N 位 128－n 位

Subnet Prefix 000…000

(3) IPv6 地址分配策略

为了防止 IP 地址的浪费，IPv6 的地址空间管理是按规定的等级结构在全球范围内分配的，即按 IANA→区域注册机构(RIR)→国家注册机构 NIR→ISP/本地注册机构(LIR)→最终用户或 ISP 的层次结构进行地址分配。

IPv6 地址分配有两种策略：第一种是主机分配策略，在该策略下，上层注册机构将地址划分给下层注册机构进行分配与管理；另一种是指派策略，在该策略下，注册机构直接将地址分配给用户使用。

(4) IPv6 具有以下几个优点：更大的地址空间、使用更小的路由表、增加了增强的组播支持以及对流的控制、加入了对自动配置的支持、具有更高的安全性、允许扩充、更好的头部格式和新的选项功能。

6. IP 数据报

相互互连的一些物理网络，它们使用的数据包或帧的格式可能是互不兼容的，因此不能直接将一个网络送来的包传送给另一个网络。为了克服这种异构性，IP 协议定义了一种独立于各种物理网的数据包的格式，称为 IP 数据报(IP Datagram)。

IP 数据报由两部分组成，即头部和数据区。头部的信息主要是为了确定在网络中进行数据传输的路由，内容包括：发送数据报的计算机的 IP 地址；接收数据报的计算机的 IP 地址;IP 协议的版本号(目前大量使用的还是 IPv4);头部长度(以 32 位为单位指出数据报头部的长度;数据报长度(整个数据报的长度,即头部长度加上数据区部分的长度);服务类型(指明发送数据的计算机对数据传输的要求,例如,希望以低延迟方式传输,或者以高速率方式传输等)。

IPv4 数据报格式的示意图如图 3-21 所示。

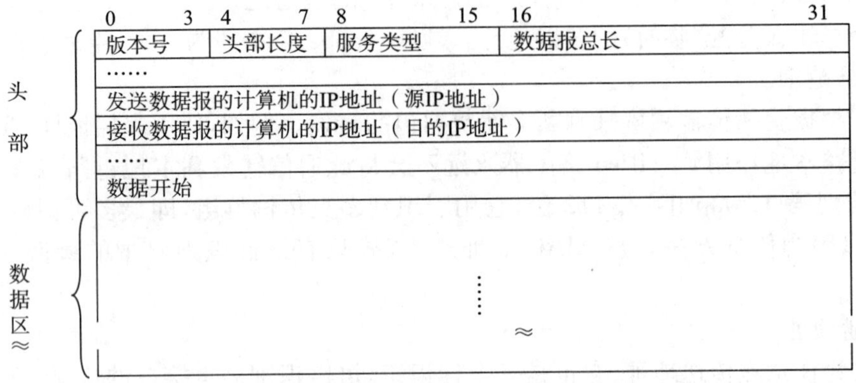

图 3-21　IP 数据报格式的示意图

数据区部分的长度可以根据应用而改变,数据量最小的时候也许只有 1 个字节(一个字母),最大的时候可以达到 64 KB(包括头部信息在内)。

一个 IP 数据报沿着从源地址到目的地址的一条路径穿过网络,中间会经过很多路由器。每个路由器收到这个数据报时,先从头部取出目的地 IP 地址,根据这个地址对照路由表中的信息,决定将该数据报转发给哪一站,下一站可能是另一个路由器,也可能就是目的地——连接在该路由器上的某个物理网络中的一台计算机。

网络在传输 IP 数据报时是"尽力而为"的,即它会努力地尝试传递每一个 IP 数据报,但对于数据的正确性、数据报的顺序、数据报的传输时间、数据报重复或丢失等情况,并不能予以保证,这些问题需要依靠上层的 TCP 协议来解决。

3.4.2　交换机与路由器

交换机(又名交换式集线器),是一种用于电(光)信号转发的网络设备,它可以为接入交换机的任意两个网络节点提供独享的电信号通路。交换机的作用可以理解为将一些机器连接起来组成一个局域网。而路由器与交换机有明显区别,它的作用在于连接不同的网段并且找到网络中数据传输最合适的路径。路由器(Router)是产生于交换机之后,用以连接网络中各种不同设备,它会根据信道的情况自动选择和设定路由,以最佳路径按前后顺序发送信号。路由器与交换机有一定联系,并不是完全独立的两种设备,路由器主要克服了交换机不能路由转发数据包的不足。

路由器是用于连接异构网络的基本设备。路由器也是一种分组交换机,但它比分组交换机的功能更强。它不但能将数据包(这里是 IP 数据报)按路由表进行转发,而且能把局域网与局域网、局域网与广域网或两个广域网互相连接起来,被连接的这些网络不必使用同样的技术即可正确地传输 IP 数据报,确保了各种不同物理网络的无缝连接。图 3-22 是使用两个路由器把三个物理网络互连成一个网络的示意图。

异构的网络通过路由器进行互连，如图 3－22 所示。

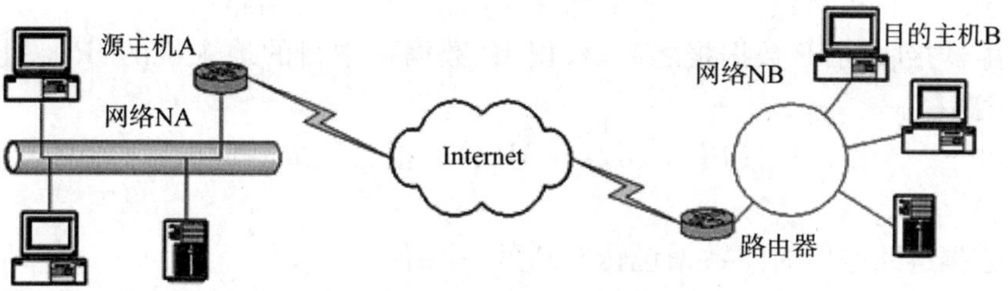

图 3－22　异构的网络通过路由器进行互连

1. 交换机

交换机(Switch)是一种基于 MAC(网卡的硬件地址)识别，能完成封装转发数据包功能的网络设备。交换机可以把局域网中各主机的 MAC 地址存放在内部地址表中，通过在数据帧的始发者和目标接收者之间建立临时的交换路径，使数据帧直接由源地址到达目的地址。交换机分为：二层交换机(局域网交换机)，三层交换机(分组交换机)或是更高层的交换机。三层交换机同样可以有路由的功能，而且比低端路由器的转发速率更快。它的主要特点是：一次路由，多次转发。

2. 路由器

路由器(Router)是在网络层实现互连的设备，它比网桥更加复杂，也具有更大的灵活性。路由器有更强的异种网互连能力，连接对象包括局域网和广域网。过去路由器多用于广域网，由于路由器性能有了很大提高，价格下降到与网桥接近，因此在局域网互连中也越来越多地使用路由器。路由器是一种连接多个网络或网段的网络设备，它能将不同网络或网段之间的数据信息进行"翻译"，以使它们能够相互"读"懂对方的数据，从而构成一个更大的网络。路由器有两大典型功能，即数据通道功能和控制功能。数据通道功能包括转发决定、背板转发以及输出链路调度等，一般由特定的硬件来完成；控制功能一般用软件来实现，包括与相邻路由器之间的信息交换、系统配置、系统管理等。

3. 路由器的配置

路由器是一种能够连接异构网络的分组交换机，其作用是：

(1) 按照路由表在网络之间转发数据包。

(2) 根据需要对数据包的格式进行转换。

路由器的 IP 地址设置：当路由器某端口连接一个物理网络时，该端口应分配 IP 地址必须与所连接物理网络的网络号相同，主机号不同。如图 3－23 所示。

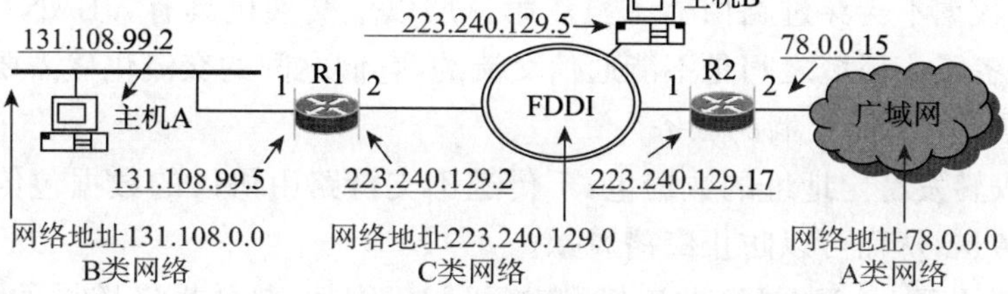

图 3－23　路由器的 IP 地址设置

4. 路由器的工作过程

（1）发送端计算机将数据封装成 IP 数据报的形式，发送给路由器。

（2）路由器接收到 IP 数据报之后，根据 IP 数据报中目的地主机的 IP 地址，查找路由表，选择转发路径。

（3）根据下一个网络所使用的协议，将 IP 数据报封装成相应的数据包（帧）格式，送入缓冲器中排队。

（4）在数据链路空闲时将数据包转发到另一网络。

（5）若目的地计算机就在该网络上，则送达计算机，否则再传送给下一个路由器进行处理。如图 3－24 所示。

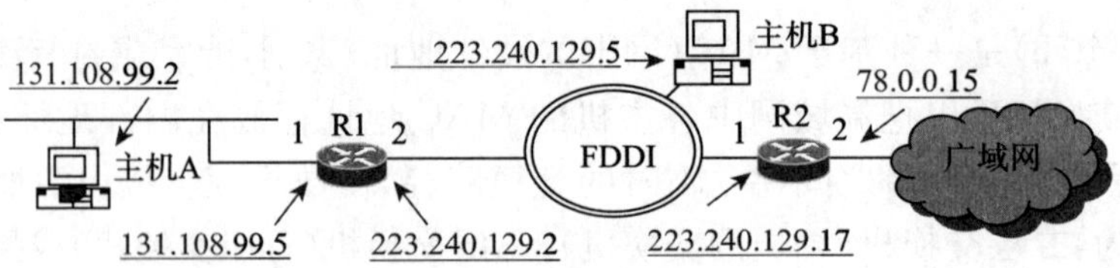

图 3－24　路由器的工作过程

5. 路由器与交换机的区别

就路由器与交换机来说，主要区别体现在以下几个方面：

（1）工作层次不同

最初的交换机是工作在 OSI/RM 开放体系结构的数据链路层，也就是第二层，而路由器一开始就设计工作在 OSI 模型的网络层。由于交换机工作在 OSI 的第二层（数据链路层），所以它的工作原理比较简单，而路由器工作在 OSI 的第三层（网络层），可以得到更多的协议信息，路由器可以做出更加智能的转发决策。

（2）数据转发所依据的对象不同

交换机是利用物理地址或者说 MAC 地址来确定转发数据的目的地址。而路由器则是利用不同网络的 ID 号（即 IP 地址）来确定数据转发的地址。IP 地址是在软件中实现的，描述的是设备所在的网络，有时这些第三层的地址也称为协议地址或者网络地址。MAC 地址通常是硬件自带的，由网卡生产商来分配的，而且已经固化到了网卡中去，一般来说是不可更改的。而 IP 地址则通常由网络管理员或系统自动分配。

（3）传统的交换机只能分割冲突域，不能分割广播域；而路由器可以分割广播域

由交换机连接的网段仍属于同一个广播域，广播数据包会在交换机连接的所有网段上传播，在某些情况下会导致通信拥挤和安全漏洞。连接到路由器上的网段会被分配成不同的广播域，广播数据不会穿过路由器。虽然第三层以上交换机具有 VLAN 功能，也可以分割广播域，但是各子广播域之间是不能通信交流的，它们之间的交流仍然需要路由器。

（4）路由器提供了防火墙的服务

路由器仅仅转发特定地址的数据包，不传送不支持路由协议的数据包传送和未知目标网络数据包的传送，从而可以防止广播风暴。

交换机一般用于 LAN-LAN 的连接，交换机归于网桥，是数据链路层的设备，有些交换机也可实现第三层的交换。路由器用于 WAN-WAN 之间的连接，可以解决异构网络之间

转发分组，作用于网络层。它们只是从一条线路上接收输入分组，然后向另一条线路转发。这两条线路可能分属于不同的网络，并采用不同协议。相比较而言，路由器的功能较交换机要强大，但速度相对也慢，价格昂贵。第三层交换机既有交换机线速转发报文能力，又有路由器良好的控制功能，因此得以广泛应用。

总之，可以这么认为，交换机在具体的城域网中往往扮演着 VLAN 透传的角色，就是桥。而路由器默认的是不支持二层的，路由器的每一个端口都是一个独立的广播域和冲突域，而交换机是只有一个广播域和端口数量的冲突域，在二层交换机上存在 MAC 表，三层交换机上存在路由表、MAC 表、ARP 表，在路由器上存在路由表和 ARP 表。比如当一个路由器上有一个 2 层的 VLAN100 和另外一个路由器上的 3 层 VLAN100 对接的时候，是不通的，这时候我们需要借助 L2VPN 技术来进行互通，比较流行的就是 VPLS 技术。

3.4.3　因特网的主机域名

1. 因特网的发展与组成

因特网使用 TCP/IP 协议将遍布世界各地的计算机网络互连成为一个超级计算机网络。它起源于美国国防部 ARPAnet 计划，后来与美国国家科学基金会的科学教育网合并。20 世纪 90 年代起，美国政府机构和公司的计算机也纷纷入网，并迅速扩大到全球约 100 多个国家和地区。据估计，目前因特网已经连接数百万个网络，上亿台计算机，用户数目已达到 10 亿。因特网在美国分为三个层次：底层为大学校园网或企业网，中间层为地区网，最高层为全国主干网，如国家自然科学基金网 NSFnet 等。它们连通了美国东西海岸，并通过海底电缆或卫星通信等手段连接到世界各国。

因特网是一个异构的计算机网络，凡是采用 TCP/IP 协议并且能够与因特网进行通信的计算机，都可以看成是因特网的一部分。因特网采用了目前最流行的客户/服务器工作模式，大大增强了网络信息服务的灵活性。

因特网最初的宗旨是为大学和科研单位服务。由于其信息资源丰富、收费低廉，目前已成为服务于全球的公用计算机网络，而且已经逐步走向商业化。

2. 主机地址和域名系统

从理论上来说，因特网的 IP 地址空间可以包含 200 多万个各类网络，36 亿台主机，每一台主机都有一个 IP 地址。IP 地址是用 4 个十进制数字来表示的，它不便于人们记忆和使用。因此，更合适的方法是使用具有特定含义的符号来表示因特网中的每一台主机，当然，符号名应该与各自的 IP 地址对应。当用户访问网络中的某台主机时，只需按名访问，而无需关心它的十进制数字表示的 IP 地址。

为了避免主机的名字重复，因特网将整个网络的名字空间划分为许多不同的域，每个域又划分为若干子域，子域又分成许多子域。所有入网主机的名字即由一系列的“域”及其“子域”组成，子域的个数通常不超过 5 个，并且子域之间用“.”分隔，从左到右级别逐级升高，一般为计算机名、网络名、机构名、最高域名。

因特网中主机的符号名就称为它的域名。域名使用的字符可以是字母、数字和连字符，但必须以字母或数字开头并结尾。整个域名的总长不得超过 255 个字符。

由于因特网起源于美国，所以美国通常不使用国家代码作为第 1 级域名，其他国家一般采用国家代码作为第 1 级域名。

一台主机通常只能有一个 IP 地址，但可以有多个域名，每个域名一般用于不同的目的。主机从一个物理网络移到另一个网络时，其 IP 地址必须更换，但可以保留原来的域名不变。

把域名翻译成 IP 地址的软件称为域名系统 DNS。DNS 的功能相当于电话号码簿，已知域名就可以查到它的 IP 地址，查找操作是自动完成的。完整的域名系统可以双向查找。运行域名系统的主机叫做域名服务器。一般来讲，每一个网络均要设置一个域名服务器，并预先在服务器的数据库中存放所辖网络中所有主机的域名与 IP 地址的对照表，用来实现入网主机名字和 IP 地址的转换。

查找过程完成后，找到的 IP 地址就回送到发出查询请求的主机，接着就可以进行两个主机之间的通信了。

3.4.4 因特网的接入

如上所述，因特网是由大量的局域网、广域网、路由器以及将它们连接在一起的通信线路和设施构成的。其中，处于核心的是能传输各种多媒体信息的高速宽带主干网(Backbone)，它外连许多汇聚 POP 点。单位用户和家庭用户可以通过电话线、有线电视电缆、光纤、无线信道等不同的传输介质以及不同的技术组成的接入网接入，然后由汇聚点集中后连入主干网。

1. 电话拨号接入

家庭计算机用户连接因特网最简便的方法是利用本地电话网。由于计算机输入/输出的数据都是数字信号，而现有的电话网用户线仅适合传输模拟信号，为此必须使用调制解调器。调制解调器把计算机送出的数字信号采用频移或相移键控的方法调制成为适合于在电话用户线上传输的音频模拟信号，接收方的解调器再把模拟信号恢复成数字信号，然后接入局域网或因特网。

MODEM 最重要的性能是它的数据传输速率，以千比特/秒(kbps)为单位。目前 MODEM 的主流产品速率是 56 kbps，在实际使用过程中，由于电话线路的质量不佳，或网络服务提供商不能提供足够的带宽，或者所连接的网络发生拥塞等原因，都会使得传输速率降低。

按照 MODEM 的安装方式，它有外置式(放置于机箱外，通过串行通信口或 USB 接口与主机连接)、内置式(安装在机器主板或 PCI 总线上)、PCMCIA 插卡式(用于笔记本电脑)之分，用户可根据需要选用。

虽然调制解调器的速率已经提高到了 56 kbps，但音频带宽窄、电话架空明线质量差等因素限制了数据传输速率的进一步提高，因而许多应用无法开展。

2. ISDN 接入

为了向用户提供大范围的数字通信服务，电话公司开发建设了综合业务数字网(ISDN)。ISDN 通过普通电话的本地环路向用户提供数字语音和数据传输服务，也就是说，ISDN 使用与模拟信号电话系统相同类型的双绞铜线，但却提供端到端的数字通信线路，这是它与电话网的最大不同。

ISDN 通过标准的数字式的用户-网络接口将各类不同的终端设备(PC 机、电话机、传真机等)接入 ISDN 网络中。它的基本速率接口 BRI(俗称“一线通”)包括两个能独立工作的 B 通道(传输速率都为 64 kbps)和一个 D 通道(传输速率为 16 kbps，用作控制信道)(称为 2B+D)，用户使用一条电话线就能实现两路数据传输。这样，用户可以一边上网，一边电话聊天；当然也可以两个人同时打电话。如果两个通道都用作数据传输，则可提供速率为 128 kbps 的数据通信。

电话公司推出 ISDN 的原意是使它兼作本地和远程数字通信。然而，由于拨号电话调制解调器已经取得很大进步，同时其他更低成本的高速数据连接技术也已经出现，因此 ISDN 现在成了一种速率不高、价格又不便宜的数字通信方式。

3. ADSL 接入

通过电话线的本地环路提供数字服务的新技术中，最有效的一类是称为数字用户线(DSL)的技术。实际上它们有多种变化。由于它们的名称只在前几个字上不同，因此被通称为 xDSL。

xDSL 技术中最有趣的一种是不对称数字用户线 ADSL，它是一种为接收信息远多于发送信息的用户而优化的技术。为适应这类应用，ADSL 为下行数据流提供比上行数据流更高的传输速率。采取这样的做法，是因为大多数因特网用户其绝大部分流量是用户浏览 Web 页面或下载文件所产生的，用户发送的数据一般都是简短的请求，仅仅几十或者几百个字节而已。

ADSL 并不需要改变电话的本地环路，它仍然利用普通铜质电话线作为传输介质，只需在线路两端加装 ADSL 设备(专用的 ADSL MODEM)即可实现数据的高速传输。标准 ADSL 的数据上传速度一般只有 4～256 kbps，最高达 1 Mbps，而数据下行速度在理想状态下可以达到 8 Mbps(通常情况下为 1 Mbps 左右)。有效传输距离一般在 3～5 km。

ADSL 的特点如下：

- 一条电话线可同时接听、拨打电话并进行数据传输，两者互不影响。
- 虽然使用的还是原来的电话线，但 ADSL 传输的数据并不通过电话交换机，所以 ADSL 上网不需要缴付额外的电话费，节省了费用。
- ADSL 的数据传输速率是根据线路的情况自动调整的，它以“尽力而为”的方式进行数据传输。

ADSL 利用普通电话线作为传输介质，它通过一种自适应的数字信号调制解调技术，能在电话线上得到三个信息通道：一个是为电话服务的通道，一个是速率为 64～256 kbps 的上行通道，另一个是速率为 1～8 Mbps 的高速下行通道，它们可以同时工作。

用户需要安装 ADSL 时，可以专门为 ADSL 申请一条单独的线路，也可以在已有的电话线上改造以便节省投资。用户端需配置一个 ADSL MODEM，计算机中需预先安装好一块 10 M/100 M 的以太网网卡，网卡与 ADSL MODEM 之间用双绞线连接，然后再设置好有关的参数，便完成了安装工作。

由于 ADSL 有较高的带宽，单位里的小型局域网可以使用一台代理服务器，通过 ADSL 联网为整个局域网的用户提供上网服务。宾馆酒店可以利用内线电话，以 ADSL 接入方式，通过机顶盒为旅客提供视频点播服务。目前，ADSL 接入技术已经成为接入因特网的主要方式之一。

4. 电缆调制解调器接入

有线电视系统的传输介质同轴电缆具有很大的容量，而且抗电子干扰能力强，它使用频分多路复用技术可同时传送上百个电视频道。更重要的是，由于有线电视系统的设计容量远高于现在使用的电视频道数目，未使用的带宽（即频道）可用来传输数据。因此，人们研究开发了用有线电视网高速传送数字信息的技术，这就是电缆调制解调器（Cable MODEM）技术。

使用Cable MODEM传输数据时，它将同轴电缆的整个频带划分为三部分，分别用于数字信号上传、数字信号下传及电视节目（模拟信号）下传。一般同轴电缆的带宽为5～750 MHz，数字信号上传使用的频带为5～42 MHz，模拟信号下传为50～550 MHz，数字信号下传则为550～750 MHz。这样一来，数字信号和模拟信号就不会发生冲突而可以同时传送了。这也是为什么上网时还可以同时收看电视节目的原因。

Cable MODEM在上传数据和下载数据时的速率是不同的。数据下行传输时的速率可达36 Mbps，而上传信道采用低速调制方式，一般为320 kbps～10 Mbps。

为了允许许多用户同时下传和上传数据，必须采用频分多路复用技术，将下传和上传的频带划分给多个用户使用。然而，有线电视可能有数以百万计的用户，不可能为每个用户分配一个独立的载波频段。因此，在采用频分多路复用技术的基础上还要再采用时分多路复用技术，即有线电视公司为一组用户（例如某个小区内的所有用户）而非单个用户分配一个唯一的频段，每个用户则分配一个地址。用户调制解调器接收相应频段发来的数据包，检查目的地址是否与自己的地址匹配，然后确定是否接收。这样，有线电视系统的数据端口更像是一个共享的局域网，而不是点对点连接。

Cable MODEM集调制/解调功能、加密/解密功能、网卡及集线器等功能于一体，它不占用电话线，可永久连接。此外，与ADSL的传输距离相比，Cable MODEM覆盖的地域很广。不足之处是与其他用户共享带宽使数据传输速率不够稳定。尽管最高速率可以达到36 Mbps，但如果有n个用户共享一个频道，那么最坏情况下单个用户的速率可能只有36/nMbps。

我国发展Cable MODEM有多方面的有利条件。然而，现有的有线电视网都是单向传输的，只允许信号从有线电视台传送到用户家中，反之则不行。为了实现双向通信，可以使用“光纤-同轴混合”线路（HFC）改造有线电视网络，把干线全部更换为光纤，保留现存的同轴电缆连接用户，在光纤和同轴电缆之间加入新的接口设备，并将所有放大器改造为双向工作。

5. 光纤接入

光纤接入指的是使用光纤作为主要传输介质的因特网接入系统。

光纤接入按照主干系统和配线系统的交界点——光网络单元的位置可划分为：光纤到路边（FTTC）、光纤到小区（FTTZ）、光纤到楼（FTTB）、光纤到家庭（FTTH）等几类。FTTC和FTTZ主要为单位和小区提供服务，将光网络单元放置在路边，每个光网络单元一般可为几栋楼或十几栋楼的用户提供宽带服务，从光网络单元出来用同轴电缆提供电视服务，用双绞线提供联网服务；FTTB光纤接入网主要为企事业单位服务，将光网络单元放置在大楼内，以每栋楼为单位，提供高速数据通信、远程教育等宽带业务；FTTH光纤接入网直接为家庭用户提供服务，将光网络单元放置在楼层或用户家中，由几户或一户家庭专用，为家庭提供多种宽带业务，如视频点播（VOD）、可视电话、居家购物等。

我国目前采用“光纤到楼、以太网入户”（FTTx＋ETTH）的做法，为宽带接入提供了新思路。它采用1 000 Mbps光纤以太网作为城域网的干线，实现1 000 M/100 M以太网到大楼和小区，再通过 100 M 以太网到楼层或小型楼宇，然后以 10 M 以太网入户或者到办公室和桌面，满足了多数情况下用户对接入速度的需求。

3.5　因特网的服务

因特网由大量的计算机和信息资源组成，为网络用户提供了非常丰富的功能。这些服务包括电子邮件（E-mail）、文件传输（FTP）、远程登录（Telnet）、信息服务（WWW）、电子公告牌（BBS）、专题讨论、在线交谈及游戏等。

3.5.1　电子邮件服务

1. 电子邮箱及其地址

电子邮件（E-mail）是因特网上最广泛使用的一种服务，除了使用电子文档代替纸质文档、网络传输代替人工投递之外，其基本概念与传统的邮政服务大体相同。每个因特网用户经过申请开户之后，都可以成为某个电子邮件系统的用户。用户在开户的电子邮件服务器中有一个属于自己的电子邮箱。只有邮箱的拥有者才能收取、阅读或删除该邮箱中的邮件。

每个电子邮箱都有一个唯一的邮箱地址。邮箱地址由两部分组成：邮箱名和邮箱所在的邮件服务器的域名，两者用“@”隔开。如：snow@seu. edu. cn 是一个邮箱地址，它表示邮箱的名字是 snow，邮箱所在的邮件服务器的域名是 seu. edu. cn。给该地址发送电子邮件时，邮箱地址中的 seu. edu. cn 部分用来确定邮件应该送达的邮件服务器，由服务器按地址中的 snow 部分来选择邮箱，并将邮件放入该邮箱。

2. 电子邮件的格式

电子邮件一般由三个部分组成：

第 1 部分是邮件的头部（Header），包括发送方地址、接收方地址（允许多个）、抄送方地址（允许多个）、主题等。

第 2 部分是邮件的正文（Body），即信件的内容。

第 3 部分是邮件的附件，附件中可以包含一个或多个文件，文件类型可以任意。

早期的电子邮件系统只允许邮件正文使用 ASCII 码，不允许在邮件正文中包含汉字和图像等，因而很不方便。为此，现在的邮件系统都使用 MIME 协议（电子邮件协议），它在邮件头部和正文中增加了一些说明信息，说明邮件正文使用的数据类型和编码标准。邮件接收方则根据这些说明来解释正文的内容。MIME 允许把邮件正文分成几个部分，每个部分分别指定不同的编码方法。这样，就可以在信件正文中既包含普通文本又附加图像等多媒体信息。

3. 电子邮件的传送原理

使用电子邮件的用户应在自己的计算机中安装一个电子邮件客户端软件（例如微软公司的 Outlook）。该程序由两部分组成：一是邮件的读写程序，它负责撰写、编辑和阅读邮件；另一部分是邮件收发程序，它负责发送邮件和从邮箱取出邮件。

邮件撰写完毕需要发送时，发信人使用计算机上运行的电子邮件客户端软件中的邮件发送程序，先与发信人邮箱所在的邮件服务器建立连接，按照 SMTP 协议（简单邮件传输协议)将邮件传送到服务器中的发送队列。然后,发信人邮件服务器与收信人邮箱所在的邮件服务器进行通信,如果收信人邮箱确实存在,才将邮件传送给收信人邮件服务器,并由收信人邮件服务器放入收信人的邮箱,以确保邮件不会丢失。

收信人任何时间在任何连接因特网的计算机上都可以检查并接收邮件。接收邮件时,收信人计算机上运行的电子邮件客户端软件中邮箱访问程序会按照 POP 3 协议(邮局协议3)向收信人的邮件服务器提出收信请求,只要用户输入的身份信息(如用户名和密码)正确,就可以从自己的邮箱内读出邮件或下载邮件。

邮件服务器昼夜不停地运行邮件服务器程序。它一方面执行 SMTP 协议,检查有无邮件需要发送和接收,负责把要发送的邮件传送出去,把收到的邮件放入收信人邮箱;另一方面它还执行 POP 3 协议,判断是否有用户需要取信,鉴别取信人的身份,并在允许时把收信人邮箱中的邮件发送给收信人。

3.5.2 WWW 服务

WWW(World Wide Web)也称作万维网、环球网,或称 Web 网、3W 网,最初是由欧洲核物理研究中心(CERN)提出的,目前已经成为因特网上最广泛使用的一种信息服务。通过 WWW,人们可以查找资料、阅读报刊、欣赏音乐、观看视频,获取遍布全球的信息资源。

WWW 由遍布在因特网中被称为 Web 服务器的计算机和安装了 Web 浏览器软件的计算机所组成。Web 服务器中存放着大量以超文本形式表示的、可公开发布或在一定范围内共享的信息。这些超文本互相链接,形成了一个全球范围内可互相引用的信息网络,这大概就是它的发明者将其命名为“布满世界的蜘蛛网”(World Wide Web)的原因。安装了 Web 浏览器软件(简称浏览器,如 Windows 中的 IE 等)的用户,可以查找和下载分布在世界各地的 Web 服务器上的信息资源。

1. 网页及统一资源定位器(URL)

单位或者个人通过 Web 服务器公开发布的信息资源通常称为网页(Web Page)。网页中的起始页称为主页(Home Page),用户通过访问主页可直接或间接地访问其他网页。大多数网页是一种采用 HTML(超文本标记语言)描述的超文本文档(HTML 文档),其文件后缀名为. html 或. htm。HTML 文档可以使用微软公司的 Bondage、Word 等软件进行制作,也可以从类型为. doc 或. ppt 的文档转换而成。

大多数网页是采用 HTML 描述的一种 HTML 文档。HTML 是 W3C 制定的一种标准的超文本标记语言,它的使用形如<xxx>和</xxx>的一对“括号”作为标记,描述文本的标题,文本的分段及格式,文本中的表格类型,文本的分区,文本的背景颜色,文字的颜色、字体和大小,文本页面的边距,文本中插图的位置、大小及图片名称,以及文本中所定义的超链等。

HTML 文档的一般形式如图 3-25 所示。

HTML 文档包括头部(Head)和正文(Body)两大部分。正文中包含该信息资源的具体内容(文字与图片),头部通常包含这个文档的标题以及其他说明信息。浏览器在收到 Web 服务器传送来的 HTML 文档后进行解释,按照文档中的标记规定进行处理。如把标题显示在浏览器窗口的第 1 行,处理正文中文字的字体、字号、颜色以及图片的位置,并把它们显示在浏览器的窗口内。

头部

```
<HTML>
  <HEAD>
     <TITLE>
        这是网页的标题
     </TITLE>
  </HEAD>
```

正文

```
  <BODY>
   这是网页的正文，包括文字、
   图片、超链以及它们的格式描述。
   <IMGSRC="图片的文件名">
  </BODY>
</HTML>
```

图 3－25　HTML 文档的一般形式

HTML 文档最重要的特性是能支持超链。超链的链源可以是文档中的任何一个字、词或句子，甚至可以是一幅图像。链宿可以是本 Web 服务器或其他 Web 服务器上的某个信息资源(用 URL 指出)，也可以是本文档内部的某个地方。

用户运行浏览器软件时，需要使用统一资源定位器 URL 来标识 WWW 网中每个信息资源的位置。URL 由三部分组成，表示形式为：

http://主机域名[:端口号]/文件路径/文件名

其中，http 表示客户端和服务器执行 HTTP 传输协议，将远程 Web 服务器上的文件(网页)传输给用户的浏览器；主机域名指的是提供此服务的计算机的域名；端口号通常是默认的，如 Web 服务器使用的是 80，一般不需要给出。/文件路径/文件名指的是网页在 Web 服务器硬盘中的位置和文件名，可以缺省。例如：http:www. 163. com/即为网易 Web 服务器上的主页。

当浏览器收到并在屏幕上显示网页时，作为链接使用的文字通常带有下划线。此时，用户如果用鼠标器指向这些文字(或指向作为链源使用的图像)，光标形状将会由箭头改变为手指状，若单击左键，浏览器就会立即转去访问该超链链宿处的信息资源。

2. Web 浏览器的工作原理

WWW 服务也是按客户/服务器模式工作的。Web 服务器上运行着 Web 服务器程序，它们是信息资源的提供者，用户计算机上运行的是 Web 客户机程序(如微软公司的 IE 浏览器)，用来帮助用户完成信息的查询与浏览。浏览器主要有两个功能：将用户的信息请求传送给 Web 服务器和向用户展现从 Web 服务器得到的网页。当用户指出了一个网页的 URL 之后，浏览器开始与 URL 指定的 Web 服务器进行通信，请求服务器发送网页。Web 服务器接到请求后，就将相应的网页传送给浏览器，浏览器程序便对该网页进行解释，并将其内容显示给用户。

Web 服务器程序并不复杂，它重复地执行着一个简单的任务：等待浏览器建立连接并接受所提出的网页请求，随后服务器便找出并发送所请求的网页，发送完毕即关闭连接，然后等待下一次连接。Web 浏览器的结构比 Web 服务器复杂一些。Web 浏览器除了建立连接、发出请求、接收服务器传送来的网页之外，还要对 HTML 文档进行解释并显示网页的内容。

从概念上讲，浏览器由一组客户程序、一组解释器和一个管理它们的控制程序所组成。

控制程序是浏览器的中心,它解释鼠标与键盘输入的信息,调用其他程序来执行用户指定的操作。如当用户键入一个 URL 或者点击一个超链时,控制程序启动 HTTP 客户程序执行 HTTP 协议,从 Web 服务器上取回 HTML 文档,然后再启动 HTML 解释器向用户显示该文档。

3. Web 浏览器

早先的 Web 浏览器只是供用户查看和浏览 WWW 网上的 HTML 文档,经过多年的发展,浏览器的功能已经非常丰富。它能下载和传输文件,访问新闻组,显示嵌入在文档中的图像,播放与文档相关的音频和视频文件,执行嵌入在文档中的一些小程序(如 Java Applet 小程序、ActiveX 控件等)等。上述任务有时还需要借助一些插入式应用程序(plug-in)和帮助式应用程序(Helper)才能完成。

3.5.3 FTP 服务

1. FTP 概念

把网络上一台计算机中的文件移动或拷贝到另外一台计算机上,称为远程文件传输,简称 FTP(文件传输协议)。FTP 是因特网上广泛使用的应用之一。在因特网发展的早期,FTP 文件传输大约占整个因特网通信量的三分之一,直到 1995 年,WWW 的通信量才开始超过 FTP。

在目前 Web 应用已经普及、浏览器功能越来越强大的情况下,什么时候还需要使用 FTP? 一般有两种情况:一是用户要从自己的计算机向另一台计算机传输文件(使用浏览器无法上传文件),二是两台计算机需要相互传输多个文件(使用浏览器只能一个一个地下载文件)。

由于因特网连接的计算机可能运行不同的操作系统,因而文件系统也有差异,如 Windows 与 Unix(Linux)的文件命名规则和存取权限规定均有差别。为此,文件传输服务必须遵循一种统一的协议——文件传输协议(FTP)。FTP 协议规定,需要进行文件传输的两台计算机应按照客户/服务器模式工作,主动要求文件传输的发起方是客户方,运行 FTP 客户程序(称为 FTP 客户机);参与文件传输的另一方为服务方,运行 FTP 服务器程序(称为 FTP 服务器),两者协同完成文件传输任务。

2. 怎样进行 FTP

需要进行远程文件传输的计算机,必须安装和运行 FTP 客户程序。在 Windows 操作系统的安装过程中,通常都安装了 TCP/IP 协议软件,其中就包含了 FTP 客户程序。但是该程序是字符界面而不是图形用户界面,必须以命令提示符的方式(所谓的 DOS 方式)进行操作,很不方便。

启动 FTP 客户程序工作的另一个途径是使用 IE 浏览器,用户只需要在 IE 地址栏中输入如下格式的 URL 地址:

ftp://[用户名:口令@]FTP 服务器域名[:端口号]

如果不输入用户名和口令,客户机与 FTP 服务器建立连接时仍需要用户输入用户名和口令,经验证后才能进行文件传输。

通过 IE 浏览器启动 FTP 的方法尽管可以使用,但速度较慢,还会将密码暴露在 IE 浏览器中而不安全。因此,一般都安装并运行专门的 FTP 客户程序,例如 LeapFTP、CuteFTP、WSFTP 等,它们都是专门用来连接 FTP 服务器的应用程序,提供了图形化的用户界面。

使用 FTP 进行文件传输时，可以一次传输一个文件，也可以一次传输多个文件。传输操作允许在两个方向进行，用户既可以从 FTP 服务器上获得远程文件(下载)，也可以将本地文件传输给服务器(上传)。此外，FTP 程序还允许用户对远程服务器中的文件进行各种操作，如文件列表、文件更名、建立文件、删除文件等。当然，无论是文件的下载、上传和各种操作，都会受到文件访问权限的控制。

3. FTP 站点与 FTP 搜索引擎

FTP 服务器实际上就是一台运行 FTP 服务器软件的计算机，它可以是一台专用的机器，也可以与 Web 服务器、邮件服务器等集成在同一台计算机中。与 Web 服务器称为 Web 站点一样，FTP 服务器也称为 FTP 站点。

因特网上有许多 FTP 服务器，这些服务器提供了数量繁多的文档、数据资源和软件(如共享软件和自由软件)供用户下载。如何找到这些 FTP 站点？用户可以通过 IE 浏览器，利用 FTP 搜索引擎在网上进行搜索。由于 FTP 搜索引擎专门针对各种文件进行搜索，因而相对 Web 搜索引擎而言，寻找软件、图像、电影和音乐等文件时使用更加方便。北大天网就是有名的 FTP 搜索引擎之一。

FTP 客户程序与 FTP 服务器建立连接需要使用用户名和口令，可以防止文件未经授权就被随意访问，但这种做法有时并不方便。为此，一种使用 Anonymous 作为公开账号访问 FTP 服务器的办法可为用户提供文件共享服务。

假设某公司发现他们的软件产品中有错误，该公司就把修改后的新版本放在 FTP 服务器中，并允许任何用户使用 Anonymous 进行登录，访问 FTP 服务器中的文件。同时，还要求用户用他们的电子邮件账户名来作为口令，使得万一有什么情况时，FTP 服务器可以发送电子邮件通知用户。目前，因特网中使用 Anonymous 作为公开账号的 FTP 服务器有数千个之多。

3.5.4　远程登录服务

通常，用户使用的 PC 机处理能力有限，在运行大型复杂程序时要耗费大量的时间，甚至根本无法在自己的计算机上运行。因特网上有许多超级计算机，它们可免费或低价提供给大学、研究机构使用。用户可以把自己的机器暂时作为一台终端，通过因特网挂接到远程的大型机或巨型机上，然后就可以作为它的用户使用大型机或巨型机的硬件和软件资源，因特网提供的这种服务称为远程登录。Windows 操作系统在安装 TCP/IP 协议软件时也包含了用于远程登录的客户程序，telnet 用户可以以命令提示符的方式启动它运行，也可以在 IE 浏览器的地址栏中键入 telnet://[用户名:口令@]telnet 服务器域名[端口号]而启动工作。当然，用户必须预先在服务器上注册开户。

3.6　网络信息安全

3.6.1　概述

1. 信息安全概念

不同的应用系统对信息安全有不同要求，没有绝对安全的网络，不同的应用系统在安全性和实用性之间采取一个折中的方案。信息安全有两层含义:数据(信息)的安全和信息系统的安全。数据安全是指保证计算机数据的机密性、完整性和可用性。而信息系统的安全则是指信息基础设施安全、信息资源安全和信息管理安全,它涉及计算机安全和网络安全。所谓网络信息安全是指网络系统的硬件、软件及其系统中的数据受到保护,不会因偶然的或者恶意的原因而遭到破坏、更改、泄露,系统连续可靠正常运行,网络服务不中断。网络信息安全措施必须能覆盖信息的存储、传输、处理等多个方面。确保网络信息安全的目的是为了保证信息不被泄露、篡改和破坏。

2. 信息安全技术

保障信息系统安全的方法有很多,涉及许多信息安全技术,它们主要是:数据加密、数字签名、身份鉴别与访问控制、防火墙等。

安全技术措施大致有如下几种:

- 真实性鉴别。
- 访问控制。
- 数据加密:使网络通信在被窃听的情况下仍然保证数据的安全。
- 数据完整性:保护数据不被非法修改,使数据在传送前、后保持完全相同。
- 数据可用性。
- 防止否认。
- 审计管理。

3.6.2 数据加密

为了在网络通信即使被窃听的情况下也能保证数据的安全性,必须对传输的数据进行加密。数据加密也是其他安全措施的基础。加密的基本思想是改变符号的排列方式或按照某种规律进行替换,使得只有合法的接收方才能读懂,任何其他人即使窃取了数据也无法了解其内容(图 3-26)。计算机密码学是解决网络安全问题的技术基础,是一个专门的研究领域。

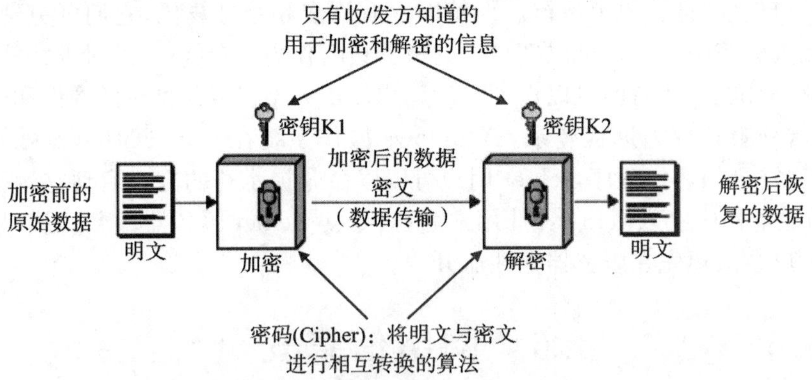

图 3-26　数据加密过程示意图

1. 术语

- 明文:加密前的原始数据(消息)。
- 密文:加密后的数据。

- 密码：将明文与密文进行相互转换的算法。
- 密钥：在密码中使用且仅仅只为收发双方知道的信息。

2. 加密算法的基本思想

改变明文中符号的排列方式，或按照某种规律置换明文中的符号，使得只有通过数据解密才能读懂接收到的信息，如恺撒密码加密方法（如图 3-27 所示）。

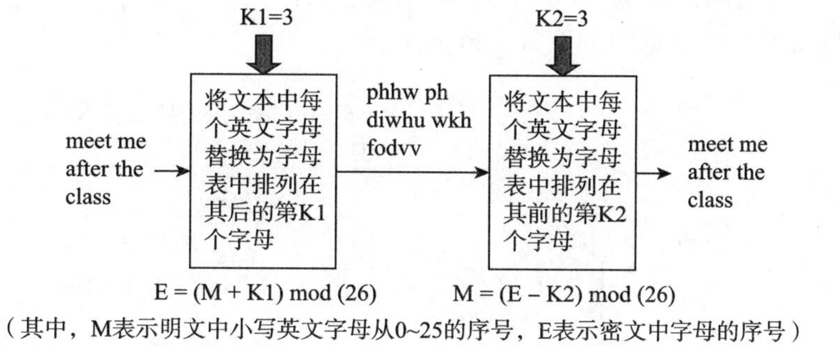

图 3-27　恺撒密码加密方法

3. 对称密钥加密

对称密钥加密有如下特点：

- 加密的秘钥同时也是解密秘钥。
- 加密方法的安全性依赖于密钥的秘密性，而不是算法的秘密性。
- 密钥越复杂（长度越长），使用逐个试验的方法进行破解时就越困难。
- 有 n 个用户的网络，需要 n(n−1)/2 个密钥。
- 计算安全性（Computationally）：破解的代价超过了消息本身的价值。破解的时间超过了消息本身的有效期。
- 对称密钥加密方法的标准：56 位密钥的 DES 算法：共有 $2^{56}=7.2\times10^{16}$ 种可能，1998 年使用穷举法仅花费了 22 小时 15 分钟就攻破 DES。现在广泛使用 AES（高级加密标准），其密钥长度为：128 位、192 位或 256 位。
- 密钥越长，安全性越好。
- 对称密钥加密法计算量适中、速度快，适用于对大数据量消息加密。

随着计算能力提高，加密技术的安全性也随之降低。任何加密技术的能力都是相对的。数据加密的关键是密钥的安全，有 n 个用户的网络，需要 n(n−1)/2 个密钥，主要问题是密钥的分发、保管困难，适用于较少用户。

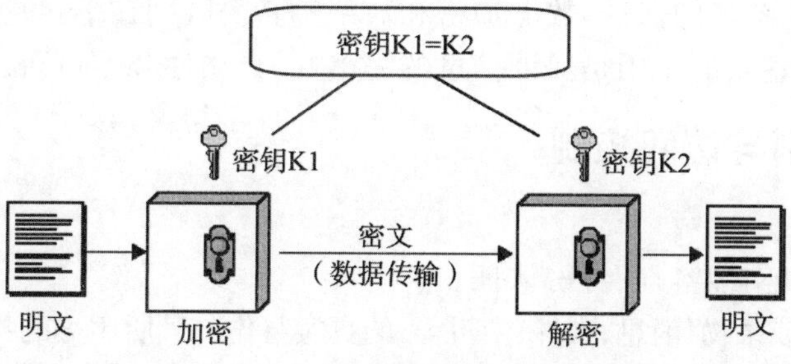

图 3-28　对称密钥加密方法示意图

4. 公共密钥加密(不对称密钥加密)

- n 个用户的网络,就只需要 n 个私有密钥和 n 个公共密钥。
- 典型:RSA 系统。

  A. 安全性建立在大整数质因子分解的难度之上。

  B. RSA 需要 1024 位以上才有安全保障。
- 应用:信息的加密解密、数字签名(鉴别信息来源)。

公共密钥加密方法示意图如图 3-29 所示。

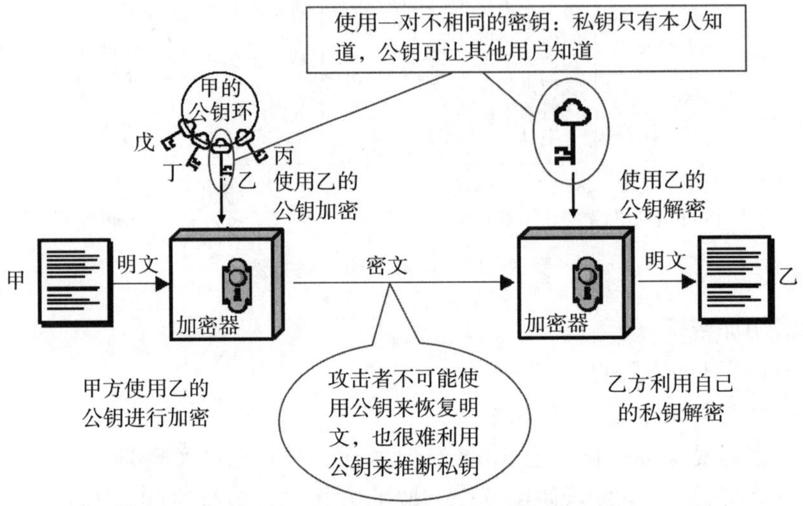

图 3-29 公共密钥加密方法示意图

3.6.3 数字签名

在网络通信中,经常发生伪造消息、窜改消息内容等。

消息认证:在电子商务和电子政务中必须对收到的消息进行认证,证实它来自声称的发送方,且未被修改过(认证消息的真实性和消息的完整性),解决方案就是数字签名。

数字签名是什么?

数字签名是与消息一起发送的一串代码,它无法伪造,并能发现消息内容的任何变化。其功能是保证信息传输的完整性、发送者的身份认证,防止交易中的抵赖发生。

数字签名的目的是让对方相信信息的真实性。数字签名必须做到无法伪造,并确保已签名数据的任何变化都能发觉。数字签名实现方式:公共密钥加密方法。

加密技术是数字签名的保证,数据加密和数字签名的区别在于:数据加密的作用是保证信息的机密性;数字签名的作用是保证信息的完整性、真实性和不可否认性。

3.6.4 身份鉴别与访问控制

1. 身份鉴别

身份鉴别又名真实性鉴别、身份认证。

定义:证实某人或某物(消息、文件、主机等)的真实身份与其所声称的身份是否相符的过程。

目的:防止欺诈和假冒攻击。

口令(或密码)是比较常见的身份鉴别方法,利用口令(或密码)的方法容易扩散,或者容易被盗。如趁着操作者输入密码时,在其后偷窥;或者在电脑中放入木马程序,记录操作者输入的数据;再有可以拦截传输的数据,进行分析查找到密码。因此身份鉴别的方法有多种形式,如:

- 鉴别对象本人才知道的信息(如口令、私钥、身份证号等)。
- 鉴别对象本人才具有的信物(如磁卡、IC 卡、USB Key 等)。
- 鉴别对象本人才具有的生理特征(如指纹、手纹等)。

在计算机系统中,单纯采用令牌(如 IC 卡、磁卡等)进行身份认证的缺点是丢失令牌将导致他人能轻易进行假冒而带来安全隐患,因此,重要的场合会采用双因素认证,如"用户名、口令"+"IC 卡、USB Key"等。

在用户登录某个系统,或者在访问/传送重要消息时,需进行身份鉴别。

身份鉴别通过加密算法来实现,很难破解,而随机串 X 在每次登录认证过程中均不相同,即使黑客截获到该数据,仍无法进行仿冒。

2. 访问控制(授权管理,Authorization)

访问控制是计算机对系统内的每个信息资源规定各个用户(组)对它的操作权限(是否可读、是否可写、是否可修改等)。访问控制是在身份鉴别的基础上进行的。

访问控制的任务:对所有信息资源进行集中管理、对信息资源的控制没有二义性(各种规定互不冲突)、具有审计功能(记录所有访问活动,事后可以核查)。

访问控制是通过对信息资源进行授权管理来实施的信息安全措施。身份鉴别是访问控制的基础。系统中信息资源的访问必须进行有序的控制,这是在身份鉴别之后根据用户的不同身份而进行授权的。

访问控制的任务:对信息资源的访问进行有序控制、根据用户的不同身份(类别)进行授权访问、规定各个用户对系统内的每个文件或资源的操作权限(必须互不冲突)。

3.6.5 防火墙

因特网的迅速发展,给人们提供了发布信息和检索信息的场所,但它也带来了信息污染和信息被破坏的危险。人们为了保护其数据和资源的安全,创建了防火墙。防火墙从本质上说是一种保护装置,用来保护网络数据、资源等。

(1) 定义:将因特网的子网(包括单机)与因特网的其余部分相隔离,以维护网络与信息安全的一种软、硬件设备。

(2) 功能:对流入流出防火墙的所有网络通信进行扫描检查(如校园网中,为使校外的 IP 地址不能直接访问校内的网站)。

(3) 防火墙对网络或单台计算机均具有很好的保护作用,许多操作系统带有软件防火墙,因特网防火墙也可集成在路由器中。

(4) 防火墙局限性:

- 防火墙防外不防内。
- 防火墙不能防患恶意的知情者。
- 防火墙难以管理和配置,容易造成安全漏洞。
- 防火墙不能防患病毒。

3.6.6 入侵检测

入侵检测(Intrusion Detection)是主动保护系统免受攻击的一种网络安全技术。其原理是通过在网络若干关键点上监听和收集信息并对其进行分析,从中发现问题,及时进行报警、阻断和审计跟踪。

入侵检测是防火墙的有效补充,可检测来自内部的攻击和越权访问,而防火墙只能防止外部对内网的攻击。入侵检测还可以有效防范利用防火墙开放的服务进行入侵。

3.6.7 计算机病毒防范

1. 计算机病毒

- 定义:一些人蓄意编制的一种具有寄生性和自我复制能力的计算机程序,它能在计算机系统中生存,通过自我复制来传播,在一定条件下被激活,从而给计算机系统造成一定损害甚至严重破坏。
- 特点:破坏性、隐蔽性、传染性和传播性、潜伏性。
- 即使不上网,仍可能染毒。

2. 计算机病毒的危害

- 可能破坏文件内容,造成磁盘上数据的丢失。
- 可能删除系统中一些重要的程序,使系统无法正常工作,甚至无法启动。
- 可能修改或破坏系统中的数据。
- 可能在磁盘上产生许多“坏”扇区,减少磁盘的可用空间。
- 会占用计算机内存,造成计算机运行速度降低。
- 会引起主板 BIOS 及其他硬件的损坏。

3. 计算机病毒防范

- 安装杀毒软件(这是检测与消除计算机病毒最常用的方法)。
- 重新格式化存储介质,彻底清除。

很难开发出具有先知先觉功能的可以消除一切病毒的软硬件工具,即杀毒软件、防病毒卡等都不是百分之百可靠。

4. 预防计算机病毒侵害的措施

- 不使用来历不明的程序和数据。
- 不轻易打开来历不明的电子邮件,特别是其中的附件。
- 确保系统的安装盘和重要的数据盘处于“写保护”状态。
- 在机器上安装杀毒软件(包括病毒防火墙软件),使启动程序运行、接收邮件和下载 Web 文档时自动检测与拦截病毒等。
- 经常和及时地做好系统及关键数据的备份工作。

3.6.8 常见的网络安全威胁

网络安全主要是指对网络系统中存有的软、硬件和相关的信息进行保护,使其不受各类因素的影响,进而令整个系统能够顺利、持续地运转。计算机网络安全,实际上是指基于整个系统的数据安全。

当前，网络中可能会遇到的主要安全有：

（1）非授权型访问：是指在没有获取相关批准的情况下，私自运用相关的计算机网络中的资源，主要是指非法获得或缺少授权的访问权限。如故意跳过系统的访问管控系统，利用不正当方式运用相关的网络设施与资源，或缺少必要授权的访问数据。非授权型访问主要有以下几种类型：攻击、伪造身份、在未经授权的合法用户的非法操作、非法用户的网络接入系统的违法行为。

（2）数据丢失：是指各类较为敏感的信息遭到泄露或丢失，信息的完整性遭到损坏。主要是指运用不合法的手段对相关信息进行访问，对相关信息实施删除、插入、修改等活动，从而令用户不能够顺利工作，满足攻击者的非法目的。此外，黑客攻击等给相关企业造成的损失，甚至令信息失效、系统崩溃，进而使整个网络系统都无法顺利运转等。

（3）后门和木马程序：所谓后门与木马程序，主要是指那些能够运用某种软件实现对其余计算机进行管控的程序，其呈现出隐秘性强与非授权等特征。

3.6.9　威胁防范与信息安全发展趋势

1. 计算机网络信息安全的防护措施

（1）确保网络用户账号的安全性

在计算机网络应用中，账号是网络用户使用最为普遍的，网络用户可能会在不同网络拥有多种账号，如网络用户的登录账号及与之相关的密保账号，还有用户的网上银行的账号和密码、邮箱账号和密码等。账号一旦泄露将会引发严重的网络信息安全问题。在现实情况当中，用户的账号及密码常常能够被黑客破译，为维护计算机网络信息安全，就应该确保用户的账号安全，这就要求用户需要及时对自己的账号和密码进行相应的更新。

（2）安装防火墙和杀毒软件

在计算机网络系统中，防火墙是一种对计算机用户的网络系统进行相关防护的系统。如果防火墙遇到一些恶意攻击，网络系统的软件会对这些恶意软件进行相应的阻止，用户打开的一些危险软件，防火墙也会对计算机用户进行阻止，还会对黑客的恶意攻击进行拦截。杀毒软件可以通过对计算机中相关病毒进行查杀，实现对计算机的安全保护，维护计算机网络信息安全。

（3）及时安装漏洞补丁和程序

在计算机网络信息中，还存在一些计算机网络的漏洞和计算机网络防护的薄弱环节，如果计算机网络的这些漏洞和薄弱环节被黑客所利用，对计算机系统进行攻击，那么计算机信息安全将会面临巨大的挑战。因此，用户需要及时安装漏洞补丁。

2. 安全防御未来发展趋势

（1）安全服务化：未来，安全防御方案很可能不再是一个甚至多个设备构成的，安全防御与分析完全在远程。用户访问网络的流量全部通过代理的方式引导至安全厂商的数据中心，在数据中心中进行数据分析、过滤、清洗。安全防御不再是设备，而是远程服务，客户只需配置一个安全代理服务器的地址即可。云访问安全代理就属于这类安全服务。

（2）终端检测重要性日益凸显：对于企业内部，单纯的终端杀毒软件最终会演进成为分布式监控与集中化分析的架构向 EDR 方向演进，统一分析企业内部全部主机中进程的行为、上下文信息，有助于更加高效地发现潜在威胁。终端的安全检查能力已经日益受到传统网络安全厂商的重视。

(3) 流量控制由 IP 向应用演进:在云时代主机概念被弱化,服务概念被强化。运维人员看到的网络拓扑图不再是主机之间的,而是服务与服务之间、服务与客户端之间。同时图论原理也会更好地应用于安全检查,及时发现云数据中心异常的通信路径,找到潜在的威胁。

(4) 软件定义安全防御方案:安全防御方案云化部署势在必行。未来的安全也会 SDN 化,即软件定义安全。全部检查设备都会演进成软件形态,运行在容器或者虚拟主机中。运维人员能够方便改变不同应用数据流的检查过程。

3.6.10 应急响应处理流程

随着国家信息化建设进程的加速,计算机信息系统和网络已经成为重要的基础设施。随着网络安全组件的不断增多,网络边界不断扩大,网络安全管理的难度日趋增大,各种潜在的网络信息危险因素与日俱增。虽然网络安全的保障技术也在快速发展,但实践证明,现实中再完备的安全保护也无法抵御所有危险。因此,完善的网络安全体系要求,在安全保护体系之外必须建立相应的应急响应体系。

1. 网络安全应急响应六大阶段

为最大限度科学、合理、有序地处置网络安全事件,采纳了业内通常使用的 PDCERF 方法学(最早于 1987 年由美国宾夕法尼亚匹兹堡软件工程研究所在关于应急响应的邀请工作会议上提出),将应急响应分成准备(Preparation)、检测(Detection)、抑制(Containment)、根除(Eradication)、恢复(Recovery)、跟踪(Follow-up)六个阶段的工作,并根据网络安全应急响应总体策略对每个阶段定义适当的目的,明确响应顺序和过程。

2. 网络安全事件分阶段响应流程

(1) 准备阶段

选择、安装和熟悉响应过程中的协助工具及有助于收集和维护与入侵相关数据的工具,为所有的应用软件和操作系统创建启动盘。用初始可靠的启动盘(或 CD - ROM)使机器以已知的预先设定的配置重新启动,这在相当程度上能保证被入侵后的文件、程序以及数据不会加载到系统中。

为了防止不可预期的变化,在试验机器上安装可信任版本的系统。为了避免有意或无意的破坏,所有的介质应该处于硬件写保护状态。

建立一个包含所有应用程序和不同版本的操作系统的安全补丁库,确保备份程序足够从任何损害中恢复。建立资源工具包并准备相关硬件设备资源工具包,包含在响应过程中可能要使用的所有工具。确保测试系统正确配置且可用在任何分析或测试中,使用被入侵的系统都可能导致这些系统进一步地暴露和损害,已被入侵的系统产生的任何结果都是不可靠的。

(2) 检测阶段

检测阶段的主要任务有发现可疑迹象或问题发生后进行的一系列初步处理工作,分析所有可能得到的信息来确定入侵行为的特征。

一旦被入侵检测机制或另外可信的站点警告已经检测到了入侵,需要确定系统和数据被入侵到了什么程度。需要权衡收集尽可能多信息的价值和入侵者发现他们的活动被发现的风险之间的关系。一些入侵者会惊慌并试图删除他们活动的所有痕迹，进一步破坏准备拯救的系统，这会使分析无法进行下去。

备份并“隔离”被入侵的系统，进一步查找其他系统上的入侵痕迹。检查防火墙、网络监视软件以及路由器的日志，确定攻击者的入侵路径和方法，以及入侵者进入系统后都做了什么。

在当前缺少安全预警机制的情况下，网络安全的应急响应活动主要还是立足于事中或事后的确认，而且，即使是在事中或事后，也不一定可以发现存在的安全问题，往往都是在已经造成了破坏之后，才发生了对系统可用性、完整性和保密性造成明显破坏的行为或者有了用户投诉后才会去了解发生的安全问题。

一般典型的事故现象包括：

- 账号被盗用；
- 骚扰性的垃圾信息；
- 业务服务功能失效；
- 业务内容被明显篡改；
- 系统崩溃、资源不足。

(3) 抑制阶段

抑制阶段的主要任务是限制事件扩散和影响的范围。抑制举措往往会对合法业务流量造成影响，最有效的抑制方式是尽可能地靠近攻击的发起端实施抑制。但是，一般情况下攻击包都会伪造源 IP 地址，在 Internet 这样的大型网络环境中难以确定攻击流的真正来源，因此，要靠近攻击发起端实施面向 Internet 全网的抑制操作在当前技术上依然不成熟。

抑制采用的方式可能有多种，常见的包括：

- 关掉已受害的系统；
- 断开网络；
- 修改防火墙或路由器的过滤规则；
- 封锁或删除被攻破的登录账号；
- 关闭可被攻击利用的服务功能。

(4) 根除阶段

根除阶段的主要任务是通过事件分析查明事件危害的方式，并且给出清除危害的解决方案。

对事件的确认仅是初步的事件分析过程。事件分析的目的是找出问题出现的根本原因。在事件分析的过程中主要有主动和被动两种方式。

主动方式是采用攻击诱骗技术，通过让攻击方去侵入一个受监视、存在漏洞的系统，直接观察到攻击方所采用的攻击方法。

被动方式是根据系统的异常现象去追查问题的根本原因。被动方式会综合用到以下的多种方法：

- 系统异常行为分析：这是在维护系统及其环境特征白板的基础上，通过与正常情况做比较，找出攻击者的活动轨迹以及攻击者在系统中植下的攻击代码。
- 日志审计：日志审计是通过检查系统及其环境的日志信息和告警信息来分析是否有攻击者做了哪些违规行为。

- 入侵监测:对于还在进行的攻击行为,入侵监测方式通过捕获并检测进出系统的数据流,利用入侵监测工具所带的攻击特征数据库,可以在事件分析过程中帮助定位攻击的类型。
- 安全风险评估:无论是利用系统漏洞进行的网络攻击还是感染病毒,都会对系统造成破坏,通过漏洞扫描工具或者是防病毒软件等安全风险评估工具扫描系统的漏洞或病毒可以有效地帮助定位攻击事件。

但是,在实际的事件分析过程中,往往会综合采用被动和主动的事件分析方法。特别是对于在网上自动传播的攻击行为,当采用被动方式难以分析出事件根本原因的时候,采用主动方式往往会很有效。

最后,改变全部可能受到攻击的系统的口令、重新设置被入侵系统、消除所有的入侵路径(包括入侵者已经改变的方法)、从最初的配置中恢复可执行程序(包括应用服务)和二进制文件、检查系统配置、确定是否有未修正的系统和网络漏洞并改正、限制网络和系统的暴露程度以改善保护机制、改善探测机制使它在受到攻击时得到较好的报告。

(5) 恢复阶段

恢复阶段的主要任务是把被破坏的信息彻底地还原到正常运作状态。确定使系统恢复正常的需求和时间表,从可信的备份介质中恢复用户数据,打开系统和应用服务,恢复系统网络连接,验证恢复系统,观察其他的扫描、探测等可能表示入侵者再次侵袭的信号。一般来说,要成功地恢复被破坏的系统,需要维护干净的备份系统,编制并维护系统恢复的操作手册,而且在系统重装后需要对系统进行全面的安全加固。

(6) 跟踪阶段

跟踪阶段的主要任务是回顾并整合应急响应过程的相关信息,进行事后分析总结,修订安全计划、政策、程序并进行训练以防止再次入侵,基于入侵的严重性和影响,确定是否进行新的风险分析,给系统和网络资产制定一个新的目录清单,如果需要,参与调查和起诉。这一阶段的工作对于准备阶段工作的开展起到重要的支持作用。

跟踪阶段的工作主要包括以下三个方面的内容:

- 形成事件处理的最终报告。
- 检查应急响应过程中存在的问题,重新评估和修改事件响应过程。
- 评估应急响应人员相互沟通在事件处理上存在的缺陷,以促进事后进行有针对性的培训。

当今时代,互联网的飞速发展使各国面临的信息安全形势日趋严峻。在复杂多变的网络与信息安全形势下,必须从经济发展、社会稳定、国家安全、公共利益的高度,充分认识网络与信息安全应急保障工作的重要性,高度重视并切实做好应急准备工作。

较大的网络与信息安全事件时有发生,重大、特别重大的网络与信息安全事件也随时有可能发生,必须做好应急准备工作,建立快速有效的现代化应急协同机制,确保一旦发生重大网络与信息安全事件,能够快速根据相关信息组织研判,迅速指挥调度相关部门执行应急预案,做好应对,避免给国家和社会造成重大影响和重大损失。

本章小结

随着数据通信技术和计算机技术的发展，人类社会对信息传递和资源共享的要求越来越迫切，计算机网络进入了人类社会。互联网的普及，更使得人类的生活方式、工作方式以及思维方式都发生了深刻变化。

计算机网络是利用通信设备以实现网络中资源共享为目标的系统。根据地域分布范围，有局域网和广域网。局域网一般限于一个单位内部使用，地理范围有限，有专用的传输介质，数据传输速率高，误码率低。以太网是最常用的一种局域网。广域网不受规模、地域的限制，可以将任意距离的计算机进行互连。在物理上广域网可分成两部分：资源子网和通信子网。广域网具有路由选择功能，采用点到点的通信方式。

因特网(Internet)是世界上最大的互联网。网络互连带来了不同的网络技术使用互不兼容的帧(包)格式和编址方案。为了把许多不同类型的物理网络连成一个统一的网络，必须解决统一编址、数据包格式转换等问题。IP 地址解决了统一编址问题，在因特网中，为每一台计算机分配一个唯一的地址(IP 地址)。路由器是用于连接异构网络的基本设备。

为便于人们记忆和使用因特网上的资源，用具有特定含义的符号来表示因特网中的每一台主机——域名。

本章重点主要有：计算机网络的概念、组网目的、网络分类、网络工作模式、局域网的工作原理、MAC 地址、帧的概念、以太网、无线局域网、协议的概念、OSI/RM 协议、TCP/IP 协议、IP 地址、路由器的功能的组网方法、域名、E-mail、WWW 服务、数据加密、数字签名、防火墙和入侵检测、计算机病毒的概念和特点、信息安全防范。

习题 3

一、简述题

1. 简述计算机网络的组网目的。
2. 简述计算机的两种工作模式。
3. 简述交换式以太网的特点。
4. 简述 TCP/IP 协议的组成。
5. 简述 TCP 协议的功能。
6. 简述 IP 地址的分类方法及特点。
7. 简述域名的组成方法。
8. 简述计算机病毒的概念及特点。

二、填空题

1. 在 TCP/IP 协议中，Web 浏览器使用的 HTTP 协议属于________层协议。

2. Internet 中主机实现了 TCP/IP 所有各层协议，包括应用层、表示层、会话层、传输层、网络层、数据链路层与物理层。而路由器一般只需要实现________层以下功能。

3. 通过 WWW 服务器提供的起始网页就能访问该网站上的其他网页，该网页称为________。

4. 在计算机网络应用中,英文缩写 HTML 的中文含义是____________。

5. 因特网中的________是将内网与外网相隔离的技术,目的是保障内网的信息安全。

6. IP 数据报头部包含有该数据报的________和________的地址。

7. 使用计算机对数据进行加密时,通常将加密前的原始数据(消息)称为________,加密后的数据称为密文。

8. WWW 服务是按客户/服务器模式工作的,当浏览器请求服务器下载一个 HTML 文档时,必须使用 HTTP 协议,该协议的中文名称是____________。

9. 在电子商务中,可以采用________技术对客户在网上提交的电子订单进行鉴别,以防止抵赖。

10. 能把异构的计算机网络相互连接起来,且可根据路由表转发 IP 数据报的网络设备是____________。

11. 两个异构的局域网,通过一个路由器互连,那么路由器上应至少配置________个 IP 地址。

12. 题 12 图中安放因特网防火墙比较有效的位置是________(填标号 1、2、3 或 4)。

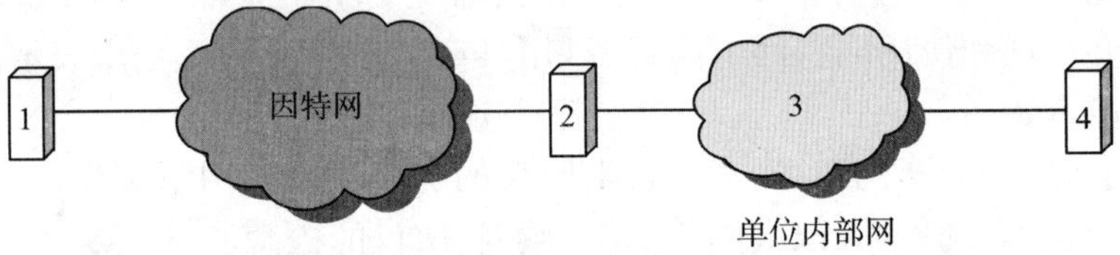

题 12 图

13. 计算机网络有两种基本的工作模式,它们是________模式和客户/服务器模式。

14. 局域网的英文缩写为________。

15. 交换式以太网中,检测和识别信息帧中 MAC 地址的工作由________完成。

16. ________协议用于实现异构网络的互联,是因特网上最基本的协议。

17. 一个使用 C 类 IP 地址的网络中,最多只能连接________台主机。

18. TCP/IP 的分层结构,由高层到低层分别为应用层、表示层、会话层、传输层、______、数据链路层和物理层。

19. 为了书写方便,IP 地址写成以圆点隔开的 4 组十进制数,它的统一格式是 xxx. xxx. xxx. xxx,圆点之间每组的取值范围在 0～________之间。

三、判断题

1. 采用以太网交换机可构建交换式以太网,其性能优于总线式以太网。 (　　)

2. 每一台接入 Internet(正在上网)的主机都需要有一个 IP 地址。 (　　)

3. 最常用的交换式局域网是使用以太网交换机构成的交换式以太网。 (　　)

4. 要区分因特网上的每一台计算机,靠的是能唯一标识该计算机的网络地址,即 IP 地址。 (　　)

5. 每块以太网卡都有一个全球唯一的 MAC 地址,MAC 地址由六个字节组成。 (　　)

6. 所有的 IP 地址都可以分配给任何主机使用。 (　　)

7. Internet 提供的服务大多采用客户/服务器工作模式。　（　　）

8. 因特网提供的 FTP 和 Telnet 服务都采用了客户/服务器的工作方式。　（　　）

9. 通常把 IP 地址分为 A、B、C、D、E 五类，IP 地址 130.24.35.2 属于 C 类。　（　　）

10. 在网络中，一台计算机要么充当服务器，要么充当客户机，不可同时身兼两职。　（　　）

11. 局域网利用专用的共享的传输介质进行通信，接入一个局域网的计算机台数不受限制。　（　　）

12. ADSL 是一种非对称的传输模式，数据上传和下载速度不一致，上传速度比下载速度快。　（　　）

13. 一个域名包含若干子域，子域的个数通常不超过 5 个。　（　　）

14. 域名可以使用字母、数字和连字符，但必须以字母或数字开头并结尾。　（　　）

15. 数字签名实质上是采用加密的附加信息来验证消息发送方的身份，以鉴别消息来源的真伪。　（　　）

16. 按照国家《计算机信息系统安全保护等级划分准则》，从功能上划分为五个级别的安全保护能力，用户可根据需要确定系统的安全等级。　（　　）

第 4 章　多媒体技术

信息处理是目前计算机应用最广泛的领域。掌握计算机中对各类信息的表示、处理、存储等，对计算机的应用有重要的作用。

媒体：是信息的表示和传递形式。包括数值、文字、图像、声音和视频。

数字媒体：是指数值、文字、图像、声音和视频的二进制编码。

数字媒体有自然数字媒体和合成数字媒体两种类型。

4.1　文本与文本处理

文字信息是一种书面语言，文字信息处理是涉及面最广的一种计算机应用，几乎与任何领域、任何系统都相关。

文字信息在计算机中称为"文本"(Text)。文本是计算机中最常用的一种数字媒体。

文本由一系列"字符"(Character)组成，每个字符均使用二进制编码表示。

文本在计算机中的处理过程包括：文本准备、文本编辑与处理、文本存储、文本传输和文本展现等。

文本信息主要由西文字符 ASCII 编码所规定的字符集(包括字母、数字、特殊符号等)和中文字符的汉字信息交换码所规定的中文字符集中的字符组合而成。

4.1.1　字符的编码

1. 字符与字符集

字符：是文字的基本元素，包括字母、数字、标点符号、特殊符号等。

字符集：是一组特定字符的有序集合。不同的字符集包含的字符数目与内容不同，如中文字符集、西文字符集、日文字符集等。

字符的编码：字符集中每个字符的二进位表示，称为该字符的编码或代码(Code)。不同的字符其编码各不相同。

编码字符集：一个字符集中的每个字符都分配一个整数编号，称编码字符集。

2. 西文字符编码

目前计算机中使用最广泛的西文字符集是 ASCII 码。

ASCII 是英文 American Standard Code for Information Interchange 的缩写，意为"美国信息交换标准代码"。ASCII 字符采用 1 字节编码，但只用低 7 位二进制数表示，最高位为 0，共有 128 个字符编码，其中有 96 个可打印字符，包括常用的字母、数字、标点符号等，另外还有 32 个控制字符。

在计算机中，每一个西文字符均对应一个 ASCII 码，例如，字母 A 的 ASCII 码值为十进制数 65,小写字母 a 的 ASCII 码为十进制数 97,大小写英文字母 ASCII 码值相差 32。

ASCII 码的特点有如下几点：

- 采用 1 个字节存储 1 个 ASCII 码字符；
- 用 7 个二进位进行编码；
- 最高位保持 0。

ASCII 码存在的问题：

- 字符集太小(只有 128 个字符)；
- 与不同国家和地区使用的字符集及其编码互不兼容；
- 对使用的大字符集无法编码。

3. 汉字编码

汉字编码是为汉字设计的一种便于计算机输入、处理、输出汉字的代码。汉字信息处理系统一般包括编码、输入、存储、编辑、输出和传输。而编码是关键。

计算机处理汉字信息,存在诸多困难,主要有：

- 汉字数量庞大:目前汉字总数已超过 6 万个；
- 字体字形复杂:有各种字体、字形,如繁体、简体等；
- 普遍存在一音多字和一字多音的现象。

因此,汉字在处理过程中的不同阶段有不同编码,汉字输入有输入码,汉字在计算机内部处理、传输有机内码,汉字输出有字形码。

(1) 汉字输入码

汉字输入码是用字母和数字对汉字进行的编码,目的是使用现有的计算机键盘,将汉字输入计算机。目前汉字输入编码方法,主要是按照汉字的字形、发音,或者音形结合、数字编码来对汉字进行编码。常用的有拼音编码、五笔字型和区位码等。

(2) 汉字国标码

汉字交换码是指具有汉字处理功能的不同计算机系统之间,交换汉字信息时所使用的代码标准。我国国家标准总局于 1981 年颁布的国家标准,编号为 GB 2312－80。

GB 2312－80 共包含我国全部一级和二级常用汉字 6 763 个、非汉字字符 682 个,并为每个字符规定了标准代码。国标码由三部分组成:第一部分是字母、数字和各种符号,包括拉丁字母、俄文、日文平假名与片假名、希腊字母、汉语拼音等 682 个;第二部分为一级常用汉字 3 755 个,并按汉语拼音排列;第三部分为二级常用汉字 3 008 个,并按偏旁部首排列。如图 4－1 所示。

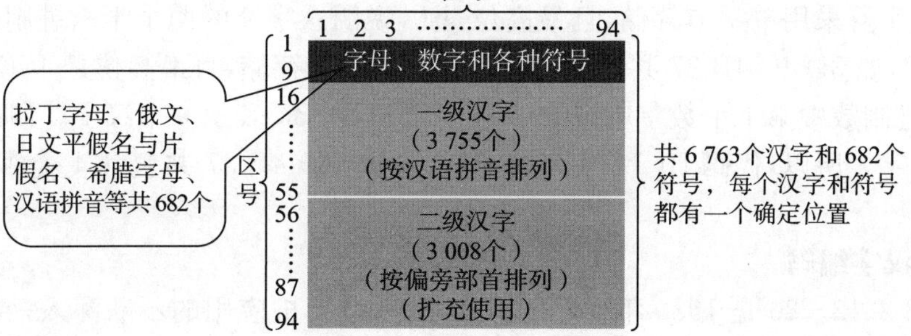

图 4－1　GB 2312－80 国标码

GB 2312－80 信息交换编码表，制作成一张 94×94 的字符符号代码表，将表中的行称为区(用两位数字表示，如 01 区)、列称为位(用两位数字表示，如 08 列)，表中任何一个字符都有唯一的区号与位号，区、位各用一个字节表示，称国标区位码，简称区位码。例如汉字“标”，它的区位码是 1774，即位于十进制数的第 17 区、第 74 位，用两个字节表示为：00010001 01001010(114AH)。

国标码是信息交换编码的十六进制表示形式，国标码与区位码的关系如下：

国标码＝区位码＋2020H(数字后加 H 表示为十六进制数)

例如汉字“标”，它的区位码是 1774，17 对应十六进制形式为 11H，74 对应十六进制形式为 4AH，则国标码的计算方法为：

区位码	11H	4AH
＋	20H	20H
国标码	31H	6AH

所以，汉字“标”的国标码为 316AH。

(3) 汉字机内码

汉字机内码是汉字处理系统中用来存储、处理、传输汉字用的代码。汉字系统中的机内码在编码时既考虑能与西文 ASCII 码严格区分，又能与汉字国标码产生对应关系，所以是将一个汉字国标码的 2 个字节的最高位都设置为“1”。机内码的计算方法：

机内码＝国标码＋8080H＝区位码＋A0A0H

例如汉字“标”的国标码为 316AH，则：

国标码	316AH
＋	8080H
机内码	B1EAH

[例 1] 若中文 Windows 环境下，西文使用标准 ASCII 码，汉字采用 GB 2312－80 编码，则有十六进制内码：B1 BE CA E9 3D 4C B3 A9 4B 37，共包含有多少个西文字符？有多少个汉字？

解：西文字符采用单字节存储，且最高位是 0，说明这字节的两个十六进制数，第 1 个数字应该小于 8，如 3D 4C 4B 37 共 4 个。汉字采用双字节存储，且最高位是 1，说明连续两个字节其十六进制数中第 1 个数字应该大于等于 8，如 B1 BE 表示一个汉字。如此形式共有 3 组，共 3 个汉字。所以，代码 B1 BE CA E9 3D 4C B3 A9 4B 37 共包含 4 个西文字符、3 个汉字。

4. 常用汉字编码

由于 GB 2312－80 是 1980 年制定的标准，随着计算机应用的不断深入，要求处理的汉字不仅仅只局限于常用汉字。所以，我国又分别制定了 GBK、GB 18030 标准。特别是我国最新颁布的 GB 18030 信息交换用汉字编码字符集，包含了繁、简体字，解决了 GB 码与 BIG 5 码间的字码转换问题。

国标码是汉字的国家标准编码，目前主要有 GB 2312、GBK、GB 18030 三种。

- GB 2312 编码方案于 1980 年发布，收录汉字 6 763 个，采用双字节编码，两个字节的最高位都必须是 1。
- GBK 编码方案于 1995 年发布，收录汉字 21 003 个，采用双字节编码，第 1 个字节的最高位必须是 1，第 2 个字节的最高位不限定。
- GB 18030 编码方案于 2000 年发布第一版，收录汉字 27 533 个；2005 年发布第二版，收录汉字 70 000 余个，以及多种少数民族文字。GB 18030 采用单字节、双字节、四字节分段编码。

新版国标码向下兼容，GBK 兼容 GB 2312，GB 18030 兼容 GBK 和 GB 2312。

(1) GBK 汉字编码

GBK 的全称是汉字内码扩展规范(GBK 即国标“GB”和扩展“K”汉语拼音的第一个字母组合)，是我国信息技术标准化技术委员会 1995 年 10 月制定，1995 年 12 月正式发布。

GBK 向下与 GB 2312 编码兼容，向上支持 ISO 10646.1 国际标准。ISO 10646 是国际标准化组织 ISO 公布的一个编码标准，即 Universal Multiple-Octet Coded Character Set(简称 UCS 编码)。与 Unicode 组织的 Unicode 编码完全兼容。

GBK 汉字编码，是在 GB 2312 - 80 标准基础上的内码扩展规范，使用了双字节编码方案，共收录了 21 003 个汉字，与 GB 2312—80 标准完全兼容，且支持国际标准 ISO/IEC 10646 - 1 和国家标准 GB 13000 - 1 中的全部 CJK 汉字(CJK：中日韩英文单词的首字母)，并包含了中国台湾地区 BIG 5 编码中的所有汉字。目前中文版的 Windows XP、WIN 7 等都支持 GBK 编码方案。

(2) UCS/Unicode 编码

1993 年，ISO 定义了通用字符集(Universal Character Set，简称 UCS)。UCS 是所有其他字符集标准的一个超集，对应的工业标准称为 Unicode。

UCS 几乎概括了全世界已知的所有文字，以及一些特殊图形与符号。

UCS 主要有两个版本：

- UCS - 4 编码，使用了 4 个字节的宽度以容纳足够多的空间，缺点是存储空间浪费严重。
- UCS - 2 编码，使用 2 字节编码共收录字符 49 194 个。

(3) GB 18030 汉字编码

尽管 UCS/Unicode 编码覆盖了我国已使用多年的 GB 2312 和 GBK 标准中的汉字，但它们的编码与我国标准并不兼容。为了既能与 UCS/Unicode 编码标准接轨，又能保护我国已有的大量汉字信息资源，我国在 2000 年和 2005 年两次发布 GB 18030 汉字编码国家标准。

GB 18030 有两个版本：GB 18030—2000 和 GB 18030—2005。GB 18030—2000 编码标准是在 2000 年 3 月 17 日发布，并作为一项国家标准在 2001 年 1 月正式强制执行。GB 18030—2005 包含了多种我国少数民族文字(如藏、蒙古、傣、彝、朝鲜、维吾尔文等)的超大型中文编码字符集强制性标准，其中收录汉字 70 000 余个。

GB 18030 实质上是 UCS/Unicode 字符集的另一种编码方案：

- 单字节编码(128 个)表示 ASCII 字符。
- 双字节编码(23 940 个)表示汉字，与 GBK(以及 GB 2312)保持向下兼容，GBK 不再使用。
- 四字节编码(约 158 万个)用于表示 UCS/Unicode 中的其他字符。

GB 18030 目前已在我国信息处理产品中强制贯彻执行。

4.1.2 文本准备

文本准备：把需要处理的文字信息输入计算机，为后续文本处理做准备。文本准备的主要内容是把字符信息输入计算机。

输入字符信息有两类方法：人工输入和自动识别输入。

1. 人工输入

人工输入方式有多种，主要有利用键盘、手写、语音识别等。

(1) 汉字的键盘输入

键盘可以输入字母、数字、标点，可以用方向键移动光标指针，键盘有时候比鼠标操作更迅速。

但汉字输入时，汉字与键盘上的键无法一一对应，因此必须使用几个键来表示一个汉字，这就称为汉字的“键盘输入编码”。

优秀的汉字键盘输入编码应具有如下特点：

- 易学习、易记忆；
- 效率高(平均击键次数较少)；
- 重码少；
- 容量大(可输入的汉字字数多)。

利用键盘输入汉字的汉字输入方法，按照编码原理主要分为以下几种类型：数字编码、拼音编码、字形编码和音形混合编码。

(2) 手写输入

随着智能手机、掌上电脑等移动通信工具的普及，手写识别技术也得到迅猛发展。手写输入指的是手机通过内置的触控笔在手机屏幕上手写，手机通过内部的识别系统把手写的各种字体转换为手机可识别的标准字体显示在手机屏幕上。

手写识别按照自然、方便的输入方式进行文字输入，易学易用，可取代键盘或者鼠标。手写输入设备有多种，如手写板、触摸屏、触控板等。

(3) 语音识别输入

语音识别是一门交叉学科，目前语音识别技术已取得显著进步。语音识别输入也属于人工输入范畴。

2. 自动识别输入

自动识别输入是指应用一定的识别装置，自动地获取被识别物品的相关信息。例如，商场的条形码扫描输入、火车票二维码扫描输入、OCR 文字识别、车牌自动识别等。

4.1.3　文本的分类

文本根据其内容(排版格式)分,可分为简单文本(或纯文本)和丰富格式文本;根据其组织结构分,可分为线性文本和超文本;根据内容是否发生变化分,可分为静态文本、动态文本、主动文本。

1. 简单文本

简单文本也称纯文本,文本中字符没有字体、字号、颜色的变化,文本中不能插入图片、表格,也不允许建立超链接,其文件扩展名一般是.txt。

简单文本只有一串用于表达正文内容的字符编码所组成,几乎不包含任何其他的格式信息和结构信息。

由 Windows 系统中的记事本创建的是简单文本文件,其文件扩展名为.txt。

2. 丰富格式文本

丰富格式文本有字体、字号、颜色等属性变化,可设置段落和页面排版格式,可插入图片、表格等。

丰富格式文本中除了正文内容之外,还使用了许多"标记信息"来描述字符的属性和格式设置。

标记信息:主要是指格式信息、文档结构信息和超链接信息等。

常用的丰富格式文本有 RTF、PDF、DOC、HTML 等格式。

(1) RTF 格式

RTF 格式是一种中间格式标记语言,主要用于不同的丰富格式文本间、不同软件间互相交换使用。几乎所有文本处理软件都支持 RTF 格式。

由 Windows 系统的写字板创建的是 RTF 格式文件。

(2) PDF 格式

PDF 格式是将文字、字形、格式、颜色、图形、图像、声音、视频等等信息封装在一个文件中,具有超链、交互和字体仿真等功能,实现了纸张印刷和网络出版的统一,是电子出版领域的一种事实上的标准。

3. 线性文本

线性文本的组织结构是线性结构,阅读时只能按照顺序进行,不能跳转,也不包含任何超链信息。如书籍是线性结构,阅读是按照顺序依次阅读。

4. 超文本

超文本是用超链接的方法,将各种不同空间的文字信息组织在一起的网状文本。超文本的组织结构是网状结构。

超文本的核心是超链。超链是有向的,起点位置称为链源,可以是文本块中的一个标题、一个单词、一幅画、一个图标等。目的地称链宿,可以是同一网页上的不同位置,也可以是另一个网页或一个文件、一个图片、一段视频等。

4.1.4　文本的编辑与处理

1. 文本编辑

文本编辑目的:确保文本中的内容准确无误。其主要内容有:对字、词、句和段落进行添加、删除、修改等操作。

2. 文本排版

文本排版目的:使文本更清晰、美观、便于阅读。其主要内容有:对文本中的字符、段落乃至整篇文章的格式进行设计和调整。文本排版主要分成以下三个层次:

- 对字符格式进行设置。包括设置字体、字号、颜色、效果等。
- 对段落格式进行设置。包括设置行距、段间距、缩进方式、对齐方式等。
- 对文档页面进行设置。包括设置纸张、页边距、每页行数、每页列数、页眉和页脚等。

除此之外,在内容上还包括:插入图片及图片设置、表格制作、定义超链等。

3. 文本处理

文本处理是使用计算机对文本中的字、词、短语、句子、篇章进行识别、转换、分析、理解、压缩、加密和检索等相关处理。

文本处理内容主要有:

字数统计、简/繁体相互转换、文语转换(语音合成)、词语排序、语法检查、自动分词、文本加密、文本压缩、关键词提取、文本检索等。

4. 常用文字处理软件

目前,文字处理软件很多。在 PC 机上使用最多的是 Microsoft Office、国产的 WPS 套件中的文字处理软件。

5. 文本检索

文本检索是指根据文本内容(如关键字、语意等)对文本集合进行检索、分类、过滤等。以整个文献正文为对象进行的匹配查找,称为全文检索。

4.1.5 文本展现

1. 文本展现过程

文本展现目的是把电子文本供人们阅读或浏览。文本展现有两种方式:打印机打印输出或屏幕显示输出。

文本展现大致分三个过程:

- 对文本的格式描述进行解释;
- 生成文字字形描述信息和图表的位映像;
- 传送到显示器显示或打印机打印输出。

2. 汉字字形码

汉字字形码是汉字笔画构成的图形编码,是为了实现汉字输出而进行的编码。汉字字形比西文字形复杂,因此,在输出汉字时,把每个汉字离散成 M×M 点,每点以一个二进制位表示,由此组成的汉字点阵字形称为汉字字形码。

字库:同一种字体的所有字符的形状描述信息的集合。不同的字体(宋体、仿宋、楷体、黑体等)对应不同的字库。两种不同的字库:点阵描述(计算存储空间)、轮廓描述(True Type)。如图 4-2 所示。

点阵字库也称位图字库,其中每个字形都以一组二维像素信息表示。把每一个字符都分成 16×16 或 24×24 个点,然后用每个点的虚实来表示字符的轮廓。点阵字库最大的缺点是不能放大,一旦放大后就会生成马赛克式的锯齿边缘文字。

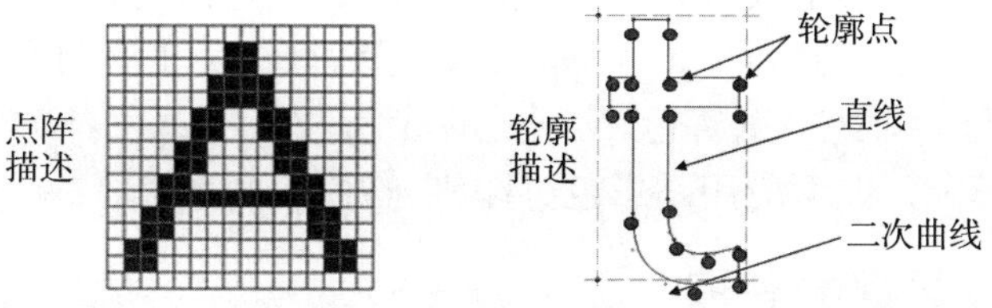

图 4-2　两种不同的字库

常用汉字字形码有 16×16、24×24、32×32、48×48 等点阵，点数越多，打印的字体越美观，但汉字库占用的存储空间也就越大。

一个汉字字形码所需字节数＝M×M/8。如一个 16×16 点阵汉字，在存储时用 16×16/8＝32 个字节来存放，以此类推。

轮廓字库也称矢量字库，保存的是对每一个汉字的描述信息，比如一个笔画的起始、终止坐标，半径、弧度等等。在显示、打印这一类字库时，要经过一系列的数学运算才能输出结果，但是这一类字库保存的汉字，理论上可以被无限地放大，笔画轮廓仍然能保持圆滑，打印时使用的字库均为此类字库。Windows 使用的字库也为以上两类，在 Fonts 目录下，如果字体扩展名为. fon，表示该文件为点阵字库，扩展名为. ttf 则表示矢量字库。

4.2　图像与图形

4.2.1　概述

1. 图像和图形的概念

图像：使用图片元素的 M×N 矩形网格（像素）来表现图像，每个像素都有特定的颜色值，分别称取样图像、点阵图像、位图图像、静态图像，简称图像。

图形：是指由外部轮廓线条构成的矢量图。即由计算机绘制的直线、圆、矩形、曲线、图表等，称矢量图形，简称图形。

2. 色彩的表示

丰富多样的颜色可以分成两个大类：非彩色系和有彩色系。非彩色指黑色、白色和各种深浅不一的灰色。有彩色系的颜色具有三个基本特性：色调、饱和度、亮度。颜色表达的方法也称色彩空间的类型，也叫颜色模型。

色彩的表达方法：

(1) RGB 色彩空间：是通过对红(R)、绿(G)、蓝(B)三个颜色通道的变化以及它们相互之间的叠加来得到各式各样的颜色的，是目前运用最广的颜色系统之一。典型应用是计算机彩色显示器。

(2) YUV 色彩空间：Y——亮度信号，U、V——色度信号。典型应用是彩色电视信号传输。采用 YUV 色彩空间的重要性是它的亮度信号 Y 和色度信号 U、V 是分离的。当只有 Y 信号分量而没有 U、V 分量，那么这样表示的图像就是黑白灰度图像。电视系统采用 YUV 空间正是利用亮度信号 Y 与色度信号 U、V 分离原理，解决彩色电视机与黑白电视机的兼容问题，使黑白电视机也能接收彩色电视信号。

(3) HSI(或 HSB)色彩空间:H——色调(Hue),S——色饱和度(Saturation),I——亮度(Intensity)或 B——亮度(Brightness),也写成 HIS、HBS。主要用于图像编辑软件。

(4) CMYK 色彩空间:C——青色,M——品红色,Y——黄色,K——黑色,是彩色印刷时采用的一种套色模式。典型应用是彩色打印机、彩色印刷系统。

4.2.2 数字图像数据的获取

从现实世界中获取图像的过程称图像的获取,所用设备称图像获取设备。图像获取的过程实质上是模拟信号的数字化过程,一般分为以下四步:

- 扫描:把画面分为 M×N 个网格,每个网格称为一个取样点。
- 分色:将彩色图像的取样点的颜色分解成三个基色(RGB)。
- 采样:测量每个取样点的每个分量(基色)的亮度值。
- 量化:对取样点的每个分量进行 A/D 转换,数字量一般为 8~12 位的正整数。

扫描仪、数码相机是常用图像获取设备。图像数字化过程如图 4-3 所示。

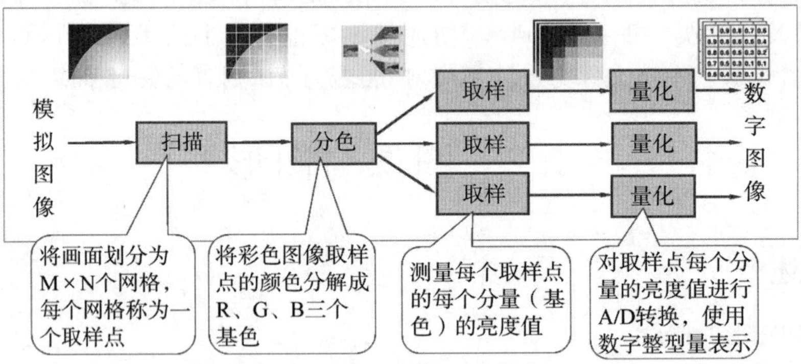

图 4-3 图像数字化过程

4.2.3 数字图像的表示和数据量的计算

数字图像由 M×N 个取样点组成,取样点是组成数字图像的基本单位,称为“像素”。

各类图像每个像素的颜色表示是不一样的。黑白图像的每个像素只有一个分量,且只用 1 个二进位表示,其取值仅“0”(黑)和“1”(白)两种。灰度图像的每个像素也只有一个分量,一般用 8~12 个二进位表示,其取值范围是 $0\sim(2^n-1)$,可表示 2^n 个不同的亮度值。而彩色图像的每个像素有三个分量,分别表示三个基色的亮度,假设三个分量分别用 m、n、k 个二进位表示,则可表示 2^{m+n+k} 种不同的颜色。

表示图像技术的指标主要有以下几种:

- 图像分辨率:也称图像大小。用水平分辨率×垂直分辨率方法表示,如 1024×768。分辨率决定图像清晰度和在屏幕上显示出来的大小,在显示比例相同时,显示在屏幕上的图像尺寸与图像分辨率成正比。
- 色彩空间的类型:不同应用场合会使用不同的色彩空间,这些色彩空间类型可以相互转换。
- 像素深度:即像素的所有颜色分量的二进制位数之和。像素深度决定了图像中不同颜色的最大数目。例如，由 R、G、B 三基色组成的彩色图像，如果每个基色都是 8 位，则该图像的颜色深度为 24 位，图像中可表达的颜色最大数目为 $2^{24}=16\ 777\ 216$ 种。一般把像素深度 24 位及以上的图像称为真彩色。

● 数字图像数据量

计算公式：图像数据量＝分辨率×像素深度/8（单位：B）

例如，一幅 1024×768 的 24 位色的图像未压缩时的数据量为：

$$1024\times768\times24/8=1\ \text{K}\times0.75\ \text{K}\times3\ \text{B}=2.25\ \text{MB}$$

［例 2］ 一幅 1024×512 的 256 色的图像未压缩时的数据量是多少？

解： 256 色是指 $2^8=256$，实际上是 8 位色，所以未压缩时的数据量为：

$$1024\times512\times8/8=0.5\ \text{MB}$$

4.2.4　数字图像的压缩

数字图像的数据量很大，为了减少存储数字图像所需要的存储空间，提高图像的传输速度，一般需对数字图像进行压缩。图像数据的压缩在图像处理过程中非常重要。

1. 图像压缩的基本原理

图像数据之所以能被压缩，是因为数据中存在着很大冗余。图像数据的冗余主要表现为：图像中大多数相邻像素间变化小、相关性强、冗余度高。另外，人眼视觉有局限性，允许图像有一些失真，所以图像数据压缩是可能的。

图像压缩是数据压缩技术在数字图像上的应用。图像数据压缩的目的是通过去除这些数据冗余来减少表示数据所需的数据量，减少图像数据中的冗余信息，从而更加高效地存储和传输数据。

解压缩是压缩的反过程，是通过软件压缩的文件恢复到压缩之前的形式。

2. 图像压缩基本方法

图像压缩分有损数据压缩和无损数据压缩两种。

（1）有损数据压缩：指经过压缩的文件经解压后的数据与原始数据不同，但是非常接近原始数据的压缩方法。有损数据压缩又称破坏型压缩。在图像压缩中，有损数据压缩是以牺牲图像质量来减少数据量，提高数据压缩比。有损数据压缩时，压缩与解压文件都会带来渐进的质量下降。

（2）无损数据压缩：指经过压缩的文件经解压后的数据与原始数据完全相同。无损压缩时，数据经过压缩后信息不受损失，能完全恢复到压缩前的原样。无损数据压缩通常小于有损数据压缩的压缩比。

有损压缩广泛应用于语音、图像和视频数据的压缩。对于如绘制的技术图、医疗图像或者用于存档的扫描图像等优先使用无损压缩，避免因为有损压缩方法带来的压缩失真。有损压缩方法非常适合于自然图像。

3. 图像压缩的主要指标

图像压缩方法很多，评价一种图像压缩方法的优劣，主要有以下三个方面：

● 压缩比：指压缩前后的数据量之比，它反映了施加某压缩算法之后数据量减少的比例。

- 重建图像的质量(指有损压缩时):指经解压缩算法对压缩数据进行处理后所得到的数据与其表示的原信息的相似程度。
- 压缩算法的复杂程度:要求算法简单、速度快。

4. 图像压缩国际标准

- JPEG 标准

静止图像压缩标准(Joint Photographic Experts Group,简称 JPEG)是由 ISO(国际标准化组织)和 IEC(国际电工委员会)两个组织机构联合组成的专家组,负责制定静态的数字图像数据压缩编码标准,这个专家组开发的算法称为 JPEG 算法,并且成为国际上通用的标准,也称为 JPEG 标准。

JPEG 标准既可用于灰度图像又可用于彩色图像。

- JPEG 2000 标准

JPEG 2000 是于 2000 年底开始推出的一种基于小波变换的静态图像压缩标准。JPEG 2000 和 JPEG 相比优势明显,无损压缩和有损压缩都可以兼容,而 JPEG 有损压缩和无损压缩是采用两种完全不同的方法。JPEG 2000 既可应用于传统的 JPEG 领域,如扫描仪、数码相机等;又可应用于新兴领域,如网络传输、无线通信等等。JPEG 2000 也存在如下缺点:JPEG 2000 的编码计算复杂性明显高于 JPEG。

5. 常用图像文件格式

不同的图像文件格式采用了不同的数据压缩技术和数据组织方法,有不同的应用。

- BMP 格式

BMP 图像格式是 Windows 中的标准图像文件格式(图像文件扩展名是 *.bmp)。可用非压缩格式存储图像数据,其解码速度快,支持多种图像的存储,常见的各种图形图像软件都支持该格式。BMP 图像支持单色、16 色、256 色、真彩色图像等。

- JPEG 格式

JPEG 是静止图像数据压缩编码的国际标准,采用 JPEG 标准的图像文件扩展名是 *.jpg。JPEG 特别适合各种连续色调的彩色或灰度图像,在计算机和数码相机中已得到广泛应用。

- JPEG 2000 格式

JPEG 2000 是 JPEG 的最新标准(图像文件扩展名是 *.jp2),它采用更先进的技术,可取得更好的效果,目前在医学图像处理等领域中使用。

- TIFF 格式

TIFF 格式(图像文件扩展名是 *.tif),TIFF 支持的色彩数最高可达 16 M,它存储图像质量高。此图像格式复杂,存储内容多,占用存储空间大,其大小是 GIF 图像的 3 倍,是相应的 JPEG 图像的 10 倍,最早流行于 Macintosh,现在 Windows 主流的图像应用程序都支持此格式。

TIFF 格式主要应用在出版印刷和扫描仪。

TIFF 格式是一种工业标准,许多图像、图形应用软件也支持该格式。

- GIF 格式

GIF 格式颜色数目不超过 256 色,适合用作插图、剪贴画等色彩数要求不高的场合,文件特别小，适合网络传输。GIF 图像格式具有累进显示功能，适合网络浏览器观看。GIF 格式能支持透明背景(JPEG 不支持)、动画等。

4.2.5　数字图像处理与应用

1. 数字图像处理

数字图像处理又称为计算机图像处理，是将图像信号转换成数字信号，并通过计算机对图像进行去除噪声、增强、复原、分割、提取特征等处理的方法和技术。

早期的图像处理的目的是改善图像的质量，以改善人的视觉效果为目的。图像处理的目的主要有以下几个方面：

- 提高图像的视感质量。如对图像的亮度、色彩，增强或抑制某些成分，对图像进行几何变换等，以改善图像的质量。
- 恢复与重建有失真和畸变的图像。
- 提取图像中所包含的某些特征或特殊信息，为计算机分析图像提供便利。
- 图像数据的编码和压缩，以便于图像的存储和传输。
- 图像的存储、管理与检索、图像内容与知识产权保护等。

不管是何种目的的图像处理，都需要由计算机和图像专用设备组成的图像处理系统对图像数据进行输入、加工和输出。

2. 数字图像的应用

数字图像的应用领域非常广泛，涉及生活和工作等多个方面。主要有：

- 航天和航空技术方面的应用。如飞机遥感、卫星遥感等。
- 生物医学工程方面应用十分广泛。如医用显微图像处理、超声波图像处理、CT、核磁共振等。
- 通信工程方面。如图像传输、电视电话会议等。
- 工业和工程方面应用。如生产过程自动控制等。
- 军事、公安方面。如导弹的精确制导，飞机、坦克和军舰模拟训练系统，车辆和车牌的自动识别等。
- 机器人视觉。

3. 常用的图像编辑软件

图像编辑软件是对数字图片进行修复、合成、美化等各种处理的软件的总称。Photoshop 是 Adobe 公司旗下最为出名的图像处理软件之一，主要功能有图像扫描、图像编辑与修改、图像制作、图像输入与输出等等。

Photoshop 主要功能特色：

从功能上看，Photoshop 可分为图像编辑、图像合成、校色调色及特效制作部分。

- 图像编辑：是图像处理的基础，可以对图像做各种变换，如放大、缩小、旋转、倾斜、镜像、透视等，也可进行复制、去除斑点、修补、修复图像的残损等。
- 图像合成：是将几幅图像通过图层操作、工具应用合成完整的、传达明确意义的图像。
- 校色调色：可方便快捷地对图像的颜色进行明暗、色偏的调整和校正，也可在不同颜色之间进行切换以满足图像在不同领域如网页设计、印刷、多媒体等方面的应用。

- 特效制作：在 Photoshop 中主要由滤镜、通道及工具综合应用完成。包括图像的特效创意和特效字的制作。

4.2.6 计算机图形

1. 计算机图形概述

计算机图形学是利用计算机研究图形的表示、生成、处理、显示的学科，是近几十年来发展起来的新兴学科，也是计算机科学中最为活跃、得到广泛应用的分支之一，在计算机辅助设计制造、地理信息系统等领域有着非常广泛的应用。

计算机图形是指通过计算机和软件对景物的结构、形状与外貌进行描述，然后根据该描述和选定的观察位置及光线状况，生成该景物的图形。

计算机图形的主要优点：既可生成真实景物图像，也可生成假想或抽象景物图像；既能生成静止图像，也能生成运动变化的动态图像。

2. 计算机图形制作过程

- 建模：对景物的结构、形状与外貌进行描述。
- 绘制：根据景物模型，生成该景物的图形。

景物的建模有两种描述方法：

- 几何造型技术：针对的是规则形体，如螺丝、螺帽等机械零件，用基本的几何元素（如点、线、面、体等）等进行描述。
- 过程模型技术：针对的是不规则形体，如自然现象，树木、山河、云彩等。找出其生成规律，并使用相应的算法来描述。

3. 计算机图形研究与应用

计算机图形学的研究内容非常多，包括图形标准、图形交互技术、曲线曲面造型、实体造型、真实感图形计算与显示算法，以及科学计算可视化、计算机动画、自然景物仿真、虚拟现实等。

计算机图形的应用主要有：

- 计算机辅助设计（CAD）和计算机辅助制造（CAM）：CAD、CAM 是计算机图形学在工业界最广泛的应用领域。特别是在机床、汽车、飞机、船舶等行业应用。先进的 CAD 应用系统将设计、绘图、分析、仿真、加工等一系列功能集成于一个系统内。CAD 技术在工程领域中的应用有：建筑设计、结构设计、设备设计、城市规划、交通、水利工程设计等等。
- 科学计算可视化：主要用于海量的数据的图形表示、医学领域机械手术和远程手术以及医用 CT 扫描等数据的三维重建等。
- 图像实时绘制与自然景物仿真：利用计算机生成各种地形图、交通图、天气图、海洋图、石油开采图等。
- 计算机动画：随着计算机图形学和计算机硬件的不断发展，人们已经不满足于仅仅生成高质量的静态场景，于是计算机动画就应运而生。
- 计算机艺术：艺术创作人员利用计算机软件等从事艺术创作。

4. 矢量绘图软件

专业矢量绘图软件主要有：机械、建筑等方面的 AutoCAD、Protel 和 CAXA 电子图板等。地图、地理信息系统等方面的 MapInfo、ArcInfo、SuperMap GIS 等。

流行矢量绘图软件主要有:Corel 公司出品的 CorelDRAW,Adobe 公司出品的 Illustrator。另外,MS Office 中的 Word 和 PowerPoint 也内嵌有绘图软件功能,可以制作简单的二维图形。

4.3　数字声音及应用

4.3.1　概述

声音是传播信息的一种重要媒体,是计算机信息处理的主要内容之一。

声音是由物体振动产生的声波,是通过介质(空气或固体、液体)传播并能被人或动物听觉器官所感知的波动现象。最初发出振动的物体叫声源。声音以波的形式振动传播。声音是声波通过任何介质传播形成的运动。

声音的三要素:音量(响度)、音调、音色。

声音分为模拟声音与数字声音。

- 模拟声音:自然的声波是模拟声音,随时间连续变动。
- 数字声音:数字声音是对模拟声音的二进制编码表示。

数字声音有两种类型:数字波形声音和计算机合成声音。

- 数字波形声音:数字化的波形声音是使用二进制数表示,遵循一定的标准或者规范编码,其数据是按时间顺序组织的,其文件扩展名为. wav。波形声音一般指自然界的声波经数字化处理后的结果。
- 计算机合成声音:计算机合成声音有两类,一类是计算机合成的语音,另一类是计算机合成的音乐。

波形声音又分数字语音和全频带数字声音。

- 数字语音:指人说话的语音信号,其带宽为 300 Hz～3. 4 kHz。
- 全频带数字声音:指人耳可听到的声音信号,带宽为 20 Hz～20 kHz。

4.3.2　波形声音的获取与播放

1. 声音信号的数字化

将模拟声音转换为二进制编码形式称声音信号的数字化。

在时间和幅度上都连续的模拟声音信号,需经过采样、量化和编码后才能得到用离散的数字表示的数字信号。声音信号的数字化过程如图 4 - 4 所示。

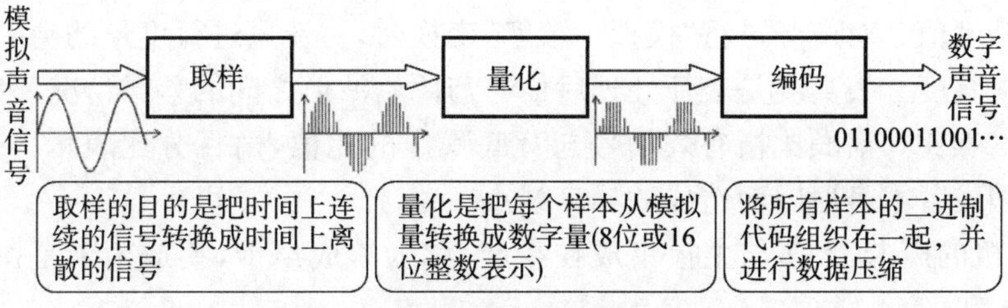

图 4 - 4　声音信号的数字化过程

(1) 采样

采样的目的是把时间上连续的信号转换成时间上离散的信号。所以,采样是在一定的时间间隔点对模拟信号进行测量。每秒从连续信号中提取并组成离散信号的采样个数,称采样频率。采样频率的倒数是采样周期或者叫作采样时间,它是采样之间的时间间隔。采样频率越高,量化数越多,数字化的信号越能逼近原来的模拟信号,而编码用的二进制位数也就越多。采样标准频率一般有 8 kHz、11.025 kHz、22.05 kHz、44.1 kHz 和 48 kHz。

采样定理:又称奈奎斯特采样定理或香农采样定理。根据奈奎斯特理论,只有采样频率高于原始信号最高频率的两倍时,才能把数字信号还原成为原来的信号。

(2) 量化

量化的过程就是把采集到的数值(称为采样值或样值)使用量化器编码成二进制数字形式。量化器一般由 8 位、12 位或 16 位二进制数字表示,量化器二进制位数决定了量化精度。量化位数越多,量化精度越高,声音的保真度越高。

(3) 编码

编码就是将量化后的整数值用二进制数来表示。若量化位数 8 位,量化值为 0～256,每个样本用 8 个二进制位来编码。

2. 声音的数字设备

(1) 声卡

声卡(Sound Card)也叫音频卡,是多媒体技术中最基本的组成部分,是实现声波/数字信号相互转换的一种硬件。

声卡的基本功能是把来自麦克风等的原始声音信号加以转换成计算机可处理的数字信号;也可把数字信号转换输出到耳机、扬声器等声响设备,或通过音乐设备数字接口(MIDI)使乐器发出美妙的声音。

声卡的核心部件是数字信号处理器(DSP)。DSP 可以完成各种信号的记录和播放以及许多处理工作,如波形声音的获取与编码、重建与播放,MIDI 消息的输入,MIDI 音乐的合成,音频压缩与解压缩运算等等,大大减轻了 CPU 的负担。DSP 芯片可通过编程实现各种功能。

声卡的工作原理:从麦克风中获取声音模拟信号,通过模数转换器(A/D),将声波模拟信号转换成数字信号,存储到计算机中。重放时,这些数字信号送到数模转换器(D/A),还原为模拟波形,经放大、插值后送到扬声器发声。

声卡技术指标:

- 声卡采样率。采样率指的是对原始声音波形进行样本采集的频繁程度。
- 采样精度值。对声音进行“模拟—数字”变换时,对音量进行度量的精确程度。
- 声卡失真度。失真度是表征处理后信号与原始波形之间的差异情况,为百分比值。
- 声卡信噪比。信噪比指有效信号与背底噪声的比值,由百分比表示。其值越高,则说明因设备本身原因而造成的噪声越小。

当前 PC 机的声卡,大多与主板集成在一起,称为集成声卡,集成声卡是由芯片组支持整合的声卡类型。

(2) 声音的获取与播放设备

声音的获取设备主要有麦克风、数码录音笔等。声音的播放设备主要是耳机、音箱等。音箱可分为普通音箱(接收的是重建的模拟声音信号)和数字音箱(直接接收数字声音信号,失真小)。

(3) 声音的重建与播放

计算机输出声音分为两步:

- 声音的重建:把声音从数字形式转换成模拟信号形式,由声卡完成。
- 声音的播放:将模拟声音信号经处理和放大后送到音箱(扬声器)。

把声音从数字形式转换成模拟信号形式,需经过三个步骤:

- 解码:把压缩编码的数字声音恢复为压缩编码前的状态。
- 数模转换:从数字量转换为模拟量(A/D 转换)。
- 插值:数模转换后得到的是一组离散样本,插值是把时间上离散的一组样本转换成在时间上连续的模拟声音信号。

4.3.3　波形声音的表示与应用

1. 波形声音的表示

数字波形声音是使用二进制位表示的一种串行比特流,其数据按时间顺序进行组织,其文件扩展名为. wav。

数字波形声音的主要参数有:

- 取样频率:由于语音的带宽低,所以取样频率也低,一般为 8～16 kHz;而全频带声音(如音乐等)带宽高,所以取样频率高,一般为 44.1～48 kHz。
- 量化位数:通常为 8 位、12 位或 16 位。
- 声道数:主要有单声道为 1、双声道(立体声)为 2 以及多声道(如 Dolby AC-3 有 6 个声道)。
- 码率:也称比特率,指每秒钟的数据量。

未压缩时数字波形声音的码率计算公式为:

$$码率 = 取样频率 \times 量化位数 \times 声道数$$

[例 3] 数字语音的带宽为 300～3 400 Hz,其取样频率为 8 kHz,量化位数 8 位,单声道,未压缩时的码率是多少?

解:根据码率计算公式可得到:

$$码率=8\ \text{k}\times 8\times 1=64\ \text{kbps}$$

[例 4] CD 唱片的立体声,其带宽为 20 Hz～20 kHz,如果取样频率为 44.1 kHz,量化位数 16 位,未压缩时的码率是多少?

解:CD 立体声是双声道,根据码率计算公式可得到:

$$码率=44.1\ \text{k}\times 16\times 2=1\ 411.2\ \text{kbps}$$

压缩编码之后数字波形声音的码率为：

$$压缩后的码率 = 未压缩时的码率/压缩倍数$$

如CD唱片的立体声音乐经压缩后，其压缩倍数是10倍，则压缩后的码率是：

$$1\ 141.2\ \text{kbps} \div 10 = 114.12\ \text{kbps}$$

2. 波形声音的压缩编码

为了降低数字波形声音存储成本，提高在网络上的传输效率，数字波形声音一般采用数据压缩方法，以减少数字波形声音的数据量。

音频信号的压缩是在保证一定声音质量的条件下，尽可能以最小的数据率来表达和传送声音信息。由于声音中包含有大量冗余信息，以及人的耳朵对声音辨别的灵敏度有限，在一定失真的情况下并不易察觉，所以对数字波形声音进行数据压缩是可行的。

波形声音压缩方法可分为：

- 无损压缩：包括不引入任何数据失真的各种墒（拼音是 shāng）编码（熵编码，即编码过程中按熵原理不丢失任何信息的编码）。
- 有损压缩：又可分为波形编码、模型编码和混合编码三种方法。

3. 波形声音的压缩编码标准

（1）MPEG-1 音频压缩编码

MPEG-1 音频压缩编码是第一个高保真音频数据压缩标准，是 MPEG-1 标准的一部分，但完全可独立应用。为了保证实际应用条件和算法的可实现性，MPEG-1 提供了三个独立的压缩层次：

- 层 1(Layer 1)：编码简单，用于数字盒式录音磁带。
- 层 2(Layer 2)：算法复杂度中等，用于数字音频广播（DAB）、数字演播室和数字广播、VCD 等。
- 层 3(Layer 3)：编码复杂，用于互联网上的高质量声音的传输，数字音频专业的制作、交流、存储，如 MP3 音乐等。

MPEG-1 音频压缩算法的特点：音频信号采样频率为 32 kHz、44.1 kHz 或 48 kHz，压缩后的比特流可按单声道模式、立体声通道的立体声模式等。

（2）MPEG-2 音频压缩编码

MPEG-2 与 MPEG-1 保持兼容，扩充了较低采样频率（16 kHz、22.05 kHz、24 kHz），支持多声道环绕立体声。

MPEG-2 有两种编码算法：与 MPEG-1 兼容的 MPEG-2 BC 和与 MPEG-1 不兼容的 MPEG-2 AAC。

（3）MPEG-4 音频压缩编码

MPEG-4 是一种针对交互式多媒体应用的格式、框架的定义，具有高度的灵活性和扩展性，支持自然声音、合成声音及自然与合成声音混合的编码方式，以算法和工具形式对音频对象进行处理和控制。

MPEG-4 将以前发展良好但相互分离的高质量音频编码、计算机音乐及合成语音等第一次合并在一起。

（4）杜比 AC -3 音频压缩编码

数字技术的环绕声制式 AC -3 格式可以对左、中、右、左环绕、右环绕五个全频域声道和一个主要负责传送低音信息（$<$120 Hz）的超低音声道编码，六个声道的信息全部数字化，全频段细节十分丰富，具有真正的立体声。

AC -3 主要用于 DVD 系统、高清晰度电视（HDTV）音频系统等，是 DVD 系统的强制标准。

4. 波形声音的文件类型与应用

波形声音文件是采集各种声音而得到的数字文件，常用于音乐、歌曲等自然声的录制。根据不同的应用需要，其采用的编码方法不同，得到不同类型的声音文件。

常用的波形声音文件类型主要有：

- WAV：没有压缩。是微软公司开发的一种声音文件格式，也叫波形声音文件，是最早的数字音频格式，被 Windows 平台及其应用程序广泛支持。WAV 格式支持许多压缩算法。采用 44. 1 kHz 的采样频率，16 位量化位数，对存储空间需求太大，不便于交流和传播。
- MP3：有损压缩。采用 MPEG-1 层 3 编码，MP3 能够以高音质、低采样率对数字音频文件进行压缩，压缩比大约为 8∶1～12∶1。主要用于制作 MP3 音乐等。
- WMA：有损压缩。是微软公司开发，主要用于在互联网音频、视频领域。WMA 格式是以减少数据流量但保持音质的方法来达到更高的压缩率目的，其压缩率一般可以达到 1∶18。此外，WMA 还可以通过 DRM（Digital Rights Management）方案加入防止拷贝，或者加入限制播放时间和播放次数，甚至是播放机器的限制，可有效防止盗版。
- MP4：有损压缩。MP4 在文件中采用了保护版权的编码技术，只有特定的用户才可以播放，有效地保证了音乐版权的合法性。另外 MP4 的压缩比达到了 1∶15，体积较 MP3 更小，但音质却没有下降。不过因为只有特定的用户才能播放这种文件，因此其使用的广泛程度与 MP3 相比差距甚远。

4. 3. 4　波形声音的编辑与播放

计算机的数字音频采用的是非线性编辑技术，将声音转换成数字信号并采录到计算机存储器上，就可对其进行所需要的各种编辑操作。

波形声音编辑主要是利用声音编辑软件对波形声音文件进行处理。目前声音编辑软件有很多。声音编辑的主要功能：

- 录制声音文件。
- 编辑声音：通过选取、删除、降噪、插入等操作编辑声音文件。
- 声音效果处理：如混响、音色、回声、延迟、声音美化等。
- 声音的格式转换：如把波形声音文件（. wav）转换为 MP3 格式。
- 其他功能：分轨录音、录制 CD 唱片等。
- 播放声音。

4.3.5 计算机合成声音

与计算机合成图像一样,计算机也可以合成声音。计算机合成声音有两类:计算机合成语音和计算机合成音乐。

1. 计算机合成语音

计算机合成语音是根据语言学和自然语言理解的知识,使计算机模仿人的发声,自动生成语音的过程。目前主要是按照文本进行语音合成,称文语转换。

对计算机合成的语音要求:发音清晰,语气和语调自然。计算机合成语音有多方面的应用,例如公交、地铁等报站系统,利用电话进行信息查询和声讯服务,自动报警等。

尽管语音合成技术已经取得了很大进步,但与人类语音生动活泼、丰富多彩的口语相比,差距很大,还有许多问题需要研究和解决。

2. 计算机合成音乐

计算机合成音乐是计算机技术和音乐艺术相融合的产物,随着计算机技术相关软件的不断进步,计算机合成音乐已渗透到音乐创作、乐器演奏、教育、娱乐等各个方面。

计算机合成音乐需要三个要素:乐器、乐谱、“演奏员”。

(1) 乐器

PC 机的声卡一般都带有音源,音源也称为音乐合成器,能模仿许多乐器生成各种不同音色的音符。声卡上的音源有两种:

- 调频合成器。它是一种受控的电子振荡器,能模拟生成许多乐器演奏的音符,不过音色单调,效果比较差。
- 波表合成器。它预先将每种乐器演奏的各个音符的波形数字化,把它们组织成一张表(称为波表),存放在 ROM 中,播放时根据乐器类型、音符等参数访问 ROM,取出相应的波形数据,将其修饰成所要求的音强和时长,然后播放出来,它能提供相当优美的音色,效果很好。

(2) 乐谱

音乐是演奏人员按照乐谱进行演奏的。在计算机中描述乐谱常用 MIDI。MIDI 是英语 Musical Instrument Digital Interface(乐器数字接口)的缩写,是计算机中描述乐谱的一种标准描述语言。MIDI 是计算机合成音乐的交换标准,也是商业音乐作品发行的标准。MIDI 音乐与高保真的波形声音相比,在音质方面还有一些差距,也无法合成语音和歌曲,但它的数据量很少(比 CD 少 3 个数量级,比 MP3 少 2 个数量级),且易于编辑修改,还可以与波形声音同时播放。因此,在多媒体文档中得到广泛使用。

(3)“演奏员”

媒体播放器软件相当于“演奏员”。播放 MIDI 音乐时,首先从磁盘上读入 MIDI 文件,把其中的一个个 MIDI 消息发送给声卡上的音乐合成器,由音乐合成器解释并执行 MIDI 消息所规定的操作,合成出各种音色的音符,通过扬声器播放出乐曲来。

4.4 数字视频及应用

视频(Video)是由一幅幅内容连续的图像组成,当连续的图像按照一定的速度快速播放时，由于人眼的视觉暂留现象，就会产生连续的动态画面效果。视频也称活动图像或运动图像。

4.4.1　视频基本知识

目前国际上流行的视频制式标准分别为 NTSC 制式、PAL 制式和 SECAM 制式。使用 NTSC 制式的有美国、日本、中国台湾等国家和地区；使用 PAL 制式的有中国及欧洲大多数国家和地区；使用 SECAM 制式的有法国、俄罗斯、非洲等国家和地区。

我国采用 PAL 制式，该制式有如下特点：每秒 25 帧，电视扫描线为 625 线，奇场在前、偶场在后。标准的数字化 PAL 电视标准分辨率为 720×576，24 bit 的色彩深度，画面的宽高比为 4∶3。所有像素的彩色信号在传输时用 YUV 色彩空间（Y 为亮度信号，U、V 为色度信号）。采用 YUV 色彩空间有两个优点：

- 亮度信号 Y 独立于色度信号 U、V，与黑白电视保持兼容。
- 利用人眼对两个色度信号 U、V 不太敏感的视觉特性来节省电视信号的带宽和发射功率。

4.4.2　视频的获取

1. 视频信号的数字化

视频信号数字化处理的基本方式与音频信号基本相同，如采样、量化、编码等，但由于视频信号自身的特点，其数字化处理也有其特殊性，主要表现在取样结构和取样频率上。视频信号的数字化过程，与图像、声音的数字化相比而言，更复杂一些。

视频信号一般指的是彩色全电视信号，由亮度信号、色度信号、行场同步信号、行场消隐信号及其他辅助信号组成。

对视频信号数字化的方式主要有全信号数字化和分量数字化。

数字视频有如下优点：

- 复制和传输时不会引起质量下降。
- 易于编辑和修改。
- 抗干扰能力强、易于加密。
- 节省频率资源。

2. 数字视频获取设备

获取数字视频的设备较多，主要有：

(1) 视频采集卡

视频采集卡也叫视频卡，用以将模拟摄像机、录像机、LD 视盘机、电视机等输出的视频数据或者视频和音频的混合数据，经数字化处理后存储在计算机中，成为可编辑处理的视频数据文件。

(2) 数字摄像头

通过光学镜头和 CCD 或 CMOS 采集动态图像，直接转换成数字信号并输入、存储到计算机中，不再需要视频采集卡。

(3) 数码摄像机

数码摄像机也称 DV，是 Digital Video 的缩写。数码摄像机进行工作的基本原理是：通过感光元件将光信号转变成电流,再将模拟电信号转变成数字信号,由专门的芯片进行处理。

数码摄像机的感光元件主要有两种,一种是广泛使用的CCD(电荷藕合)元件,另一种是CMOS(互补金属氧化物半导体)器件。

4.4.3 数字视频的压缩编码及标准

数字视频的数据量非常大,数字视频在没有压缩的情况下,在存储、传输时将会占用大量的存储空间和传输带宽。

视频压缩是解决视频数据量大的方法。视频压缩的目标是在尽可能保证视觉效果的前提下减少视频数据率。视频压缩比是指压缩后的数据量与压缩前的数据量之比。数字视频的数据量可压缩几十倍甚至几百倍。

视频压缩国际标准主要有由ITU-T制定的H.261、H.262、H.263、H.264和由MPEG制定的MPEG-1、MPEG-2、MPEG-4,其中H.262/MPEG-2和H.264/MPEG-4 AVC由ITU-T与MPEG联合制定。

视频数据压缩编码及标准主要有:

(1) H.261、H.264

- H.261。H.261是1990年ITU-T制定的一个视频编码标准,也是第一个实用的数字视频编码标准。
- H.264就是一种视频编码技术。H.264的主要优点为在相同的重建图像质量下,H.264比H.263+和MPEG-4(SP)减小50%码率。对信道时延的适应性较强,既可工作于低时延模式以满足实时业务(如会议电视等),又可工作于无时延限制的场合(如视频存储等)。

(2) ISO/IEC国际标准

MPEG:活动图像专家组(Moving Picture Experts Group)。

- MPEG-1:ISO开发的第一个视频压缩算法,可以提供最高达1.5 Mbps的数字视频,只支持逐行扫描。MPEG-1视频编码算法是一种有损压缩算法,它适用于多种视频输入格式并且应用范围很广。主要应用是数字媒体上动态图像与音频的存储与检索、VCD。这种视频格式的文件扩展名包括.mpg、.mlv、.mpe、.mpeg及VCD光盘中的.dat文件等。
- MPEG-2:支持的带宽范围从2 Mbps到超过20 Mbps,MPEG-2后向兼容MPEG-1,但增加了对隔行扫描的支持,并有更大的伸缩性和灵活性。MPEG-2是为数字电视开发。MPEG-2建立在MPEG-1基础之上,并具备扩展功能,能支持隔行视频及更宽的运动补偿范围。主要应用有:数字卫星电视、数字有线电视、DVD、高清电视等。这种视频格式的文件扩展名包括.mpg、.mpe、.mpeg、.m2v及DVD光盘上的.vob文件等。
- MPEG-4:支持逐行扫描和隔行扫描,是基于视频对象的编码标准。主要应用于网络视频传输。这种视频格式的文件扩展名包括.asf、.mov、.divx、.avi等。

各种视频标准见表4-1。

表 4-1　各种视频标准

名称	图像格式	压缩后的码率	主要应用
MPEG-1	360×288	大约 1.2～1.5 Mbps	适用于 VCD、数码相机、数字摄像机等
H.261	360×288 或 180×144	Px64 kbps (P=1、2 时，只支持 180×144 格式，P≥6 时，可支持 360×288 格式)	应用于视频通信，如可视电话、会议电视等
MPEG-2 (MP@ML)	720×576	5～15 Mbps	用途最广，如 DVD、卫星电视直播、数字有线电视等
MPEG-2 高清格式	1440×1152 1920×1152	80～100 Mbps	高清晰度电视(HDTV)领域
MPEG-4 ASP	分辨率较低的视频格式	与 MPEG-1、MPEG-2 相当，但最低可达到 64 kbps	在低分辨率低码率领域应用，如监控、IPTV、手机、MP4 播放器等
MPEG-4 AVC	多种不同的视频格式	采用多种新技术，编码效率比 MPEG-4 ASP 显著减少	已在多种领域应用，如 HDTV、蓝光盘、IPTV、Xbox、iPod、iPhone 等

4.4.4　数字视频的技术指标

1. YUV 与 RGB 转换

YUV 与 RGB 转换公式：

1Y=0.299R+0.587G+0.114B

1U=0.493(B−Y)

1V=0.877(R−Y)

2. 数字视频的主要参数

- 帧频、帧速率(frame rate)——每秒钟显示多少帧图像，单位是 fps。
- 图像扫描方式：

隔行扫描(interlaced scanning)

逐行扫描(progressive scanning)

- 帧大小——每帧图像的分辨率，即图像宽度×图像高度(单位：像素)。
- 颜色深度、像素深度——图像中每个像素的二进位数目(单位：bit)。

3. 视频数据量计算

［**例 5**］持续时间为 1 小时的一段数字视频，假设帧大小是 720×576，像素深度为 24 位，帧速率为 25 fps，则该数字视频(未压缩时)具有下列性质：

每帧的像素数目=720×576=414 720 像素

每帧的二进位数目=414 720×24=9 953 280≈9.95 Mb

视频流的比特率=9.95×25≈248.75 Mbps

视频流的大小=248 Mbps×3 600 s=892 800 Mb≈111 600 MB=111.6 GB

4. 数字视频类型与优点

(1) 数字视频有两种类型：视像(如摄像机中得到的数字视频)、计算机合成视频(如计算机动画)。

(2) 数字视频优点：复制和传输时不会引起质量下降、易于编辑和修改、抗干扰能力强、易于加密、节省频率资源。

4.4.5 数字视频的编辑

数字视频的编辑，通常是在电子编辑系统或非线性编辑系统等设备上工作，可以按照分镜头稿本或拍摄大纲的提示和顺序来编辑，也可以按照对内容的新理解和新角度进行创造性思维构成。

4.4.6 计算机动画

计算机动画是采用图形与图像的处理技术，利用动画制作软件生成一系列连续播放静止图像的景物画面，产生物体运动的效果。

计算机动画可分为二维动画和三维动画。计算机动画制作软件很多，动画效果取决于软、硬件的功能，不同软件其动画的基本原理是类似的。

计算机动画应用领域很广，主要有：

- 影视和广告领域：电影特技、动画片、广告制作等。
- 教育和培训领域：辅助教学、驾驶员训练等。
- 军事领域：军事训练、作战模拟等。
- 产品模拟试验。
- 电子游戏等等。

4.4.7 数字视频的应用

数字视频有许多优点，因此得到广泛应用，其优点主要有：

- 数字视频易于使用计算机编辑、修改和处理。
- 数字视频有利于存储和复制，复制不会产生失真。
- 数字视频有利于传输（节省频率资源，抗干扰能力强）。
- 数字视频可以通过计算机网传输。
- 用户接收的数字图像质量更好（可达演播室水平）。
- 数字视频容易与其他媒体（声音、文字等）组合使用。
- 数字视频便于进行管理和检索。

数字视频应用有：

1. 流媒体

流媒体（Streaming Media）：又叫流式媒体，是边下载边播放的媒体，是多媒体的一种。流媒体的“流”指的是媒体的传输方式，而不是指媒体。

在因特网上收听（看）音（视）频节目有两种方式：

- 下载存储方式：先下载存储在计算机中，下载完毕后再播放（缺点：需要等待很长时间，并需要较大的存储容量）。
- 流式传输方式：边下载边播放（优点：只需要下载一部分数据之后，就可以开始一边播放一边下载，等待时间短、存储需求小）。

流媒体就是一种允许在网络上让用户一边下载一边收看（听）音（视）频媒体的媒体分发（Delivery）技术。

目前流行的主要有三个公司的流媒体技术：

- RealNetworks 公司的 Real Media(RealAudio 和 RealVideo)。
- 微软公司的 Windows Media Services(WMA、WMV 和 ASF)。
- 苹果公司的 Quick Time。

2. 点播电视

点播电视：也称 VOD，指用户可以自己选择观看需要的电视节目，改变了电视台播什么用户只能看什么的电视收看模式。

3. 数字电视

数字电视：也称数码电视，指的是电视节目的制作(摄录、编辑)、处理、传输、接收播放全过程的数字化，特别是将电视信号进行数字化之后以数字形式进行传输和接收，其信号损失小、接收效果好。

高端：全高清晰度电视(HDTV)，分辨率为 1920×1024。

中端：常规模拟电视的数字化(DTV)，分辨率为 720×480。

低端：包括互联网上的 IPTV 等。

数字电视的优点：频道利用率高、抗干扰能力强、图像清晰度高、音响效果好、可开展基于 TV 的交互式数据业务。

4. VCD 与 DVD

VCD：是 VideoCD 的简称，按 MPEG-1 标准将 60 分钟的音频/视频节目记录在一张 CD 光盘上，图像质量为 VHS(352×240)，即家用录放像机的水平，可播放立体声。

DVD：DVD-Video 的简称，按 MPEG-2 标准将音频/视频节目记录在 DVD 光盘上，图像质量为广播级(720×576)，可播放 5.1 声道的环绕立体声，单面单层 DVD(容量为 4.7 GB)光盘可记录 120 分钟以上的影视节目。

5. 可视电话与视频会议

可视电话：是指利用电话线路实时传送人的语音和图像，使通话双方能互相看见的一种电话系统。

可视电话是由电话机、摄像设备、电视接收显示设备及控制器组成的。可视电话的话机和普通电话机一样是用来通话的；摄像设备的功能，是摄取本方用户的图像传送给对方；电视接收显示设备，其作用是接收对方的图像信号并在荧光屏上显示对方的图像。

视频会议：是指位于两个或多个地点的人们，通过通信设备和网络，进行面对面交谈的会议。视频会议可以是两地点或多地点会议。由于视频会议系统需要用到电视来显示图像，因此也被称为电视会议。

本章小结

计算机应用的实质就是使用计算机进行信息处理。计算机信息处理的对象有文本、图像、声音等。

文本是计算机中最常用的一种数字媒体，文本在计算机中的处理过程包括文本编码、文本准备、文本编辑、文本处理、文本存储与传输、文本展现等。

计算机中的数字图像的生成方法分为两类，一类为取样图像，也称为点阵图像或位图图像,另一类是矢量图形。数字图像处理在通信、遥感、电视、出版、广告、工业生产、医疗诊断、电子商务等领域得到广泛的应用。计算机合成图像在电子出版、数据处理、工业控制、辅助教学、软件工程等许多方面也有着很好的应用。数字图像数据的相关性很强,数据的冗余度很大,因此对数字图像进行大幅度数据压缩是完全可能的。数据压缩一般有无损压缩和有损压缩两种。图像压缩的方法很多,不同方法适用于不同的应用,在计算机中常常是多种压缩方法的综合使用。

声音是传递信息的一种重要媒体,也是计算机信息处理的重要对象之一,它在多媒体技术中起着重要的作用。数字声音是一种在时间上连续的媒体,数据量大,对存储和传输的要求比较高。数字化波形声音的数据量很大,为了降低存储成本和提高在网络上的传输效率,必须对数字波形声音进行数据压缩。与计算机合成图像一样,计算机也能合成声音。计算机合成声音有计算机合成的语音和计算机合成的音乐。计算机合成音乐是指计算机自动演奏乐曲。

视频是内容随时间变化的一个图像序列,常见的视频有电视和计算机动画。电视能传输和再现真实世界的图像与声音。计算机动画是计算机制作的图像序列,是一种计算机合成的视频。数字视频具有复制和传输时不会造成质量下降,容易进行编辑修改,有利于传输,可节省频率资源等特点。VCD、DVD、可视电话、视频会议、数字电视、点播电视都是数字视频的典型应用。

本章重点主要有:字符编码(ASCII、GB 2312 等)、文本分类、文本输出、图像数字化、色彩空间、图像数据量计算、图像压缩、常用图像格式、声音数字化、声音码率计算、MIDI、PAL 制式特点、MPEG 标准。

习题 4

一、简答题

1. 简述 ASCII 码编码的特点。
2. 在 GB 2312 汉字编码中,简述区位码、国标码和机内码的关系。
3. 请说明图像数字化过程。
4. 什么是无损压缩? 什么是有损压缩?
5. 请说明如何评价图像压缩算法的好坏。
6. 请说明 MIDI 的优缺点。
7. 简述 MPEG 有关视频的标准。

二、填空题

1. 某个 GB 2312 汉字的机内码是 ABCD,它在 GBK 中对应的机内码是________。
2. 1 KB 的内存空间中最多能存储 GB 2312 汉字内码的个数为________。
3. 声音信号的数字化过程有采样、量化和编码三个步骤,其中第二个步骤实际上是进行________转换。
4. 在采用 GB 2312 汉字编码标准的系统中,汉字内码的两个字节的最高位都置“1”,是为了避免与________码混淆不清。
5. 采样频率为 44.1 kHz、量化精度为 8 位、双声道立体声,未压缩时其码率是_____kbps。

6. 声音获取时，影响数字声音码率的因素有三个，分别为________、量化位数和声道数。

7. 数字图像获取过程实质上是模拟信号的数字化过程，它的处理步骤包括：扫描、分色、________和量化。

8. 一幅分辨率为 1024×768 的彩色图像，其 R、G、B 三个分量分别用 8 个二进位表示，则未进行压缩时该图像的数据量是________MB。

9. 为了在因特网上支持视频直播或视频点播，目前一般都采用________媒体技术。

10. PAL 制式的彩色电视信号在远距离传输时，使用 Y、U、V 三个信号来表示，其中 Y 是________信号。

11. 我国彩色电视采用的是 PAL 制式，其每一帧图像由奇数场和偶数场组成，其帧频为________帧/s。

三、判断题

1. JPG 图像文件采用了国际压缩编码标准 JPEG，可支持有损压缩。（　）

2. JPEG 图像是微软公司在 Windows 操作系统下使用的一种标准图像文件格式，几乎所有 Windows 应用程序都支持 JPEG 图像文件。（　）

3. 汉字输入的编码方法有字音编码、字形编码、形音编码等多种，使用不同方法向计算机输入的同一个汉字，它们的内码是不同的。（　）

4. GIF 格式图像可形成动画效果，因而在网页制作中大量使用。（　）

5. JPEG 图像的压缩比用户可以控制，压缩比越低，图像质量越好。（　）

6. 颜色模型指彩色图像所使用的颜色描述方法，常用的颜色模型有 RGB、CMYK 等，这些颜色模型不能相互转换。（　）

7. MPEG-1 声音压缩编码是一种高保真声音数据压缩的国际标准，它分为三个层次，层 1 的编码效果最佳，层 3 最差。（　）

8. MP3 与 MIDI 均是常用的数字声音，用它们表示同一首钢琴乐曲时，前者的数据量比后者小得多。（　）

9. 人们说话的语音频率范围一般在 300～3 400 Hz 之间，因此语音信号的取样频率大多为 8 kHz。（　）

10. 计算机中的声卡可控制并完成声音的输入与输出，但它只能获取波形声音，不能处理 MIDI 声音。（　）

11. DVD 影碟与 VCD 相比，其图像和声音的质量均有了较大提高，所采用的视频压缩编码标准是 MPEG-2。（　）

12. 声卡在计算机中用于完成声音的输入与输出，即输入时将声音信号数字化，输出时重建声音信号。（　）

第三部分

课程 B　信息技术导论

第1章　信息和信息系统

1.1　信息和信息技术

1.1.1　信息的定义及特性

1. 数据

数据(Data)是反映客观事物存在形式和运动状态的记录,数据是对事实、概念或指令的一种特殊表达形式。

数据表现信息的形式是多种多样的,不只是简单的数字,还包括文字、图形、图像、声音、物体的运动状态等,它是对信息的一种符号化表示。

2. 信息

信息(Information)是对人有用的,影响人们行为的数据。信息是具有一定含义的数据,是加工(处理)后的数据,是对决策有价值的数据。

作为一个科学概念,信息最早出现于通信领域。人通过获得、识别自然界和社会的不同信息来区别不同事物,得以认识和改造世界。在一切通信和控制系统中,信息是一种普遍联系的形式。

有关信息的两个权威定义:

- 1948年,数学家香农在题为"通信的数学理论"的论文中指出:"信息是用来消除随机不定性的东西。"
- 《情报与文献工作词汇基本术语》中对信息的解释是,信息是物质存在的一种方式、形态或运动形态,也是事物的一种普遍属性,一般指数据、消息中所包含的意义。

总之,信息是客观事物属性的反映,是经过加工处理并对人类客观行为产生影响的数据表现形式。数据是反映客观事物属性的记录,是信息的具体表现形式,任何事物的属性都是通过数据来表示的。数据经过加工处理之后成为信息;而信息必须通过数据才能传播,才能对人类产生影响。

3. 知识

知识(Knowledge)是符合文明方向的,人类对物质世界以及精神世界探索的结果总和。知识也是人类在实践中认识客观世界(包括人类自身)的成果,它包括事实、信息的描述或在教育和实践中获得的技能。知识是人类从各个途径中获得的经过提升、总结与凝练的系统的认识。

知识,至今也没有一个统一而明确的界定。但知识的价值判断标准在于实用性,以能否让人类创造新物质、得到力量和权力等为考量。

4. 数据、信息、知识与智慧

数据是信息的载体，而信息是数据的内涵。数据是原始事实，信息是数据处理的结果，是将数据处理成有意义的和有用的形式。

(1) 数据与信息的联系和区别

① 信息与数据是不可分离的。信息由与物理介质有关的数据表达，数据中所包含的意义就是信息。信息是对数据的解释、运用与解算。即使是经过处理以后的数据，只有经过解释才有意义，才成为信息。就本质而言，数据是客观对象的表示，而信息则是数据内涵的意义，只有数据对实体行为产生影响时才成为信息。

② 数据是记录下来的某种可以识别的符号，具有多种多样的形式，也可以加以转换，但其中包含的信息内容不会改变，即不随载体的物理设备形式的改变而改变。

③ 信息可以离开信息系统而独立存在，也可以离开信息系统的各个组成和阶段而独立存在；数据的格式往往与计算机系统有关，并随载荷它的物理设备的形式而改变。

④ 数据是原始事实，而信息是数据处理的结果。

⑤ 知识不同、经验不同的人，对于同一数据的理解不同，可得到不同的信息。

(2) 数据、信息、知识与智慧

DIKW 取自 Data(数据)、Information(信息)、Knowledge(知识)和 Wisdom(智慧)的首字母，各元素的关系如图 1-1 所示。

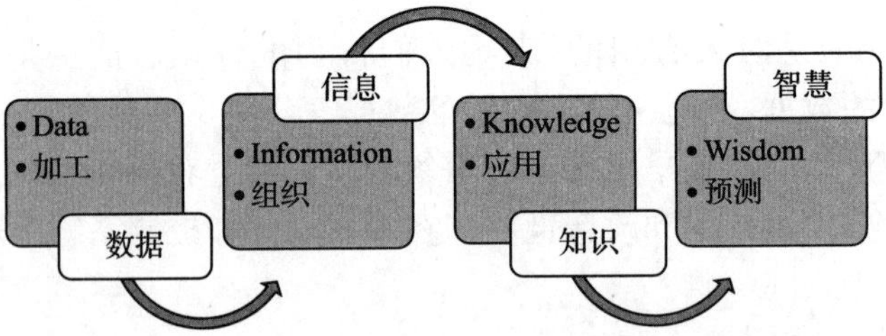

图 1-1　数据、信息、知识与智慧

5. 信息的特性

信息所具有的本质上的特性具体包括：

(1) 客观性

即信息无处不在。无论是自然界还是人类社会，对客观物质世界间接和概括反映的人类思维都处于永恒的运动之中，因而信息是普遍存在的。由于宇宙间的事物是无限丰富的，所以它们所产生的信息也必然是无限的。客观世界的一切事物都在不断地运动变化着，并表现出不同的特征和差异。

(2) 可传递性和共享性

传输是信息的一个要素，也是信息的明显特征，应高效地传递信息，没有传递，就无所谓有信息，因而也就失去了信息的有效性。信息传递的方式很多，如口头语言、体语、手抄文字、印刷文字、电信号等。同样，传递的快慢对信息的效用影响极大。

信息无论在空间上还是在时间上都具有可传递性，而且可以同时被多人共享。信息可以通过多种渠道，采用多种方式进行传递。在信息传输过程中，信源发出信息后自身信息量并不减少，且同一信息可供给多个信宿，即信息的可共享性。信息越具有科学性和社会规范就越有共享性。新闻信息只有共享性强才能有普遍效果。

(3) 依附性

物质是具体的、实在的资源,而信息是一种抽象的、无形的资源。信息必须依附于物质载体,而且只有具备一定能量的载体才能传递。信息不能脱离物质和能量而独立存在。

信息是事物运动的状态和方式而不是事物本身,因此,它不能独立存在,必须借助某种符号才能表现出来,而这些符号又必须依附于某种物体上。

(4) 可处理性

信息是可以加工处理的,既可以被编辑、压缩、存储及其有序化,也可以由一种状态转换为另一种状态。在使用过程中,经过综合、分析等处理,原有信息可以实现增值,也可以更有效地服务于不同的人群或不同的领域。

(5) 时效性

人们获取信息的目的在于利用,而只有那些及时传递出来并适合需求者的信息才能利用。信息的价值在于及时传递给更多的需求者,从而创造出更多的物质财富。信息时过境迁就往往失去价值。

所以,信息必须具有新内容、新知识,"新""快"是信息的重要特征。

(6) 无限性

人类生活所接触到的一切空间,都不断产生着信息,人们写的文章是信息,宇宙天体传来的光波也是信息。随着时间的推移,信息又在无限地发展,客观世界是无限的,因而信息也是无限的。

(7) 可传递性

传输是信息的一个要素,也是信息的明显特征,应高效地传递信息,没有传递就没有信息,就失去了信息的有效性。同样,传递的快慢对信息的效用影响极大。

(8) 可浓缩性

人们对大量的信息进行归纳、综合,就是信息浓缩。可以用不同的信息量来描述同一事物,即可以对信息进行压缩处理,以减少占用载体的空间,缩短传播的时间。

(9) 可开发性

从信息作为一种资源看,由于它取之不尽、用之不竭,因而可以不断探索和开掘。

从信息所载的内容看,由于客观事物的复杂性和事物之间的相互关联性,反映事物本质和非本质的信息常常交织在一起,加上它们难免受到历史的和人们认识能力的局限,因而需要开发;从信息的价值看,利用信息可以开发出新的材料和新的能源。不仅新材料和新能源的开发有赖于信息的利用,而且新材料和新能源要得到充分和有效的利用,也有赖于信息。

(10) 规律性

相对于物质和能量来源,信息更能表现事物的内在规律、本质内涵。信息的正确获得、传播和保存更有利于人们认识和掌握客观事物的规律。信息的交流对人类依据客观条件做出科学决策起着至关重要的作用。

信息作为一种特殊的资源,具有相应的使用价值,它能够满足人们某些方面的需要。但信息的价值大小是相对的,它取决于接收信息者的需求及对信息的理解、认识和利用的能力。

1.1.2 信息的分类

1. 信息分类的原则

信息分类必须遵循以下基本原则：

(1) 完整性和准确性

这是信息分类最基本的要求。完整性是指分类所反映的信息不应出现遗漏；准确性是指所反映的信息在内涵上不应出现冗余。

(2) 科学性

科学性是指信息分类的客观依据，通常是选取事物或概念最稳定的属性或特征作为分类的基础和依据。

(3) 系统性

系统性是指将选定的事物或概念的属性或特征按一定顺序予以系统化，并形成一个合理的分类体系。在体系中每一个对象都占有一个位置，并且在体系中反映了分类对象彼此之间的一定关系。

(4) 兼容性

项目信息分类体系必须考虑到项目各参与方所应用的编码体系的情况，项目信息分类体系应能满足不同项目参与方高效信息交换的需要。同时，与有关国际、国内标准的一致性也是兼容性应考虑的内容。

(5) 综合实用性

信息分类应从系统工程的角度出发，放在具体的应用环境中进行整体考虑。这体现在信息分类的标准与方法的选择上，应综合考虑项目的实施环境和信息技术工具。确定具体应用环境中的项目分析体系，应避免对通用信息分类体系的生搬硬套。

2. 信息系统的分类

(1) 从主客观的关系角度，可以把信息分为客观信息和主观信息。

客观信息表现物质系统的特征，是事物运行的状态和方式；主观信息是客观信息在人头脑中的反映。

客观信息是主观信息的认识对象和内容；主观信息是客观信息的能动反映。

(2) 从系统角度看，可以把信息分为系统外部信息和系统内部信息。

系统外部信息是指系统的外界环境产生的信息；系统内部信息是指决定系统自身的组织和结构、调节系统各部分状态和活动的信息。

(3) 从发展过程看，可以把信息分为非生物信息、生物信息和社会信息三种类型。

一切非生物的运行状态和方式就是非生物信息。

生物的运行状态和方式就是生物信息。

社会信息反映人类社会的运行状态和方式。社会信息又可以分为政治信息、经济信息、军事信息、科技信息、文化信息和社会生活信息等。

(4) 从信息的逻辑层次看，可以把信息分为语法信息、语义信息和语用信息。

语法信息是客观事物存在方式和运行状态的直观描述，表现为符号或语言，不涉及信息内容的解释和实际效用。

语义信息主要揭示所描述事物内容的真实含义，确定其含义的表示方法。

语用信息不仅要反映事物的存在方式和运行状态，而且要揭示其对人类的价值和效用。

(5) 从管理层次看，可以把信息分为战略级信息、策略级信息和执行级信息。

战略级信息是企业长远发展和关乎企业全局的信息，如企业发展远景、企业规划、企业总体战略等。

策略级信息是关乎企业营运管理的信息，如企业的月生产计划、产品产量、产品质量和产品成本信息等。

执行级信息则是企业日常业务运行的信息，如原材料采购和入库信息、职工考勤信息、产品日销售信息等。

1.1.3　信息处理与信息技术

1. 信息处理

随着社会的发展，人们对信息的开发利用不断深入，信息量剧增，信息间的关联也日益复杂，因此信息处理就显得越来越重要。目前，信息处理实质上就是由计算机进行数据处理的过程，即通过数据的采集和输入，有效地把数据组织到计算机中，再由计算机系统对数据进行存储、加工和输出。

信息处理是指对信息进行的操作、存储、传输或以其他符合其分类的方式处理。随着信息技术的不断发展，计算机已成为人类生产、生活中不可或缺的工具，对人类的生产活动和社会活动产生了极其重要的影响。信息处理进入了崭新的“数字化”时代、“智能化”时代，全球变成了“地球村”。

在信息处理过程中，输入就是接收由输入设备提供的数据；处理就是按一定方式对数据进行转换和加工；输出就是通过输出设备输出数据，显示处理结果；存储就是存储数据处理结果供以后使用。

几十年来，虽然计算机的性能不断增强，但是计算机作为信息处理工具的本质没有改变。它不只限于科学计算，在语言、文字、声音和图像等信息的处理能力方面都得到了长足的发展。而且，以计算机作为工具的信息处理已经深入应用到政治、经济、文化及社会发展的各个领域，例如办公自动化、电子商务及远程教育等。

2. 信息技术

(1) 信息表示

信息一般表现为数据、文本、声音、图像和动画等五种形态。

(2) 信息技术

信息技术(Information Technology，简称 IT)是 20 世纪人类伟大的科学技术成就之一。信息技术是指用来扩展人们信息器官功能、协助人们更有效地进行信息处理的一门技术。

一般来说，信息技术是指在信息的获取、传递、存储、处理和应用过程中所采用的技术和方法。虽然有时人们也把信息技术叫做“现代信息技术”，但是，它们定义的范围还是不同的。信息技术不仅包括现代信息技术，还包括与现代文明之前的时代相对应的信息技术。而现代信息技术是信息的获取、传输和处理与计算机技术、微电子技术、通信技术相结合而成的技术。

信息技术包括：

- 扩展感觉器官功能的：感测（获取）与识别技术。
- 扩展神经系统功能的：通信技术。
- 扩展大脑功能的：计算（处理）与存储技术。
- 扩展效应器官功能的：控制与显示技术。

（3）现代信息技术的特征及技术

① 现代信息技术的三大特征：

- 以数字技术为基础。
- 以计算机（软件和通信技术）为核心。
- 采用电子技术（包括激光技术）进行信息的收集、传递、加工、存储、显示与控制。

② 现代信息技术的三大核心技术：

- 微电子技术。
- 通信技术。
- 计算机技术。

3. 信息处理技术

信息处理技术是以计算机硬件和软件为基础，实现信息的获得、提取、标准化的重要手段。信息处理的内容包括数值运算、文字处理，以及图像、声音等多媒体信息处理。随着企业对信息化的要求，人们对信息的产生、传播和处理能力要求也日益提高，电子数据交换（Electronic Data Interchange，简称 EDI）和可扩展的标记语言（Extensible Markup Language，简称 XML）成为信息处理的重要方式。

4. 信息处理相关的行为和活动

（1）信息获取

扩展感觉器官功能的感测与识别技术。输入设备对应信息获取（如信息的感知、测量、获取、输入等）。

（2）信息加工

扩展大脑功能的计算处理技术。CPU 处理对应信息的加工（如信息的分类、计算、分析、转换等）。

（3）信息存储

扩展大脑记忆功能的存储技术。存储器对应信息的存储（如书写、摄影、录音、录像等）。

（4）信息传递

扩展神经系统功能的通信技术。计算机网络对应信息传递（如邮寄、电报、电话等）。

（5）信息施用

扩展效应器官功能的控制与显示技术。输出设备对应信息能施用（如控制、显示等）。

施用：指使用、采用。施用是一种新的操作法。

人类对信息处理的过程，是一个不断从外部世界的客体中获取信息，并对信息进行处理，进而反作用于外部世界的过程。

人进行信息处理的过程如图 1－2 所示。

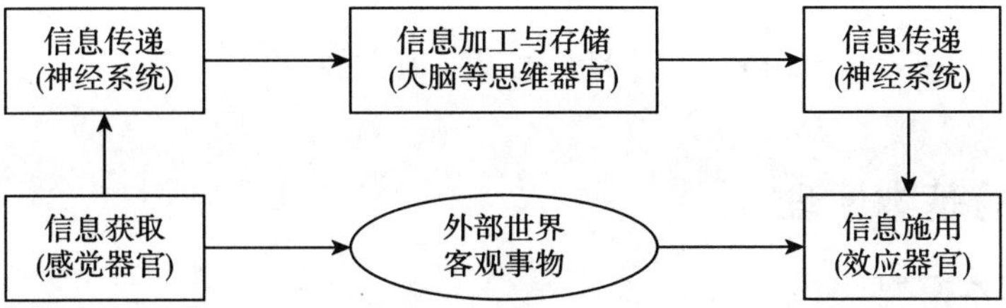

图 1-2　人进行信息处理的过程

1.1.4　信息处理系统

1. 定义

信息处理系统(Information Processing System,简称 IPS)是用于辅助人们进行信息获取、传递、存储、加工处理、控制及显示的综合使用各种信息技术的系统,可以通称为信息处理系统。

信息处理系统是指以计算机为基础的处理系统,由输入、输出、处理三部分组成,或者说由硬件(包括中央处理器、存储器、输入/输出设备等)、系统软件(包括操作系统、实用程序、数据库管理系统等)、应用程序和数据库组成。信息处理系统组成示意图如图 1-3 所示。

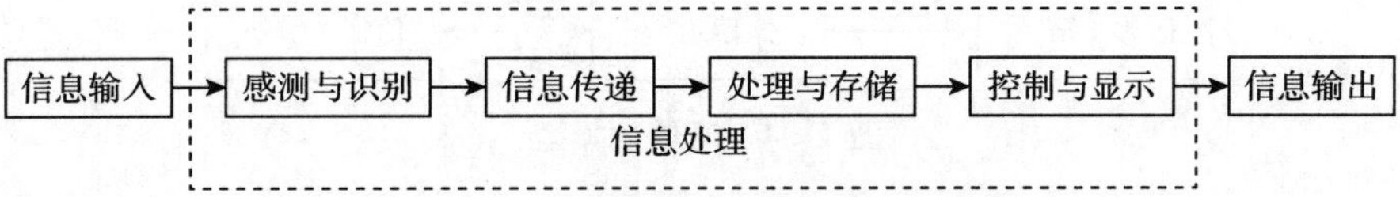

图 1-3　信息处理系统组成示意图

2. 实例及特点

信息处理系统主要有以下几种实例:

(1) 雷达:以感测与识别为主要目的。

(2) 电视/广播:以单向、点到多点(面)的信息传递为主要目的。

(3) 电话:以双向、点到点的信息交互为主要目的。

(4) 银行:以处理金融信息为目的。

(5) 图书馆:以信息收藏和检索为主要目的。

(6) 因特网:覆盖全球范围的,多功能、多领域应用的综合信息处理系统。

3. 分类

现实世界中存在着多种多样的信息处理系统。

(1) 依据自动化程度,信息处理系统可分为:人工的、半自动的、全自动的。

(2) 依据技术手段可分为:机械的、电子的、光学的。

(3) 依据通用性可分为:专用的、通用的。

(4) 从应用领域看,信息处理系统五花八门。

1.2 信息通信技术

1.2.1 通信的基本原理

1. 通信的基本模型

通信就是信息的(远距离)传递与交换。

现代通信是使用电波或光波传递信息的技术,也称为电信(Telecommunication),如电报、电话、传真、电子邮件、QQ等,电视广播也可看作是一对多的单向通信。

通信的三要素:信源(信息的发送者)、信道(信息的载体与传播媒介)和信宿(信息的接收者)。

(1) 信源:各种信息(如语音、文字、图像及数据等)的发出者,其作用是把各种可能的消息转换成原始电信号。

(2) 信道:信号传输介质的总称。

(3) 信宿:信息传输的终点,即信息的接收者。

通信系统的任务是完成信息的收和发。现在,通信系统已从单纯的信息传输发展到具有信息存储、检索、识别、转换和处理等多种功能的信息系统。通信的模型如图1-4所示。

图1-4 通信的模型

2. 通信的分类

通信系统有多种分类。

(1) 按传输媒介分为:有线信道(如双绞线、电缆、同轴电缆、光纤等)和无线信道(如可以传输电磁信号的自由空间)。

(2) 按信息的信号形式分为:模拟通信网、数字通信网以及数字模拟混合网等。

(3) 按业务种类分为:电话网、电报网、数据通信网等。

(4) 按服务范围分为:本地电信网、长途电信网、移动通信网、国际电信网等。

3. 通信系统的组成

通信系统由终端设备、传输设备、交换设备等组成,它连接着大量的用户或终端。

(1) 终端设备:信源和信宿(如电话机、电视机、计算机、移动设备终端等)。

(2) 传输介质:信道(如电缆、光缆、短波/微波/红外线/激光)。

(3) 交换设备:信道(如交换机/网桥/路由器等)。

4. 通信系统的要求

对通信系统的一般要求:

(1) 远距离:传输距离要远。

(2) 低成本:传输成本要低。

(3) 高速度:从发生到接收的延迟时间要短。

(4) 可靠:传输的信息不能有错误。

(5) 方便:任何时间和地点都能通信。

(6) 安全:传输的信息要保密,不能泄露。

1.2.2　模拟信号与数字信号

1. 信号分类

随着科学技术的发展,特别是电子技术的发展,人们将各种消息如图像、文字、声音等都转换为电信号(或光信号)进行处理、传输、存储,如手机、电视机、计算机等,所处理的主要是电信号。通信系统中被传输的信息必须转换成某种电信号(或光信号)才能进行传输。

电信号(或光信号)有两种形式:

(1) 模拟信号形式:通过连续变化的物理量(如信号的幅度)来表示信息,例如人们打电话或者播音员播音时声音经话筒(麦克风)转换得到的电信号。模拟信号图如图 1-5 所示。

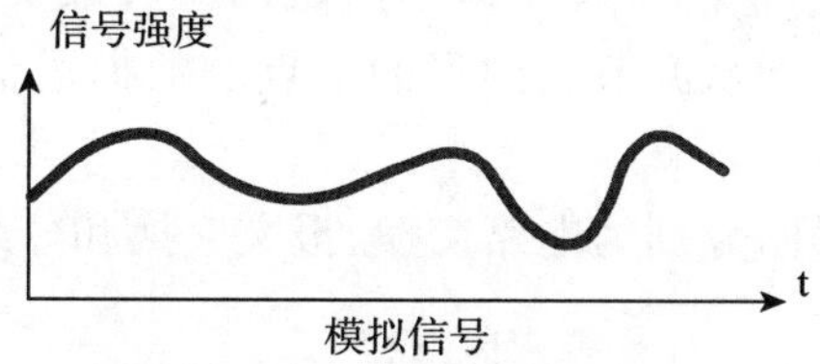

图 1-5　模拟信号强度图

(2) 数字信号形式:使用有限个状态(一般是两个状态)来表示(编码)信息,例如电报机、传真机和计算机发出的信号都是数字信号。数字信号强度如图 1-6 所示。

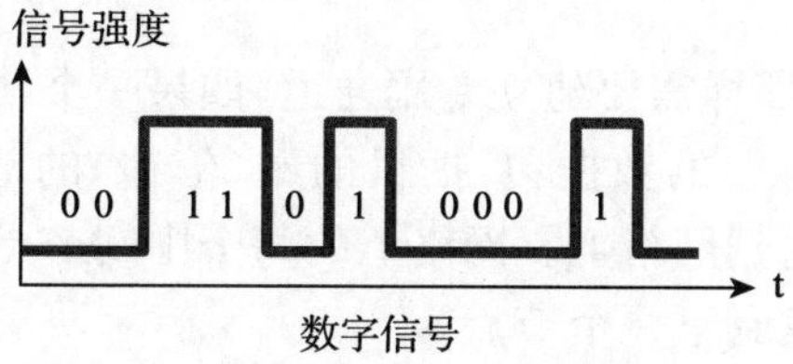

图 1-6　模拟信号强度图

2. 数字通信采用的技术

(1) 数字调制/解调技术

为了实现远程通信,尤其是无线电通信,除了要求基带信号具有适合信道传输的合理频谱结构外,更主要的是应用数字调制和解调,即在发射端将基带信号作为调制信号,对载波调制,生成已调波,实现无线信道传输,在接收端对已调波解调,恢复基带信号,这个过程称为数字频带传输。

数字调制可以对这三个参数进行,分别实现振幅键控(ASK)调制、频移键控(FSK)调制和相移键控(PSK)调制。

数字调制/解调技术解决了信号远距离传输的问题。

(2) 多路复用技术

多路复用(Multiplexing)也常简称为复用,在网络中是一个基本的概念,指的是在一条物理线路上传输多路信号来充分利用信道资源。

采用多路复用的主要原因如下：

① 通信工程中用于通信线路架设的费用相当高，人们需要充分利用通信线路的容量。

② 无论在广域网还是在局域网中，传输介质的传输容量往往都超过了单一信道传输的通信量。

多路复用一般可分为以下几种基本形式：

① 频分多路复用(Frequency Division Multiplexing，简称 FDM)。

② 波分多路复用(Wavelength Division Multiplexing，简称 WDM)。

③ 时分多路复用(Time Division Multiplexing，简称 TDM)。

④ 码分多路复用(Code Division Multiplexing，简称 CDM)。

多路复用技术提高传输线路使用效率、降低传输成本。

(3) 交换技术

交换是网络中实现数据传输的一种手段。广域网一般都采用点到点信道，点到点信道使用存储转发方式传输数据，即从源节点到目的节点的数据通信需要经过若干个中间节点的转接，这就涉及数据交换技术。

数据交换技术主要有三种，分别为电路交换、报文交换和分组交换。

① 电路交换

电路交换又称线路交换，是在数据的发送端和接收端之间，直接建立一条临时的通道，供通信双方专用。线路一旦接通，相连的两个站便可以直接通信，交换装置对通信双方的通信内容不进行任何干预。线路交换方式的通信包括三个阶段：线路建立、数据传输和线路拆除。

② 报文交换

报文交换不像电路交换那样需要建立专用通道，如果一个站想要发送信息，首先要将信息组成一个称为报文(Message)的数据包，把目的站(信宿)的地址和本站(信源)的地址附加在报文上，然后把报文发送到网络上。网络上的每个中间节点接收整个报文，然后按目的站地址，寻找合适的通道转发到下一个节点。

③ 分组交换

分组交换结合了报文交换和电路交换的优点，尽可能地克服两者的缺点。分组交换与报文交换的主要区别在于：在分组交换中，要限制所传输的数据报的长度。要把一个大的数据报分成若干个小数据包，每个小数据包(也称为分组)的长度是固定的，所以分组交换也称为包交换。

分组交换技术在实际应用中可分为数据报方式和虚电路方式。节点计算机把需要传送的数据划分为若干小块，再加上地址、编号、校验等信息后就构成了一个“包”(Packet，也称“分组”)。数据包经过分组交换机的缓冲和转发到达目的计算机。目的计算机则根据数据包的编号进行处理，从而达到通信的目的。

每个分组(包)的格式如图 1－7 所示。

发送计算机地址	目的计算机地址	编号	有效载荷(传输的数据)	校验信息

图 1－7　分组(包)的格式

分组交换与存储转发的优缺点

优点：

- 线路利用率高。
- 数据通信可靠。
- 很高的灵活性，接收方忙时，整个网络都可以作为缓冲，可为数据建立优先级。

缺点：

- 延迟较长。
- 额外开销大。
- 需要高性能的交换机，成本较高。

交换技术可以动态分配信道资源，提高传输效率和质量。

(4) 模数和数模转换技术

将模拟信号转换成数字信号，称为模数转换（简称 A/D 转换）；将数字信号转换为模拟信号称为数模转换（简称 D/A 转换）。A/D 转换器和 D/A 转换器已成为计算机系统中不可缺少的接口电路。

(5) 数字编码和数据压缩技术

数字编码是使用数字信道传输数字数据，即用数字信号来表示数字信息。这种编码方式一般是将二进制数据串转换为一系列可以在传输介质中传输的电压或光脉冲。

数据压缩就是利用数据编码或数据转换等方式将原始数据进行压缩。

1.2.3　数字通信

1. 定义

数字通信就是通信终端之间以数字信号的形式进行通信。

数字通信技术是现代电子信息技术的重要领域之一。在现代社会中，人类生活所需要的几乎所有信息，都离不开数字通信技术，如信息查询、处理、存储和传输等，一个数字化的通信网络已经覆盖全球。数字通信技术就是将信源模拟信号转换为数字信号，然后直接传输数字信号或通过用数字信号对载波进行数字调制来传输信息的技术。

2. 优点

(1) 抗干扰能力强，差错可控制，可实现远距离、高质量传输。

(2) 灵活性好，能适应电话、图像、数据等各种应用要求。

(3) 由于传输的是数字信号，可直接由计算机进行存储、管理和处理。

(4) 易加密，安全性高。

(5) 数字电路可以使用大规模集成电路，有利于小型化、微型化。

3. 应用

(1) 计算机网络

① 基带传输（信号直接在网络中传输，如以太网）。

② 频带传输（信号调制后在网络中传输，如广域网）。

(2) 卫星电视

(3) 数字有线电视

(4) 数字广播

(5) 数字电视

1.2.4 有线通信与无线通信

1. 定义

通信系统根据传输媒介(信道)的物理特征以及传输连接方式:有线通信和无线通信。

(1) 有线通信系统:需使用物理介质进行信号传输,使用的传输介质有金属导体和光导纤维。

- 金属导体(双绞线、同轴电缆),利用电流传输信息。
- 光导纤维(简称光纤),通过光波传输信息。

(2) 无线通信系统:在自由空间进行信号传输,使用电磁波传输信息,如微波、卫星、移动等。

2. 类型与特点

传输介质的类型与特点如表 1-1 所示。

表 1-1 传输介质类型与特点

通信类型	介质类型	特点	应用
有线通信	双绞线	成本低,易受外部高频电磁波干扰,误码率较高;传输距离有限	固定电话本地回路、计算机局域网
	同轴电缆	传输特性和屏蔽特性良好,可作为传输干线长距离传输载波信号,但成本较高	固定电话中继线路、有线电视接入
	光缆	优点是传输损耗小,通信距离长,容量大,屏蔽特性非常好,不易被窃听,重量轻,便于运输和铺设;缺点是精确连接两根光纤很困难	电话、电视等通信系统的远程干线,计算机网络的干线
无线通信	自由空间	使用微波、红外线、激光等,建设费用低,抗灾能力强,容量大,无线接入使得通信更加方便;但易被窃听、易受干扰	广播,电视,移动通信系统,计算机无线局域网

1.2.5 移动通信

1. 个人移动通信

个人移动通信是指个人可在任何时候、任何地点与其他人通信,只要有一个个人号码,不论该人在何处,均可通过这个个人号码与其通信。也可以指处于移动状态的对象相互间的通信,如手机、无绳电话、寻呼系统等。

个人移动通信的优点是克服通信终端位置对用户的限制,快速和及时地传递信息。

2. 蜂窝通信

蜂窝技术是移动无线通信的基础,是移动电话、个人通信系统、无线因特网、无线 Web 应用等的基础技术。蜂窝式无线电是一种为增加移动无线电电话服务的可用容量而开发的技术。

(1) 组成

蜂窝移动通信系统一般由移动台、基站和移动电话交换中心三部分组成。

① 移动台是移动的通信终端，它是接收无线信号的接收机，包括手机、呼机、无绳电话等。

② 基站是与移动台联系的一个固定收发机，它接收移动台的无线信号，每个基站负责与一个特定区域的所有的移动台进行通信。每 10～20km 的区域称为单元（形似蜂窝），单元的中央建有一个基站，该单元内所有手机都向该基站发送信号并接收基站发给的信号。

③ 基站和移动交换中心之间通过微波或有线信道（电缆、光缆）交换信息，移动交换中心再与公共电话网进行连接。每个基站的有效区域既相互分割又彼此有所交叠，整个移动通信网就像是蜂窝，所以称为“蜂窝式移动通信”。

手机每个时刻都处于某个特定单元的基站控制之下，通话时使用两个频率（一个上行频率，一个下行频率），同一单元内同一时刻的不同手机使用不同的频率进行通信，相互不影响。蜂窝通信图如图 1－8 所示。

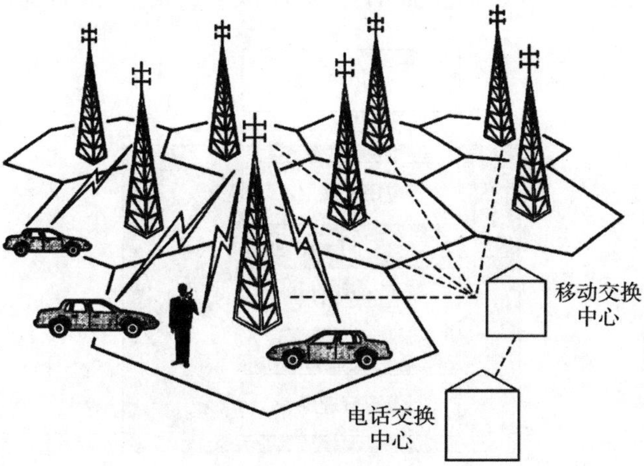

图 1－8　蜂窝通信图

（2）特点

① 每个蜂窝单元中有 200 多个信道（GSM）。

② 相邻单元不允许使用相同的频率，不相邻单元的频率允许重用。

1.3　计算机信息系统

1.3.1　计算机信息系统

1. 定义

计算机信息系统（Computer Information System，简称 CIS）是一类以提供信息服务为主要目的的数据密集型、人机交互的计算机应用系统。

2. 特点

计算机信息系统有以下四个特点：

（1）数据量大，一般需存放在外存中

计算机信息系统数据一般需存放在外存中，内存中设置缓冲区，只暂存当前要处理的一小部分数据。

（2）数据长久持续有效（持久性）

计算机信息系统中的数据不随程序运行的结束而消失，长期保留在计算机系统中。

（3）数据共享使用（共享性）

计算机信息系统中的数据为多个用户和多个应用程序所共享。计算机信息系统提供数据处理基本功能及信息服务功能，除具有数据采集、传输、存储和管理等基本功能外，还可向用户提供信息检索、统计报表、事务处理、分析、控制、预测、决策、报警、提示等信息服务。

（4）提供多种信息服务

即计算机信息系统的功能多样性，包括管理、检索、统计、分析、决策等。

3. 层次结构

计算机信息系统是面向信息的，由计算机硬件、软件和相关的人员共同组成一个整体的计算机应用系统。信息系统是多种多样的，但其层次结构是一样的，如图 1-9 所示。

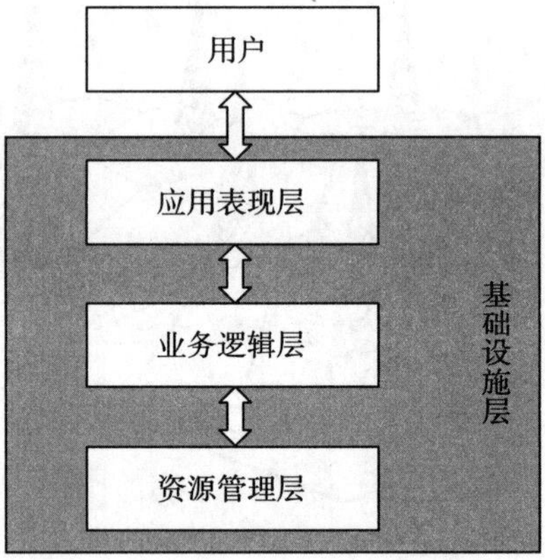

图 1-9　计算机信息系统层次结构

其中四个层次介绍如下：

（1）基础设施层

包括支持计算机信息系统运行的硬件、系统软件和网络。

（2）资源管理层

包括各类结构化、半结构化和非结构化的数据信息，以及实现信息采集、存储、传输、存取和管理的各种资源管理系统，主要有数据库管理系统、目录服务系统、内容管理系统等。

（3）业务逻辑层

由实现各种业务功能、流程、规则、策略等应用业务的一组信息处理代码构成。

（4）应用表现层

其功能是通过人机交互等方式，将业务逻辑和资源紧密结合在一起，并以多媒体等丰富的形式向用户展现信息处理的结果。

目前，信息系统的软件体系结构包括客户机/服务器（C/S）和浏览器/服务器（B/S）两种主流模式，它们都是上述计算机信息系统层次结构的衍生。

4. 发展历程

自 20 世纪 50 年代中期始，计算机进入数据处理领域开始，以计算机为主要手段和组成部分的信息系统的开发建设经历了几十年的发展历程，并且伴随着信息技术的发展，信息系统发展经历了由简单到复杂、从分散单一向集成化网络化发展的过程，在应用领域范围、信息技术应用、开发方法上得到了极大的发展。

(1) 单项数据处理阶段

单项数据处理阶段是计算机用于管理的初始阶段，时间约从20世纪50年代初期到60年代中期。该阶段也称电子数据处理(Electronic Data Processing)阶段，计算机主要是代替人工对局部数据量大、操作方法简单的业务进行处理。例如工资结算、单项汇总等。

(2) 综合数据处理阶段

该阶段主要从20世纪60年代中期到70年代初期。计算机开始应用于某一管理业务范围或一管理子系统，也称该阶段为事务处理阶段。例如物资管理系统、情报检索系统、飞机订票系统等。

(3) 系统数据处理阶段

系统数据处理阶段是信息处理技术发展的高级阶段，它从20世纪70年代初期开始，该阶段的前期主要是在上述两个阶段的基础上，把用于各管理子系统的计算机及功能集中起来，构成了面向管理的计算机信息系统，也称管理信息系统(Management Information System，简称MIS)。

1.3.2 计算机信息系统的类型

从信息处理的深度来区分，信息系统基本可分为四大类，即业务处理系统、信息检索系统、信息分析系统和专家系统。信息系统分类如图1-10所示。

- 信息系统
  - 业务处理系统
    - 管理业务系统
      - 面向操作层次
      - 面向管理层次
    - 辅助技术系统
      - CAD（计算机辅助设计）
      - CAM（计算机辅助制造）
      - CAT（计算机辅助测试）
      - CAI（计算机辅助教学）
      - CAPP（计算机辅助工艺规划）
    - 办公信息系统（OA）
  - 信息检索系统
  - 信息分析系统
  - 专家系统

图1-10 信息系统分类

(1) 业务处理系统

采用计算机技术进行日常业务处理，用以使业务工作自动化，提高业务工作的效率和质量，是一次信息(直接信息)的生产和处理系统。主要包括：

① 管理业务系统

采用计算机技术处理管理业务，以使管理工作自动化，提高管理工作的效率和质量。

② 辅助技术系统

辅助有关技术人员在特定应用领域内完成相应任务的系统，如工程设计、音乐制作、广告设计等。

辅助设计系统采用计算机作为工具，辅助有关技术人员在特定应用领域内完成相应的任务。常见的计算机辅助系统有以下几种：

- CAD,英文全称为 Computer Aided Design,即计算机辅助设计。
- CAM,英文全称为 Computer Aided Manufacturing,即计算机辅助制造。
- CAT,英文全称为 Computer Aided Testing,即计算机辅助测试。
- CAI,英文全称为 Computer Aided Instruction,即计算机辅助教学。
- CAPP,英文全称为 Computer Aided Process Planning,即计算机辅助工艺规划。

③ 办公信息系统

办公信息系统(Office Information System,简称 OIS)又称为办公自动化(Office Automation,简称 OA)或办公自动化系统(Office Automation System,简称 OAS),是以先进设备与相关技术构成服务于办公事务的信息系统,按工作流技术充分利用信息资源,提高协同办公效率和质量。

(2) 信息检索系统

信息检索系统的特点是信息量大、检索功能强、服务面广。根据获得最终检索结果的详细程度和检索词的来源,信息检索系统分为目录检索系统和全文检索系统两大类,也可以按信息的内容来划分,信息检索系统可分为文献检索系统、事实检索系统、数值检索系统等。

(3) 信息分析系统

决策支持系统和经理支持系统是两种常见的信息分析系统。

- 决策支持系统(Decision Support System,简称 DSS)是辅助决策者通过数据、模型、知识以人机交互方式进行半结构化或非结构化决策的计算机信息系统。DSS 进行辅助决策所需数据源不但有来自单位内部操作层和管理层的信息,而且有来自外部资源的信息。DSS 进行辅助决策的技术有模型库、方法库、数据库、数据仓库、联机分析及规则挖掘等。
- 经理支持系统(Executive Support System,简称 ESS)是企业决策层的另一种形式的信息系统,它服务于企业的决策层。

(4) 专家系统

专家系统(Expert Systems,简称 ES)是一种知识信息的加工处理系统,也是人工智能最为重要的应用系统。模仿人类专家的思维活动,通过推理与判断来求解问题,由两部分组成:知识库的知识集合、推理机的程序模块。

1.3.3 计算机信息系统的结构

1. 信息系统层次结构

信息、管理和系统是构成计算机信息系统的三要素。计算机信息系统的层次结构如图 1-11 所示。

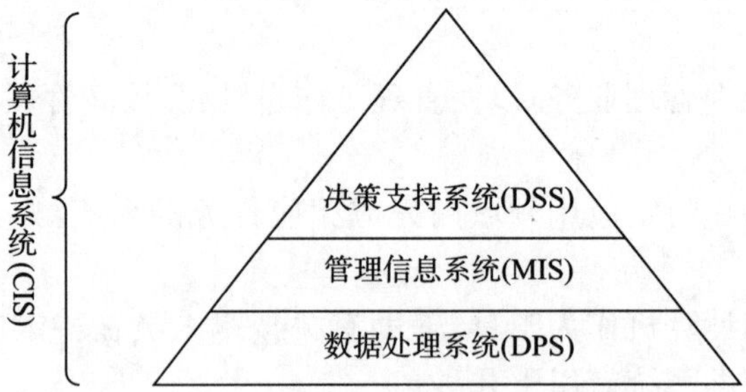

图 1-11 计算机信息系统的层次结构

2. 信息处理构成

针对组织的信息系统结构和系统各层次的功能，通常可以将组织的管理信息系统分解为三个基本部分。

(1) 数据处理部分。主要完成数据的收集、输入，数据库的管理、查询、基本运算、日常报表输出等。

(2) 分析部分。对数据进行深加工，如用各种管理模型、定量分析法、运筹学方法对组织的生产经营状况进行分析。

(3) 决策部分。多限于解决结构化的管理决策问题，为高层管理者提供一个最佳的决策方案。

1.3.4　计算机信息系统的发展趋势

新的应用需求和新的计算机技术是推动信息系统发展的动力。目前，信息系统有下列共同的发展趋势：

(1) 信息多媒体化

信息多媒体化既是计算机科学与技术发展的趋势，也是信息系统应用的需求。信息多媒体化可以扩大其应用领域和提高其服务质量。多媒体的基本技术已经成熟并实用化，但要实现信息系统的多媒体化，还需解决诸如多媒体数据库、多媒体数据处理及其语言、高级人机交互等技术。

(2) 系统集成化

20 世纪 80 年代以后，由于计算机网络、分布式处理和分布式数据库系统的发展，有可能在更大范围内共享信息资源。应用也迫切要求将多个单位或部门的信息系统集成起来，甚至建立全球性的信息系统(例如全球环境保护信息系统)，以提高信息系统的效率、效能和效益。

(3) 功能智能化

目前的信息系统的智能化水平不高，在很大程度上限制了它的作用，主要反映在：

① 系统只能被动地处理用户提交的任务，而不能主动地向用户提供信息服务，或根据发生的事件自动地完成必要的处理。

② 除了 DSS 和专家系统外，一般的信息系统缺少推理功能。

③ 基本上以事务性操作为主，虽然有些信息系统具有决策功能，或附有适用于特定领域的专家系统，但目前还限于局部应用。

要解决上述每个问题都需要知识，因此，未来的信息系统应该既是数据密集型的，又是知识密集型的，具有知识获取、知识管理以及推理等功能，可以提供诸如提示、报警、自动跟踪记录和统计、专人或专题情报服务、预测和规划、决策和咨询等服务。

(4) 结构分布化

由于要求信息系统在大范围内进行集成，而信息源和用户一般在地理位置上总是分散的，因此，信息系统结构分布化既是应用的需要，也是技术发展的必然趋势，这需要计算机网络、分布式处理和分布式数据库等技术的支持。当前，客户/服务器已成为分布式信息系统的流行结构。在分布式信息系统中，用户不但可以共享包括数据在内的各种计算机资源，而且还可以在系统的支持下，合作完成某一任务，例如共同决策、共同拟订计划、共同设计产品等。

1.4 典型信息系统

1. 制造业信息系统

制造企业的业务是以生产为中心，并围绕产品开展的，它有三个主要目标，即最大的客户服务、最小的库存投资和高效率的企业作业。

计算机集成制造系统(CIMS)把人、经营知识及能力与信息技术、制造技术综合应用，其目的是提高制造企业生产率和灵活性，并将企业所有人员、功能、信息和组织等方面集成为一个整体。计算机集成制造系统(制造业信息系统)分类如图 1－12 所示。

- 计算机集成制造系统（CIMS）
  - 辅助技术系统
    - 计算机辅助设计（CAD）
    - 计算机辅助工艺规划（CAPP）
    - 计算机辅助制造（CAM）
    - 计算机数字控制（CNC）
    - 计算机辅助质量控制（CAQC）
  - 管理业务系统
    - 制造资源计划系统（MRPⅡ）
    - 企业资源计划（ERP）
    - ……

图 1－12 制造业信息系统分类

2. 电子商务

电子商务(Electronic Commerce)是在因特网开放的网络环境下，基于浏览器/服务器应用方式，实现消费者的网上购物、商户之间的网上交易和在线电子支付的一种新型的商业运营模式。

电子商务指对整个贸易活动实现电子化。从涵盖范围方面定义为：交易各方以电子交易方式而不是通过直接面谈方式进行的任何形式的商业交易，包括交换数据(如电子数据交换、电子邮件)、获得数据(如共享数据库、电子公告牌)以及自动捕获数据(如条形码)等。

由于电子商务所包含的内容非常广泛，因而根据不同的标准有不同的分类方法。

(1) 按照交易的双方分类

① 企业内部的电子商务。

② 企业与客户之间的电子商务(B－C)。即通过 Internet 的双向交互通信的功能，实现网上购物、网上支付。这种模式可节省客户和企业双方的时间、空间，节省各种不必要的开支，提高交易效率，因而获得迅速发展。

③ 企业之间的电子商务(B－B)。即企业之间通过 Internet 或专用网方式进行电子商务活动，它是最具发展潜力的一种电子商务。通过专用网络或增值网络运行的电子数据交换(EDI)，就是这种特定企业间 B－B 的成功实例。

④ 企业与政府之间的电子商务。这种商务活动覆盖企业与政府组织间的各项事务。例如，政府采购清单通过 Internet 发布，各公司以电子化方式回应。同样，在各种税务征收方面，政府也可以通过电子交换方式来完成。

(2) 按照交易商品性质分类

电子商务主要包括两类商品：一是有形商品的电子订货和付款，它仍然需要利用传统渠道(如邮政服务和商业快递车)来配送货物；二是无形商品和服务，如某些计算机软件、电子音乐内容的联机订购、付款和交付，或者是全球范围的信息服务。显然，无形商品和服务能使双方跨越地理障碍而直接进行交易，充分挖掘全球市场的潜力。

(3) 按照使用网络类型的不同分类

目前电子商务有下列三种形式：

① 基于电子数据交换(EDI)的电子商务。

② 基于 Internet 的电子商务。

③ 基于 Intranet/Extranet 的电子商务。

电子商务的分类如图 1－13 所示。

- 按照交易的双方分类
  - 企业内部的电子商务
  - 企业与客户之间的电子商务(B-C)
  - 企业之间的电子商务(B-B)
  - 企业与政府之间的电子商务
- 按照交易商品性质分类
  - 有形商品的电子订货和付款
  - 无形商品和服务
- 按照使用网络类型分类
  - 电子数据交换(EDI)
  - 基于Internet的电子商务
  - 基于Intranet/Extranet的电子商务

图 1－13　电子商务分类

3. 电子政务

电子政务是政府机构运用现代网络通信与计算机技术，将政府管理和服务职能通过精简、优化、整合、重组后在互联网络上实现的一种方式。电子政务是全局性、全过程、综合业务的自动化，而办公自动化则侧重于政府内部事务处理的自动化。

电子政务可以打破时间、空间以及条块分割的制约，加强对政府业务的有效监管，提高政府的运作效率，并为社会公众提供高效、优质、廉洁的一体化管理和服务。

4. 地理信息系统

地理信息系统是针对特定的应用任务，存储事物的空间数据和属性数据，记录事物之间关系和演变过程的系统。它是在计算机硬、软件系统支持下，对整个或部分地球表层(包括大气层)空间中的有关地理分布数据进行采集、存储、管理、运算、分析、显示和描述的技术系统，它可根据实物地理位置坐标进行管理、搜索、评价、分析、结果输出等处理，提供决策支持、动态模拟、统计分析、预报预测等服务。在不同的领域中还被称为“土地信息系统”“空间信息系统”“自然资源信息系统”等。

5. 数字地球

数字地球(Digital Earth)是以计算机技术、多媒体技术和大规模存储技术为基础，以宽带网络为纽带，运用海量地球信息对地球进行多分辨率、多尺度、多时空和多种类的三维描述，并将它作为工具来支持和改善人类活动和生活的质量。

数字地球就是一个全球范围的以地理位置及其相互关系为基础组成的信息框架，并在该框架内嵌入人们所能获得的信息的总称。

6. 远程教育

远程教育，又称“网上大学”，是以计算机、多媒体、现代通信等信息技术为基础，将信息技术和现代教育思想有机结合的一种新型教育形式。远程教育是利用计算机及计算机网络进行教学,使得学生和教师可以异地完成教学活动的一种教学模式。

现代远程教育打破了空间、地域的限制,使受教育者能在同一时间、不同空间、不同地域接受教育信息,最大限度地实现了教育资源共享。

现代远程教育方法具有信息量大、覆盖面广、方便快捷、生动直观等明显优势,能实现教师与学员的有效互动。学员可以现场提问,授课教师可以在屏幕上实时答疑,从而有效地解决了因地域、空间的限制不能直接与教师对话的问题。

远程教育应用目前主要有以下两种形式:

(1) 基于 Web 的软件实现方式

学生或教师只要有一台计算机,连上 Internet,通过软件远距离教学,不需要特殊的硬件,可以进行学习、考试、讨论等活动,师生之间可以传输文字、图形、声音、图像等各种信息。

(2) 基于视频会议系统的实现方式

除了需要上述方式中的软件支持以外,还需要特殊的硬件,用于实时的语音和图像信息的压缩/解压缩和传输,师生可以互相实时看到和听到对方,充分利用视频会议系统所提供的功能。

7. 数字图书馆

数字图书馆(Digital Library)是用数字技术处理和存储各种图文并茂的文献的图书馆,实质上它是一种由多媒体制作的,把各种不同载体、不同地理位置的信息资源用数字技术存储,以跨区域方式面向更多对象的网络查询和传播的大型信息系统。

数字图书馆是传统图书馆在信息时代的发展,它不但包含了传统图书馆的功能,向社会公众提供相应的服务,还融合了其他信息资源(如博物馆、档案馆等)的一些功能,提供综合的公共信息访问服务。可以这样说,数字图书馆将成为未来社会的公共信息中心和枢纽。

1.5 关系数据库系统

1970 年,美国 IBM 公司的埃德加·弗兰克·科德(E. F. Codd)发明了关系数据库。关系数据库是建立在关系数据库模型基础上的数据库,借助于集合代数等概念和方法来处理数据库中的数据。目前主流的关系数据库包括 Oracle,Access,DB 2,SQL Server,Sybase 等。

1.5.1 数据库基础

1. 数据库发展

计算机数据管理发展至今主要经历了四个阶段:人工管理阶段、文件系统阶段、数据库系统阶段和分布式数据库系统阶段。

(1) 人工管理阶段是指 20 世纪 50 年代中期以前。

(2) 文件系统阶段是指 20 世纪 50 年代后期到 20 世纪 60 年代中期。

(3) 20 世纪 60 年代之后,数据管理进入数据库系统阶段。

(4) 20 世纪 70 年代之后,数据管理进入分布式数据库系统阶段。

2. 数据库相关定义

(1) 数据库

数据库(Database,简称 DB)是用来存放数据的仓库。具体地说,就是按照一定的数据结构来组织、存储和管理数据的集合,具有较小的冗余度、较高的独立性和易扩展性、可供多用户共享等特点。

数据库有两种类型:非服务器型数据库(桌面型数据库)和服务型数据库(SQL 数据库)。数据库中的数据具有“集成”“共享”的特点,即数据库集中了各种应用的数据,进行统一的构造与存储。数据库中的数据可以分为用户数据和系统数据。用户数据一般由用户定义和使用;系统数据则是数据库系统定义和使用的数据,称为数据字典(Data Dictionary,简称 DD)。

(2) 数据库管理系统

数据库管理系统(Database Management System,简称 DBMS)是操纵和管理数据库的软件,介于应用程序与操作系统之间,为应用程序提供访问数据库的方法,它是专门负责组织和处理数据库信息的程序集合,是数据库系统的核心组成部分。

数据库管理系统包括数据定义、数据操纵、数据库运行管理及数据库建立与维护等功能,它建立在操作系统的基础上,对数据库进行统一的管理和控制,其功能随系统而异。

当前流行的数据库管理系统包括 MySQL,Oracle,SQL Server,Sybase 等。

(3) 数据库系统

数据库系统(Database System,简称 DBS)由软件、数据库和数据库管理员组成,其软件主要包括操作系统、各种宿主语言、数据库应用程序以及数据库管理系统。数据库由数据库管理系统统一管理,数据的插入、修改和检索均要通过数据库管理系统进行,数据库管理系统是数据库系统的核心。数据库管理员负责创建、监控和维护整个数据库,使数据能被任何有权使用的人有效使用。数据库系统的结构如图 1-14 所示。

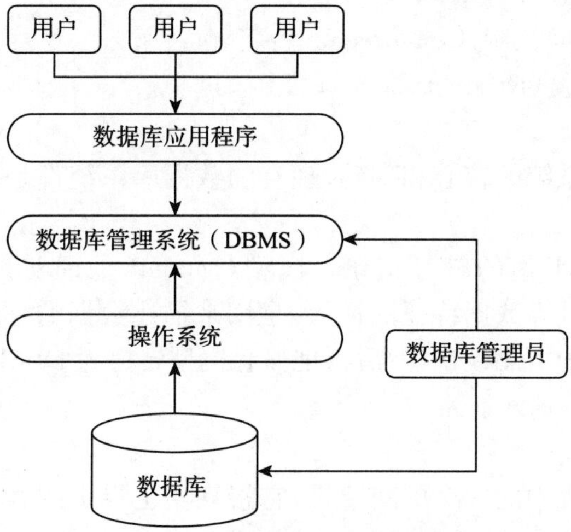

图 1-14　数据库系统的结构

(4) 数据库管理员

由于数据库的共享性,因此对数据库的规划、设计、维护、监视等需要有专人管理,这类人员被称为数据库管理员(Database Administrator,简称 DBA)。

(5) 数据库应用系统

利用数据库系统进行应用开发可构成一个数据库应用系统,数据库应用系统是数据库系统再加上应用软件及应用界面这三者所组成,具体包括数据库、数据库管理系统、数据库管理员、硬件平台、软件平台、应用软件、应用界面。

3. 数据库系统的特点

(1) 数据结构化

这是数据库的主要特征之一。在描述数据时,不仅描述数据本身,还描述数据之间的关系。这也是数据库系统与文件系统的本质区别。

(2) 数据共享性高、冗余度低,易扩充

数据库的数据不再面向某个应用,而是面向整个系统,因此可以被多个用户、多个应用、由多种不同的语言所共享使用。由于数据面向整个系统,是有结构的数据,不仅可以被多个应用共享使用,而且可以增加新的应用,这使得数据库易于扩充。

(3) 数据独立性高

数据独立性包括数据的物理独立性和逻辑独立性。

- 物理独立性是指数据在数据库中如何存储是由 DBMS 管理的,用户程序不需要了解,应用程序要处理的只是数据的逻辑结构,这样一来当数据的物理存储结构改变时,用户程序不用改变。
- 逻辑独立性是指用户的应用程序与数据库的逻辑结构是相互独立的,也就是说,数据的逻辑结构改变了,用户程序也可以不改变。

(4) 数据由 DBMS 统一管理和控制

DBMS 必须提供以下几方面的数据控制功能:

- 数据的安全性保护(Security)。
- 数据的完整性检查(Integrity)。
- 数据库的并发访问控制(Concurrency)。
- 数据库的故障恢复(Recovery)。

4. 数据模型

数据模型是数据库系统的核心和基础,现有的数据库系统都是基于某种数据模型而建立起来的。

数据(Data)是描述事物的符号记录。模型(Model)是现实世界的抽象。数据模型(Data Model)是对现实世界数据特征的抽象,是用来描述数据的一组概念和定义。现实世界中的客观对象先抽象为概念模型,然后再把概念模型转换为 DBMS 支持的数据模型。

数据模型如图 1-15 所示。

(1) 概念模型

概念模型是分析过程中的一个中间结果,它将现实世界中的客观对象和对象间的关联经过识别、选择、分类等综合分析,形成“概念结构”。

由于概念模型用于信息世界的建模,是现实世界到信息世界的第一层抽象,是用户与数据库设计人员之间进行交流的语言,因此,概念模型一方面应该具有较强的语义表达能力,能够方便、直接地表达应用中的各种语义知识;另一方面,它还应该简单、清晰、易于用户理解。

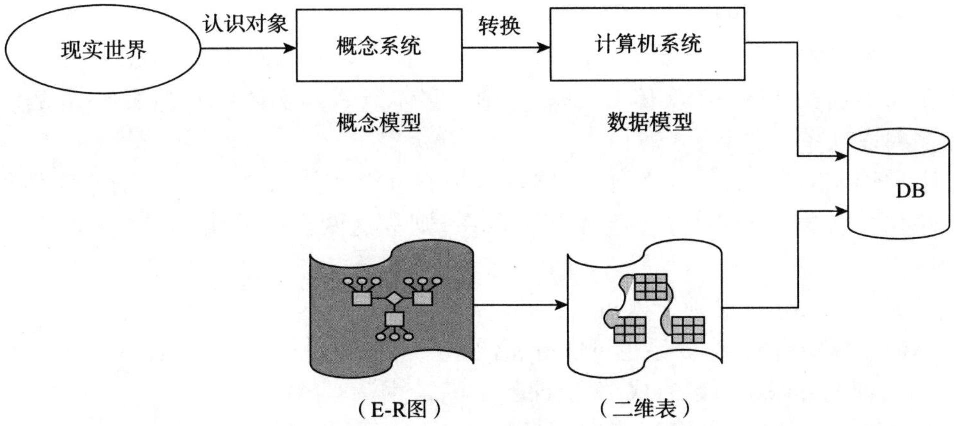

图 1－15　数据模型

（2）数据模型

数据模型是直接面向计算机系统（即数据库）中数据的数据结构（包括逻辑结构和存储结构）。

5. E-R 模型中的有关术语

（1）实体（Entity）

实体是一个数据对象，可以是具体的事物，也可以是抽象的事物。

（2）实体集

在一个单位中，具有共性的一类实体可以组合为一个实体集。

（3）属性（Attribute）

实体所具有的某一特性。

属性有值域，通常值域是整数的集合、实数的集合或字符的集合等。

（4）候选键（Candidate Key）

如果一个属性或属性组的值能唯一标识一个关系的元组而又不含有多余的属性，则称该属性或属性组为该关系的候选键。候选键可能包含一个属性，也可能包含多个属性。

（5）主键（Primary Key）

能够唯一标识实体的属性或属性组称为实体集的实体键，若一个实体集有多个实体键存在，则可从中选一个最常用的作为实体主键，简称主键。当一个关系中有多个候选键时，可以根据需要任选其中一个作为主键。

（6）外键（Foreign Key）

关系 R 中的属性 A 不是关系 R 中的主键，但 A 是另一个关系 S 的主键，则属性 A 就是关系 R 的外键。

（7）联系

实体与实体之间的关系抽象为联系。联系可以分为两种：一种是实体集内部的联系；另一种是多个实体集之间的联系。

以二元联系（两个实体集之间的联系）为例，有三类不同语义的联系：

① 一对一联系（1∶1）

表示两实体集中的实体是一一对应的。

② 一对多联系(1∶n)

实体集 A 中的一个实体与实体集 B 中 n 个实体相对应；而对于实体集 B 中的一个实体与实体集 A 中至多只有一个实体与之联系，则称实体集 A 与实体集 B 存在 1∶n 的联系。

③ 多对多联系(m∶n)

若对于实体集 A 中的一个实体，实体集 B 中有 n 个实体与之联系；而对于实体集 B 中的一个实体，实体集 A 中有 m 个实体与之联系，则称这两个实体集 A、B 之间存在 m∶n 联系。

此外，还有两种情况必须予以指出：

① 不但实体集有属性，联系也可以有属性。

例如，选课这种联系可以有成绩、上课教室等属性。

② 有时两个实体集之间不止一种联系。

例如，对于学生与班级这两个实体集而言，班级包含学生是一种 1∶n 联系，而学生(班长)管理班级也是一种联系。

6. E-R 图

用 E-R 概念模型对一个单位的信息结构进行模拟，称为一个单位的 E-R 概念模式，E-R 概念模式可用直观的 E-R 图表示。E-R 图中，用矩形框表示实体集，菱形框代表联系，椭圆形表示属性，下划线(或加斜杠线)的属性组成相应实体集的主键。联系与实体集相连的线上要注明联系的语义类型，如图 1-16 所示。

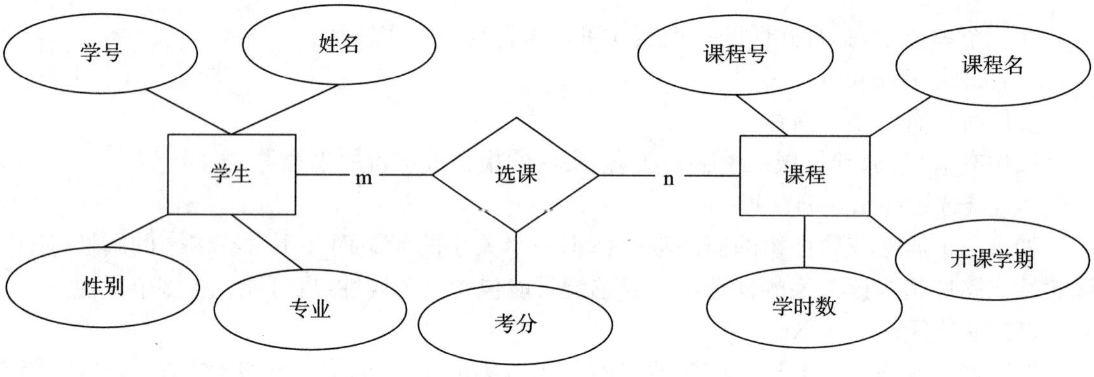

图 1-16 E-R 图

7. 数据模型的种类

在常见的数据库系统中，根据实体集之间的不同结构，通常把数据模型分为层次模型、网状模型、关系模型和面向对象模型四种。

(1) 层次模型(Hierarchical Model)

层次模型用树结构表示实体集之间的联系。现实世界中许多实体集之间的联系呈现了这种层次形式，如家族宗谱中的双亲和子女联系、行政机构中的上级部门和下级部门的联系都可用层次模型来描述。

(2) 网状模型(Network Model)

网状模型是用网络结构表示实体集之间联系的数据模型，用它可以描述非层次形式的联系，如铁路网、电话网中的节点之间的联系都是网状的。

层次模型和网状模型统称为非关系模型。

(3) 关系模型(Relational Model)

关系模型是用二维表结构表示实体集以及实体集之间联系的数据模型。

(4) 面向对象模型(Object-oriented Model)

计算机应用对数据模型的要求是多种多样且层出不穷的。

1.5.2　关系数据模型

1. 基本概念

(1) 关系

关系数据模型的基本结构是关系。关系是一张规范化的二维表(如点名册、成绩单等二维表格)。

一个关系由关系名、关系实例组成,通常它们对应于二维表的表名、表头和数据。例如,学生(学号,姓名,部门,性别,出生日期,身高)、课程(课程号,课程名,开课时间)、选课(学号,课程号,考分)为三个关系数据模型。当然我们可以使用相应的英文简称来定义这三个关系数据模式。我们以实体集"学生登记表(S)"为例,描述一下二维表的关系表示图,如图 1 - 17 所示。

学生登记表(S)

SNO	SNAME	DEPART	SEX	BDATE	HEIGHT
C005	张　雷	计算机	男	1987 - 06 - 30	1.75
C008	王　宁	计算机	女	1986 - 08 - 20	1.62
A041	周光明	自动控制	男	1986 - 08 - 10	1.70
M038	李霞霞	应用数学	女	1988 - 10 - 20	1.65
R098	钱　欣	管理工程	男	1986 - 05 - 16	1.80
……	……	……	……	……	……

图 1 - 17　关系

与 E-R 概念模型中主键的定义一样,关系数据模式中的主键是该模式的某个属性组,它可以唯一确定二维表中的一个元组。对于上列三个关系数据模式的主键,已通过下划线标注出来。

(2) 关系模式

① 英文表示

关系模式可以用 R(A1,A2,A3,…,An)表示。

其中:R 为关系模式名,即二维表名。

Ai(1≤i≤n)是二维表中的列名。

上述关系可以描述为:S(SNO,SNAME,DEPART,SEX,BDATE,HEIGHT)。

② 汉字描述

上述关系也可以描述为:学生(学号,姓名,系别,性别,出生日期,身高)。

2. 关系模型的三要素

关系数据模型描述数据的逻辑结构三要素：

(1) 数据结构

关系模型的基本数据结构就是“关系”这一单一的结构。

(2) 数据操作

包括有查询和修改(含插入、删除、更新)两大类操作。查询操作又可分为选择、连接、投影、除、并、差、交、笛卡儿积等。

(3) 完整性约束

包括域完整性、实体完整性、参照完整性和用户自定义完整性。

① 实体完整性

实体完整性是指关系的主关键字不能重复，也不能取空值。

② 参照完整性

参照完整性约束就是不同关系之间或同一关系内不同记录必须满足的约束。参照完整性是建立在外关键字和主关键字之间，或者外关键字和唯一性关键字之间的关系上的，是指两个表的主关键字和外关键字的数据库应一一对应。

③ 用户自定义完整性

关系数据库管理系统允许用户定义某一具体数据库所涉及的数据必须满足的约束条件。这种约束条件是对数据在语义范畴的描述，由具体应用环境决定，这就是用户定义的完整性。

④ 域完整性

域完整性是对数据表中字段属性的约束，通常指数据的有效性，包括字段的值域、字段的类型及字段的有效规则等约束。

3. 关系操作

关系代数的运算可分为以下两类：

(1) 传统的集合运算

传统的集合运算包含有并、交、差、广义笛卡儿积。这类运算将关系看成元组的集合，其运算是从关系的“水平”方向，即行的角度来进行的。

传统的集合运算将关系看做是元组的集合，是二目运算，设关系 R 和 S 均是 n 元关系，且相应的属性值取自同一个值域，则可以定义三种运算：并运算、交运算和差运算。

① 并运算(Union)

两个关系的并运算是指将第一个关系的元组加到第二个关系中，生成新的关系。元组在新的关系中出现的顺序是无关紧要的，但是必须消除重复元组。关系 R 和 S 的并运算记为 $R \cup S$。

② 交运算(Intersection)

两个关系的交运算是包含同时出现在第一和第二个关系中的元组的新关系。这些关系也必须是在并运算上兼容的。关系 R 和 S 的交运算记为 $R \cap S$。

③ 差运算(Difference)

两个关系的差是指包括在第一个关系中出现而在第二个关系中不出现元组的新关系。关系 R 与关系 S 的差记为 $R-S$。差运算使用的关系也必须是在并运算上兼容的。就如在算术运算中那样，减法是有顺序的，R－S 和 S－R 是不同的。

④ 笛卡儿积运算(Cartesian Product)

设关系 R 和 S 分别具有 p 和 q 个属性，定义 R 和 S 的广义笛卡儿积是一个具有(p＋q)个属性的集合，每一个元组的前 p 个属性来自 R 的一个元组，后 q 个属性来自 S 的一个元组。两个关系的积(也称笛卡儿积)是指一个关系中的每个元组和第二个关系的每个元组的连接。广义笛卡儿积记为 R×S。

(2) 专门的关系运算

如选择、投影、连接以及插入、更新和删除运算。这类运算不仅涉及行而且涉及列。

① 选择(Selection)

选择是按照给定条件从指定的关系中挑选出满足条件的元组构成新的关系。或者说，选择运算的结果是一个表的行的子集。

选择运算的一般方法表示如下：

SELECT <关系名> WHERE <条件>

② 投影(Projection)

投影是从指定的关系中挑选出某些属性构成新的关系。或者说，投影运算的结果是一个表的列的子集，是对关系垂直方向的操作。

投影运算的方法表示如下：

PROJECT <关系名>(属性 1，属性 2，…)

③ 连接(Join)

连接运算是对两个关系进行的运算，其意义是从两个关系的笛卡儿积中选出给定属性间满足一定条件的那些元组，组成一个新关系，并消去重复的元组。

这种操作用文字表示为：

JOIN <关系 1> AND <关系 2> WHERE <条件>

4. 关系性质

在关系模型中，对每个关系有如下的限制：

(1) 属性名不能相同而其值域可能相同。

(2) 关系中每一个分量都必须是不可分的数据项，属性和元组分量具有原子性，即那些不可再分的数据(如整数、字符串等)，而不包括组合数据(如集合、数组、记录等)。

(3) 关系中不允许出现相同的元组。

(4) 关系中元组次序可以任意交换。

(5) 关系属性的顺序也可以任意交换。

1.5.3 关系数据库

1. 定义

关系数据库是对应于关系模型的应用领域中全部关系的集合，是基于关系模型的数据库。关系数据库的型是关系模式的集合，也就是数据库结构的描述，反映的是当前数据状态的关系集合。简而言之，关系数据模型的结构是若干相关关系模式的集合。

关系数据库的特点总结如下：

(1) 一个关系对应一个关系模式，一个关系模式可以对应多个关系。

(2) 关系模式是关系的型，将数据按照其型载入后就构成了关系。

(3) 关系模式是相对静止的、稳定的，而关系是动态的、随时间变化而改变的。

(4) 一个具体的关系数据库是若干相关关系的集合。

(5) 一个关系数据模型的结构由若干相关关系模式的集合组成。

2. 三级体系结构

(1) 模式(或称逻辑模式、概念模式、全局模式)

数据库中全体数据的全局逻辑结构和特征的描述，也是所有用户的公共数据视图。

(2) 外模式(或称用户模式、子模式、局部模式)

模式的子集，是数据的局部逻辑结构，也是数据库用户看到的数据视图。用户可以用SQL语言对基本表和视图进行查询。

(3) 内模式(存储模式)

数据在数据库中的内部表示，即数据的物理结构和存储方式的描述。

数据库三级体系结构如图1-18所示。

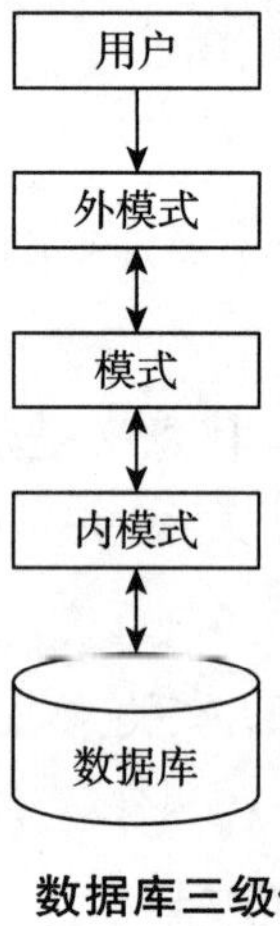

图1-18　数据库三级体系结构

3. SQL

SQL(Structured Query Language)又称为结构化查询语言，它已成为关系数据库系统所使用的唯一数据语言。

SQL虽然称为结构化查询语言，但是它的实际功能很强大，可以实现数据定义、数据操作和数据控制等功能。

- SQL的数据定义功能是定义数据库的结构，包括创建表或视图的结构，修改表或视图，删除表或视图等。
- SQL的数据操作功能是对数据库中数据的操作，包括查询、删除、插入、修改等。
- SQL的数据控制功能对数据库中数据的安全性和完整性控制，包括数据库用户的授权和收权的控制，保证数据的安全性等。

(1) SQL的语言特点

① 是一种“非过程语言”，是“结构化语言”。

② 体现关系模型在结构、完整性和操作方面的特征。

③ 有命令和嵌入程序两种使用方式。

④ 功能齐全，简洁易学，使用方便。

⑤ 为主流 DBMS 产品（如 Oracle，Sybase，DB2，SQL Server 等）所支持。

(2) SQL 的数据查询

数据库查询是数据库的核心操作。

SQL 提供了 SELECT 语句进行数据库查询。

SELECT 查询语句简单的形式为：

```
    SELECT  A1,A2,…,An
            (指出目标表的列名或列表达式序列，做投影操作)
    FROM    R1,R2,…,Rm
            (指出基本表或视图序列，做连接操作)
  [WHERE  F]
            (F 为条件表达式，做选择操作)
  [GROUP  BY  列名序列]
            (结果表分组)
  [ORDER  BY  列名[排序方向]…]
            (结果表排序)
```

(3) SQL 的数据更新

① 插入语句(INSERT)

语句格式为：

```
INSERT  INTO  <表名>(<列名 1>,<列名 2>,…)
      VALUES(<表达式 1>,<表达式 2>,…)
```

② 修改语句(UPDATE)

语句格式为：

```
UPDATE <表名> SET <列名>=<表达式>[,<列名>=<表达式>]…
 [WHERE  <条件>]
```

③ 删除数据(DELETE)

语句的格式为：

```
DELETE  FROM <表名>
[WHERE <条件>]
```

注意：仅删除表中记录，表的定义仍在数据字典中。

1.5.4　数据库系统及应用新技术

DBS 运行在计算机系统之上，其体系结构与计算机体系结构密切相关，因此，DBS 的系统结构也随着它的硬件和软件支撑环境的变化而不断演变。

(1) 集中式数据库系统。

(2) 客户/服务器(C/S)结构。

(3) 浏览器/服务器(B/S)结构。

(4) 分布式数据库系统。

(5) 并行数据库系统。

本章小结

数据可以通过数字、文字、图形、图像、声音以及物体的运动状态体现，信息是经过加工且有价值的数据，数据与信息是密不可分的。信息系统里，人们关心的是寻找一些触不可及的东西或内容，尤其是知识和娱乐。通过信息处理技术，可以拓展人的大脑、神经、感觉以及效应器官功能。

通信可以分为模拟通信和数字通信，通过调制解调技术、多路复用技术以及分组交换技术可以解决通信的远距离传输、低费用以及高速度的要求。

计算机信息系统是一个以提供服务为目的的数据密集型、人机交互型的信息系统，根据其研究的深度可以分为业务处理系统、信息检索系统和信息分析系统。当前比较典型的有企业资源计划、电子商务、电子政务系统以及远程教育与远程医疗系统等。

数据库管理系统是数据库系统的核心，数据库系统的主要特点是共享性高、冗余度低以及数据和程序相互独立。客观世界的现实对象需要经过概念模型，然后再转换成数据模型，其中 E-R 图是概念模型的基础。

习题 1

一、单选题

1. 根据国际标准化组织(ISO)的定义，信息技术领域中“信息”与“数据”的关系是______。

A. 信息包含数据　　B. 信息是数据的载体

C. 信息是指对人有用的数据　　D. 信息仅指加工后的数值数据

2. 用于扩展人的神经网络系统和记忆器官的功能，消除信息交流的空间障碍和时间障碍的信息技术是________。

A. 感测与识别技术　　B. 控制与显示技术

C. 计算与处理技术　　D. 通信与存储技术

3. 下列关于信息系统的叙述，错误的是________。

A. 电话是一种双向的、点对点的、以信息交互为主要目的的系统

B. 网络聊天是一种双向的、以信息交互为主要目的的系统

C. 广播是一种点到面的、双向信息交互的系统

D. 因特网是一种跨越全球的多功能信息系统

4. 下列不属于信息技术的是________。

A. 信息的估价与出售　　B. 信息的通信与存储

C. 信息的获取与识别　　D. 信息的控制与显示

5. 现代信息技术是用来扩展人的信息器官功能，协助人们有效地进行信息处理的一类技术。其中，与人的思维器官对应的技术是________。

A. 计算与存储　　B. 通信

C. 感测与识别　　D. 控制与显示

6. 现代信息技术的主要特征是________。

A. 以计算机及其软件为核心

B. 以数字技术为基础

C. 以数据库技术为主要应用

D. 采用电子技术(包括激光技术)进行信息处理

7. 无论有线通信还是无线通信，为了实现信号的远距离传输，通常使用载波技术对信号进行处理，这种技术称为________。

A. 多路复用　　B. 调制解调　　C. 分组交换　　D. 路由选择

8. 微波是一种具有极高频率的电磁波，其在空气中的传播速度接近________。

A. 光速　　B. 低音速　　C. 声速　　D. 超音速

9. 数据库(DB)、数据库管理系统(DBMS)和数据库系统(DBS)三者之间的关系是______。

A. DB包括DBMS和DBS　　B. DBMS包括DB和DBS

C. DBS包括DB和DBMS　　D. DB包括DBMS，DBMS包括DBS

10. 设学生关系模式为：学生(学号，姓名，年龄，性别，成绩，专业)，则该关系模式的主键通常是________。

A. 姓名　　B. 学号，姓名

C. 学号　　D. 专业

11. 在关系数据库中，面向用户的数据视图对应的模式是________。

A. 局部模式　　B. 存储模式

C. 全局模式　　D. 概念模式

12. 题12表1是Student表，对其执行SQL语句后，可得到题12表2的结果。下列能完成此操作的SQL语句是________。

题12表1

SNO	SNAME	DEPART	SEX
A041	周光明	自动控制	男
C005	张　雷	计算机	男
C008	王　宁	计算机	女
M038	李霞霞	应用数学	女
R098	钱　欣	管理工程	男

题12表2

SNO	SNAME
A041	周光明
C005	张　雷
R098	钱　欣

A. Select SNO，SNAME From Student

B. Select SNO，SNAME From Student Where Sex=′男′

C. Select * From Student Where Sex=′男′

D. Select * From Student

13. 下列关于数据库的叙述,错误的是________。

A. 具有较高的数据独立性

B. 与文件系统相比,具有较小的冗余度

C. 数据更新和维护、数据库监护、安全控制等由程序员负责

D. 数据模型有关系、层次、网状等

14. 下列关于关系数据模型的叙述,错误的是________。

A. 关系中的每一行称为一个元组,其顺序可以任意交换

B. 关系中的每一列称为一个属性,其顺序可以任意交换

C. 主键用来唯一区分二维表中不同的列

D. 主键可以由一个或多个属性组成

15. 数据库具有三级体系结构,其中不包括________。

A. E-R模式　　B. 全局模式　　C. 存储模式　　D. 局部模式

二、多选题

1. 数据库的主要特点有________。

A. 数据结构化　　B. 数据共享性高

C. 避免一切数据冗余　　D. 应用程序与数据相互独立

2. 下列选项中属于数据库管理系统软件的有________。

A. MySQL　　B. Oracle　　C. VB　　D. VFP

3. 下列关于数据库中关系性质的叙述,正确的有________。

A. 属性的次序不可调整　　B. 元组的次序可以任意交换

C. 不允许出现相同的元组　　D. 不同的属性可以有相同的值域

三、填空题

1. 现代信息技术的主要特征是以数字技术为基础,以________为核心。

2. 当代电子信息技术的基础有两项:一项是微电子与光纤技术;另一项是________技术,电子计算机从一开始就采用了该技术。

3. 现代信息技术是以________技术为基础,以计算机及其软件为核心,采用电子技术、激光技术进行信息的收集、传递、加工、存储、显示与控制。

4. 在关系数据库中,一个属性的取值范围称为________。

5. 若关系R和S模式相同,R有15个元组,S有10个元组,则执行R∪S运算后可能出现的元组数的范围是________。

四、判断题

1. 信息技术是指用来取代人的信息器官功能,代替人类进行信息处理的一类技术。　(　　)

2. 通信系统的基本任务是传递信息,至少需由信源、信宿和信息三个要素组成。　(　　)

3. 使用多路复用技术能很好地解决信号的远距离传输问题。　(　　)

4. 分组交换网的基本工作模式是存储转发。　(　　)

5. 我国自行研制的北斗导航系统是卫星通信系统的一种典型应用。　(　　)

6. 在全校的学生信息表中找出某个学院学生的所有信息,需要执行投影操作。　(　　)

7. SQL语言中的WHERE子句执行的是投影操作。　(　　)

第 2 章　物联网技术

2.1　物联网概述

IBM 前首席执行官郭士纳曾提出一个观点，认为世界计算模式每隔 15 年会发生一次变革。

(1) 1965 年前后发生的变革以大型机为标志。

(2) 1980 年前后发生的变革以个人计算机为标志。

(3) 1995 年前后发生的变革以互联网为标志，这次则将是物联网变革。

1999 年，美国麻省理工学院首先提出“物联网”(Internet of Things)的概念。他们认为，物联网就是将所有物品通过射频识别等信息传感设备与互联网连接起来，实现智能化识别和管理的网络。

虽然目前国内对物联网还没有一个统一的标准定义，但从其本质上看，物联网是现代信息技术发展到一定阶段后出现的一种聚合性应用与技术提升，它将各种感知技术、现代网络技术和人工智能与自动化技术聚合与集成，使人与物智慧对话，创造一个智慧的世界。由于物联网技术的发展几乎涉及信息技术的各个方面，是一种聚合性、系统性的创新应用与发展，因此，才被称为信息产业的第三次革命性创新。

物联网也称之为“传感网”，是新一代信息技术的重要组成部分，也是“信息化”时代的重要发展阶段。顾名思义，物联网就是物物相连的互联网，其有两层意思：

(1) 物联网的核心和基础仍然是互联网，是在互联网基础上的延伸和扩展的网络。

(2) 物联网用户端延伸和扩展到了任何物品与物品之间，进行信息交换和通信，也就是物物相息。

2.1.1　物联网的基本概念

1. 定义

物联网的概念最早是由 MIT 的 Ashton 教授在研究 RFID 时提出来的，提出了结合物品编码、RFID 和互联网技术的解决方案。由此可以看出，物联网概念是在互联网概念的基础上将其用户端延伸和扩展到任何物品与物品之间，进行信息交换和通信的一种网络。

物联网是通过信息传感设备，如射频识别(RFID)、红外感应器、激光扫描器等按约定的协议，把任何物品与互联网相连接，进行信息交换和通信，以实现智能化识别、定位、跟踪、监控和管理等功能。

物联网的组成：

(1) Internet：计算机通过标准协议连接形成的全球性网络。

(2) Things:客观世界的物理实体。

(3) Internet of Things:由可唯一标识的物理实体通过标准协议形成的全球性网络。

2. 特征

物联网的基本特征可概括为整体感知、可靠传输和智能处理。

(1) 整体感知

可以利用射频识别、二维码、智能传感器等感知设备感知获取物体的各类信息。

(2) 可靠传输

通过对互联网、无线网络的融合,将物体的信息实时、准确地传送,以便信息交流、分享。

(3) 智能处理

使用各种智能技术(云计算、模糊识别等)对感知和传送到的数据、信息进行分析处理,实现监测与控制的智能化。

3. 体系架构

物联网的体系架构大致分为三个层次,底层是用来感知数据的感知层,第二层是数据传输的网络层,最上面则是应用层,如图 2-1 所示。

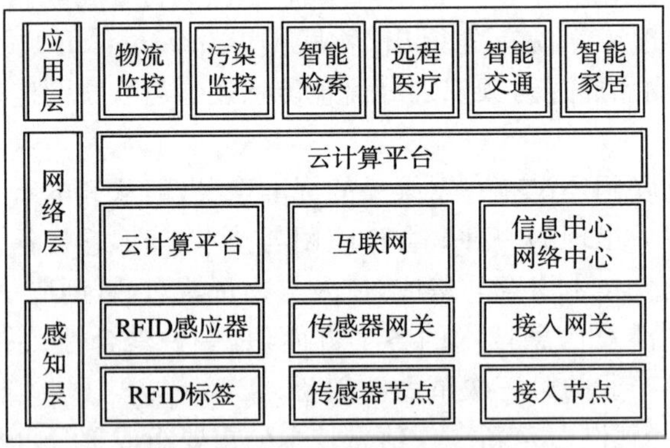

图 2-1 物联网架构

(1) 感知层:全面感知、无处不在。

感知层是物联网的核心层,由各种传感器以及传感器网关构成。

感知层主要是物品标识和信息的智能采集,由 RFID 标签和读写器、各类传感器、摄像头、GPS、二维码标签和感应器组成的网络两大部分组成。该层的核心技术包括射频技术、传感技术、无线网络组网技术等。

(2) 网络层:也被称为传输层,智慧连接,无所不容。

网络层通过各种网络与互联网的融合,将物体的信息实时、准确地传递出去。

(3) 应用层:也可称为处理层,广泛应用,无所不能。

应用层把感知层得到的信息进行处理,实现智能化识别、定位、跟踪、监控和管理等实际应用。典型技术包括中间件技术、虚拟技术、高可信技术,云计算服务模式、SOA 系统架构方法等先进技术和服务模式可被广泛采用。

在各层之间,信息不是单向传递的,可有交互、控制等,所传递的信息多种多样,包括在特定应用系统范围内能唯一标识物品的识别码和物品的静态与动态信息。

4. 构建物联网的条件与要求

(1) 构建物联网的条件

传感与检测技术是物联网中数据与物理实体的基础,没有传感技术就无法对物体的数据信息进行采集,也就无法对物体的特征数据进行传输与管理。为此,各类传感器的大规模部署与应用是构建物联网的基本条件。构建物联网需要满足以下条件:

① 有相应信息的接收器。

② 有网络通信。

③ 有计算机系统。

④ 有专门的应用程序。

⑤ 遵循物联网的通信协议。

(2) 构建物联网的要求

物联网是下一代互联网的一部分,它能够被定义为基于标准和交互通信协议的具有自配置能力的动态全球网络设施,在物联网内物理和虚拟的"物件"其有身份、物理属性、拟人化、使用智能接口并且无缝综合到信息网络中。物联网对所连接的物件主要有三点要求:

① 连网的每一物件均可寻址。

② 连网的每一物件均可通信。

③ 连网的每一物件均可控制。

2.1.2　物联网的发展历程

1. 国外物联网发展

从 1995 年物联网的概念开始提出,其发展过程按时间顺序大致经历了以下阶段:

(1) 1995 年,比尔·盖茨在《未来之路》一书中提及物联网概念。

(2) 1999 年,美国麻省理工学院建立了"自动识别中心",提出"万物皆可通过网络互联",阐明了物联网的基本含义,早期主要指依托射频识别(RFID)技术的物流网络。

(3) 2004 年,日本总务省提出 U-Japan 计划,在日本建设一个实现所有物品和人都能在任意时间、任意地点通过互联网接收和发送信息的泛网络。

(4) 2005 年,国际电信联盟(ITU)发布的《ITU 互联网报告 2005:物联网》引用了"物联网"概念,并将物联网范围拓展至 RFID 技术以外。

(5) 2008 年 11 月,IBM 首席执行官彭明盛提出"智慧地球"构想,其中物联网为"智慧地球"不可或缺的一部分。而美国前总统奥巴马在其就职演讲后对"智慧地球"构想提出积极回应,并将其提升到国家级发展战略。

物联网的发展历程如图 2－2 所示。

2. 国内物联网发展

国内物联网的发展从 2009 年开始起步,大致经历了以下阶段:

(1) 2009 年 8 月,温家宝总理在无锡调研时,视察了"中科院无锡传感网工程技术研发中心",对研发中心予以高度关注,指示建设"感知中国"中心。至此,物联网的"感知中国"战略正式以无锡为中心向全国拓展。

(2) 2010 年,温家宝总理在政府工作报告中提出,大力培育战略性新兴产业,加快物联网的研发应用。物联网等新一代信息技术产业被列为国家战略性新兴产业。

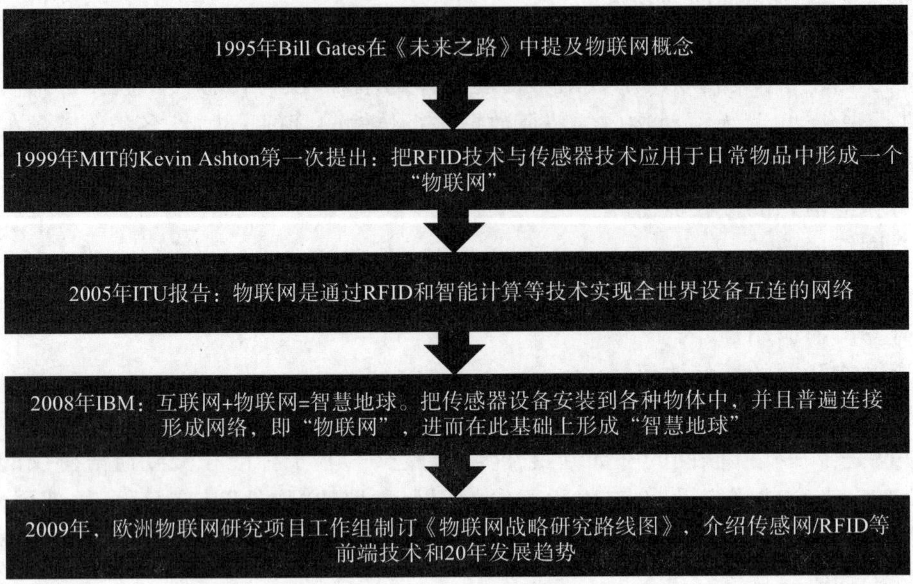

图 2－2　物联网的发展历程

(3) 2012 年 3 月，由中国提交的“物联网概述”标准草案经国际电信联盟审议通过，成为全球第一个物联网总体标准，中国在国际物联网领域的话语权进一步加强。

(4) 物联网概念虽然起源于国外，但我国物联网的发展基本同步于全球，均处于物联网的起步阶段。目前，我国物联网已初步形成了完整的产业体系，具备了一定的技术、产业和应用基础，发展态势良好。工业协会数据显示，2013 年我国物联网市场规模为 4 896.5 亿元，2018 年市场规模上升到 13 300 亿元，年复合增长率达 22.12%。从物联网连接数量来看，2018 年 6 月我国已完成 3.8 亿个物联网连接数量目标，其中，中国电信为 7 419 万个，中国联通为 8 423 万个。

2.1.3　物联网与互联网的区别

物联网就是一个将所有物体连接起来而形成的物物相连的互联网络，其核心和基础仍然是互联网，只是其用户端延伸和扩展到了任何物品与物品之间进行信息交换的层面。

与传统的互联网相比，物联网有其鲜明的特征。

首先，物联网是互联网的扩展与延伸，物联网可用的基础网络有很多种，其中互联网最适合作为物联网的基础网络，特别是在物物相连的范围超过局域网时，因此物联网的核心和基础网络目前仍是互联网。物联网是感知、标识、智能处理、无线传感器网络、接入网、互联网和云计算等已有感知技术、通信技术和信息处理技术的集成和发展。在物联网上部署了大量的多种类型的传感器，且这些传感器之间有自动组网、协同异构组网和虚拟组网等需求，因此在标识、编码、协议、接口和节能等方面都提出了与互联网不同的要求。

其次，物联网是一种建立在互联网、无线通信网等基础网络上信息感知与智能处理的网络，既要与互联网融合发展，又对互联网提出了新的要求。物联网部署了大量的传感器，其信息数量非常庞大，在传输过程中，又要保证信息的正确性和实时性，因此相对于互联网来说，物联网在信息传输安全和优化、服务等级和服务质量保障方面也提出更高的要求。

最后，物联网本身也需要具备智能处理的能力，能够对物进行智能控制和管理，因此物联网还要依托互联网解决海量信息的处理和应用服务的组建；利用信息数据的知识表达，分布式存储、关联检索、情景感知和智能交互（控制）等信息融合处理技术并基于面向服务的架构（Service Oriented Architecture，简称SOA），安全可信的应用服务软件支持技术以及云计算、模式识别等各种智能处理技术，从传感器获得的海量信息中，提取、加工和处理出有意义的信息，供用户使用，以适应不同的用户的不同需求，发现新的应用领域和应用模式。

2.2　物联网关键技术

物联网技术涉及多个领域，这些技术在不同的行业往往具有不同的应用需求和技术形态。通过对物联网的内涵分析，根据物联网涉及的核心技术进行归类和梳理，可以形成物联网技术体系模型，如图2-3所示。

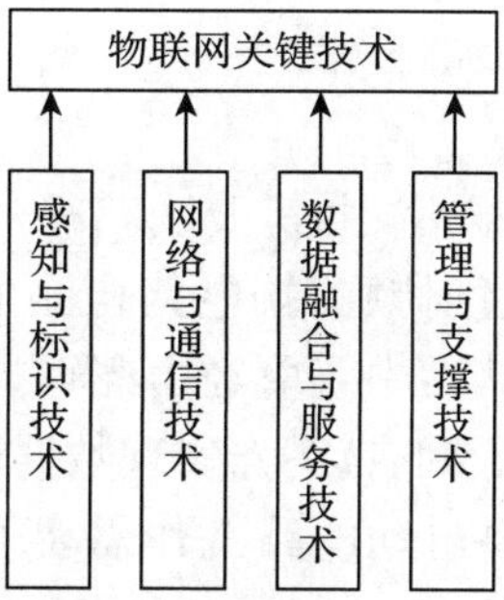

图2-3　物联网关键技术

在这个技术体系中，物联网的技术构成主要包括感知与标识技术、网络与通信技术、数据融合与服务技术及管理与支撑技术四大体系。

物联网的三层体系结构中，所应用到的关键技术架构如图2-4所示。

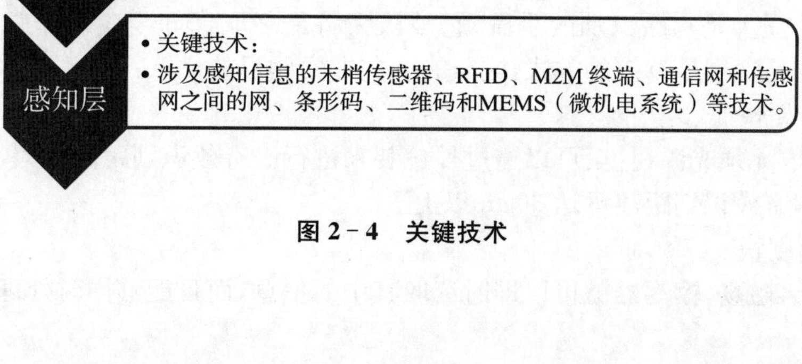

图2-4　关键技术

一是感知网络层，关键技术包括RFID、GPS、二维码、传感器网络、短距离无线通信等。

二是传输网络层，本层需要传感器网络、移动通信技术、互联网技术的融合，实现数据的传输、计算和存储。

三是应用网络层，为手机、PC等终端设备提供基于所感知信息的应用服务，实现信息存储、数据挖掘、应用决策等信息业务和应用。

2.2.1 物联网感知层关键技术

感知层中的技术包括射频识别(RFID)技术、传感器技术、嵌入式技术(产品电子代码)，列为物联网关键技术。

1. 射频识别(RFID)技术

RFID技术是一种非接触式的自动识别技术，它利用射频信号，实现对目标对象的自动识别并获取相关数据。

射频识别系统通常由电子标签和阅读器组成。电子标签内存有一定格式的标识物体信息的电子数据，是物联网感知层的关键技术之一。

(1) RFID系统工作原理

RFID卡进入读写器的射频磁场后，由其天线获得的感应电流经升压电路作为芯片的电源，同时将带信息的感应电流通过射频前端电路检测的数字信号送入逻辑控制电路进行信息处理；所需回复的信息则从存储器中获取经由逻辑控制电路送回射频前端电路，最后通过天线发回给读写器。可见，RFID卡与读写器实现数据通信过程中起关键的作用的是天线。

一方面，无源的RFID卡芯片要启动电路工作需要通过天线在读写器天线产生的电磁场中获得足够的能量。

另一方面，天线决定了RFID卡与读写器之间的通信信道和通信方式。

(2) RFID系统分类

RFID系统按照不同的分类标准有多种分类方法：

① 根据系统工作频率不同，可将RFID系统分为低频系统、高频系统和超高频系统三大类。

② 根据RFID标签内是否需要电池供电，又可将其分为有源系统和无源系统两大类。

③ 根据系统保存的信息写入的方式不同，可分为集成电路固化式、现场有线改写式和现场无线改写式三大类。

④ 根据读取电子标签数据的技术实现手段，可将其分为广播发射式、倍频式和反射调制式三大类。

(3) RFID工作特性

RFID在本质上是物品识别的手段，它被认为将最终取代如今应用非常广泛的传统条码识别，成为物品识别最有效的方式，它具有一些非常明显的优点：

① 读取方便快捷。

数据的读取无须光源，甚至可以透过外包装来进行。有效识别距离更大，采用自带电池的主动标签时，有效识别距离可达30 m以上。

② 识别速度快。

标签一进入磁场，读写器就可以即时读取其中的信息，而且能够同时处理多个标签。

③ 数据容量大。

数据容量最大的二维条形码，最多也只能存储2 725个数字，若包含字母，存储量则会更少；RFID标签则可以根据用户的需要扩充到数KB甚至更大。

④ 使用寿命长，应用范围广。

其无线电通信方式，使其可以应用于粉尘、油污等高污染环境和放射性环境，而且其封闭式包装使得其寿命大大超过印刷的条形码。

⑤ 标签数据可动态更改。

利用编程器可以向标签写入数据，从而赋予RFID标签交互式便携数据文件的功能。

⑥ 更好的安全性。

不仅可以嵌入或附着在不同形状、类型的产品上，而且可以为标签数据的读写设置密码保护，从而具有更高的安全性。

⑦ 动态实时通信。

标签以每秒50～100次的频率与读写器进行通信，所以只要RFID标签所附着的物体出现在读写器的有效识别范围内，就可以对其位置进行动态的追踪和监控。

2. 传感器技术

传感器是各种信息处理系统获取信息的一个重要途径。在物联网中传感器的作用尤为突出，是物联网中获得信息的主要设备。常见的传感器包括温度、压力、湿度、光、霍尔（磁性）传感器等。

传感技术同计算机技术与通信技术一起被称为信息技术的三大支柱。从仿生学观点，如果把计算机看成处理和识别信息的"大脑"，把通信系统看成传递信息的"神经系统"，那么传感器就是"感觉器官"。

传感技术主要研究关于从自然信源获取信息，并对之进行处理（变换）和识别的一门多学科交叉的现代科学与工程技术，它涉及传感器（又称换能器）、信息处理和识别的规划设计、开发、制造、建造、测试、应用及评价改进等活动。传感技术的核心即传感器，它是负责实现物联网中物与物、物与人信息交互的必要组成部分。

传感器技术是物联网的基础技术之一，处于物联网构架的感知层。

3. 产品电子代码(EPC)

物联网实现的是全球物品的信息实时共享。显然，首先要做的是实现全球物品的统一编码，即对在地球上任何地方生产出来的任何一件物品，都要给它打上电子标签。

EPC的全称是Electronic Product Code，中文称为产品电子代码。EPC的载体是RFID电子标签，读取EPC标签时，它可以与一些动态数据连接，并借助互联网来实现信息的传递。EPC旨在为供应链中的对象（包括物品、货箱、货盘、位置等）进行全球唯一的标识，实现全球范围内对单件产品的跟踪与追溯，从而有效提高供应链管理水平、降低物流成本。

EPC编码是国际条形码组织推出的新一代产品编码体系。原来的产品条形码仅是对产品分类的编码，EPC码是对每个单品都赋予一个全球唯一编码。EPC系统是一个完整的、复杂的、综合的系统。

(1) EPC系统构成

EPC系统主要由以下六个部分组成：

① EPC编码标准。

② EPC 标签。

③ 识读器。

④ 神经网络软件(Savant 系统)。

⑤ 对象名称解析服务(Object Naming Service,简称 ONS)。

⑥ 实体标记语言(Physical Markup Language,简称 PML)。

(2) EPC 体系特点

全球产品电子代码(EPC)体系具有以下特点:

① 唯一性

EPC 是对实体对象的全球唯一标识,一个实体对象仅赋予一个代码,一个 EPC 代码只标识一个实体对象。

② 科学性

EPC 编码结构科学、合理、清晰,EPC 编码解决方案适用于物品跟踪和物流管理的各个环节。

③ 简单性

EPC 编码采用全数字式,不受语言等限制。

④ 兼容性

EPC 编码解决方案可与其他事实上的国际标准相兼容。

2.2.2 物联网网络层关键技术

广泛覆盖的移动通信网络是实现物联网的基础设施,网络层主要解决感知层所获得的长距离传输数据的问题,它是物联网的中间层,是物联网三大层次中标准化程度最高、产业化能力最强、最成熟的部分。

1. ZigBee

ZigBee,也称紫蜂,是一种低速短距离传输的无线网上协议,底层是采用 IEEE 802.15.4 标准规范的媒体访问层与物理层,用于传感控制应用(Sensor and Control)。其主要特点有低速、低耗电、低成本、支持大量网上节点、支持多种网上拓扑、低复杂度、快速、可靠、安全。

ZigBee 与蓝牙类似,是一种新兴的短距离无线通信技术。

一个 ZigBee 网络由一个协调器节点、多个路由器和多个终端设备节点组成。

2. Wi-Fi

所谓无线网络,是指无需布线就能实现各种通信设备互联的网络。无线网络技术涵盖的范围很广,既包括允许用户建立远距离无线连接的全球语音和数据网络,也包括为近距离无线连接进行优化的红外线及射频技术。

根据网络覆盖范围的不同,可以将无线网络划分为:

(1) 无线广域网(WWAN:Wireless Wide Area Network)。

(2) 无线局域网(WLAN:Wireless Local Area Network)。

(3) 无线城域网(WMAN:Wireless Metropolitan Area Network)。

(4) 无线个人局域网(WPAN:Wireless Personal Area Network)。

其特点是:

(1) 可移动性强,能突破时空的限制。

(2) 网络扩展性能相对较强。

(3) 设备安装简易，成本低廉。

3. Bluetooth

蓝牙是一种支持设备短距离(一般 10 m 以内)通信的无线电技术，能在包括移动电话、PDA、无线耳机、笔记本电脑、相关外设等众多设备之间进行无线信息交换。利用“蓝牙”技术，能够有效地简化移动通信终端设备之间的通信，也能够成功地简化设备与 Internet 之间的通信，从而使数据传输变得更加迅速、高效，为无线通信拓宽道路。

蓝牙作为一种小范围无线连接技术，能在设备之间实现方便快捷、灵活安全、低成本、低功耗的数据通信和语音通信，因此它是目前实现无线个域网通信的主流技术之一。

蓝牙技术是一种无线数据和语音通信开放的全球规范，它是基于低成本的近距离无线连接，为固定和移动设备建立通信环境的一种特殊的近距离无线技术连接。

4. GPS 技术

要建立一个有效的物联网，有两大难点必须解决：一是规模性，只有具备了一定的规模，才能使物品的智能发挥作用；二是流动性，物品通常都不是静止的，而是处于运动的状态，必须保持物品在运动状态、甚至高速运动状态下都能随时实现对物品的监控和追踪。

在当前技术条件下，对运动状态下物品的追踪最好是依托全球定位系统(Global Position System，简称 GPS)。GPS 技术是一种非常成熟的技术，它本质上也是无线通信技术的一种。定位系统是以确定空间位置为目标而构成的相互关联的一个集合体或装置(部件)，这个系统可以保证在任意时刻、地球上任意一点都可以同时观测到至少 4 颗卫星，以保证卫星可以采集到该观测点的经纬度和高度，以便实现导航、定位、授时等功能。

2.2.3　物联网应用层关键技术

应用层位于物联网三层结构中的最顶层，其功能为“处理”，即通过云计算平台进行信息处理。应用层与最低端的感知层一起，是物联网的显著特征和核心所在，应用层可以对感知层采集的数据进行计算、处理和知识挖掘，从而实现对物理世界的实时控制、精确管理和科学决策。

物联网应用层的核心功能围绕两个方面：

一是“数据”，应用层需要完成数据的管理和数据的处理。

二是“应用”，仅仅管理和处理数据还远远不够，必须将这些数据与各行业应用相结合。

从结构上划分，物联网应用层包括以下三个部分：

(1) 物联网中间件

物联网中间件是一种独立的系统软件或服务程序，中间件将各种可以公用的能力进行统一封装，提供给物联网应用使用。

(2) 物联网应用

物联网应用就是用户直接使用的各种应用，如智能操控、安防、电力抄表、远程医疗、智能农业等。

(3) 云计算

云计算可以助力物联网海量数据的存储和分析。依据云计算的服务类型可以将云分为：基础架构即服务(IaaS)、平台即服务(PaaS)、软件即服务(SaaS)。

2.2.4 物联网与云计算、大数据、人工智能的关系

1. 物联网与云计算

云计算相当于人的大脑，是物联网的神经中枢。云计算是基于互联网相关服务的增加、使用和交付模式，通常涉及通过互联网来提供动态易拓展且经常是虚拟化的资源。目前，很多物联网的服务器部署在云端，通过云计算提供应用层的各项服务。

2. 物联网与大数据

物联网不仅是大数据的重要来源，还是大数据应用的主要市场。在物联网中，现实世界的每个物体都可以是数据的生产者和消费者，由于物体种类繁多，物联网对大数据应用技术的创新也是层出不穷。

3. 物联网与人工智能

目前我们正处于人工智能快速发展的时代，然而人工智能的发展在很大程度上依赖于物联网硬件，物联网硬件设备主要负责人工智能所需要的数据采集。物联网与人工智能之间最直接的一个联系就是大数据，物联网为大数据提供了主要的数据来源，所以没有物联网也就没有大数据，而大数据是人工智能的重要基础，所以从这个角度来说，物联网也是人工智能的重要基础。

从整体架构来看，物联网是人工智能产品的“支撑点”。一方面物联网通过人工智能产品来感知世界；另一方面人工智能产品通过物联网来改变环境，而物联网所采集到的数据则是人工智能产品进行决策的基础。

2.3 物联网的主要应用领域及发展趋势

2.3.1 物联网的主要应用

物联网用途广泛，遍及智能交通、环境保护、政府工作、公共安全、平安家居、智能消防、工业监测、农业管理、老人护理、个人健康等领域。

1. 智能电网

智能电网是指一个完全自动化的电力传输网络，能够监视和控制每个用户和电网节点，保证从电厂到终端用户整个输配电过程中所有节点之间的信息和电能的双向流动，其构成包括数据采集、数据传输、信息集成、分析优化和信息展现五个方面。采用物联网技术可以全面有效地对电力传输的整个系统，从电厂、大坝、变电站、高压输电线路直至用户终端进行智能化处理，包括对电力系统运行状态实施监控和自动故障处理等。

2. 智能交通

智能交通是一种先进的一体化交通综合管理系统，在智能交通体系中，车辆靠自己的智能装置在道路上自由行驶，公路靠自身的智能装置将交通流量调整至最佳状态，借助于这个系统，公交公司能够有序灵活地调度车辆，管理人员将对道路车辆的行踪掌握得一清二楚。

智能交通领域中物联网的主要功能可以概括为以下五点：

(1) 车辆控制。

(2) 交通监控。

(3) 运营车辆调度管理。

(4) 交通信息查询。

(5) 智能收费。

3. 智能城市

智能城市产品包括对城市的数字化管理和城市安全的统一监控。前者利用“数字城市”理论,基于 3S(地理信息系统 GIS、全球定位系统 GPS、遥感系统 RS)等关键技术,深入开发和应用空间信息资源,建设服务于城市规划、城市建设和管理,服务于政府、企业、公众,服务于人口、资源环境、经济社会的可持续发展的信息基础设施和信息系统。后者基于宽带互联网的实时远程监控、传输、存储、管理的业务,利用中国电信无处不达的宽带和移动通信网络,将分散、独立的图像采集点进行联网,实现对城市安全的统一监控、统一存储和统一管理,为城市管理和建设者提供一种全新、直观、视听觉范围延伸的管理工具。

4. 智能物流

物流是指物品从供应地向接收地的实体流动过程,现代物流系统是从供应、采购、生产、运输、仓储、销售到消费的供应链。物联网技术的出现从根本上改变了物流中信息的采集方式,提高了从生产、运输、仓储到销售各环节的物品流动监控、动态协调的管理水平,极大地提高了物流效率。

5. 智能家居

智能家居是利用先进的计算机、嵌入式系统和网络通信,将家庭的各种设备(如照明、环境控制、安防系统、网络家电)通过家庭网络连接在一起。一方面,智能家居让用户更方便地管理家庭设备;另一方面,智能家居内的各种设备之间可以通信,且不需要人为操作,自主地为用户服务。

6. 金融与服务业

物联网的诞生把商务延伸和扩展到了任何物品上,摆脱了固定的设备和网络环境的束缚,真正实现了突破空间和时间束缚的信息采集。这使得“移动支付”“移动购物”“手机钱包”“手机银行”“电子机票”等概念层出不穷。另外,通过将国家、省、市、县、乡镇的金融结构联网,建立一个金融部门信息共享平台,有效遏制传统金融市场因缺乏有效监管而带来的风险蔓延,维护国家经济安全和金融稳定。

7. 精细农牧业

把物联网应用到农业生产,可以根据用户需求随时进行处理,为实施农业综合生态信息自动检测、对环境进行自动控制和智能化管理提供科学依据。例如,可以实时采集温室内温度、湿度信号以及光照、土壤温度、二氧化碳浓度、叶面湿度、露点温度等环境参数,经由无线信号收发模块传输数据,实时对大棚温湿度进行远程控制,自动开启或者关闭指定设备。

在粮库内安装各种温度、湿度传感器,通过联网将粮库内环境变化参数实时传到计算机或手机进行实时观察,记录现场情况以保证粮库内的温湿度平衡。

在牛、羊等牲畜体内植入传感芯片,放牧时可以对其进行跟踪,实现无人化放牧。

8. 医疗健康

将物联网技术应用于医疗健康领域,可以解决医疗资源紧张、医疗费用高、老龄化压力大等各种问题。例如,借助实用的医疗传感设备,可以实时感知、处理和分析重大的医疗事件,从而快速、有效地作出响应。乡村卫生所、乡镇医院和社区医院可以无缝地连接到中心医院，从而实时地获取专家建议、安排转诊和接受培训。通过联网整合并共享各个医疗单位的医疗信息记录，从而构建一个综合的专业医疗网络。

9. 工业与自动化控制

以感知和智能为特征的新技术的出现和相互融合，使得未来信息技术的发展由以人类信息为主导的互联网向以物与物互联信息为主导的物联网转变。面向工业自动化的物联网技术是以泛在网络为基础、以泛在感知为核心、以泛在服务为目的、以泛在智能拓展和提升为目标的综合性一体化信息处理技术，并且是物联网的关键组成部分。物联网大大加快了工业化进程，显著提高了人类的物质生活水平，并在推进我国流程工业、制造业的产业结构调整、促进工业企业节能降耗、提高产品品质、提高经济效益等方面发挥了巨大推动作用。

10. 环境与安全监测

安全问题是如今人们越来越关注的问题。我们可以利用物联网开发出高度智能化的安防产品或系统，进行智能分析判断及控制，最大限度地降低因传感器问题及外部干扰造成的误报，并且能够实现高精度定位，完成由面到点的实体防御及精确打击，进行高度智能化的人机对话等功能，弥补传统安防系统的缺陷，确保人们的生命和财产安全。

11. 国防军事

物联网被许多军事专家称为“一个未探明储量的金矿”，正在孕育军事变革深入发展的新契机。物联网概念的问世，对现有军事系统格局产生了巨大冲击。它的影响不亚于互联网在军事领域里的广泛应用，将触发军事变革的一次重新启动，使军队建设和作战方式发生新的重大变化。

当然，物联网的应用并不局限于以上领域，用一句话来说，就是“网络无所不在，应用无所不能”。但有一点是值得我们肯定的，那就是物联网的出现和推广将极大地改变我们的生活。

2.3.2 物联网技术未来发展趋势

在当前物联网发展进程中，技术趋势呈现出融合化、嵌入化、可信化和智能化的特征，管理应用趋势呈现出标准化、服务化、开放化和工程化的特征。

(1) 应用大规模普及，即将成为下一个万亿级产业。

(2) 欧美市场将引领全球 RFID 产业发展。

物联网未来的发展趋势将与人工智能、自动驾驶和 5G 技术密切相关。有关人士认为，在未来 5～10 年内，物联网系统将吸纳全球绝大部分 AI 芯片，并被广泛部署在无人驾驶、智能城市领域，同时，5G 技术也将直接投入物联网的应用之中。

本章小结

当今，物联网把人们的生活拟人化了，万物成了人的同类。在这个物物相联的世界中，物品(商品)能够彼此进行“交流”，而无须人的干预。物联网的技术构成主要包括感知与标识技术、网络与通信技术、数据融合与服务技术及管理与支撑技术，形成了物联网络的主要支撑技术。

“智慧地球”“感知中国”“智慧城市”等概念的出现，表明物联网正以其多变的面目开始改变我们的世界。

习题2

单选题

1. 物联网中常提到的"M2M"概念不包括________。

A. 人到人　　B. 人到机器

C. 机器到人　　D. 机器到机器

2. 射频识别系统中真正的数据载体是________。

A. 读写器　　B. 电子标签

C. 天线　　D. 中间件

3. 现有的各种无线通信技术，________是最低功耗和成本的技术。

A. 蓝牙　　B. Wi-Fi

C. WiMedia　　D. ZigBee

4. 无线网络协议中的蓝牙协议是针对于________的。

A. 个域网　　B. 局域网

C. 城域网　　D. 广域网

5. 相比于传统的医院信息系统，医疗物联网的网络连接方式以________为主。

A. 有线传输　　B. 移动传输

C. 无线传输　　D. 路由传输

6. 第三次信息技术革命指的是________。

A. 互联网　　B. 物联网

C. 智慧地球　　D. 感知中国

7. 三层结构类型的物联网不包括________。

A. 感知层　　B. 网络层

C. 应用层　　D. 会话层

8. 二维码目前不能表示的数据类型是________。

A. 文字　　B. 数字

C. 二进制　　D. 视频

9. RFID卡的读取方式是________。

A. CCD或光束扫描　　B. 电磁转换

C. 无线通信　　D. 电擦除、写入

10. 物联网的英文名称是________。

A. Internet of Matters　　B. Internet of Things

C. Internet of Theorys　　D. Internet of Clouds

11. ________首次提出了物联网的雏形。

A. 彭明盛　　B. 乔布斯

C. 杨志强　　D. 比尔·盖茨

12. 物联网的核心技术是________。

A. 射频识别　　B. 集成电路　　C. 无线电　　D. 操作系统

13. ________不是物联网的应用模式。
A. 政府客户的数据采集和动态监测类应用
B. 行业或企业客户的数据采集和动态监测类应用
C. 行业或企业客户的购买数据分析类应用
D. 个人用户的智能控制类应用
14. ________不属于物联网十大应用范畴。
A. 智能电网 B. 医疗健康
C. 智能通信 D. 金融与服务业
15. 按照部署方式和服务对象可将云计算划分为________。
A. 公有云、私有云和混合云 B. 公有云、私有云
C. 公有云、混合云 D. 私有云、混合云
16. 将基础设施作为服务的云计算服务类型是________。
A. HaaS B. IaaS
C. PaaS D. SaaS
17. 2008 年，________先后在无锡和北京建立了两个云计算中心。
A. IBM B. 谷歌
C. 亚马逊 D. 微软
18. 智慧城市是与________相结合的产物。
A. 数字乡村物联网 B. 数字城市互联网
C. 数字城市物联网 D. 数字乡村局域网
19. 可以分析处理空间数据变化的系统是________。
A. GPS B. GIS
C. RS D. 3G
20. 智慧革命以________为核心。
A. 互联网 B. 局域网
C. 通信网 D. 广域网

第3章　移动互联网技术

3.1　移动互联网概述

移动互联网(Mobile Internet,简称 MI),就是将移动通信和互联网二者结合起来成为一体。4G 时代的开启以及移动终端设备日新月异的更新发展,必将为移动互联网的发展注入巨大的能量,使移动互联网产业产生前所未有的飞跃。

移动互联网继承了移动随时、随地、随身和互联网开放、共享、互动的优势,以网络为技术核心的,可同时提供语音、传真、数据、图像、多媒体等高品质电信服务的新一代开放的电信基础网络,由运营商提供无线接入,互联网企业提供各种成熟的应用。它是互联网的技术、平台、商业模式和应用与移动通信技术结合并实践的活动的总称。

3.1.1　移动互联网的基本概念

1. 定义

移动互联网是指移动通信终端与互联网相结合成为一体,是用户使用手机、PDA 或其他无线终端设备,通过速率较高的移动网络,在移动状态下(如在地铁、公交车等)随时、随地访问 Internet 以获取信息,使用商务、娱乐等各种网络服务。

移动互联网包括终端、软件和应用三个层面:

(1) 终端:智能手机、平板电脑、电子书、MID 等。

(2) 软件:操作系统、中间件、数据库和安全软件等。

(3) 应用:休闲娱乐类、工具媒体类、商务财经类等不同应用和服务。

随着技术和产业的发展,未来 LTE(长期演进,4G 通信技术标准之一)和 NFC(近场通信,移动支付的支撑技术)等网络传输层关键技术也将被纳入移动互联网的范畴。

移动互联网的定义有广义和狭义之分。广义的移动互联网是指用户可以使用手机、笔记本电脑等移动终端通过协议接入互联网;而狭义的移动互联网则是指用户使用手机终端通过无线通信的方式访问采用无线应用协议。

2. 要素与内涵

目前业界和学术界对于移动互联网的定义并不统一。认可度较高的主要是 2011 年中国工业和信息化部电信研究院发布的《移动互联网白皮书》中的定义,认为移动互联网是以移动网络作为接入网络的互联网及服务,并包含三个关键要素:

(1) 移动网络(包括 2G、3G、4G 等)。

(2) 移动终端(包括手机、数据卡方式的便携电脑和专用移动互联网终端等)。

(3) 应用服务(包括 WAP、Web 等)。

上述定义虽在内容上有所差异，但都反映了移动互联网的内涵与本质：首先，用户使用移动终端接入移动网络，移动互联网是移动通信与互联网的融合；其次，移动互联网衍生了丰富、广泛的新型应用，为用户带来了个性化、便捷的服务体验。

3. 移动互联网与无线互联网的区别

移动互联网强调使用蜂窝移动通信网接入互联网，因此常常特指手机终端采用移动通信网接入互联网并使用互联网业务。而无线互联网强调接入互联网的方式是无线接入，除了蜂窝网外还包括各种无线接入技术，如 WAN 等。随着电信网络和计算机网络在技术、业务方面的相互融合，目前业界倾向于不再区分移动互联网与无线互联网的细微差别。

移动互联网是基于个人应用和社区互联网应用的跨终端的统一服务。无线互联网是无线通信技术与网络技术相结合的产物，通过无线信道实现网络设备之间的通信的移动化、个性化和宽带化。

3.1.2　移动互联网的基本特征

移动互联网是在传统互联网基础上发展起来的，因此二者具有很多共性，但由于移动通信技术和移动终端发展不同，它又具备许多传统互联网没有的新特性。

1. 便捷性

移动互联网的主要媒介是移动终端，移动终端相对于 PC 来讲有非常显著的优点，那就是可以随身携带，非常方便。

2. 移动性

相对于 PC，由于移动终端小巧轻便、可随身携带两个特点，人们可以装入随身携带的书包和手袋中，并使得用户可以在任意场合接入网络。除了睡眠时间，移动设备一般都以远高于 PC 的使用时间伴随在其主人身边。这个特点决定了使用移动终端设备上网，可以带来使用 PC 上网无可比拟的优越性，即沟通与资讯的获取远比 PC 设备及时方便。

3. 隐私性

移动终端设备的隐私性远高于 PC 的要求。由于移动性和便携性的特点，移动互联网的信息保护程度较高，通常不需要考虑通信运营商与设备商在技术上如何实现它，高隐私性决定了移动互联网终端应用的特点，数据共享时既要保障认证客户的有效性，也要保证信息的安全性。

4. 定位性

移动互联网有别于传统互联网的典型应用是位置服务应用，它具有以下几个服务：位置签到、位置分享及基于位置的社交应用；基于位置围栏的用户监控及消息通知服务；生活导航及优惠券集成服务；基于位置的娱乐和电子商务应用；基于位置的用户环境上下文感知及信息服务。

5. 娱乐性

移动互联网上的丰富应用，如图片分享、视频播放、音乐欣赏、电子邮件等，为用户的工作、生活带来更多的便利和乐趣。

6. 局限性

移动互联网应用服务在便捷的同时，也受到了来自网络能力和终端硬件能力的限制。在网络能力方面，受到无线网络传输环境、技术能力等因素限制；在终端硬件能力方面，受到终端大小、处理能力、电池容量等的限制。

7. 强关联性

由于移动互联网业务受到了网络及终端能力的限制，因此，其业务内容和形式也需要匹配特定的网络技术规格和终端类型，具有强关联性。

8. 身份统一性

这种身份统一是指移动互联网用户自然身份、社会身份、交易身份、支付身份通过移动互联网平台得以统一。信息本来是分散在各处的，互联网逐渐发展、基础平台逐渐完善之后，各处的身份信息将得到统一。

3.1.3 移动互联网的发展历程

1. 移动互联网发展

移动互联网的发展始于 1999 年 2 月 NTT DoCoMo 推出的“i-mode”服务，当时，世界上都使用基于独自的 WAP 形式尝试面向移动终端的移动互联网服务。移动互联网发展历程如表 3－1 和图 3－1 所示。

表 3－1　移动互联网发展历程

阶段	年份	主要特点	应用
雏形	2000 年	运营商控制了用户、用户界面、信息内容、支付等各类产业链要素，移动梦网是市场初期的产物，是一个封闭的系统	主要以信息浏览和搜索为主
起步	2001—2006 年	越来越多独立的 SP(Service Provider)开始出现，移动增值市场用户数及收入开始提升	主要以信息浏览和搜索为主
发展	2007—2009 年	越来越多的硬件、互联网和运营商开始关注移动互联网业务，移动互联网关键产业链节点出现激烈的竞争局面	手机音乐(电视、阅读、动漫、游戏)等逐渐普及
展开	2010 年至今	通信运营商应用体系布局已经成型，互联网厂商、硬件厂商开始快速介入移动互联网产业	全面涵盖了基础工具、娱乐、商务等方面

(资料来源：公开资料整理)

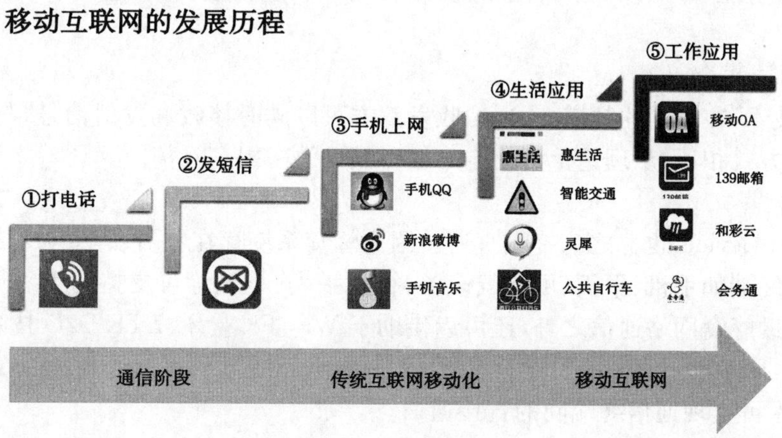

图 3－1　移动互联网发展历程

2. 中国移动互联网发展历程

(1) 萌芽期(2000—2007 年)

该时期由于受限于 2G 移动网络的网速和手机的智能化程度,中国移动互联网的发展处在一个简单的 WAP 应用期。WAP 应用把网上 HTML 的信息转换成用 WML 描述的信息,显示在移动电话的显示屏上。

(2) 成长培育期(2008—2011 年)

3G 移动网络的建设开启了中国移动互联网发展的新篇章。随着 3G 移动网络的部署和智能手机的出现,移动网速大幅提升,初步突破了手机上网带宽瓶颈。具有简单的应用软件安装功能的移动智能终端让移动上网功能得到大大增强。

(3) 高速成长期(2012—2013 年)

进入 2012 年之后,由于移动上网的需求大增,安卓智能操作系统的大规模商业化应用,使得传统功能手机进入了一个全面升级换代期。

(4) 全面发展期(2014—2018 年)

随着 4G 网络的部署,移动上网网速得到极大提高,上网网速的瓶颈基本破除,使得移动应用场景得到极大丰富。在移动互联网时代,手机 APP 应用是企业开展业务中的标配。

3.1.4 5G 关键技术和主要优势

1. 5G 网络通信的关键技术

(1) 高频段传输

足够大的可用带宽、小型化的天线和设备、较高的天线增益是高频段毫米波移动通信的主要优点,但也存在传输距离短、穿透和绕射能力差、容易受气候环境影响等缺点。

(2) 大规模天线技术

在无线传输技术领域,大规模天线技术在现有多天线技术基础上通过增加天线数可支持数十个甚至更高数量的独立空间数据流,从而可大幅提升多用户系统的频谱效率,是提升系统频谱效率的最重要技术手段之一,对满足 5G 系统容量和速率需求将起到重要的支撑作用。此外,原来的 2D 天线阵列拓展成为 3D 天线阵列,形成了新型的 3D-MIMO 技术,支持多用户波束智能赋形,减少用户间干扰,结合高频段毫米波技术,进一步改善了无线信号的覆盖性能。

(3) 同时同频全双工

利用该技术,在相同的频谱上,通信收发双方可以同时接收和发射信号,与传统的 TDD 和 FDD 双工方式相比,从理论上可使空中接口频谱效率提高一倍。

(4) D2D

Device-to-Device,也称之为终端直通。因为蜂窝系统存在覆盖、容量和功耗等方面的问题,智能网络终端如手机、平板、可穿戴设备、智能手表、车辆等可支持的无线通信能力越来越强,除了借助蜂窝网络通信之外,还可以借助于 Wi-Fi、蓝牙、LTE-D2D 技术实现终端间的直接通信。D2D 作为 5G 的关键技术之一,对蜂窝系统起到了必不可少的支撑和补充作用。D2D 技术可实现通信终端间的直接通信。

(5) 密集网络

无线通信网络正朝着网络多元化、宽带化、综合化、智能化的方向演进。随着各种智能终端的普及，数据流量将出现井喷式的增长。未来数据业务将主要分布在室内和热点地区，这使得超密集网络成为实现未来 5G 的 1 000 倍流量需求的主要手段之一。超密集网络能够改善网络覆盖，大幅度提升系统容量，并且对业务进行分流，具有更灵活的网络部署和更高效的频率复用。

(6) 新型网络架构

新型网络架构基于软件定义网络（SDN）、网络功能虚拟化（NFV）、移动边缘计算（MEC）和雾计算（Fog Computing）等技术可实现以用户为中心的更灵活、智能、高效和开放的 5G 新型网络。

目前，LTE 接入网采用网络扁平化架构，减小了系统时延，降低了建网成本和维护成本。未来 5G 可能采用 C-RAN 接入网架构。C-RAN 通过结合集中化的基带处理、高速的光传输网络和分布式的远端无线模块，形成绿色清洁、集中化处理、协作化无线电、云计算化的无线接入网架构。

2. 5G 网络通信的优势

(1) 5G 网络通信技术传输速度快。

5G 网络通信技术是当前世界上最先进的一种网络通信技术。相比于现在被普遍应用的 4G 网络通信技术来讲，5G 网络通信技术在传输速度上有着非常明显的优势，在传输速度上的提高在实际应用中十分具有优势，传输速度的提高是一个高度的体现，是一个进步的体现。

(2) 5G 网络通信技术传输的稳定性。

5G 网络通信技术不仅做到了在传输速度上的提高，在传输的稳定性上也有突出的进步。5G 网络通信技术应用在不同的场景中都能进行很稳定的传输，能够适应多种复杂的场景。

(3) 5G 网络通信技术的高频传输技术。

高频传输技术是 5G 网络通信技术的核心技术，高频传输技术正在被多个国家同时进行研究。目前，低频传输的资源越来越紧张，而 5G 网络通信技术的运行使用需要更大的宽带，低频传输技术已经满足不了 5G 网络通信技术的工作需求，所以要更加积极主动地去探索、去开发。高频传输技术在 5G 网络通信技术的应用中起到了不可忽视的作用。

3.2　移动互联网的关键技术

移动互联网的关键技术包括架构技术 SOA、页面展示技术 Web 2.0 和 HTML 5，以及主流开发平台 Android、iOS 和 Windows Phone。

3.2.1　SOA 面向服务架构的基本概念

Service Oriented Architecture，即面向服务的架构，SOA 是一种粗粒度、松耦合服务架构，服务之间通过简单、精确定义接口进行通信，不涉及底层编程接口和通信模型。SOA 可以看作是 B/S 模型、XML（标准通用标记语言的子集）/Web Service 技术之后的自然延伸。

Web Service 是目前实现 SOA 的主要技术。

SOA 系统是一种企业通用性架构。

服务(Service)是整个 SOA 实现的核心。

架构(Architecture)可以将上述 Web 服务组合成符合客户需求的业务模型。

3.2.2 Web 2.0 的含义

Web 2.0 是新的互联网应用的统称，相对于早期的 Web 1.0 服务，Web 2.0 以用户为中心，强调用户既是内容的创造者也是内容的消费者，侧重于用户之间的交互和用户对于网络内容的贡献，由此带来人与人之间沟通方式的深刻变革。

Web 2.0 是被赋予了一定的灵活性及模块化特性的工具，帮助用户通过网络平台实现对信息的制作、加工、混合与分享。一方面可以通过标签、个性化搜索来管理和维护个性化信息，另一方面可以通过社交行为、媒体分享来实现全球本土化和信息分享，最后通过 RSS、APIs 和 Web 服务对它们进行重组和再加工。Web 2.0 同时强调社会化，强调开放、共享，强调参与、创造。Web 2.0 的最大改变就是用户开始改变、创造网络内容。Web 2.0 凸显每个用户的价值，每个人在互联网上都可以创造自己的内容。

Web 2.0 技术主要包括：博客(BLOG)、RSS、维基百科(WIKI)、网摘、社会网络(SNS)、P2P、即时信息(IM)等。

3.2.3 HTML 5

HTML 5 是在原有 HTML 基础之上扩展了 API，使 Web 应用成为 RIA(Rich Internet Applications)，具有高度互动性、丰富用户体验以及功能强大的客户端。

HTML 5 的特性：

(1) 智能表单。

(2) 绘图画布。

(3) 多媒体。

(4) 地理定位。

(5) 数据存储。

(6) 多线程。

3.2.4 Android 的系统架构

Android 的系统架构共分为五层：

(1) 应用层。

(2) 应用框架层。

(3) 系统运行库层。

(4) 硬件抽象层。

(5) Linux 内核层。

Android 的系统架构如图 3-2 所示。

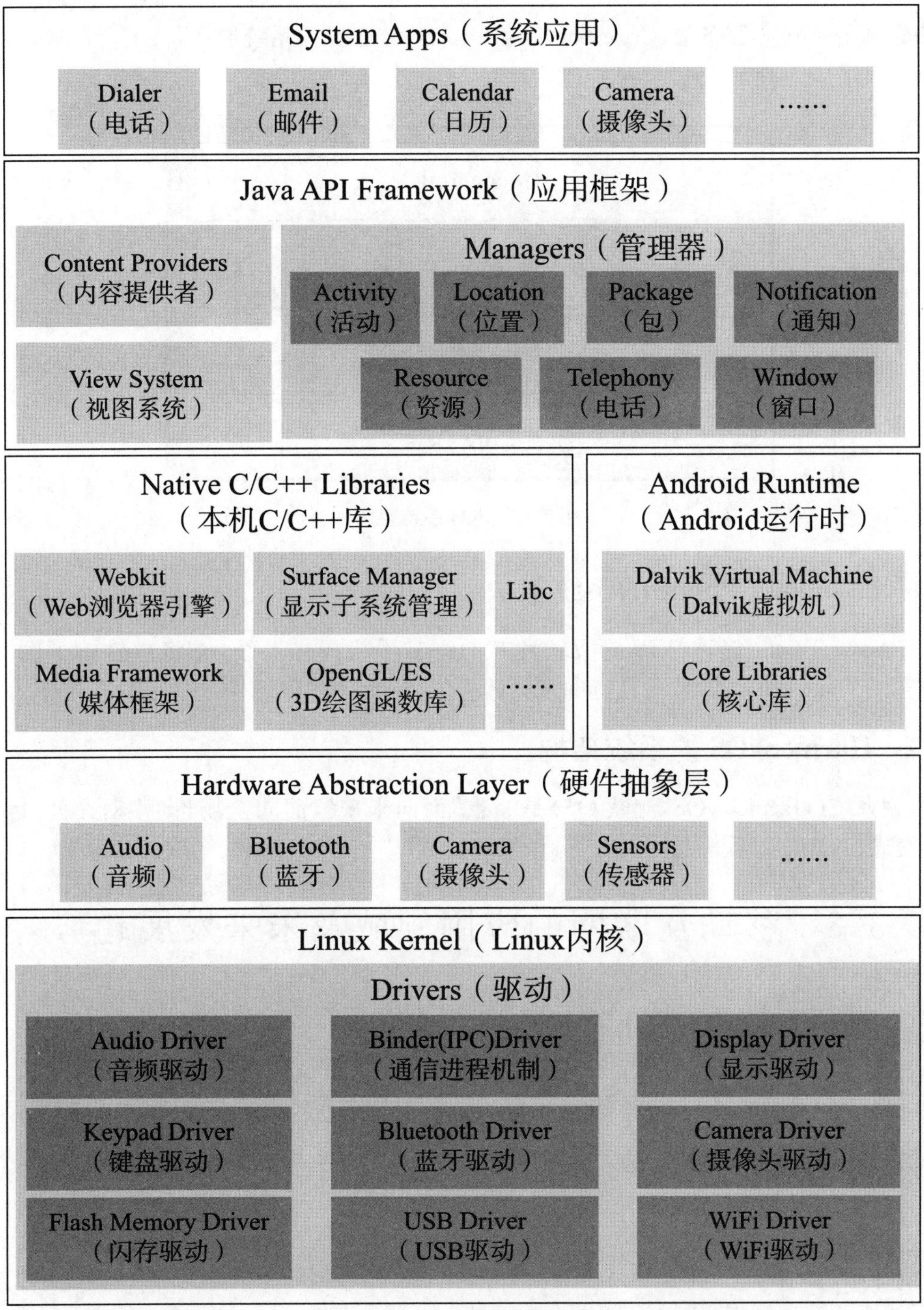

图 3－2　Android 的系统架构

3.2.5 iOS 的系统架构

iOS 的系统架构分为四层，由上到下依次为：可触摸层(Cocoa Touch Layer)、媒体层(Media Layer)、核心服务层(Core Services Layer)、核心操作系统层(Core OS Layer)。iOS 系统架构如图 3－3 所示。

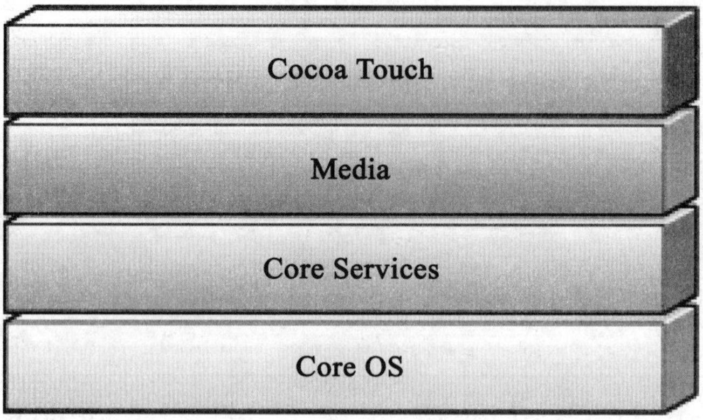

图 3－3 iOS 系统架构

3.2.6 Windows Phone 的系统架构

Windows Phone 简称 WP，是微软发布的一款手机操作系统，它将微软旗下的 Xbox Live 游戏、Xbox Music 音乐与独特的视频体验集成至手机中。

3.2.7 HarmonyOS 的系统架构

鸿蒙系统(HarmonyOS，鸿蒙 OS)是一款“面向未来”、面向全场景(移动办公、运动健康、社交通信、媒体娱乐等)的分布式操作系统。

3.3 移动互联网的应用领域及未来发展趋势

3.3.1 移动互联网的应用领域

目前，移动互联网正逐渐渗透到人们生活、工作的各个领域，微信、支付宝、位置服务等丰富多彩的移动互联网应用迅猛发展，正在深刻改变信息时代的社会生活。

移动互联网的应用领域主要有以下几个方面：

(1) 移动互联网金融。

(2) 移动电子政务。

(3) 娱乐。

(4) 医疗。

3.3.2　移动互联网未来发展趋势

移动互联网未来发展趋势主要表现在以下几个方面：

(1) 实现技术多样化。

(2) 商业模式多元化。

(3) 参与主体的多样性。

本章小结

互联网和无线通信技术的发展给我们的生活带来了巨大变化，人们可以通过计算机与互联网的无线连接获取信息，随时随地进行交流与沟通。移动服务提供商的高速移动服务网络，更是加速了移动互联网的发展，尤其是 5G 网络通信的出现。

移动互联网的关键技术主要包括 SOA、Web 2.0、HTML 5.0 等服务与页面技术以及移动平台的支撑(iOS、Android 和 Windows Phone 等)。

未来的信息技术变革将在移动互联网上慢慢展开，语音通信、即时消息、视频电话、移动邮件等通信服务，移动浏览、移动社区、移动搜索、移动定位服务、远程监控、遥控等移动增值服务，移动办公、移动电子政务等办公、办事服务，移动支付、移动商城、移动广告等消费服务，移动游戏、手机音乐等娱乐服务都将会出现在移动互联网上，这将推动整个社会全面进入信息化的时代，提升人们工作、学习、生活的效率，进一步提高人们的生活水平，促进社会朝着节能、环保、低碳的可持续发展道路前进。

习题 3

单选题

1. ________是计算机硬件系统的核心。

A. 主板　　B. CPU

C. ROM　　D. 总线

2. 运行于 iPhone、iPod Touch 以及 iPad 设备上的操作系统是________。

A. Android　　B. Symbian

C. BlackBerry　　D. iOS

3. ________操作系统具有功耗低、内存占用少等特点，非常适合手机等移动设备使用。

A. Android　　B. Symbian

C. BlackBerry　　D. iOS

4. 移动终端微浏览器所显示的页面由________语言来创建。

A. HTML　　B. WML

C. RSS　　D. XML

5. 智能手机的特点是________。

A. 具备无线接入互联网的能力　　B. 打电话

C. 发短信　　D. 玩游戏

6. 手机的操作系统主要有________。

A. 安卓、iOS 和 WP
B. 安卓、ISO 和 WP
C. 安卓、S40 和 WP
D. Windows XP

7. 平板电脑的优点是________。

A. 小巧、便于携带
B. 屏幕大、电池小
C. 办公性能卓越
D. 不适合娱乐

8. 手机 CPU 芯片厂商高通的主流 CPU 是________。

A. 速龙
B. 小龙
C. 骁龙
D. 火龙

9. 从覆盖范围来分，蓝牙技术属于________宽带无线接入技术。

A. 广域
B. 局域
C. 城域
D. 个域

10. 无线局域网的优点不包括________。

A. 移动性
B. 灵活性
C. 可伸缩性
D. 实用性

11. 无线局域网使用的标准是________。

A. 802.11
B. 802.15
C. 802.16
D. 802.20

12. 移动互联网所运用的技术不包括________。

A. 终端技术
B. 通信技术
C. 互联网技术
D. 移动通信技术

13. 移动互联网的移动性是指________。

A. 相对于固定互联网，更加灵活、便捷和高效
B. 相对于固定互联网，通信设施可灵活移动
C. 业务用户一般对应着一个具体的移动话音用户
D. 移动话音和移动互联网业务的一体

14. 动互联网的影响不包括________。

A. 创造新的社交方式
B. 创造新的媒体传播方式
C. 驱动移动电子商务
D. 彻底改变传统的搜索方式

15. 移动互联网的特征不包括________。

A. 联通性
B. 移动性
C. 个性化
D. 融合性

16. 以下关于移动互联网(Mobile Internet，简称 MI)的叙述中，不恰当的是________。

A. 高便携性、公开共享性、应用轻便等是 MI 的主要特征
B. MI 是一种通过智能移动终端，采用移动无线通信方式获取业务和服务的新兴业态
C. MI 包含终端、软件和应用三个层面，其中软件包括中间件、数据库和安全软件等
D. 移动社交将成为客户数字化生存的平台，手机搜索将成为 MI 发展的助推器

17. 下面关于移动互联网的描述不正确的是________。

A. 移动互联网是由移动通信技术和互联网技术融合而生

B. 移动互联网需要实现用户在移动过程中通过移动设备随时随地访问互联网

C. 移动互联网由接入技术、核心网、互联网服务三部分组成

D. 移动互联网指的是互联网在移动

18. 随着我国移动互联网用户规模的不断增长，网络信息由传统 PC 端流向移动端，互联网全面进入移动互联时代，而以微信、微博、客户端为代表的________进一步成为移动舆论场新重心。

A. “两微一端”　　　　B. 传媒

C. 网络　　　　D. APP

19. 以下关于移动互联网发展趋势的叙述中，不正确的是________。

A. 移动互联网与 PC 互联网协调发展，共同服务经济社会

B. 移动互联网与传统行业融合，衍生新的应用模式

C. 随着移动设备的普及，移动互联网将逐步替代 PC 互联网

D. 移动互联网对用户的服务将更泛在、更智能、更便捷

第4章 云计算技术

4.1 云计算概述

云计算主要经历了四个阶段才发展到现在这样比较成熟的水平，这四个阶段依次是电厂模式（或称集中计算）、效用计算（或称分散计算或虚拟化计算）、网格计算和云计算。

1. 电厂模式阶段

电厂模式就好比是利用电厂的规模效应，来降低电力的价格，并让用户使用起来更方便，且无需维护和购买任何发电设备。

2. 效用计算阶段

1960年左右，当时计算设备的价格是非常高昂的，远非普通企业、学校和机构所能承受，所以很多人产生了共享计算资源的想法。1961年，人工智能之父麦肯锡在一次会议上提出了“效用计算”这个概念，其核心借鉴了电厂模式，具体目标是整合分散在各地的服务器、存储系统以及应用程序来共享给多个用户，让用户能够像把灯泡插入灯座一样来使用计算机资源，并且根据其所使用的量来付费。

3. 网格计算阶段

网格计算研究如何把一个需要非常巨大的计算能力才能解决的问题分成许多小的部分，然后把这些部分分配给许多低性能的计算机来处理，最后把这些计算结果综合起来攻克大问题。可惜的是，网格计算在商业模式、技术和安全性方面的不足，使其并没有在工程界和商业界取得预期的成功。

4. 云计算阶段

云计算的核心与效用计算和网格计算非常类似，也是希望IT技术能像使用电力那样方便，并且成本低廉。但与效用计算和网格计算阶段不同的是，2014年在需求方面已经有了一定的规模，同时在技术方面也已经基本成熟。

4.1.1 云计算的基本概念

1. 定义

（1）云计算是一种商业计算模型，是分布式计算（Distributed Computing）、并行计算（Parallel Computing）、效用计算（Utility Computing）、网络存储技术（Network Storage Technologies）、虚拟化（Virtualization）、负载均衡（Load Balance）、热备份冗余（High Available）等传统计算机和网络技术发展融合的产物。它将计算任务分布在大量计算机构成的资源池上，使用户能够按需获取计算力、存储空间和信息服务。它可以将按需提供自助服务汇聚成高效池，以服务形式交付使用。

(2) 狭义的云计算是指 IT 基础设施的交付和使用模式，指通过网络以按需、易扩展的方式获得所需的资源(如硬件、平台、软件)。提供资源的网络被称为“云”，“云”中的资源在使用者看来是可以无限扩展的，并且可以随时获取、按需使用，随时扩展、按使用量付费。

(3) 广义的云计算是指服务的交付和使用模式，指通过网络以按需、易扩展的方式获得所需的服务。这种服务可以是 IT 和软件、互联网相关的，也可以是任意其他的服务。

2. 特征

(1) 按需使用的自助服务。

客户无需直接接触每个云计算服务的开发商，就可以单方面自主获取其所需的服务器、网络存储、计算能力等资源或根据自身情况进行组合。

(2) 广泛的网络访问方式。

客户可以使用移动电话、PC、平板电脑或工作站点等各种不同类型的胖/瘦客户端通过网络(主要是互联网)随时随地访问资源池。

(3) 资源池。

客户无需掌握或了解所提供资源的具体位置，就可以从资源池中按需获得存储以及网络带宽等计算资源，且资源池可以实现动态扩展以及分配。

(4) 快速地弹性使用。

云计算所提供的计算能力可以被弹性地分配和释放，此外还可以自动地根据需求快速伸缩，也就是说，计算能力的分配常常呈现出无限的状态，并且可以在任何时间分配任何数量。

(5) 可评测的服务。

云计算系统可以根据存储、处理、带宽和活跃用户账号的具体情况进行自动控制，以优化资源配置，同时还可以将这些数据提供给客户，从而实现透明化的服务。

3. 云计算的优势

云计算之所以被誉为企业的未来，是因其有不可替代的独特优势，具体如表 4－1 所示。

表 4－1　云计算的主要优势

优势	描述
降低企业运营成本	云计算能使资源得到充分利用，如共享价格昂贵的服务器、各种网络设备、工作人员等，使客户可以专注于其职务范围内的核心价值(如对业务和流程的洞察力)创造，而不必将大量精力耗费在基础设施的建立和维护上
提升信息处理速度	云计算的分布式特性使其可以将复杂的网络信息处理工作自动分解为若干子任务，然后交由多部服务器组成的庞大系统进行搜寻、计算和分析，最终将处理结果统一反馈给用户，整个过程仅需秒级的时间即可完成
实现资源动态扩展	云计算可以根据用户的需求，动态调配分散在不同地理位置的各类软硬件资源：当用户提出新计算需求时，云计算动态地为其分配一个可用资源；当用户需求已满足或结束时，云计算会合理、及时地回收其所占用的资源，并分配给有需求的其他用户，从而提高资源的使用效率，实现资源利用的动态扩展
简化维护	云计算使用自动化运维工具，对物理资源、虚拟资源进行统一调配，即对资源的统计、监控、调度和服务进行管理，从而实现对数据中心统一、便捷、高效、智能的一体化运维管理

4.1.2 云计算产生的历史背景

云计算的发展是需求推动、技术进步及商业模式转换共同作用下的结果。

1. 需求是云计算的动力

IT 设施要成为社会基础设施，现在面临高成本的瓶颈，这些成本至少包括人力成本、资金成本、时间成本、应用成本和环境成本。云计算带来的益处是显而易见的：用户不需要专门的 IT 团队，不需要购买、维护、安放有形的 IT 产品，可以低成本、高效率、随时快捷地按需使用 IT 服务；云计算服务提供商可以极大提高资源（硬件、软件、空间、人力、物力、资源等）的利用率和业务响应速度，有效聚合产业链。

2. 技术是云计算发展的基础

云计算自身核心技术的发展，如硬件技术、虚拟化技术（计算虚拟化、网络虚拟化、存储虚拟化、桌面虚拟化、应用虚拟化）、海量存储技术、分布式并行计算、多用户架构、自动管理与部署；云计算赖以存在的移动互联网技术的发展，如高速、大容量的网络，无处不在的接入，灵活多样的终端，集约化的数据中心 Web 技术。

3. 商业模式是云计算的内在要求

商业模式是用户需求的外在体现，并且云计算技术为这种特定商业模式提供了现实可能性。

所以说云计算是分布式计算、并行计算、效用计算、网络存储、虚拟化、负载均衡等传统计算机和网络技术发展融合的产物。

4.2 云计算的关键技术

云计算是一种新型的超级计算方式，以数据为中心，是一种数据密集型的超级计算。云计算的目标是以低成本的方式提供高可靠、高可用、规模可伸缩的个性化服务，要实现这个目标，需要分布式海量数据存储、虚拟化技术、云平台技术、并行编程技术、数据管理技术等若干关键技术支持。

1. 分布式海量数据存储

随着信息化建设的不断深入，信息管理平台已经完成了从信息化建设到数据积累的职能转变，在一些信息化起步较早、系统建设较规范的行业，如通信、金融和大型生产制造等领域，海量数据的存储、分析需求的迫切性日益明显。

2. 虚拟化技术

虚拟化技术是云计算系统的核心组成部分之一，是将各种计算及存储资源充分整合和高效利用的关键技术。云计算的虚拟化技术不同于传统的单一虚拟化，它是涵盖整个 IT 架构的，包括资源、网络、应用和桌面在内的全系统虚拟化。通过虚拟化技术可以实现将所有硬件设备、软件应用和数据隔离开来，打破硬件配置、软件部署和数据分布的界限，实现 IT 架构的动态化，实现资源集中管理，使应用能够动态地使用虚拟资源和物理资源，提高系统适应需求和环境的能力。

3. 云平台技术

云计算资源规模庞大，服务器数量众多且分布在不同的地点，同时运行着数百种应用，如何有效地管理这些服务器，保证整个系统提供不间断的服务是巨大的挑战。

云平台技术能够使大量的服务器协同工作，方便地进行业务部署，快速发现和恢复系统故障，通过自动化、智能化的手段实现大规模系统的可靠运营。

4. 并行编程技术

目前两种最重要的并行编程模型是数据并行和消息传递。数据并行编程模型的编程级别比较高，编程相对简单，但它仅适用于数据并行问题；消息传递编程模型的编程级别相对较低，但消息传递编程模型可以有更广泛的应用范围。

5. 数据管理技术

首先，云计算系统对大数据集进行处理、分析，向用户提供高效的服务，因此，数据管理技术必须能够高效地管理大数据集。其次，如何在规模巨大的数据中找到特定的数据，也是云计算数据管理技术所必须解决的问题。

4.2.1　分布式计算的概念及特点

1. 概念

随着云平台上数据规模的不断扩大，单机的计算能力已经无法满足数据计算的需求，如何将多台机器的计算能力联合起来以满足人们日益庞大的计算能力需求是目前云计算领域的研究热点之一。

从用户的角度来看，云计算服务可以看成“云存储＋云计算”。而基于大规模集群的分布式计算技术正是目前云计算平台的核心技术。

分布式计算是一种计算方法，和集中式计算是相对的。分布式计算将大任务化为小任务，任务之间相互独立，上一个任务的结果未返回或结果处理错误，对下一个任务的处理几乎没有什么影响，因此，分布式计算的实时性要求不高，而且允许存在计算错误(因为每个计算任务会分配给多个参与者计算，服务器会对上传的计算结果进行比较，并对存在较大差异的结果进行验证)。

2. 特点

(1) 由于网络可跨越的范围非常广，因此如果设计得当，分布式计算的可扩展性会非常好。

(2) 分布式计算中的每个节点都有自己的处理器和内存，并且该节点的处理器只能访问自己的内存。

(3) 在分布式计算中，节点之间的通信以消息传递为主，数据传输较少，因此每个节点看不到全局，只知道自己负责部分的输入和输出。

(4) 在分布式计算中，节点的灵活性很大，单个节点可随时加入或退出，各个节点的配置也不尽相同，但一个拥有良好设计的分布式计算机制应该保证整个系统的可靠性不受单个节点的影响。

4.2.2　虚拟化技术的概念及特点

1. 概念

虚拟化技术是实现云计算最重要的技术基础。通过虚拟化技术，能够实现物理资源的逻辑抽象表示，提高资源的利用率，并能够根据用户不同的需求，灵活地进行资源分配和部署。

虚拟技术的主要应用对象是互联网资源，根据计算机系统层级使用对应资源，可以划分出不同类型的虚拟化技术，包括计算机基础设备虚拟化技术、计算机系统虚拟化技术、计算机软件虚拟化技术。

Hyper-V、VMware、KVM、VirtualBox、Xen、QEMU 等都是非常典型的虚拟化技术。Hyper-V 是微软的一款虚拟化产品，旨在为用户提供成本效益更高的虚拟化基础设施软件，从而为用户降低运作成本、提高硬件利用率、优化基础设施、提高服务器的可用性。VMware(威睿)是全球桌面到数据中心虚拟化解决方案的领导厂商。

目前典型的虚拟化技术如图 4 - 1 所示。

图 4 - 1　虚拟化技术

2. 特点

(1) 降低能耗，节约空间，节约成本。

(2) 提高使用灵活性，实现动态的资源部署和重配置，满足不断变化的业务需求。

(3) 提高安全性，主要是因为虚拟可实现较简单的共享机制无法实现的隔离和划分，这些特性可实现对数据和服务进行可控和安全的访问。

(4) 虚拟可在不影响用户的情况下对物理资源进行删除、计算机虚拟化技术升级或改变。

(5) 有更高的可扩展性，虚拟化技术能根据不同的产品、资源分区和汇聚可支持实现比个体物理资源小得多或大得多的虚拟资源，这意味着用户可以在不改变物理资源配置的情况下进行规模调整。

(6) 互操作性和投资保护，主要在于虚拟资源可提供底层物理资源无法提供的与各种接口和协议的兼容性。

(7) 改进资源供应，与个体物理资源单位相比，虚拟化技术能够以更小的单位进行资源分配。

4.2.3　存储技术的概念及特点

1. 概念

虚拟存储是将硬盘、RAID 等多种存储介质模块按照一定的规则集中管理，即在一个存储池中统一管理全部存储模块。从主机的角度来看，一个分区类似一个超大容量的硬盘，将这种能够把多个存储设备统一管理起来，为用户提供大容量、高数据传输性能的存储系统，称为虚拟存储系统。

基于虚拟存储系统的拓扑结构不同，可以分为对称式和非对称式两种。

(1) 对称式的拓扑结构是指将虚拟存储控制设备、存储软件系统、交换设备集成于一体，内嵌于网络传输路径之中。

(2) 非对称式的拓扑结构是指虚拟存储控制设备独立于网络传输路径之外。

基于虚拟化存储的实现原理不同，可以分为数据块虚拟和虚拟文件系统两种方式。

2. 特点

(1) 虚拟存储提供了一个大容量存储系统集中管理的手段，由网络中的一个环节(如服务器)进行统一管理，避免了由于存储设备扩充所带来的管理方面的麻烦。使用虚拟存储技术，增加新的存储设备时，只需要网络管理员对存储系统进行较为简单的系统配置更改，客户端无须做任何操作。

(2) 虚拟存储可以大大提高存储系统整体访问带宽。存储系统是由多个存储模块组成，而虚拟存储系统可以很好地进行负载平衡，把每一次数据访问所需的带宽合理地分配到各个存储模块上，这样系统的整体访问带宽就增大了。

(3) 虚拟存储技术为存储资源管理提供了更好的灵活性，可以将不同类型的存储设备集中管理使用，保障了用户以往购买的存储设备的投资。

(4) 虚拟存储技术可以通过管理软件，为网络系统提供一些其他有用功能，如无须服务器的远程镜像、数据快照等。

4.2.4 分布式存储

面对“数据爆炸”的时代，集中式存储已经无法满足海量数据的存储需求，分布式存储应运而生。GFS(Google File System)是谷歌公司推出的一款分布式文件系统，可以满足大型、分布式、对大量数据进行访问的应用的需求。GFS具有很好的硬件容错性，可以把数据存储到成百上千台服务器上面，并在硬件出错的情况下尽量保证数据的完整性。GFS还支持GB或者TB级别超大文件的存储，一个大文件会被分成许多块，分散存储在由数百台机器组成的集群里。HDFS(Hadoop Distributed File System)是对GFS的开源实现，它采用了更加简单的“一次写入、多次读取”文件模型，文件一旦创建、写入并关闭了，之后就只能对它执行读取操作，而不能执行任何修改操作；同时，HDFS是基于JAVA实现的，具有强大的跨平台兼容性，只要是JDK支持的平台都可以兼容。

谷歌公司后来又以GFS为基础开发了分布式数据管理系统BigTable，它是一个稀疏、分布、持续多维度的排序映射数组，适合于非结构化数据存储的数据库，具有高可靠性、高性能、可伸缩等特点，可在廉价PC服务器上搭建起大规模存储集群。HBase是针对BigTable的开源实现。

4.3 云计算的技术应用

随着云计算的发展，其模式、服务、平台都有多种形式。主流有三种不同的云模式：公有云、私有云和混合云；有三种不同云服务：IaaS、PaaS、SaaS。国内外服务商提供了多种云服务平台，如AWS、Google、阿里云、华为云、腾讯云等主流平台。

4.3.1 公有云、私有云和混合云

1. 公有云

公有云(Public Cloud)又称为公共云,即传统主流意义上所描述的云计算服务。目前,大多数云计算企业主打的云计算服务就是公有云服务,一般可以通过互联网接入使用。此类云一般是面向一般大众、行业组织、学术机构、政府机构等,由第三方机构负责资源调配,例如 Google App Engine、IBM Develop Cloud 以及 2013 年正式落地于中国的微软的 Windows Azure 都属于公有云服务范畴。公有云的核心属性是共享资源服务。

分布式是公有云计算基础架构的基石。

(1) 公有云的优势

① 灵活性。公有云模式下,用户几乎可以立即配置和部署新的计算资源,用户可以将精力和注意力集中于更值得关注的方面,提高整体商业价值。

② 可扩展性。当应用程序的使用或数据增长时,用户可以轻松地根据需求进行计算资源的增加。

③ 高性能。当企业中部分工作任务需要借助高性能计算(HPC)时,企业如果选择在自己的数据中心安装 HPC 系统,那将会是十分昂贵的。而公有云服务商可以轻松部署,且在其数据中心安装最新的应用与程序,为企业提供按需支付使用的服务。

④ 低成本。由于规模原因,公有云数据中心可以取得大部分企业难以企及的经济效益,公有云服务商的产品定价通常也处于一个相当低的水平。除了购买成本,通过公有云用户同样也可以节省其他成本,如员工成本、硬件成本等。

(2) 公有云的劣势

① 安全问题。当企业放弃他们的基础设备并将其数据和信息存储于云端时,很难保证这些数据和信息会得到足够的保护。同时,公有云庞大的规模和涵盖用户的多样性也让其成为黑客们喜欢攻击的目标。

② 不可预测成本。按使用付费的模式其实是把双刃剑,一方面它确实降低了公有云的使用成本,但另一方面它也会带来一些难以预料的花费。比如,在使用某些特定应用程序时,企业会发现支出相当惊人。

2. 私有云

私有云(Private Cloud)是指仅仅在一个企业或组织范围内部所使用的“云”。使用私有云可以有效地控制其安全性和服务质量等。此类云一般由该企业或第三方机构,或者双方共同运营与管理。例如,支持 SAP 服务的中化云计算和快播私有云就是国内典型的私有云服务。私有云的核心属性是专有资源。

高质量的硬件设备和合理的设施分配布局(虚拟化)是私有云计算基础架构的基石。

(1) 私有云的优势

① 安全性。通过内部的私有云,企业可以控制其中的任何设备,从而部署任何自己觉得合适的安全措施。

② 法规遵从。在私有云模式中,企业可以确保其数据存储满足任何相关法律法规。而且,企业能够完全控制安全措施,必要的话可以将数据保留在一个特定的地理区域。

③ 定制化。内部私有云还可以让企业能够精确地选择进行自身程序应用和数据存储

的硬件，不过实际上往往由服务商来提供这些服务。

(2) 私有云的劣势

① 总体成本。由于企业购买并管理自己的设备，因此私有云不会像公有云那样节约成本。且在私有云部署时，员工成本和资本费用依然会很高。

② 管理复杂性。企业建立私有云时，需要自己进行私有云中的配置、部署、监控和设备保护等一系列工作。

③ 有限灵活性、扩展性和实用性。

3. 社区云

社区云(Community Cloud)是面向于具有共同需求(如隐私、安全和政策等方面)的两个或多个组织内部的"云"，隶属于公有云概念范畴以内。

4. 混合云

顾名思义，混合云(Hybrid Cloud)就是将单个或多个私有云和单个或多个公有云结合为一体的云环境。它既拥有公有云的功能，又可以满足客户基于安全和控制原因对私有云的需求。混合云内部的各种云之间是保持相互独立的，但同样也可以实现各个云之间的数据和应用的相互交换。

4.3.2　IaaS、PaaS、SaaS

云计算是一种商业计算模型，它将计算任务分布在大量计算机构成的资源池上，使用户能够按需获取计算力、存储空间和信息服务。美国国家标准和技术研究院提出云计算的三个基本框架(服务模式)，即基础设施即服务(Infrastructure as a Service，简称 IaaS)、平台即服务(Platform as a Service，简称 PaaS)、软件即服务(Software as a Service，简称 SaaS)。

云计算架构如图 4-2 所示。

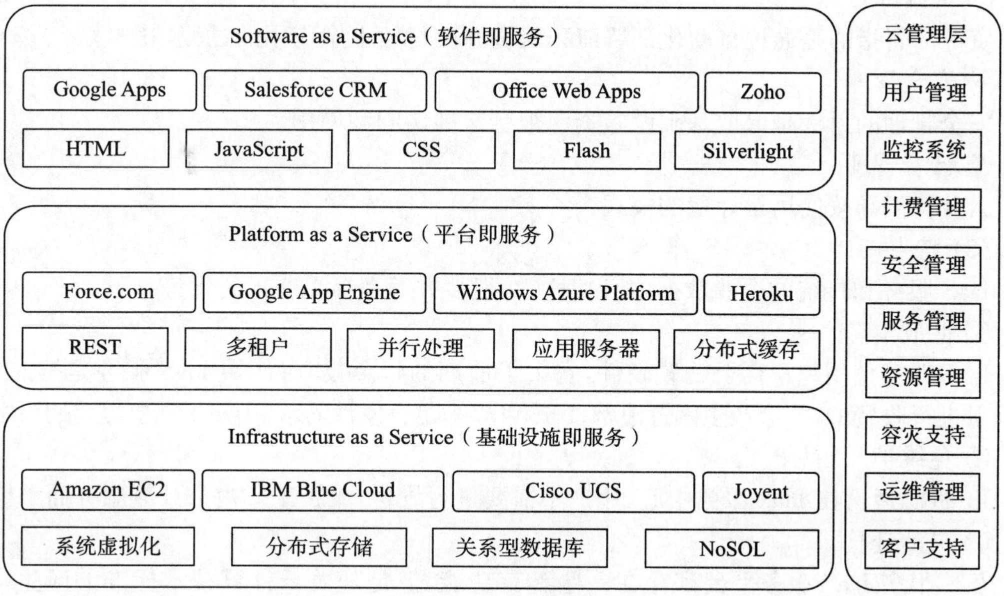

图 4-2　云计算架构

1. 基础设施即服务(Infrastructure as a Service,简称 IaaS)

基础设施即服务(IaaS)位于云计算三层架构的底端,主要负责提供虚拟的服务器、存储、带宽和其他基本的计算资源,用以帮助用户解决计算资源定制的问题。用户可以根据自己的购买权限部署、运行操作系统和应用程序,而不需要花时间和精力去管理、维护底层的硬件基础设施。此外,用户也可以根据自身需求去更改部分网络组件。该层通常按照所消耗资源的成本进行收费,使用软件交付的模式:采用多租赁(Multitenant)方式通过浏览器把程序传给成千上万的用户。

(1) 基本功能

虽然不同云服务提供商的基础设施层在所提供的服务上有所差异,但是作为提供底层基础 IT 资源的服务,该层一般都具有以下基本功能:

① 资源抽象

为了能够实现高层次的资源管理逻辑,必须对资源进行抽象,也就是对硬件资源进行虚拟化。

② 资源监控

资源监控是负载管理的前提,是保证基础设施层高效率工作的一个关键功能。

③ 负载管理

在基础设施层这样大规模的资源集群环境中,任何时刻所有节点的负载都不是均匀的,这时就需要基础设施层的自动化负载平衡机制将负载进行转移,即负载过高节点转移到负载过低节点,从而使得所有资源在整体负载和整体利用率上面趋于平衡。

④ 存储管理

在云计算环境中,软件系统经常处理的数据分为很多不同的种类,如结构化的 XML 数据、非结构化的二进制数据及关系型的数据库数据等。

⑤ 资源部署

资源部署指的是通过自动化部署流程将资源交付给上层应用的过程。

⑥ 安全管理

安全管理的目标是保证基础设施资源被合法地访问和使用。

⑦ 计费管理

云计算倡导按使用量计费的模式。

(2) 特点

IaaS 服务和传统的企业数据中心相比,在很多方面都存在一定的优势:

① 低成本

IaaS 服务使用户不需要购置硬件,省去了前期的资金投入;使用 IaaS 服务是按照实际使用量进行收费的,不会产生闲置浪费;IaaS 可以满足突发性需求,用户不需要提前购买服务。

② 免维护

IT 资源运行在 IaaS 服务中心,用户不需要进行维护,维护工作由云计算服务商承担。

③ 灵活迁移

虽然很多 IaaS 服务平台都存在一些私有功能,但是随着云计算技术标准的诞生,IaaS 的跨平台性能得到提高。运行在 IaaS 上的应用将可以灵活地在 IaaS 服务平台间进行迁移,不会被固定在某个企业的数据中心。

④ 伸缩性强

IaaS只需几分钟就可以给用户提供一个新的计算资源，而传统的企业数据中心则需要数天甚至更长时间才能完成，并且IaaS可以根据用户需求来调整资源的大小。

⑤ 支持应用广泛

IaaS主要以虚拟机的形式为用户提供IT资源，可以支持各种类型的操作系统。因此，IaaS所支持应用的范围非常广泛。

(3) 主要的IaaS产品

最具代表性的IaaS产品有Amazon EC 2、IBM Blue Cloud、Cisco UCS和Joyent、阿里云等。

2. 平台即服务(Platform as a Service，简称 PaaS)

平台即服务(PaaS)位于云计算三层架构的最中间，主要是为用户提供一个基于互联网的应用开发环境(或平台)，以支持应用从创建到运行整个生命周期所需的各种软硬件资源和工具。在PaaS层面，服务提供商提供的是经过封装的IT能力，或者说是一些逻辑的资源，比如数据库、文件系统和应用运行环境等。用户可以在该云平台中开发和部署新的应用程序，但应用程序的开发和部署必须要遵守该平台的规定和限制，如编程语言、编程框架等，通常按照用户或登录情况计费。

该服务采用的是平台交付的模式，可以看成是SaaS的延伸。

(1) 核心功能

云计算平台层与传统的应用平台在所提供的服务方面有很多相似之处。传统的应用平台，如本地Java环境或Net环境都定义了平台的各项服务标准、元数据标准、应用模型标准等规范，并为遵循这些规范的应用提供了部署、运行和卸载等一系列流程的生命周期管理。

① 开发测试环境

平台层对于在其上运行的应用来说，首先扮演的是开发平台的角色。一个开发平台需要清晰地定义应用模型，具备一套应用编程接口(API)代码库，提供必要的开发测试环境。

② 运行环境

完成开发测试工作以后，开发人员需要做的就是对应用进行部署上线。

③ 运维环境

随着业务和客户需求的变化，开发人员往往需要改变现有系统，从而产生新的应用版本。

(2) 优势

一般来说，与现有的基于本地的开发和部署环境相比，PaaS平台主要在下面这六方面有非常大的优势：

① 友好的开发环境

PaaS平台通过提供SDK(Software Development Kit，软件开发工具包)和IDE(Integrated Development Environment，集成开发环境)等工具来让用户不仅能在本地方便地进行应用的开发和测试，而且能够进行远程部署。

② 丰富的服务

PaaS平台会以API的形式将各种各样的服务提供给上层的应用。系统软件(比如数据库系统)、通用中间件(比如认证系统、高可靠消息队列系统)、行业中间件(比如OA流程、财务管理等)都可以作为服务提供给应用开发者使用。

③ 精细的管理和监控

PaaS 能够提供应用层的管理和监控,能够观察应用运行的情况和具体数值(如吞吐量和响应时间等)来更好地衡量应用的运行状态,还能够通过精确计量应用所消耗的资源进行计费。

④ 伸缩性强

PaaS 平台会自动调整资源来帮助运行于其上的应用更好地应对突发流量。当应用负载突然提升的时候,平台会在很短时间(1 分钟左右)内自动增加相应的资源来分担负载。当负载高峰期过去以后,平台会自动回收多余的资源,避免资源浪费。

⑤ 多租户(Multi-Tenant)机制

PaaS 平台具备多租户机制,能让一个单独的应用实例为多个组织服务,而且能保持良好的隔离性和安全性。

⑥ 整合率和经济性

PaaS 平台的整合率是非常高的,比如 PaaS 的代表 Google App Engine 能在一台服务器上承载成千上万的应用。而普通的 IaaS 平台的整合率最多也不会超过 100,而且普遍在 10 左右,使得 IaaS 的经济性不如 PaaS。

(3) 主要的 PaaS 产品

小企业软件工作室非常适合使用 PaaS,通过使用云平台,可以创建世界级的产品,而不需要负担内部生产的开销。目前,PaaS 的主要提供者包括 Force. com、Google App Engine、WindowsAzure、Heroku、新浪 SAE 等。

3. 软件即服务(Software as a Service,简称 SaaS)

软件即服务(SaaS)是最常见的云计算服务,位于云计算三层架构的顶端。软件即服务是将软件服务通过网络(主要是互联网)提供给客户,客户只需通过浏览器或其他符合要求的设备接入使用即可。SaaS 所提供的软件服务都是由服务提供商或运营商负责维护和管理,客户根据自身需求进行租用,从而消除了客户购买、构建和维护基础设施和应用程序的过程。SaaS 的概念早已有之,是一种创新的软件应用模式。

(1) 特性

与传统软件相比,SaaS 服务依托于软件和互联网,不论从技术角度还是商务角度都拥有与传统软件不同的特性,具体表现在:

① 互联网特性

一方面,SaaS 服务通过互联网浏览器或 Web Services/Web 2.0 程序连接的形式为用户提供服务,使得 SaaS 应用具备了典型互联网技术特点;另一方面,由于 SaaS 极大地缩短了用户与 SaaS 提供商之间的时空距离,从而使得 SaaS 服务的营销、交付与传统软件相比有着很大的不同。

② 多租户特性

SaaS 服务通常基于一套标准软件系统为成百上千的不同租户提供服务。这要求 SaaS 服务能够支持不同租户之间数据和配置的隔离,从而保证每个租户数据的安全与隐私,以及用户对诸如界面、业务逻辑、数据结构等的个性化需求。由于 SaaS 同时支持多个租户,每个租户又有很多用户,这对支撑软件的基础设施平台的性能、稳定性、扩展性提出很大挑战。

③ 服务特性

SaaS 使得软件以互联网为载体的服务形式被客户使用，所以服务合约的签订、服务使用的计量、在线服务质量的保证、服务费用的收取等问题都必须考虑。

④ 可扩展特性

可扩展性意味着最大限度地提高系统并发性，更有效地使用系统资源。

⑤ 可配置特性

SaaS 通过不同的配置满足不同用户的需求，而不需要为每个用户进行定制，以降低定制开发的成本。

⑥ 随需应变特性

传统应用程序被封装起来或在外部被主程序控制，无法灵活地满足新的需求。而 SaaS 模式的应用程序则是随需应变的，应用程序的使用将是动态的，提供了集成的、可视化的或自动化的特性。

(2) 主要的 SaaS 产品

SaaS 是一种全新的软件应用模式，它通过互联网提供软件服务，以成本低、部署迅速、定价灵活及满足移动办公而颇受企业欢迎。SaaS 产品种类众多，既有面向普通用户的，也有直接面向企业团体的，用以帮助处理工资单流程、人力资源管理、协作、客户关系管理和业务合作伙伴关系管理等。

① Salesforce. com——全球排名第一的 SaaS 应用。

② 用友畅捷通——小微企业 SaaS 模式成功应用的典范。

③ 金蝶云之家——中国领先的移动工作平台。

④ 八百客——中国在线 CRM 开拓者。

IaaS、PaaS、SaaS 的对比如表 4 - 2 所示。

表 4 - 2　IaaS、PaaS、SaaS 比较

服务模式	服务内容	服务对象	使用方式	关键技术	系统实例
IaaS	提供硬件基础设施部署服务	需要硬件资源的用户	使用者上传数据、程序代码、环境配置	数据中心管理技术、虚拟化技术等	Amazon EC2、Eucalyptus 等
PaaS	提供应用程序部署与管理服务	程序开发者	使用者上传数据、程序代码	海量数据处理技术、资源管理与调度技术等	Google App Engine、Microsoft Azure、Hadoop 等
SaaS	提供基于互联网的应用程序服务	企业和需要软件应用的用户	使用者上传数据	Web 服务技术、互联网应用开发技术等	Google Apps、Salesforce CRM 等

4.3.3　国内外主流云服务平台

1. 亚马逊云(AWS)

AWS(Amazon Web Services)是亚马逊公司旗下云计算服务平台，为全世界范围内的客户提供云解决方案。AWS 面向用户提供包括弹性计算、存储、数据库、应用程序在内的一整套云计算服务，帮助企业降低 IT 投入成本及其维护成本。

2. 谷歌云(GCP)

2008年,谷歌凭借自身庞大的技术架构设施和研发能力推出了其云计算服务平台——Google Cloud Platform,缩写是GCP。谷歌云平台上的第一款服务是针对应用程序托管的PaaS服务App Engine,使用该服务,开发人员可以在谷歌的云端基础架构上运行自己的Web应用程序。

3. 微软云(Microsoft Azure)

Microsoft Azure是一个开放而灵活的企业级云计算平台。通过IaaS + PaaS帮助用户加快发展步伐,提高工作效率并节省运营成本。

4. 阿里云

阿里云(www.aliyun.com)创立于2009年,是中国最大的云计算平台,为全球200多个国家和地区的创新创业企业与政府机构提供服务。阿里云致力于提供最安全、可靠的计算和数据处理服务,让云计算成为普惠科技和公共服务。

阿里云在全球各地部署高效、节能的绿色数据中心,使用清洁计算支持不同的互联网应用。目前,阿里云在中国(华北、华东、华南、香港)、新加坡、美西等地均设有数据中心,未来还将在美东、欧洲、中东、俄罗斯、日本等地设立新的数据中心。

5. 华为云

华为云专注于云计算中公有云领域的技术研究与生态拓展,面向互联网增值服务运营商、大中小型企业、政府、科研院所等广大企事业用户提供包括云主机、云托管、云存储等基础云服务。

6. 腾讯云

腾讯的云服务主要包括两大类,一类是技术服务,一类是增值服务。在增值服务中,很大一部分是基于大数据的服务。

本章小结

随着云计算产品、产业基地及政府相关扶持政策的纷纷落地,云计算再也不是“云里雾里”,这种IT行业的新模式已逐渐被政府、企业以及个人所熟知,并作为一种新型的服务逐渐渗透进人们的日常生活和生产工作当中。

云计算是一种新型的超级计算方式,以数据为中心,是一种数据密集型的超级计算,云计算需要分布式海量数据存储、虚拟化技术、云平台技术、并行编程技术、数据管理技术等若干关键技术支持。

云计算正在深刻地改变人类生活与生产方式。随着技术创新及服务模式不断创新,云计算产业正在逐渐成为物联网、大数据等新兴领域的重要支撑,云计算所带来的低成本、灵活、快速部署与支付等特性为新业务的产生与拓展提供了可能。

习题4

单选题

1. 云计算是对________技术的发展与运用。

A. 并行计算　　B. 网格计算　　C. 分布式计算　　D. 三个选项都是

2. 从研究现状上看,下面不属于云计算特点的是________。

A. 超大规模　　B. 虚拟化

C. 私有化　　D. 高可靠性

3. 亚马逊 AWS 提供的云计算服务类型是________。

A. IaaS　　B. PaaS

C. SaaS　　D. 三个选项都是

4. 将平台作为服务的云计算服务类型是________。

A. IaaS　　B. PaaS

C. SaaS　　D. 三个选项都不是

5. 将基础设施作为服务的云计算服务类型是 IaaS,其中的基础设施不包括________。

A. CPU 资源　　B. 内存资源

C. 应用程序　　D. 存储资源

6. 关于虚拟化的描述,不正确的是________。

A. 虚拟化是指计算机元件在虚拟的基础上而不是真实的基础上运行

B. 虚拟化技术可以扩展硬件的容量,简化软件的重新配置过程

C. 虚拟化技术不能将多个物理服务器虚拟成一个服务器

D. CPU 的虚拟化技术可以单 CPU 模拟多 CPU 运行,允许一个平台同时运行多个操作系统

7. 大数据与云计算之间的关系是________。

A. 大数据是在云计算基础上发展起来的

B. 大数据的应用范围较云计算更为广泛

C. 大数据和云计算是相同概念的两个表述

D. 大数据相当于储有海量信息的信息库;云计算相当于计算机和操作系统

8. Google Docs 属于云服务的________。

A. IaaS　　B. PaaS

C. SaaS　　D. 三个选项都不是

9. 下列关于公有云和私有云描述不正确的是________。

A. 公有云是云服务提供商通过自己的基础设施直接向外部用户提供服务

B. 公有云能够以低廉的价格,提供有吸引力的服务给最终用户,创造新的业务价值

C. 私有云是为企业内部使用而构建的计算架构

D. 构建私有云比使用公有云更便宜

10. 关于云管理平台描述正确的是________。

A. 云管理平台为业务系统提供灵活的部署、运行与管理环境

B. 屏蔽底层硬件,操作系统的差异

C. 为应用提供安全、高性能、可扩展、可管理、可靠和可伸缩的全面保障

D. 云管理不涉及虚拟资源的管理

11. 下列关于云存储的描述不正确的是________。

A. 需要通过集群应用、网格技术或分布式文件系统等技术实现

B. 可以将网络中大量各种不同类型的存储设备通过应用软件集合起来协同工作

C. “云存储对于使用者来讲是透明的”,也就是说使用者清楚存储设备的品牌、型号的具体细节

D. 云存储通过服务的形式提供给用户使用

12. 目前,选用开源的虚拟化产品组建虚拟化平台,构建基于硬件的虚拟化层,可以选用________。

A. Xen　　B. VMware

C. Hyper-V　　D. Citrix

13. 在线开发平台 Google APP Engine 属于下列________的范畴。

A. 公有云　　B. 私有云

C. 混合云　　D. 都不是

14. ________与 SaaS 不同的是,这种“云”计算形式把开发环境或者运行平台也作为一种服务给用户提供。

A. 软件即服务　　B. 基于平台服务

C. 基于 Web 服务　　D. 基于管理服务

15. 微软于 2008 年 10 月推出的云计算操作系统是________

A. Google App Engine　　B. 蓝云

C. Azure　　D. EC2

16. 2008 年,________先后在无锡和北京建立了两个云计算中心。

A. IBM　　B. Google

C. Amazon　　D. 微软

17. IaaS 是________的简称。

A. 软件即服务　　B. 平台即服务

C. 基础设施即服务　　D. 硬件即服务

18. 利用互联网把分散在不同地理位置的计算机组成一台虚拟的超级计算机的概念是________。

A. 并行计算　　B. 分布式计算

C. 网格计算　　D. 效用计算

19. ________提供管理和服务,能管理云用户,能对用户授权、认证、登录进行管理,并可以管理可用计算资源和服务,接收用户发送的请求,根据用户请求并转发到相应的程序,调度资源智能地部署资源和应用,动态地部署、配置和回收资源。

A. 云用户端　　B. 服务目录

C. 管理系统和部署工具　　D. 监控端

20. IaaS 计算实现机制中,系统管理模块的核心功能是________。

A. 负载均衡　　B. 监视节点的运行状态

C. 应用 API　　D. 节点环境配置

第 5 章　大数据技术

5.1　大数据概述

大数据(Big Data)不仅仅是一个新概念,也是一种技术,一种针对企业问题的解决方案,更是迄今为止知识界对数据形态最彻底的诠释。几千年来,人类一直利用数据,遗憾的是,数据的真正价值特别是大数据价值最近几年才成为人们关注的焦点。传统数据库技术在数据处理的能力上有着难以逾越的局限性,超过 100T 量级的数据,要么处理效率急剧下降,要么成本十分昂贵。所以大量的历史数据与过程数据,按传统的 IT 技术,既无法存储,也无法处理。大数据的出现引领我们从对数据简单的理解和一成不变的处理方法走向探索多极和无穷数据的奥秘,不再满足于用传统的方法认识和处理数据,即形成一种崭新的认识和处理数据信息的宇宙观。最终将我们身边无所不在、形态各异的隐秘数据信息可视化地呈现出来,并充分地加以利用。

就传统 IT 业来看,其结构化和非结构化的数据增长惊人,如非结构化数据,由 2005 年的 22 EB 增至 2015 年的 1 600 EB,年复合增长率约 61%,远快于摩尔定律。大数据是指当传统的数据分析和处理技术对今天我们所认识的许多数据黔驴技穷时所使用的处理过程。数据是半结构化、非结构化、实时性强或信息量巨大,以至于无法通过关系数据库引擎进行处理,需要新的技术手段和具有分布式处理数据功能的并行硬件设备来实现。

5.1.1　大数据产生背景与基本概念

1. 大数据产生的背景

现代信息技术产业已经拥有 70 多年的历史,其发展的过程先后经历了几次浪潮。先是 20 世纪六七十年代的大型机浪潮,此时的计算机体型庞大,计算能力也不高。20 世纪 80 年代以后,随着微电子技术和集成技术的不断发展,计算机各类芯片不断小型化,兴起了微型机浪潮,PC 成为主流。20 世纪末,随着互联网的兴起,网络技术快速发展,由此掀起了网络化浪潮,越来越多的人能够接触到网络和使用网络。

近几年随着手机及其他智能设备的兴起,全球网络在线人数激增,我们的生活已经被数字信息所包围,数字信息以自然方式增长,其产生不以人的意志为转移。而这些所谓的数字信息就是我们通常所说的“数据”,我们可以将其称为大数据浪潮,也可以进一步看出,智能化设备的不断普及是大数据迅速增长的重要因素。

智能设备的普及、物联网的广泛应用、存储设备性能的提高、网络带宽的不断增长都是信息科技的进步,它们为大数据的产生提供了储存和流通的物质基础。

2. 大数据的基本概念

大数据(Big Data),指无法在一定时间范围内用常规软件工具进行捕捉、管理和处理的数据集合,是需要新处理模式才能具有更强的决策力、洞察发现力和流程优化能力的海量、高增长率和多样化的信息资产。

3. 大数据的特征

大数据分析常和云计算联系到一起,因为实时的大型数据集分析需要像MapReduce那样的框架来向数十、数百或甚至数千台的计算机分配工作。简言之,从各种各样类型的数据中,快速获得有价值信息的能力,就是大数据技术。大数据呈现出“4V1O”的特征。

(1) 数据体量巨大(Volume,海量的数据规模)

包括采集、存储和计算的体量都非常大。大数据的起始计量单位至少是P(1 024个T)、E(约100万个T)或Z(约10亿个T)。

数据体量巨大是大数据的基本属性。

(2) 数据类型繁多(Variety,多样的数据类型)

包括结构化、半结构化和非结构化数据,具体表现为网络日志、音频、视频、图片、地理位置信息等,多类型的数据对数据的处理能力提出了更高的要求。

数据类型多样、复杂多变是大数据的一个重要特性。

(3) 价值密度低(Value,价值密度低)

随着互联网以及物联网的广泛应用,信息感知无处不在,信息海量但价值密度较低。以视频为例,连续不间断监控过程中,可能有用的数据仅仅有一两秒,但是具有很高的商业价值。

(4) 处理速度快(Velocity,快速的数据流转)

数据增长速度快,处理速度也快,时效性要求高。比如搜索引擎要求几分钟前的新闻能够被用户查询到,个性化推荐算法尽可能要求实时完成推荐。

(5) 数据是在线的(On-Line)

表示数据必须随时能调用和计算。这是大数据区别于传统数据的最大特征。现在谈到的大数据不仅大,更重要的是数据都是实时在线的,这是互联网高速发展的特点和趋势。例如好大夫在线,患者的数据和医生的数据都是实时在线的,这样的数据才有意义。

4. 大数据的基本单位

最小的基本单位是bit,按顺序给出所有单位:bit、Byte、KB、MB、GB、TB、PB、EB、ZB、YB、BB、NB、DB。按照进率1024(2^{10})来计算,其换算关系如下所示:

1 Byte = 8 bit

1 KB = 1 024 Byte

1 MB = 1 024 KB

1 GB = 1 024 MB

1 TB = 1 024 GB

1 PB = 1 024 TB

1 EB = 1 024 PB

1 ZB = 1 024 EB

1 YB = 1 024 ZB

1 BB = 1 024 YB

1 NB = 1 024 BB

1 DB = 1 024 NB

5.1.2　大数据的发展历程

大数据的发展历程大致分为以下三个阶段：

(1) 萌芽时期(20 世纪 90 年代至 21 世纪初)

“大数据”概念最初起源于美国，早在 1980 年著名未来学家阿尔文·托夫勒所著的《第三次浪潮》一书中将“大数据”称颂为“第三次浪潮的华彩乐章”。1997 年，NASA 阿姆斯科研中心的大卫·埃尔斯沃斯和迈克尔·考克斯在研究数据的可视化问题时，首次使用了“大数据”概念。他们当时就坚信信息技术的飞速发展，一定会带来数据冗杂的问题，数据处理技术必定会进一步发展。

(2) 发展时期(21 世纪初至 2010 年)

21 世纪的前十年，互联网行业迎来了飞速发展的时期。2001 年，美国 Gartner 公司率先开发了大型数据模型。同年，分析师道格·莱尼提出数据增长的挑战和机遇有三个方向：量(Volume，数据量大小)、速(Velocity，数据输入/输出的速度)、类(Variety，数据多样性)，合称“3V”。在此基础上，麦肯锡公司增加了价值密度(Value)，构成“4V”特征。

2005 年大数据实现重大突破，Hadoop 技术诞生，并成为数据分析的主要技术。2007 年，数据密集型科学的出现，不仅为科学界提供了全新的研究范式，还为大数据的发展提供了科学上的基础。

(3) 兴盛时期(2011 年至今)

2011 年，IBM 公司研制出了沃森超级计算机，以每秒扫描并分析 4TB 的数据量打破世界纪录，大数据计算迈向了一个新的高度。紧接着，麦肯锡发布了题为《大数据：创新、竞争和提高生产率的下一个新领域》的研究报告，详细介绍了大数据在各个领域中的应用情况，以及大数据的技术架构。

2011 年之后，大数据的发展进入了全面兴盛的时期。大数据渗透到各行各业，不断改变原有行业的技术，创造新技术，大数据的发展呈现出旺盛的趋势。

5.1.3　大数据与云计算、人工智能技术的关系

人工智能(Artificial Intelligence，简称 AI)、大数据(Big Data)和云计算(Cloud Computing)是当前最受关注的技术，业内常常取这三个技术英文名的首字母将其合称为 ABC。

(1) 云计算是基础，没有云计算，无法实现大数据存储与计算。

云计算的根本是计算，而大数据就是这一计算之内的对象。大数据重视存储能力而云计算则是计算能力的表现。一方面，大数据需要对自身进行计算和处理，但需要借助云计算的强大计算能力；另一方面，大数据的业务需求，实现了云计算的实际应用能力的体现。

(2) 大数据是应用，没有大数据，云计算就缺少了目标与价值。

如果没有云计算的支持，即便统计出大数据的可视化海量信息，技术人员也无法完成对其数据的总结和分析，大数据只能作为一种被统计出的简单数据信息，而无法应用于实际计算需要的众多行业。但没有大数据统计的海量信息，其云计算的数据处理能力也无法发挥

其根本能力，对于简单数据的处理也失去了云计算能力的体现。因此大数据与云计算相辅相成，体现出各自的实用价值，同时在其计算发展的过程中不断相互促进，完成了超乎传统理解的信息处理和分析技术的实现，成为众多领域挖掘自身潜在价值与发展方向的有效方式。

(3) 人工智能是建立在云计算和大数据处理的基础之上，其实就是大数据、云计算的应用场景。

5.2 大数据的关键技术

大数据处理流程主要包括数据收集、数据预处理、数据存储、数据处理与分析、数据展示/数据可视化、数据应用等环节，如图 5-1 所示。其中数据质量贯穿于整个大数据流程，每一个数据处理环节都会对大数据质量产生影响作用。

图 5-1　大数据处理的基本流程

大数据的关键技术包括：大数据采集技术、大数据预处理技术、大数据存储及管理技术等。

5.2.1　Hadoop、MapReduce、NoSQL

1. Hadoop

Hadoop 是以分布式文件系统（Hadoop Distributed File System，简称 HDFS）和 MapReduce 等模块为核心，为用户提供细节透明的系统底层分布式基础架构。用户可以利用 Hadoop 轻松地组织计算机资源，搭建自己的分布式计算平台，并且可以充分利用集群的计算和存储能力，完成海量数据的处理。Hadoop 是一个实现了 MapReduce 计算模式的、能够对大量数据进行分布式处理的软件框架。它是以一种可靠、高效、可伸缩的方式进行大量数据处理的。

Hadoop 的核心组成部分是 HDFS、MapReduce 以及 Common，其中 HDFS 提供了海量数据的存储、MapReduce 提供了对数据的计算、Common 为其他模块提供了一系列文件系统和通文件包。

Hadoop 的主要模块如图 5-2 所示。Hadoop 的核心模块包含 HDFS、MapReduce 和 Common。HDFS 是分布式文件系统；MapReduce 提供了分布式计算编程框架；Common 是 Hadoop 体系最底层的一个模块，为 Hadoop 各模块提供基础服务。

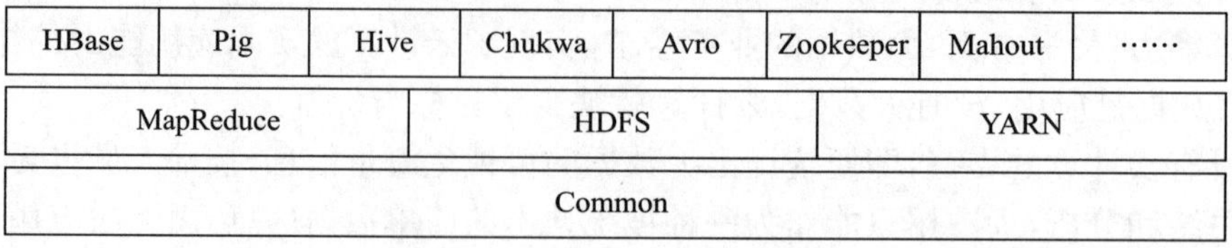

图 5-2　Hadoop 的主要模块

HDFS 是 Hadoop 架构下的分布式文件系统。HDFS 是 Hadoop 的一个核心模块，负责分布式地存储和管理数据，具有高容错性、高吞吐量等优点，并提供了多种访问模式。HDFS 能做到对上层用户的绝对透明，使用者不需要了解内部结构就能得到 HDFS 提供的服务。并且，HDFS 提供了一系列的 API，拥有让开发者和研究人员快速编写基于 HDFS 的应用。

2. MapReduce 技术

MapReduce 是 Hadoop 的核心模块，也是一个高性能的分布式计算框架，用于对海量数据进行并行分析和处理。与传统数据仓库和分析技术相比，MapReduce 适合处理各种类型的数据，包括结构化、半结构化和非结构化数据。HDFS 在 MapReduce 任务处理过程中提供了对文件操作和存储的支持，MapReduce 在 HDFS 的基础上实现任务的分发、跟踪、执行、计算等工作，并收集结果。

MapReduce 是一种编程模型，用于大规模数据集（大于 1TB）的并行运算。它极大地方便了编程人员在不会分布式并行编程的情况下，将自己的程序运行在分布式系统上。

MapReduce 模式的主要思想是：首先将数据自动分割的、要执行的问题（例如程序）拆解成 Map（映射）和 Reduce（化简）的方式；在数据被分割以后，通过 Map 函数的程序将数据映射成不同的区块，分配给计算机集群（或服务器集群）进行处理，达到分布式运算的效果；然后再通过 Reduce 函数的程序将运算结果汇总整理，最后输出开发者需要的结果。

目前，MapReduce 可以进行数据划分、计算任务调度、系统优化及出错检测和恢复等操作，在设计上具有以下三方面的技术特征：

（1）易于使用。通过 MapReduce 这个分布式处理框架，不仅能用于处理大规模数据，而且能将很多烦琐的细节隐藏起来。传统编程时程序员需要经过长期培训来熟悉大量编程细节，而 MapReduce 将程序员与系统层细节隔离开来，即使是对于完全没有接触过分布式程序的程序员来说也能很容易地掌握。

（2）良好的伸缩性。MapReduce 的伸缩性非常好，每增加一台服务器，就能将该服务器的计算能力接入到集群中。并且 MapReduce 集群的构建大多选用价格便宜、易于扩展的低端商用服务器，基于大量数据存储需要，低端服务器的集群远比基于高端服务器的集群优越。

（3）大规模数据处理。MapReduce 可以进行大规模数据处理，应用程序可以通过 MapReduce 在超过 1 000 个以上节点的大型集群上运行。

3. NoSQL 技术

NoSQL 泛指非关系型的数据管理技术。NoSQL 技术的产生就是为了应对这一挑战，在大数据应用难题方面更是显得尤为突出。HDFS 在 Hadoop 中扮演数据存储的角色，它只能存储非结构化文件，而 NoSQL 可以应用于结构化、半结构化和非结构化数据存储。

NoSQL 技术之所以能够在大数据冲击互联网的情况下脱颖而出，主要是因为其具有以下特点：易扩展性、数据量大、性能高、灵活的数据模型、高可用性。

分布式系统的 CAP 理论是构建 NoSQL 数据管理的基石。CAP，即一致性、可用性和分区容错性。

（1）一致性。一致性是指在分布式系统中的所有数据备份，在同一时刻均为同样的值。

也就是当数据执行更新操作时，要保证系统内的所有用户读取到的数据是相同的。

(2) 可用性。可用性是指在系统中任何用户的每一个操作均能在一定时间内返回结果，即便当集群中的部分节点发生故障时，集群整体仍能响应客户端的读写请求。这里要强调“在一定时间内”，而不是让用户遥遥无期地等待。

(3) 分区容错性。以实际效果而言，分区相当于对通信的时限要求。系统如果不能在时限内达成数据一致性，就意味着发生了分区的情况，必须就当前操作在一致性和可用性之间做出选择。

5.2.2 网络爬虫、数据清洗技术

1. 网络爬虫

(1) 定义

网络爬虫（又被称为网页蜘蛛、网络机器人）是一种按照一定的规则，自动抓取互联网信息的程序或脚本。另外一些不常使用的名字还有蚂蚁、自动索引、模拟程序或蠕虫。网络爬虫由控制节点、爬虫节点、资源库构成。

(2) 分类

按照系统结构和实现技术，可以将网络爬虫分为通用网络爬虫、聚焦网络爬虫、增量式网络爬虫、深层网络爬虫等。实际的网络爬虫系统通常是上述几种网络爬虫技术相结合实现的混合系统。

① 通用网络爬虫又称为全网爬虫，是百度和谷歌等搜索引擎抓取系统的重要组成部分，主要目的是将互联网上的网页下载到本地，形成一个互联网内容的镜像备份，有非常高的应用价值。通用网络爬虫的爬取范围和数量巨大，爬取的是海量数据，对爬取速度和存储空间要求极高，一般采用并行的工作方式。

② 聚焦网络爬虫是“面向特定主题需求”的一种网络爬虫程序，因此也称为主题网络爬虫。它与通用网络爬虫的区别在于：聚焦网络爬虫在实施网页抓取时会对内容进行处理筛选，按照预先确定的主题，有选择地进行网页抓取，尽量保证只抓取与需求相关的网页信息，从而可以极大地节省存储硬件和网络资源，并可以快速获取所需主题的相关数据。一般用户使用的爬虫都是这种类型。

③ 增量式网络爬虫是指在抓取数据时，只抓取新产生或更新过的页面，对于没有发生变化的页面，则不会抓取，这样可以有效地减少数据下载量，减少时间和空间的开销。

④ 深层网络爬虫是指能抓取那些隐藏在深层网页中的信息的爬虫。所谓深层网页是指那些不能通过静态链接获取、需要提交一些表单才能获得的页面。

(3) 爬虫策略

网页的抓取策略可以分为深度优先、广度优先和最佳优先三种。深度优先在很多情况下会导致爬虫的陷入（Trapped）问题，目前常见的是广度优先和最佳优先方法。

2. 数据清洗

数据清洗（Data Cleaning）是指发现并纠正数据文件中可识别的错误，主要任务是填充缺失值和去除数据中的噪声，包括检查数据一致性、处理无效值和缺失值等。

(1) 一致性检查。检查是否存在超出正常范围或者逻辑上不合理的数据，并对不合理的数据进行核对和纠正。

（2）无效值和缺失值的处理。对于存在无效值或者缺失值的数据，常用的处理方法是：估算（用样本均值等代替）、整例删除（常用于关键值缺失或者无效值缺失值占比较小的情况）、变量删除（用于不太重要的变量大量缺失的情况）和成对删除（用其他特殊字符代替）。

（3）重复记录的检测及消除。属性值相同的记录就是重复记录，对于重复记录只需保留一条记录即可。

5.2.3　大数据分析、数据挖掘、可视化技术

1. 大数据分析

大数据分析的主要目的是把隐藏在一大批看来杂乱无章的数据中的信息集中起来，进行萃取、提炼，以找出潜在有用的信息和所研究对象的内在规律的过程。主要由可视化分析、数据挖掘算法、预测性分析能力、语义引擎以及数据质量和数据管理五大方面组成。

（1）可视化分析（Analytic Visualizations）：不管是对数据分析专家还是普通用户，数据可视化是数据分析工具最基本的要求。

（2）数据挖掘算法（Data Mining Algorithms）：数据挖掘算法是根据数据创建数据挖掘模型的一组试探法和计算。为了创建该模型，算法将首先分析用户提供的数据，针对特定类型的模式和趋势进行查找，并使用分析结果定义用于创建挖掘模型的最佳参数，将这些参数应用于整个数据集，以便提取可行模式和详细统计信息。

（3）预测性分析能力（Predictive Analytic Capabilities）：数据挖掘可以让分析员更好地理解数据，而预测性分析可以让分析员根据可视化分析和数据挖掘的结果做出一些预测性的判断。

（4）语义引擎（Semantic Engines）：由于非结构化数据的多样性带来了数据分析的新的挑战，需要一系列的工具去解析、提取、分析数据。

（5）数据质量和数据管理（Data Quality and Master Data Management）：

数据质量和数据管理是一些管理方面的最佳实践。通过标准化的流程和工具对数据进行处理可以保证一个预先定义好的高质量的分析结果。

2. 数据挖掘

20 世纪 80 年代末，数据挖掘（Data Mining，简称 DM）起源于数据库中的知识发现（Knowledge Discovery in Database，简称 KDD）这一概念。数据挖掘是从大量的、有噪声的、不完全的、模糊和随机的数据中提取出隐含在其中的、人们事先不知道的、具有潜在利用价值的信息和知识的过程。

值得注意的是，数据挖掘是一个多学科交叉领域，涉及数据库技术、人工智能、高性能计算、机器学习模式识别、知识库工程、神经网络、数理统计、信息检索、信息的可视化等众多领域。

数据挖掘分为有指导的数据挖掘和无指导的数据挖掘。

（1）有指导的数据挖掘是利用可用的数据建立一个模型，这个模型是对一个特定属性的描述。如分类、估值和预测。

（2）无指导的数据挖掘是在所有的属性中寻找某种关系。如关联规则和聚类。

3. 可视化技术

可视化技术最早运用于计算科学中，并形成了可视化技术的一个重要分支——科学计算可视化(Visualization in Scientific Computing)。科学计算可视化能够把科学数据，包括测量获得的数值、图像或是计算中涉及、产生的数字信息变为直观的、以图形图像信息表示的、随时间和空间变化的物理现象或物理量呈现在研究者面前，使他们能够观察、模拟和计算。

数据可视化(Data Visualization)是对大型数据库或数据仓库中的数据的可视化，它是可视化技术在非空间数据领域的应用。数据可视化技术的基本思想是将数据库中每一个数据项作为单个图元元素表示，大量的数据集构成数据图像，同时将数据的各个属性值以多维数据的形式表示，从不同的维度观察数据，从而对数据进行更深入的观察和分析。它使人们不再局限于通过关系数据表来观察和分析数据信息，而是以更直观的方式看到数据及其结构关系。

大数据可视化分析(Big Data Visualization Analysis)是指基于大数据自动分析挖掘方法，利用支持信息可视化的用户界面和支持分析过程的人机交互方式与技术，有效地将计算机的计算能力与人的认知能力融合，从而获得对于大规模复杂数据集的洞察力。

数据可视化技术具有以下几个特点：

(1) 交互性

用户可以方便地以交互的方式管理和开放数据。

(2) 多维性

可以看到表示对象或事件的数据的多个属性或变量，而数据可以按其每一维的值，将其分类、排序、组合和显示。

(3) 可视性

数据可以用图像、曲线、二维图形、三维体和动画来显示，并可对其模式和相互关系进行可视化分析。

5.3 大数据主要应用领域

5.3.1 大数据在农业、工业互联网、服务业等领域的典型应用

1. 大数据在农业中的应用

推动大数据在农业产销各环节的广泛应用，大力发展智慧农业。

大数据在农业中的应用主要体现在开发新的种质资源、精准种植、农产品溯源、加大供应链等环节，如图 5-3 所示。

大数据在农业方面的应用，还可以体现在依据未来商业需求的预测来进行农牧产品生产，降低菜贱伤农等负面事件发生的概率。同时，大数据的分析将会更加精确地预测未来的天气，帮助农牧民做好自然灾害的预防工作；可以通过大数据帮助农民依据消费者的消费习惯来决定农作物生产的种类和数量，提高单位种植面积的产值；可以通过大数据分析来帮助牧民安排放牧范围，科学有效地利用牧场；可以利用大数据帮助渔民安排休渔期、定位捕鱼范围等。

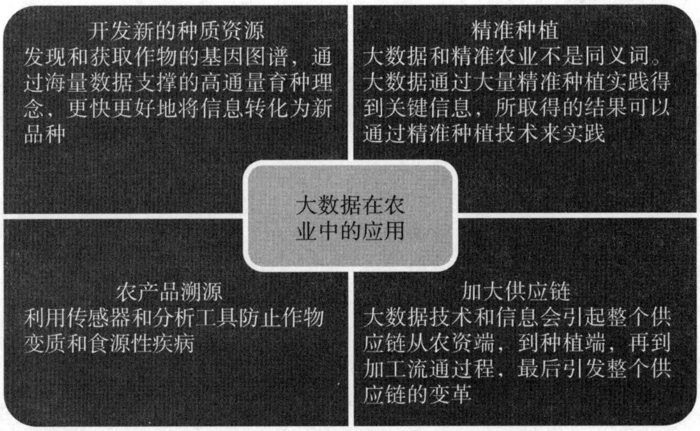

图 5－3　大数据在农业中的应用

2. 大数据在工业互联网中的应用

大数据的快速发展是推进工业 4.0 的核心驱动因素之一。从工业 4.0 概念的提出到大数据在工业中的实际应用，大数据已经快速渗透到工业 4.0 的生产、物流、研发等各个场景中，解决了大量实际生产问题。大数据是人工智能的基石，目前人工智能的发展和运用，主要建立在大数据的基础上：通过对海量数据的分析，得出相应的数据规律，从而指导人们根据数据分析结果优化决策，释放数据的应用价值。

从某种程度上讲，大数据在工业过程控制中的引入，将改变以往分析问题时片段的和间歇的思维模式，转而用一种全局的、动态的和连续的思维来对待工业领域一些传统的过程控制问题。

3. 大数据在服务业中的应用

大数据在服务业拥有广阔应用空间。服务业的发达程度是社会现代化水平的重要标志，当今服务业的新格局是具有科技型、多服务、多功能的特点。

从发展过程来看，现代服务业是指在工业化比较发达的阶段产生的、主要依托信息技术和现代管理理念发展起来的、信息和知识相对密集的服务业，包括传统服务业通过技术改造升级和经营模式更新而形成的服务业，以及伴随信息网络技术发展而产生的新兴服务业。从服务领域来分，现代服务业主要包括生产服务、流通服务等生产性服务业和社会服务、居民服务等生活性服务业两大类。现代服务业已经与大数据、互联网紧密相连，深深地打上了信息技术的烙印。

5.3.2　大数据未来发展趋势

大数据逐渐成为人们生活的一部分，它既是一种资源，又是一种工具，让人们更好地探索世界和认识世界。大数据提供的并不是最终答案，只是参考答案，它为人们提供的是暂时帮助，以便等待更好的方法和答案出现。

1. 数据资源化

资源化是指大数据成为企业和社会关注的重要战略资源，并已成为大家争抢的新焦点，数据将逐渐成为最有价值的资产。

2. 数据科学和数据联盟的成立

（1）催生新的学科和行业

数据科学将成为一门专门的学科，被越来越多的人所认知。越来越多的高校开设了与大数据相关的学科课程，为市场和企业培养大数据相关人才。

（2）数据共享

大数据相关技术的发展，将会创造一些新的细分市场。针对不同的行业将会出现不同的分析技术。

3. 大数据隐私和安全问题

（1）大数据引发个人隐私、企业和国家安全问题

大数据时代将引发个人隐私安全问题。在大数据时代，用户的个人隐私数据可能在不经意间就被泄露。例如，网站密码泄露、系统漏洞导致用户资料被盗、手机里的APP暴露用户的个人信息等。

（2）正确合理利用大数据，促进大数据产业的健康发展

大数据时代，必须对数据安全和隐私进行有效的保护，具体方法如下：

① 从用户的角度，积极探索，加大个人隐私保护力度。数据来源于互联网上无数用户产生的数据信息，因此，建议用户在运用互联网或者APP时保持高度警惕。

② 从法律的角度，提高安全意识，及时出台相关政策，制定相关政策法规，完善立法。

③ 从数据使用者角度，数据使用者要以负责的态度使用数据，需要把进行隐私保护的责任从个人转移到数据使用者身上。政府和企业的信息化建设必须拥有统一的规划和标准，只有这样才能有效地保护公民和企业的隐私。

④ 从技术角度，加快数据安全技术研发，尤其应加强云计算安全研究，保障云安全。

4. 开源软件成为推动大数据发展的动力

大数据获得动力的关键在于开放源代码，帮助分解和分析数据。开源软件的盛行不会抑制商业软件的发展，相反，开源软件将会给基础架构硬件、应用程序开发工具、应用服务等各个方面相关领域带来更多的机会。

5. 大数据多方位改善人们的生活

大数据作为一种重要的战略资产，已经不同程度地渗透到每个行业领域和部门。现在，通过大数据的力量，用户希望掌握真正的便捷信息，从而让生活更有趣。

大数据也将促进智慧城市的发展，是智慧城市的核心引擎。智慧医疗、智慧交通、智慧安防等，都是以大数据为基础的智慧城市的应用领域。大数据将多方位改善人们的生活。

本章小结

大数据是计算机和互联网相结合的产物，计算机实现了数据的数字化，互联网实现了数据的网络化，两者结合起来之后，赋予了大数据强大的生命力。

大数据的基本处理流程主要包括数据收集、数据预处理、数据存储、数据处理与分析、数据展示/数据可视化、数据应用等环节，其中数据质量贯穿于整个大数据流程。

大数据成功的应用将产生重大价值，需要研究判断大数据成功应用的标志。当前大数据应用的研究关注国计民生的科学决策、应急管理（如疾病防治、灾害预测与控制、食品安全

与群体事件)、环境管理、社会计算以及知识经济等应用领域。

习题 5

单选题

1. 从大量数据中提取知识的过程通常称为________。

A. 数据挖掘　　B. 人工智能

C. 数据清洗　　D. 数据仓库

2. 下列论据中,能够支撑“大数据无所不能”的观点的是________。

A. 互联网金融打破了传统的观念和行为

B. 大数据存在泡沫

C. 大数据具有非常高的成本

D. 个人隐私泄露与信息安全担忧

3. 大数据处理技术和传统的数据挖掘技术最大的区别是________。

A. 处理速度快(秒级定律)　　B. 算法种类更多

C. 精度更高　　D. 更加智能化

4. 大数据的起源是________。

A. 金融　　B. 电信

C. 互联网　　D. 公共管理

5. 大数据不是要教机器像人一样思考。相反,它是________。

A. 把数学算法运用到海量的数据上来预测事情发生的可能性

B. 被视为人工智能的一部分

C. 被视为一种机器学习

D. 预测与惩罚

6. 人与人之间沟通信息、传递信息的技术指的是________。

A. 感测技术　　B. 微电子技术

C. 计算机技术　　D. 通信技术

7. 数据清洗的方法不包括________。

A. 缺失值处理　　B. 噪声数据清除

C. 一致性检查　　D. 重复数据记录处理

8. 下列关于舍恩伯格对大数据特点的说法中,错误的是________。

A. 数据规模大　　B. 数据类型多样

C. 数据处理速度快　　D. 数据价值密度高

9. 规模巨大且复杂,用现有的数据处理工具难以获取、整理、管理以及处理的数据,这指的是________。

A. 富数据　　B. 贫数据

C. 繁数据　　D. 大数据

10. 大数据正快速发展为对数量巨大、来源分散、格式多样的数据进行采集、存储和关联分析,从中发现新知识、创造新价值、提升新能力的________。

A. 新一代信息技术　　B. 新一代服务业态
C. 新一代技术平台　　D. 新一代信息技术和服务业态

11. 当前社会中,最为突出的大数据环境是________。
A. 互联网　　B. 物联网
C. 综合国力　　D. 自然资源

12. 大数据的4V特征中的Volume是指________。
A. 价值密度低　　B. 处理速度快
C. 数据类型繁多　　D. 数据体量巨大

13. 大数据的4V特征中的Variety是指________。
A. 价值密度低　　B. 处理速度快
C. 数据类型繁多　　D. 数据体量巨大

14. 大数据的4V特征中的Velocity是指________。
A. 价值密度低　　B. 处理速度快
C. 数据类型繁多　　D. 数据体量巨大

15. 大数据的核心就是________。
A. 告知与许可　　B. 预测
C. 匿名化　　D. 规模化

16. 大数据的最显著特征是________。
A. 数据规模大　　B. 数据类型多样
C. 数据处理速度快　　D. 数据价值密度高

17. 当前大数据技术的基础是由________首先提出的。
A. 微软　　B. 百度
C. 谷歌　　D. 阿里巴巴

18. 数据仓库的最终目的是________。
A. 收集业务需求　　B. 建立数据仓库逻辑模型
C. 开发数据仓库的应用分析　　D. 为用户和业务部门提供决策支持

19. 支撑大数据业务的基础是________。
A. 数据科学　　B. 数据应用
C. 数据硬件　　D. 数据人才

20. 随着大数据时代的到来,人类首先面临的新风险是________。
A. 技术开发成本不可控　　B. 技术进步太快
C. 数据统计　　D. 数据安全

第 6 章　人工智能技术

6.1　人工智能概述

基因工程技术、纳米科学技术、人工智能技术被称为 21 世纪三大尖端技术。

人工智能(Artificial Intelligence)，英文缩写为 AI。它是研究、开发用于模拟、延伸和扩展人的智能的理论、方法、技术及应用系统的一门新的技术科学。

人工智能是计算机科学的一个分支，它企图了解智能的实质，并生产出一种新的能以人类智能相似的方式做出反应的智能机器，该领域的研究包括机器人、语言识别、图像识别、自然语言处理和专家系统等。

人工智能从诞生以来，理论和技术日益成熟，应用领域也不断扩大，可以设想，未来人工智能带来的科技产品将会是人类智慧的"容器"。

6.1.1　人工智能的基本概念

所谓"人工智能"是指用计算机模拟或实现的智能。作为一门学科，人工智能研究的是如何使机器(计算机)具有智能的科学和技术。因此，从学科角度讲，当前的人工智能是计算机科学的一个分支。

人工智能虽然是计算机科学的一个分支，但它的研究却不仅涉及计算机科学，而且还涉及脑科学、神经生理学、心理学等众多学科领域。因此，人工智能实际上是一门综合性的交叉学科和边缘学科。

人工智能是相对于人的自然智能而言的，从广义上解释就是"人造智能"，指用人工的方法和技术在计算机上实现智能，以模拟、延伸和扩展人类的智能。由于人工智能是在机器上实现的，所以又称机器智能。

斯坦福大学人工智能研究中心的尼尔逊教授从处理的对象出发，对人工智能下了这样一个定义："人工智能是关于知识的学科，即怎样表示知识，怎样获取知识以及怎样使用知识的科学。"

美国麻省理工学院的温斯顿教授认为："人工智能就是研究如何使计算机去做过去只有人才能做的富有智能的工作。"

斯坦福大学费根鲍姆教授从知识工程的角度出发，认为"人工智能是一个知识信息处理系统"。

6.1.2　人工智能的基本原理

1. 人工智能的基本原理

知识表示方法和推理技术是传统人工智能原理的两大主要课题，是用计算机实现人工智能系统的基本前提。

(1) 知识表示是重要的。

首先,智能活动过程主要是一个获取和应用知识的过程,而知识必须有适当的表示才能便于在计算机中进行存储、检索、修改和运用。

其次,对同一个问题的知识表示不是唯一的,恰当的知识表示将有助于计算机对推理技术的运用和对问题的求解。

(2) 基于知识表示的程序主要利用推理在形式上的有效性,亦即在问题的求解过程中,智能程序所使用知识的方法和策略应较少地依赖于知识的具体内容。因此,通常的程序系统中都采用推理机制与知识相分离的典型体系结构。这种结构从模拟人类思维的一般规律出发来使用知识。

2. 人工智能的工作原理

人工智能的工作原理是以知识的过去与学习、知识的表达、知识的处理以及如何利用知识求解问题的基本技术作为主要的研究内容。

(1) 计算机会通过传感器(或人工输入的方式)来收集关于某个情景的事实。

(2) 计算机将此信息与已存储的信息进行比较,以确定它的含义。

(3) 计算机会根据收集来的信息计算各种可能的动作,然后预测哪种动作的效果最好。

3. 人工智能研究的内容

人工智能是研究和开发用于模拟、延伸和扩展人类智能的理论、方法、技术及应用的技术科学,其主要研究内容可归纳为以下四个方面:

(1) 机器感知

感知是感觉与知觉的统称,它是客观事物通过感官在人脑中的直接反映。机器感知研究如何用机器或计算机模拟、延伸和扩展人的感知或认知能力,包括机器视觉、机器听觉和机器触觉等。机器感知是通过多传感器采集,并经复杂程序处理的大规模信息处理系统。

(2) 机器思维

大脑的思维活动是人类智能的源泉,没有思维就没有人类的智能。机器感知也主要是通过机器思维来实现的。机器思维是指将感知得来的机器内部和外部各种工作信息进行有目的的处理。

(3) 机器学习

学习是有特定目标的知识获取过程,是人类智能的主要标志和获得知识的基本手段,表现为新知识结构的不断建立和修改。机器学习是指计算机自动获取新的事实及新的推理算法等,是计算机具有智能的根本途径。

(4) 机器行为

行为是生物适应环境变化的一种主要的手段。机器行为(Machine Behavior)研究如何用机器去模拟、延伸、扩展人的智能行为,具体包括自然语言生成、机器人行动规划、机器人协调控制等。

6.1.3 人工智能发展经历

人工智能始于20世纪50年代,至今大致分为三个发展阶段,如图6-1所示。

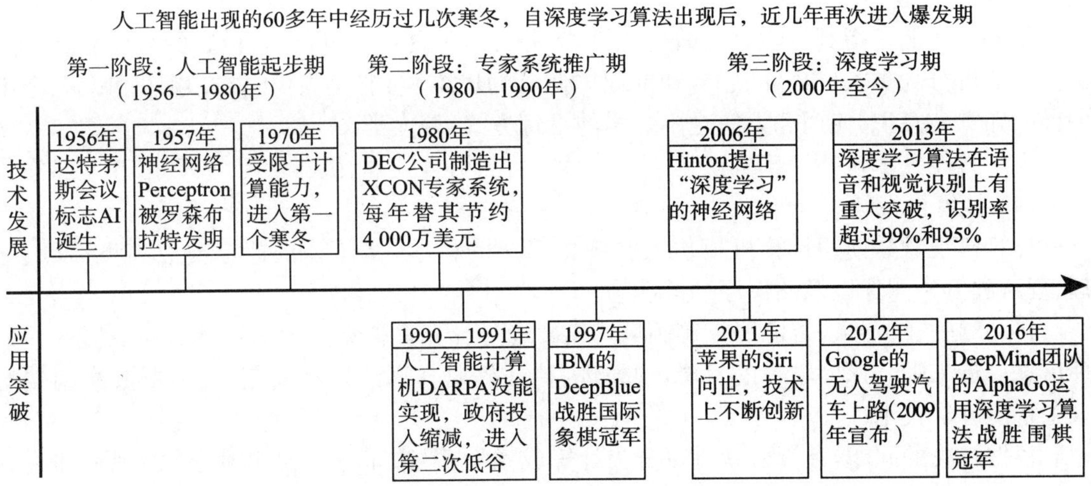

图 6－1　人工智能发展历程

1. 第一阶段为 20 世纪 50—80 年代

这一阶段人工智能刚诞生，基于抽象数学推理的可编程数字计算机已经出现，符号主义(Symbolism)快速发展，但由于很多事物不能形式化表达，建立的模型存在一定的局限性。此外，随着计算任务的复杂性不断加大，人工智能发展一度遇到瓶颈。

2. 第二阶段为 20 世纪 80—90 年代末

在这一阶段，专家系统得到快速发展，数学模型有重大突破，但由于专家系统在知识获取、推理能力等方面的不足以及开发成本高等原因，人工智能的发展又一次进入低谷期。

3. 第三阶段为 21 世纪初至今

随着大数据的积聚、理论算法的革新、计算能力的提升，人工智能在很多应用领域取得了突破性进展，迎来了又一个繁荣时期。

到了 21 世纪，人工智能的研究取得突破性进展，其最新发展的主要标志是：

(1) 人工智能自身的发展：包括机器学习、人工神经网络的发展，特别是近年来深度学习技术的发展，使它在技术上有了质的飞跃。

(2) 从数据角度发展人工智能：包括数据仓库、数据挖掘的发展，特别是近年来大数据技术的发展，与人工智能有机结合。

(3) 计算机技术的发展：互联网的出现，物联网、云计算的发展，带动了分布式、并行计算等新型计算方式问世，极大地提高了计算能力，为人工智能发展奠定坚实基础。

6.2　人工智能技术分类

根据人工智能是否能真正实现推理、思考和解决问题，可以将人工智能分为弱人工智能和强人工智能。

弱人工智能是指不能真正实现推理和解决问题的智能机器，这些机器表面看像是智能的，但是并不真正拥有智能，也不会有自主意识。迄今为止的人工智能系统都还是实现特定功能的专用智能，而不是像人类智能那样能够不断适应复杂的新环境并不断涌现出新的功能，因此都还是弱人工智能。

强人工智能是指真正能思维的智能机器，并且认为这样的机器是有知觉和自我意识的，这类机器可分为类人（机器的思考和推理类似人的思维）与非类人（机器产生了和人完全不一样的知觉和意识，使用和人完全不一样的推理方式）两大类。

人工智能技术包括计算机视觉、语音识别、自然语言处理、机器学习、大数据五大部分。

(1) 计算机视觉

计算机视觉是使用计算机模仿人类视觉系统的科学，让计算机拥有类似人类提取、处理、理解和分析图像以及图像序列的能力。

自动驾驶、机器人、智能医疗等领域均需要通过计算机视觉技术从视觉信号中提取并处理信息。近来随着深度学习的发展，预处理、特征提取与算法处理渐渐融合，形成端到端的人工智能算法技术。

根据解决的问题，计算机视觉可分为计算成像学、图像理解、三维视觉、动态视觉和视频编解码五大类。

(2) 语音识别

语音识别技术就是让机器通过识别和理解过程把语音信号转变为相应的文本或命令的高新技术。语音识别技术主要包括特征提取技术、模式匹配准则及模型训练技术三个方面。其中，最基础的就是语音识别单元的选取。

人工智能目前落地最成功的就是语音识别技术。语音识别目前主要应用在车联网、智能翻译、智能家居、自动驾驶方面。

(3) 自然语言处理

自然语言处理是计算机科学领域与人工智能领域的一个重要方向，研究能实现人与计算机之间用自然语言进行有效通信的各种理论和方法，涉及的领域较多，主要包括机器翻译、语义理解和问答系统等。

(4) 机器学习

机器学习(Machine Learning)是一门涉及统计学、系统辨识、逼近理论、神经网络、优化理论、计算机科学、脑科学等诸多领域的交叉学科，研究计算机怎样模拟或实现人类的学习行为，以获取新的知识或技能，重新组织已有的知识结构使之不断改善自身的性能，是人工智能技术的核心。

(5) 大数据

大数据是AI智能化程度升级和进化的基础，拥有大数据，AI才能够不断地进行模拟演练，不断向着真正的人工智能靠拢。

计算机视觉、语音识别、自然语言处理、机器学习、大数据五大技术是相辅相成、交叉关联的，同时不同的应用层面又各有侧重。

6.2.1 深度学习的概念、常用算法

1. 深度学习的概念

深度学习(Deep Learning，简称DL)领域是机器学习的一个分支，专门研究模型和算法，其灵感来源于大脑的工作方式和功能。深度学习方法能够具备提取抽象特征的能力，也可以看作是从生物神经网络中获得了灵感。深度学习是一种利用深度人工神经网络来进行

自动分类、预测和学习的技术,可以看作一种新型的机器学习技术。

近些年来,深度学习技术日益盛行起来,逐渐呈现出取代其他机器学习算法的趋势,这主要是因为随着机器学习任务越来越复杂和多变,人们逐渐发现针对具体任务生成特定特征不仅费时费力,同时还特别敏感,很难将其应用于另一任务。此外,对于一些任务,人们根本不知道该如何使用特征。与此相反,深度学习完全将这个步骤自动化:利用深度学习,你可以一次性学习所有特征,而无须自己手动设计提取特征。这极大地简化了机器学习工作流程,能够将包含特征学习、特征抽象等复杂的多阶段流程替换为一个简单的、端到端的深度学习模型。

深度学习与传统机器学习间的流程差异在于:传统机器学习算法需要在样本数据输入模型前经历一个人工特征提取的步骤,之后通过算法更新模型的权重参数。经过这样的步骤后,当再有一批符合样本特征的数据输入到模型中时,模型就能得到一个可以接受的预测结果。而深度学习算法不需要在样本数据输入模型前经历一个人工特征提取的步骤,将样本数据输入到算法模型中后,模型会从样本中提取基本的特征(图像的像素)。

人工智能、机器学习、人工神经网络和深度学习之间的关系如图 6-2 所示。

图 6-2　人工智能、机器学习、人工神经网络和深度学习之间的关系

2. 深度学习的应用场景

近年来深度学习技术之所以能引起社会各界广泛的关注,是因为不光在学术界,同时也在工业界取得了重大突破和广泛的应用。其应用可分为视觉类领域(包括图像识别、视频识别、生物特征识别等)、自然语言处理领域(包括机器翻译、文本挖掘、情感分析等)和语音类领域(包括语音识别、语音合成等)等三大类,如图 6-3 所示。

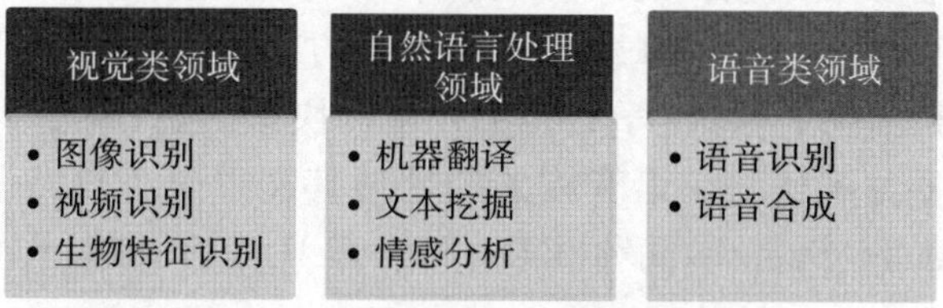

图 6-3　深度学习应用场景

3. 深度学习常用算法

（1）回归算法

（2）基于实例的算法

（3）正则化方法

（4）贝叶斯方法

（5）人工神经网络

4. 深度学习常用模型

（1）人工神经网络（ANN）

人工神经网络（Artificial Neural Networks）是一种模仿生物神经网络行为特征，进行分布式并行信息处理的算法数学模型。人工神经网络一般指全连接的神经网络，该类神经网络模型常用于图像及语音识别等领域。

（2）卷积神经网络（CNN）

卷积神经网络（Convolutional Neural Networks / CNNs / ConvNets）与普通神经网络非常相似，它们都由具有可学习的权重和偏置常量（Biases）的神经元组成。近几年，卷积神经网络在大规模图像特征表示和分类中取得了很大的成功。

（3）自动编码机

自动编/解码网络可看作传统的多层感知器的变种，其基本想法是将输入信号经过多层神经网络后重构原始的输入，通过非监督学习的方式挖掘输入信号的潜在结构，将中间层的响应作为潜在的特征表示。

5. 其他深度学习算法

（1）自动编码器（Autoencoder）

（2）稀疏编码（Sparse Coding）

（3）受限玻尔兹曼机（RBM）

6.2.2 自然语言处理的概念

自然语言处理（Natural Language Processing，简称 NLP）是语言学和人工智能的交叉科学，旨在让计算机能够“读懂”人类的语言。其包括的主要范畴有：分词、词性标注、命名实体识别、句法分析、关键词抽取、文本分类、自动摘要以及信息检索等。

自然语言处理包括自然语言理解（Natural Language Understanding，简称 NLU）和自然语言生成（Natural Language Generation，简称 NLG）两部分。

传统的自然语言处理主要是利用语言学领域本身的知识结合一些统计学的方法来获取语言知识。后来伴随着 SVM、逻辑回归等机器学习浅层模型的发展，自然语言处理领域的研究取得了一定的突破，但在语义消歧、语言理解等方面还是显得力不从心。近年来，随着卷积神经网络、循环神经网络等深度学习相关技术的快速发展，深度学习在自然语言处理方面的应用也展现出了明显的优势。语音相关的处理其实也属于自然语言处理的范畴，目前主要是语音合成（Text To Speech，简称 TTS）和语音识别（Automated Speech Recognition，简称 ASR）。

目前，自然语言处理主要应用于机器翻译、舆情监测、自动摘要、观点提取、文本分类、问题回答、文本语义对比、语音识别、中文 OCR 等方面。基于深度学习的自然语言处理在文本分类、机器翻译、智能问答、智能推荐以及聊天机器人等方面都得到了极为广泛的应用。

6.2.3 计算机视觉的概念

从生物学的角度来看，计算机视觉是研究如何得到人类视觉系统的计算模型的科学；从工程学的角度来看，计算机视觉是研究如何建立可以媲美人类视觉（在某些视觉任务上超越人类视觉）的系统。通常来说，完成视觉任务需要通过图像或视频来理解场景。

从工程学的角度来看，计算机视觉主要研究的是通过图像或视频来重建和理解场景，完成人类视觉可以完成的任务。

计算机视觉是一门交叉学科，涉及图像处理、模式识别、机器学习、人工智能、认知学以及机器人学等诸多学科。其中，图像处理是计算机视觉的基础。图像处理研究的是图像到图像的变换，其输入和输出的都是图像。常用的图像处理操作包括图像压缩、图像增强、图像恢复等。计算机视觉的输入是图像，而输出则是对图像的理解，在此过程中要用到很多图像处理的方法。

6.2.4 数据挖掘常用算法

1. 数据挖掘概念

20 世纪 80 年代末，数据挖掘（Data Mining，简称 DM）起源于数据库中的知识发现（Knowledge Discovery in Database，简称 KDD）这一概念。

严格的科学定义上，数据挖掘是从大量的、有噪声的、不完全的、模糊和随机的数据中提取出隐含在其中的、人们事先不知道的、具有潜在利用价值的信息和知识的过程。

从技术角度分析，数据挖掘就是利用一系列的相关算法和技术，从大数据中提取出行业或公司所需要的、有实际应用价值的知识的过程。这些有价值的潜在知识与信息就隐藏在大数据中，之前并不被人所知，所提取到的知识表示形式可以是概念、规律、规则与模式等。

与数据挖掘相似的概念也就是知识发现，用数据库管理系统来存储数据，用机器学习方法来分析数据、挖掘大量数据背后隐藏的知识的过程，称为数据库中的知识发现。准确地说，数据挖掘是整个知识发现流程中的一个具体步骤，也是知识发现过程中最重要的核心步骤。

2. 常见的数据挖掘对象

常见的数据挖掘对象有以下八大类：

(1) 关系型数据库、事务型数据库、面向对象的数据库。

(2) 数据仓库和多维行业主题数据库。

(3) 空间地理信息数据库。

(4) 工程过程数据库（如生产、商业、物流及系统集成）。

(5) 文本、影像和多媒体数据库。

(6) 与时间相关的历史数据库、共享交换数据库。

(7) 互联网 Web 数据库。

(8) 可视化集成平台数据集库、要素数据库、目标数据库（自定义数据库）。

3. 数据挖掘算法

在数据挖掘的发展过程中，由于数据挖掘不断地将诸多学科领域知识与技术融入当中，因此，目前数据挖掘方法写算法已呈现出极为丰富的多种形式。从使用的广义角度上看，数据挖掘常用分析方法主要有分类、聚类、估值、预测、关联规则、可视化等。

从数据挖掘算法所依托的数理基础角度归类，目前数据挖掘算法主要分为三大类：机器学习方法、统计方法与神经网络方法。

（1）机器学习方法分为决策树、基于范例学习、规则归纳与遗传算法等。

（2）统计方法细分为回归分析、时间序列分析、关联分析、聚类分析、模糊集、粗糙集、探索性分析、支持向量机与最近邻分析等。

（3）神经网络方法分为前向神经网络、自组织神经网络、感知机、多层神经网络、深度学习等。

6.3 人工智能主要应用领域

随着人工智能理论研究的发展，人工智能的应用领域越来越宽广，应用效果也越来越显著。总的来说，人工智能的应用主要集中在自动定理证明、问题求解与博弈、专家系统、模式识别、机器视觉、自然语言处理、人工神经网络、分布式人工智能与多 Agent 等领域。

1. 自动定理证明

自动定理证明，又称机器定理证明，是数学和计算机科学相结合的课题，也是人工智能中最先进行研究并得到成功应用的一个领域，它的研究在人工智能方法的发展中起到了重要的推动作用。

2. 问题求解与博弈

人工智能的第一个大成就是发展了能够求解难题的下棋（如国际象棋）程序。下棋程序是计算机博弈问题研究的产物，其中主要应用了问题的表示、分解、搜索和归纳等人工智能的基本技术。

博弈问题为搜索策略、机器学习等问题的研究提供了良好的实际背景，所发展起来的一些概念和方法对人工智能的其他问题也很有用。经典的问题有旅行商问题、八皇后问题、背包问题等。到目前为止，对于要解决的问题，人工智能程序已经具备搜索解答空间、寻找较优解答的能力。

3. 专家系统

专家系统是一个基于专门的领域知识，求解特定问题的智能计算机程序系统。它使用人工智能技术，根据某个领域一个或多个人类专家提供的知识和经验进行推理和判断，模拟人类专家的决策过程，以解决那些需要专家解决的复杂问题。目前在许多领域，专家系统已取得了显著效果。

4. 模式识别

模式通常具有实体的形式，如声音、图片、语言、文字、符号、物体和景象等，可以用物理、化学及生物传感器进行具体采集和测量。

模式识别是指用计算机代替人类或帮助人类感知模式，是对人类感知外界功能的模拟。计算机模式识别系统是实现模式识别的载体，可将其理解为具有模拟人类通过感官接收外界信息、识别和理解周围环境等感知能力的计算机系统。

5. 机器视觉

机器视觉就是用机器代替人眼进行测量和判断，是人工智能正在快速发展的一个分支。机器视觉系统是通过图像摄取装置将被摄取目标转换成图像信号，传送给专用的图像处理系统，得到被摄目标的形态信息，再根据像素分布和亮度、颜色等信息，转变成数字化信号，图像系统通过对这些信号进行各种运算来抽取目标的特征，进而根据判别的结果来控制现场设备的动作。

机器视觉的前沿研究领域包括实时并行处理、主动式定性视觉、动态和时变视觉、三维景物的建模与识别、实时图像压缩传输和复原、多光谱和彩色图像的处理与解释等。机器视觉已在机器人装配、卫星图像处理、工业过程监控、飞行器跟踪和制导及电视实况转播等领域获得极为广泛的应用。

6. 自然语言处理

自然语言处理是研究实现人类与计算机系统之间用自然语言进行有效通信的各种理论和方法。因此，解决计算机系统理解自然语言的问题，一直是人工智能研究领域的重要研究课题之一。

实现人机间自然语言通信意味着计算机系统既能理解自然语言文本的意义，又能生成自然语言文本来表达给定的意图和思想等。

7. 人工神经网络

人工神经网络是一个用大量简单处理单元经过广泛连接而组成的人工网络，用来模拟大脑神经系统的结构和功能。人工神经网络的研究道路十分曲折：

(1) 20 世纪 40 年代，MP 模型（神经元的数学模型）的提出开创了神经科学理论研究的时代。

(2) 20 世纪 80 年代，BP 神经网络（反向神经网络）的提出推动了人工神经网络的研究。

(3) 21 世纪，深度学习的出现掀起了人工神经网络的浪潮。

现在，人工神经网络已经成为人工智能中一个极其重要的研究领域。随着人工神经网络的深入研究，它取得了很大的进展，并在模式识别、智能机器人、自动控制、预测估计、生物、医学、经济等领域解决了许多现代计算机难以解决的实际问题，表现出了良好的智能特性。

8. 分布式人工智能与多 Agent

分布式人工智能是分布式计算与人工智能结合的产物。它主要研究在逻辑上或物理上分散的智能动作者如何协调其智能行为，求解单目标和多目标问题，同时为设计和建立大型复杂的智能系统或支持协同工作的计算机系统提供有效途径。

多 Agent 一般指多 Agent 系统或多 Agent 技术，是多个 Agent 组成的集合，通过 Agent 的交互来实现系统的功能。多 Agent 的目标是将大而复杂的系统建设成小的、彼此互相通信与协调的、易于管理的系统。多 Agent 是分布式人工智能的一个重要分支。

6.3.1　国内常用人工智能平台

国内常用的人工智能平台及其研究领域如图 6 - 4 所示。

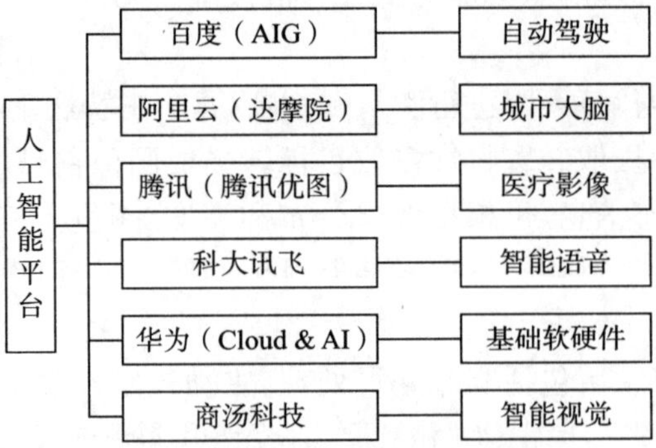

图 6-4　国内常用的人工智能平台

6.3.2　人工智能主要应用

本节重点介绍人工智能在制造、家居、金融、交通、安防、医疗、物流行业的应用。

1. 智能制造

智能制造是基于新一代信息通信技术与先进制造技术深度融合，贯穿于设计、生产、管理、服务等制造活动的各个环节，具有自感知、自学习、自决策、自执行、自适应等功能的新型生产方式。例如，现有涉及智能装备故障问题的纸质化文件，可通过自然语言处理，形成数字化资料，再通过非结构化数据向结构化数据的转换，形成深度学习所需的训练数据，从而构建设备故障分析的神经网络，为下一步故障诊断、优化参数设置提供决策依据。

2. 智能家居

智能家居以住宅为平台，基于物联网技术，由硬件(智能家电、智能硬件、安防控制设备、家具等)、软件系统、云计算平台构成的家居生态圈，实现人远程控制设备、设备间互联互通、设备自我学习等功能，并通过收集、分析用户行为数据为用户提供个性化生活服务，使家居生活安全、节能、便捷等。例如，借助智能语音技术，用户应用自然语言实现对家居系统各设备的操控，如开关窗帘(窗户)、操控家用电器和照明系统、打扫卫生等操作；借助机器学习技术，智能电视可以从用户看电视的历史数据中分析其兴趣和爱好，并将相关的节目推荐给用户；通过应用声纹识别、脸部识别、指纹识别等技术进行开锁等；通过大数据技术可以使智能家电实现对自身状态及环境的自我感知，具有故障诊断能力。

3. 智能金融

智能金融对于金融机构的业务部门来说，可以帮助获客，精准服务客户，提高效率；对于金融机构的风控部门来说，可以提高风险控制，增加安全性；对于用户来说，可以实现资产优化配置，体验到金融机构更加完美的服务。人工智能在金融领域的应用主要包括：智能获客，依托大数据，对金融用户进行画像，通过需求响应模型，极大地提升获客效率；身份识别，以人工智能为内核，通过人脸识别、声纹识别、指静脉识别等生物识别手段，再加上各类票据、身份证、银行卡等证件票据的 OCR 识别等技术手段，对用户身份进行验证，大幅降低核验成本，有助于提高安全性。

4. 智能交通

智能交通系统(Intelligent Traffic System，简称 ITS)是借助现代科技手段和设备，将各核心交通元素联通，实现信息互通与共享以及各交通元素的彼此协调、优化配置和高效使用，形成人、车和交通的高效协同环境，建立安全、高效、便捷和低碳的交通。ITS 应用最广泛的地区是日本，其次是美国、欧洲等地区。中国的智能交通系统近几年也发展迅速，在北京、上海、广州、杭州等大城市已经建设了先进的智能交通系统，其中，北京建立了道路交通控制、公共交通指挥与调度、高速公路管理和紧急事件管理等四大 ITS 系统；广州建立了交通信息共用主平台、物流信息平台和静态交通管理系统等三大 ITS 系统。

5. 智能安防

智能安防技术是一种利用人工智能对视频、图像进行存储和分析，从中识别安全隐患并对其进行处理的技术。智能安防与传统安防的最大区别在于智能化，传统安防对人的依赖性比较强，非常耗费人力，而智能安防能够通过机器实现智能判断，从而尽可能实现实时的安全防范和处理。智能安防目前涵盖众多领域，如街道社区、道路、楼宇建筑、机动车辆的监控、移动物体监测等。今后智能安防还要解决海量视频数据分析、存储控制及传输问题，将智能视频分析技术、云计算及云存储技术结合起来，构建智慧城市下的安防体系。

6. 智能医疗

近几年，智能医疗在辅助诊疗、疾病预测、医疗影像辅助诊断等方面发挥了重要作用。在辅助诊疗方面，通过人工智能技术可以有效提高医护人员的工作效率，提升一线全科医生的诊断治疗水平。例如，利用智能语音技术可以实现电子病历的智能语音录入；利用智能影像识别技术，可以实现医学图像自动读片；利用智能技术和大数据平台，构建辅助诊疗系统。在疾病预测方面，人工智能借助大数据技术可以进行疫情监测，及时有效地预测并防止疫情的进一步扩散和发展。

7. 智能物流

智能物流是在利用条形码、射频识别技术、传感器、全球定位系统等方面优化改善运输、仓储、配送、装卸等物流业技术的同时，使用智能搜索、推理规划、计算机视觉以及智能机器人等技术，实现货物运输过程的自动化运作和高效率优化管理，提高物流效率。例如，在仓储环节，利用大数据智能通过分析大量历史库存数据，建立相关预测模型，实现物流库存商品的动态调整。大数据智能也可以支撑商品配送规划，进而实现物流供给与需求匹配、物流资源优化与配置等。在货物搬运环节，加载计算机视觉、动态路径规划等技术的智能搬运机器人（如搬运机器人、货架穿梭车、分拣机器人等）得到广泛应用，大大减少了订单出库所需的时间，使物流仓库的存储密度、搬运的速度、拣选的精度均有大幅度提升。

6.3.3　人工智能未来发展趋势

数据资源、运算能力、核心算法共同发展，掀起了人工智能的第三次新浪潮。人工智能产业正处于从感知智能向认知智能的进阶阶段，诸如无人驾驶、全自动智能机器人等仍处于开发中，与大规模应用仍有一定距离。

1. 智能服务呈现线下和线上的无缝结合

分布式计算平台的广泛部署和应用，增大了线上服务的应用范围。同时人工智能技术产品不断涌现，如智能家居、智能机器人、自动驾驶汽车等，为智能服务带来新的渠道或新的传播模式，使得线上服务与线下服务的融合进程加快，促进多产业升级。

2. 智能化应用场景从单一向多元发展

目前人工智能的应用领域还多处于专用阶段，如人脸识别、视频监控、语音识别等都主要用于完成具体任务，覆盖范围有限，产业化程度有待提高。随着智能家居、智慧物流等产品的推出，人工智能的应用终将进入面向复杂场景、处理复杂问题、提高社会生产效率和生活质量的新阶段。

3. 人工智能和实体经济深度融合进程将进一步加快

党的十九大报告提出“推动互联网、大数据、人工智能和实体经济深度融合”，一方面，制造强国建设的加快将促进人工智能等新一代信息技术产品的发展和应用，助推传统产业转型升级，推动战略性新兴产业实现整体性突破。另一方面，随着人工智能底层技术的开源化，传统行业将有望加快掌握人工智能基础技术并依托其积累的行业数据资源实现人工智能与实体经济的深度融合创新。

本章小结

人工智能是一个新兴的领域和学科，其知识范畴仍处在快速的发展过程中，通过对人工智能发展历史了解、在重要领域的应用以及人工智能发展过程中所涉及的安全、伦理和隐私问题。

目前人工智能领域的研究应用主要包括机器人、语言识别、图像识别、自然语言处理和专家系统等。人工智能在制造、家居、金融、交通、安防、医疗、物流行业的应用前景非常广泛。

习题 6

单选题

1. AI 的英文缩写是________。

A. Automatic Intelligence　　B. Artificial Intelligence

C. Automatic Information　　D. Artificial Information

2. 人工智能是一门________。

A. 数学和生理学　　B. 心理学和生理学

C. 语言学　　D. 综合性的交叉学科和边缘学科

3. ________不是人工智能的研究领域。

A. 机器证明　　B. 模式识别

C. 人工生命　　D. 编译原理

4. ________不是专家系统的组成部分。

A. 用户　　B. 综合数据库

C. 推理机　　D. 知识库

5. 要想让机器具有智能，必须让机器具有知识。因此，在人工智能中有一个研究领域，主要研究计算机如何自动获取知识和技能，实现自我完善，这门研究分支学科叫________。

A. 专家系统　　B. 机器学习

C. 神经网络　　D. 模式识别

6. 立体视觉是________领域的一个重要课题，它的目的在于重构场景的三维几何信息。

A. 人机交互　　B. 虚拟现实

C. 自然语言处理　　D. 计算机视觉

7. ________是通过建立人工神经网络，用层次化机制来表示客观世界，并解释所获取的知识，例如图像、声音和文本。

A. 深度学习　　B. 机器学习

C. 人机交互　　D. 智能芯片

8. 首次提出“人工智能”是在________年。

A. 1946　　B. 1960

C. 1916　　D. 1956

9. 人工智能应用研究的两个最重要最广泛领域为________。

A. 专家系统、自动规划　　B. 专家系统、机器学习

C. 机器学习、智能控制　　D. 机器学习、自然语言理解

10. 为了解决如何模拟人类的感性思维，例如视觉理解、直觉思维、悟性等，研究者找到一个重要的信息处理的机制是________。

A. 专家系统　　B. 人工神经网络

C. 模式识别　　D. 智能代理

11. 人工智能的目的是让机器能够________，以实现某些脑力劳动的机械化。

A. 具有智能　　B. 和人一样工作

C. 完全代替人的大脑　　D. 模拟、延伸和扩展人的智能

12. 人工智能企图了解智能的实质，并生产出一种新的能以与人类智能相似的方式作出反应的智能机器。该领域的研究包括机器人、语音识别、图像识别、自然语言处理和专家系统等。下列属于人工智能的是________。

A. 拍照留念　　B. QQ 语音

C. 与同学在网上下棋　　D. 指纹识别

13. 下列关于人工智能的叙述不正确的是________。

A. 人工智能与其他科学技术结合极大地提高了应用技术的智能化水平

B. 人工智能是科学技术发展的趋势

C. 人工智能的系统研究是从 20 世纪 50 年代才开始的，非常新，所以十分重要

D. 人工智能有力地促进了社会的发展

14. 某智能报警系统与电话相连，当有小偷时，系统能通过电话联系到主人，主人可以监听现场的声音，也可以启动现场警报来吓跑小偷，这是将信息技术应用在________。

A. 政务信息化方面　　B. 家庭智能化方面

C. 电子商务方面　　D. 教育信息化方面

15. 人工智能的基本特点包括交叉性、长期性和________。

A. 渗透性　　B. 智能性

C. 广泛性　　D. 隐蔽性

16. 关于人工智能的定义，正确的是________。

A. 人工智能就是机器人

B. 人工智能就是跟人长得一样的机器人

C. 人工智能是一种软件

D. 人工智能是研究人的智能的一门新的技术科学

17. 从学科角度来讲，人工智能是________科学中涉及研究、设计和应用智能机器的一个分支。

A. 计算机　　B. 数学

C. 哲学　　D. 地理

18. 人工智能是让计算机模仿人的一部分智能。下列________不属于人工智能领域中的应用。

A. 机器人　　B. 信用卡

C. 人机对弈　　D. 机械手

19. 市收银员用扫描器直接扫描商品的条形码，商品的价格信息就会呈现出来。这主要体现了人工智能的________技术。

A. 智能代理　　B. 模式识别

C. 机器翻译　　D. 专家系统

20. 下列关于人工智能技术的叙述，错误的是________。

A. 人工智能是人造的智能，主要是对人脑思维过程的模拟

B. 具有人工智能的计算机具备了与人完全一样的思维能力

C. 人工智能技术已经在社会生活的很多方面发挥了积极的作用

D. 近年来，人工智能技术发展迅速，越来越大众化和人性化

第7章 区块链

7.1 区块链概述

说起区块链，最初人们并不熟悉，只是听过比特币，区块链作为比特币的技术支持被人们熟悉并研究。区块链记录从后向前有序链接起来，具备公开透明、无法篡改、方便追溯的特点。实际上，这种特性也直接体现了比特币的特点，因此，使用区块链来概括加密货币背后的技术实现是非常直观和恰当的。

区块链是一项技术，加密货币是其开发实现的一类产品。二者有联系也有区别，区块链相较代币而言，更加形象化、技术化，更像一门技术。

7.1.1 区块链基本概念

区块链是结合了分布式数据存储、点对点传输、共识机制、加密算法等计算机技术的新型应用模式，它起源于比特币，但却绝非仅限于所谓“币圈”。在社会经济的发展中，这一技术正不断被应用到金融、医疗、交通、教育、公共管理等诸多领域，积极改变着各行各业。

所谓区块链，一种集合了分布式数据存储、点对点传输、共识机制、加密算法等计算机技术的新型应用模式。从本质上来说，区块链是一个去中心化的记账系统。

所以，就广义而言，区块链属于底层应用技术更贴切，包括网络设计、加密技术应用、分布式算法实现、数据存储技术等。就狭义而言，区块链是指区块链在具体产品中应用的时候，比如数据的存储方式、数据库的设计或文件形式的设计等。

区块链其实就是一个去中心化的数据库，全民去信任的方式集体在维护这个可靠的数据库。在传统应用中，无论应用系统是大还是小，其背后都有一个数据库。

1. 从科技层面来看

区块链涉及数学、密码学、互联网和计算机编程等很多科学技术问题。

2. 从应用视角来看

简单来说，区块链是一个分布式的共享账本和数据库，具有去中心化、不可篡改、全程留痕、可以追溯、集体维护、公开透明等特点。

3. 从数据的角度来看

区块链是一种几乎不可能被更改的分布式数据库。这里的“分布式”不仅体现为数据的分布式存储，也体现为数据的分布式记录（即由系统参与者共同维护）。

4. 从技术的角度来看

区块链并不是一种单一的技术，而是多种技术整合的结果。这些技术以新的结构组合在一起，形成了一种新的数据记录、存储和表达的方式。

7.1.2 区块链技术基础、分类、技术原理、特征及架构模型

1. 技术基础

区块链技术更像一个机器人，它可以用一套数学算法，确保交易双方虽然陌生但却足够信任，从而促使一笔交易妥善地完成。这是区块链最核心、最本质的东西，因为这样的技术手段实现了人与人之间的信任。

首先，区块链是分布式网络技术之上的一个应用，相对于中央控制式网络而言，分布式网络技术没有中心，从而不会因为中心被破坏而整体崩溃。分布式网络中任意一点均至少与两条线路相连，当一条线路发生故障时，通信可转经其他线路完成，可靠性很高。对区块链来说，最主要的作用则是解决点对点通信问题。

其次，在上述技术基础上，如果给分布式网络加上密码学体系，就变成了一个加密的分布式账本，可以详尽地记录更多与用户有关的数据。更重要的是，现有银行账户体系需要很多人力、财力来维护，即使这样，也无法确保被黑客或坏人破坏、侵入。

再次，公有区块链的发币机制产生了激励效应，可以鼓励区块链上的参与者竞争记账，从而确保数据的安全性。因为区块链上记录的都是一段代码，记账的过程，就是写代码的过程。如果只有一个人来写代码，那么很容易会被控制或篡改，但所有参与者都来写代码，而且人越来越多，就不是个别人所能控制或篡改的了。另外，比特币是程序，可以被赋予智能合约，这又从根本上加强了区块链的技术安全性。

2. 分类

根据区块链的开放程度，可以将区块链划分为公有链、联盟链和私有链。

(1) 公有链

所谓公有链，就是公共区块链，全世界任何人都可读取，任何人都能发送交易，交易能获得有效确认，任何人都能参与其共识过程。该链是完全去中心化的，因为任何个人或机构都无法控制或篡改其中数据的读、写。为了确保数据的安全性，公有链一般会通过代币机制鼓励参与者竞争记账。公有链可以为联盟链和私有链提供全球交易网络。典型代表：比特币、以太坊。

(2) 联盟链

所谓联盟链，是指由特定组织或团体管理的区块链，需要预先指定一些节点为记账人，各区块的生成由所有记账人共同决定，其他节点可以交易，但没有记账权。如房地产行业A、B、C、D公司。

(3) 私有链

所谓私有链，指的是由某公司或私人控制，私有链的记账权并不公开，且只记录内部数据，拥有者掌握读取权限的限制与开放。如某大型集团内部多数公司。

3. 技术原理

区块链中的核心技术原理主要包含了以下几个方面：

(1) P2P 网络

点对点交易，没有中间方。

(2) 分布式存储

所有节点信息统一,交易不可篡改,修改一个节点信息,需要其他节点共同修改。

(3) 加密算法

确保交易不可篡改,无法抵赖和破坏,并且保护了用户隐私和交易记录的信息安全。交易可追溯。

(4) 共识算法(共识机制)

实现自动网络共识。

(5) 智能合约

通过自动化脚本操作数据。

4. 特征

区块链是一台创造信任的机器,更是一个安全可信的保险箱,即使人与人之间互不信任,没有权威的中间机构进行统筹,人们依然可以愉快地进行信息互换与价值互换。区块链具有匿名性、去中心化、公开透明、不可篡改等特点。

(1) 匿名性

所谓匿名性,是指在“去个性化”的群体中个人将自己的性格隐藏起来。对于区块链来说,指的是别人无法知道你在区块链上究竟有多少资产、跟谁进行了转账,甚至还会对隐私信息进行匿名加密。匿名性借用了区块链基本、高级、极致等不同加密技术。其中,应用数字资产时,只能查到具体的转账记录,除了地址,无法知道更多的信息。

(2) 去中心化

区块链技术不依赖额外的第三方管理机构或硬件设施,没有中心管制,除了自成一体的区块链本身,通过分布式核算和存储,各个节点实现了信息自我验证、传递和管理。去中心化是区块链最突出最本质的特征。

(3) 公开透明

系统是开放的,除了交易各方的私有信息被加密外,区块链数据对所有人公开,任何人都能通过公开的接口查询区块链数据和开发相关应用,使整个系统信息高度透明。

(4) 不可篡改

区块链是一种不可篡改的分布式记账系统,链上的数据具有时间戳且不可篡改,与商品溯源防伪业务中数据的记录要求颇为吻合。从生产到销售,每类商品都要经历一套复杂的流转流程。在某些关键节点,就可以设置一个全链密钥。所谓密钥,就是在一串加密地址上携带这件物品的详细信息,将人和物等信息都被区块链密钥标记,一旦信息经过验证并添加到区块链,就会永久被存储起来。除非控制系统中同时有超过51%的节点,否则在单个节点上修改数据库无效,可见区块链数据有着极高的稳定性和可靠性。

5. 架构模型

一般说来,区块链系统由数据层、网络层、共识层、激励层、合约层和应用层组成。区块链的架构模型如图7-1所示。

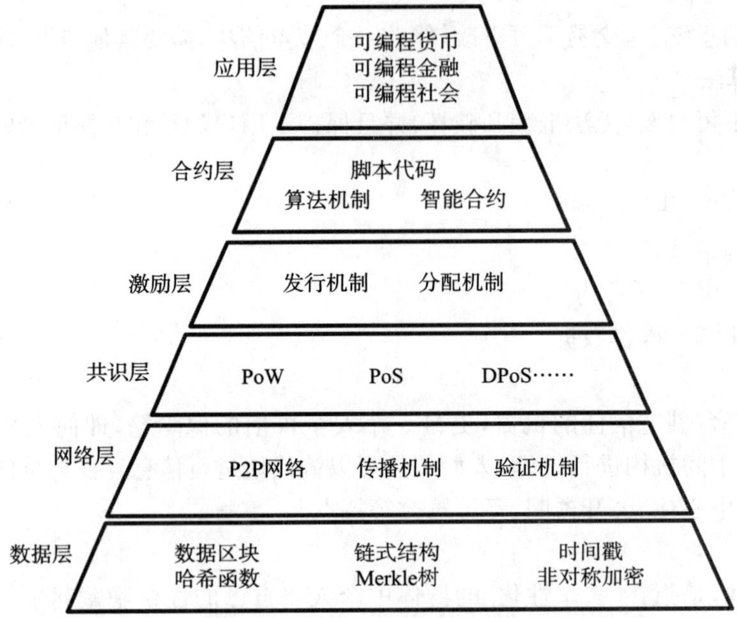

图 7-1　区块链架构模型

7.1.3　区块链的发展历程

1. 区块链 1.0,数字货币时代

2008 年由中本聪第一次提出了区块链的概念。

在中本聪的第一批比特币诞生的那一刻,就预示了区块链 1.0 时代的到来。比特币是世界公认的第一条区块链,也是目前世界上最强壮、最安全的区块链。比特币被称为第一代区块链的代表,主要的应用方向是加密数字货币。

2. 区块链 2.0,智能合约时代

2013 年年底,以太坊的出现拉开了区块链 2.0 时代的帷幕,即可编程区块链,主要特征是智能合约技术。智能合约是以太坊创新性地提出的概念,同时是以太坊最受社会关注的区块链应用之一。以太坊不仅有自己的加密数字货币(以太币),更主要的是它还是一个区块链开发平台,主要的应用方向是开发智能合约和 DApp。

3. 区块链 3.0,价值服务时代

区块链 3.0 也被称为智能化应用。主要应用在社会治理领域,包括身份认证、公证、仲裁、审计、域名、物流、医疗、邮件、签证、投票等领域,应用范围扩大到了整个社会。区块链技术有可能成为"万物互联"的一种最底层的协议,可以满足复杂的商业应用,包括司法、行政、健康、物流、电商等各个领域。

7.2　典型区块链技术介绍

区块链的四大核心技术分别是分布式账本、共识机制、智能合约以及密码学,它们在区块链中分别起到了数据的存储、数据的处理、数据的安全以及数据的应用作用。

1. 分布式账本:实现共享可靠数据库

分布式账本是一种在网络成员之间共享、复制和同步的数据库。分布式账本记录了网络参与者之间的交易,比如资产或数据的交换。网络中的参与者根据共识原则来制约和协商对账本中的记录的更新,没有第三方机构的参与。分布式账本中的每条记录都有一个时间戳和唯一的密码签名,这使得账本成为网络中所有交易的可审计历史记录。

分布式账本最突出的特征是其不由任何单个机构或个人维护,而是由网络中的每个节点单独构建和记录。

2. 共识机制:给予信任背书

共识可简单理解为,不同群体所寻求的共同认识、价值、想法等,在某一方面达成的一致意见。共识机制就是确定达成某种共识和维护共识的方式。在区块链系统中没有像银行一样的中心化机构,所以在进行传输信息、价值转移时,共识机制解决并保证每一笔交易在所有记账节点上的一致性和正确性问题。

目前常见的共识机制有工作量证明机制 PoW、权益证明机制 PoS、股份授权证明机制 DPoS、拜占庭容错机制 PBFT 和 Pool 验证池。

3. 智能合约:交易可追溯防篡改

所谓“智能合约”,就是一个预先编辑好的“数字语言记录的条款”,一旦被触发时,“智能合约”就执行相应的条款或记录条款是否被执行。简单来说,“智能合约”是将具体条款以计算机语言而非法律语言记录的智能化合同。

智能合约在现实生活中已经普遍应用,最典型的例子就是售货机。只要我们放相应金额的钞票或硬币进去,系统就会触发让我们选择商品的选项,选完以后,售货机中的可乐或其他饮料就会掉下来。

4. 密码学:加密、签名认证、哈希算法

密码学在区块链技术当中扮演着非常重要的角色,与此同时,它在互联网中也有很大的应用,为其提供大量的帮助。随着互联网技术的广泛应用,用户的数量不断增加,问题也随之产生。隐私的加密需要双方共享一个秘密的随机数,我们将它称为密钥。但是,两个素未谋面的人,如何实现共享密钥是一致的呢? 最为关键的是,这个密钥还不能被第三方监听到。

对于上述问题的需求,密码学应运而生。这个密码学起到的作用有加密、签名认证和哈希算法。

所谓加密,分为对称加密和非对称加密。对称加密算法利用加密密钥对原始数据进行加密处理,然后将加密后的密文发送给接收者,接收者利用同一密钥及相同算法的逆算法对密文进行解密,才能使其恢复成原始数据。

区块链技术中常用的对称加密算法是 AES。

所谓签名认证,就是区块链技术中使用的数字签名技术用于验证信息的完整性和真实性。一般流程:发送者将需要签名的原始数据进行 HASH 摘要,然后对摘要信息用私钥加密后与原始数据一起传送给接收者。接收者只有用发送者的公钥才能解密被加密的摘要信息,然后用同样的 HASH 函数对收到的原文产生一个摘要信息,如果与解密的摘要信息对比相同则说明收到的信息是完整的,在传输过程中没有被修改,反之则说明信息被修改过,因此数字签名能够验证信息的完整性。此外,信息发送者拥有私钥且不公开,只有发送者本人才能构造基于其私钥的签名信息，可以确保签名的真实性。ECDSA 是区块链技术中常用的数字签名技术。

所谓哈希算法，也是区块链密码学中的一种加密算法。

7.2.1 以太坊技术框架

以太坊(Ethereum)是一个平台和编程语言，包括数字货币以太币(Ether)，以及用来构建和发布分布式应用的以太脚本(EtherScript)。以太坊可以用来编程、处置、担保和交易任何事物：投票、域名、金融交易所、众筹、公司管理、合同和大部分合约、知识产权，以及得益于硬件集成的智能资产等。以太脚本具有图灵完备性，允许通过合同来编写代码，每一个合同相当于一个自动代理，当合同接收到一项交易后，合同就会运行特定代码，这段代码能发送交易或修改合同内部的数据存储，甚至能修改合同自身的代码。其目标是基于脚本、竞争币和链上元协议(On - chain Meta-protocol)概念进行整合和提高，使得开发者能够创建任意的基于共识的、可扩展的、标准化的、特性完备的、易于开发和协同的应用。

以太坊是以"智能合约"为主要功能的一种分布式计算平台，它提供了一种分布式虚拟机——以太坊虚拟机(Ethereum Virtual Machine，简称 EVM)。这种虚拟机采用系统内含的加密货币——以太币，提供去中心化的以太坊虚拟机来执行点对点合约。但以太坊并不是以创造某种"币"为最终目的，而是致力于成为一个优秀的底层合约，在其基础上可以创建任意高级的合约、货币及其他去中心化应用。这个特点使以太坊成为平台而不是一种单一的应用，在以太坊平台上，有创意的开发者将不再需要启动自己的区块链，开发者可以简单地用以太坊脚本编码实现他们的想法。简而言之，以太坊是一个去中心化的创新基础平台。

7.2.2 超级账本 Fabric 技术框架

Fabric 是超级账本社区首个项目，也是最流行的分布式账本实现，由 IBM、DAH 等会员企业于 2016 年年初贡献到社区。

Fabric 网络中存在四种不同角色的服务节点，彼此协作完成整个区块链系统的记账功能。

(1) 背书节点(Endorser Peer)

一些特殊的 Peer 节点，对交易提案(Transaction Proposal)进行检查，执行智能合约计算交易结果(读写集合)并对其进行背书。

(2) 记账节点(Committer Peer)

负责维护账本的 Peer 节点，检查排序后交易结果合法性，并更新到本地账本。目前所有 Peer 默认都是记账节点。

(3) 排序节点(Orderer)

排序节点负责接收交易，并对网络中所有交易进行排序，整理为区块结构。记账节点会从排序节点拉取新区块并提交到本地账本。

(4) 证书节点(CA)

提供标准的 PKI 服务，负责对网络中所有的证书进行管理，包括签发和撤销，不参与网络中的交易过程。

超级账本 Fabric 的整体架构如图 7-2 所示，包括应用、账本、链码、区块链结构、数据库、共识、权限管理、数字证书、网络层等多个组件。

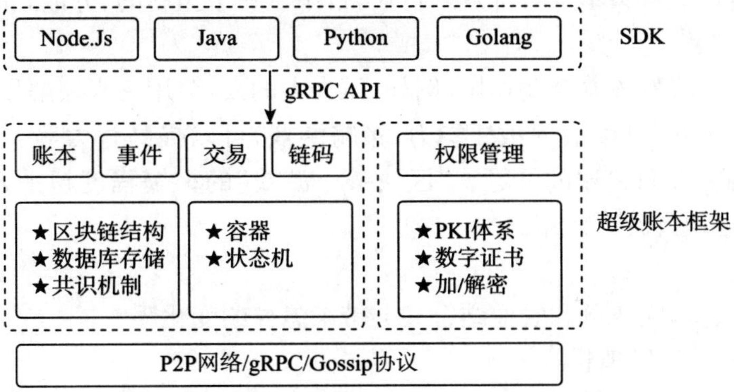

图 7-2　超级账本 Fabric 框架

7.3　区块链主要应用领域

7.3.1　区块链在行业中的应用

1. 金融行业

在区块链的创新和应用中，金融是主要领域，当前阶段主要的区块链应用探索和实践也都是围绕金融领域展开的。目前区块链技术尚处于发展的初级阶段，但作为去中心化记账平台的核心技术，区块链依然在金融领域拥有非常广泛的应用前景。

2. 医疗行业

随着人口老龄化、城镇化，人们的就诊能力和就诊意愿大幅提升，对医疗的需求明显增大，但是医疗的人均供给资源很有限，医疗资源的有效配置和充分利用就显得特别关键。区块链能解决研发、定价、销售，以及患者就诊、保险等问题，帮助实现数据共享、透明可信、防伪溯源等功能。

3. 教育行业

当中本聪向世界展示第一种加密货币比特币时，区块链第一次为人所知。从那以后，区块链继续颠覆着一些历史悠久的行业，简化了陈旧的流程，提供了更高的安全性，使区块链成为教育系统中最令人兴奋的发展之一。

区块链在教育行业的应用，可以聚焦一个核心概念，就是知识资产。区块链是数字资产的信用载体，支撑的知识资产是老师、学生、用人单位、家长等社群成员间的流通，教育区块链就是构建一个知识资产流转的信用载体。

4. 文娱行业

虽然互联网有民主、去中心化等属性，但话语权和利益依然掌握在平台手中。据美国科技博客网站 VenTureBeat 报道，随着区块链技术的成熟，这种情况很快就会发生改变。

以前有线电视网络和电影公司是大众市场视频内容唯一的创作发行者，现在 YouTube、Twitch（实时流媒体视频平台）、微博、腾讯视频、快手等网站可以让用户上传、分享自制内容。但由于流量入口掌握在平台手中，大部分高质量娱乐内容仍然通过集中分发的模式来实现。

未来，区块链可能从根本上打乱娱乐行业，带来了一个全新的、分散式的内容分发机制。

5. 游戏行业

日常生活中，游戏发挥着重要作用，例如，压力大的人，会用它来缓解压力；益智游戏，可以锻炼脑力；敏捷游戏，可以锻炼敏捷能力；策略游戏，可以提高智力等。区块链加入游戏后，游戏也成了备受人们关注的话题。“区块链＋游戏”的火爆程度超乎人们的想象，2018年甚至可以说是区块链游戏元年。

6. 传统农业

我国是农业大国，区块链和农业结合又会带来怎样的变化呢？

(1) 国内农业的发展现状

① 从食品安全的角度来看，法律约束、监管的力度都远远不够。部分企业或个人一味地追求利益最大化，引发了很多食品安全问题，民众对食品安全机制缺乏足够的信任。

② 从资源的可持续发展情况来看，国内的农业在生产过程中产生了大量的资源和能源消耗，破坏了生态环境，直接影响生态环境的安全和民众的健康。

③ 从信息化程度来看，国内农业信息化、现代化进程还处于起步阶段，为了提升行业的智能化水平，需要引进更多的先进技术。

④ 从农业的生产经营形态来看，农业的生产经营依然比较传统、粗放，靠天吃饭的局面并没有从根本上得到改变。

(2) 区块链融入农业能带来什么

区块链去中心化等特性，可以降低互联网维护成本，提升农业物联网的智能化和规模化水平。

同时，基于区块链技术的农产品追溯系统，还能解决消费者对于产品的信任危机感，让人们的餐桌更健康、更安全。

7.3.2 区块链发展趋势

区块链未来的应用领域主要有以下：

1. 汽车行业

汽车租赁和销售租车、买车或卖车的交易，整个过程都呈碎片化趋势，但是区块链却能改变这一切。

2. 版权管理

对于网络作品而言，在中国版权保护中心进行版权登记，还需要耗费较高的资金成本和时间成本。区块链通过运用数据加密、时间戳、分布式共识和智能合约等手段，在节点无须信任的分布式系统中，能够实现基于去中心化的协作，提高效率，降低成本。

3. 金融行业

金融行业是最先被区块链改变的，现在如国内的央行、平安、腾讯、阿里等都在研究自己的区块链技术。因为区块链作为一种分布式数据存储技术，具有去中心化、集体维护、透明、不可篡改等特质，利用区块链技术重构管理和服务流程，可以从根本上解决信任问题。

4. 教育和学术行业

每个人的学历证明验证，都是通过学院和大学人工操作的。如果教育领域利用区块链解决方案，就能简化验证程序，由此减少学历欺诈现象。

5. 慈善公益

慈善事业属特殊行业，无法做到绝对的公开透明，容易出现一些善款流向不明、善款被私吞、善款开支不合理等问题。区块链的特性有助于慈善事业的健康发展，同时具有降低捐赠手续费、增加捐赠透明度、增强慈善事业的信任度三个特征。同时，捐赠过程利用区块链技术支付，几乎不需要手续费；捐赠过程也可以按照既定的规则进行信息披露，且信息不会被更改；而且，还能增强国人对慈善事业的信任度，让人们主动投入到慈善事业中，更有利于慈善事业的发展。

6. 信托——遗嘱

遗嘱是非常具体的合约，为区块链智能合约提供了理想的应用场景。传统形式下，围绕遗嘱，除了验证逝者真实死亡存在困难之外，遗嘱相关的诉讼经常会涉及人们对遗嘱真实性的质疑。而智能合约可以用于数字身份验证及知识产权管理，有效解决遗嘱真实性的问题。

7. 物联网行业

区块链、物联网、大数据、深度学习等技术的融合，会极大地推动物联网的发展，现在比较火的 IOTA 就是物联网概念。区块链技术作为当前国内外的焦点技术之一，会对未来物联网的发展产生重要影响。

8. 能源管理

能源管理是另一个在历史上高度集中化的行业。在美国和英国，要进行能源交易，首先必须通过知名的电力公司，如 Duke Energy（杜克能源公司）或 National Grid（英国国家电网），抑或通过中间商交易从大型电力公司那里购买能源。和其他行业一样，分布式账本会减少（甚至消除）对中介的需要。

9. 保险行业

尽管区块链技术在保险行业的应用多数都处于技术验证阶段，但应用场景的快速发展已然预示着该技术将给保险行业带来变革性影响。在保险行业，区块链技术可以简化索赔过程，降低保险费用，帮助保险公司创建合适的覆盖范围，最重要的是，还能让投保者受益。

10. 体育管理

投资于运动员一般都是体育管理机构和企业的业务，但是区块链却能将投资体育健将们的过程去中心化，让每个支持者都能和体育明星在未来产生财务上的关联，从体育明星的收入中获得一定比例的补偿。

本章小结

区块链是一种用于解决信任问题的技术和机制。区块链通过去中心化、分布式存储、智能合约、可信机制和通证手段，去争取协作、可信和共赢。区块链技术，是数字时代的一把门锁，更是数字经济的裂变基础。

区块链实现了防伪造、防篡改、多方参与的数据记录方式，具有数据公开透明、信息安全程度高、可追溯性强等特点，由此奠定了坚实的“信任”基础，创造了可靠的“合作”机制，其在供应链金融、征信、产品溯源、版权交易、数字身份、电子证据等领域具有广阔的应用前景。

习题 7

单选题

1. ________是区块链最早的一个应用，也是最成功的一个大规模应用。

A. 以太坊　　B. 联盟链

C. 比特币　　D. Rscoin

2. ________能够为金融行业和企业提供技术解决方案。

A. 以太坊　　B. 联盟链

C. 比特币　　D. Rscoin

3. ________是区块链最核心的内容。

A. 合约层　　B. 应用层

C. 共识层　　D. 网络层

4. 以下________不是区块链目前的分类。

A. 唯链　　B. 联盟链

C. 公有链　　D. 私有链

5. 以下________不是区块链的特性。

A. 高升值　　B. 去中心化

C. 可追溯　　D. 不可篡改

6. 区块链运用的技术不包含________。

A. 共识算法　　B. 大数据

C. 密码学　　D. P2P 网络

7. 下列对“区块链技术”的理解，不正确的一项是________。

A. 是一种去中心化基础架构与分布式计算范式，算法相对安全，但未来有可能被破解

B. 数据以块链结构存储，受到互联网多方用户监督，任何第三方机构都无法进行修改

C. 为支撑共享经济，在网上建立起了点对点之间的可靠信任关系，去除了中介的干扰

D. 既公开信息又保护隐私，既共同决策又保护个体权益，是实现共享经济的理想方案

8. 中国发展区块链三部曲包括简易型、________和转型模型。

A. 复合模型　　B. 数据库模型

C. 深度融合模型　　D. 发展模型

9. 共识由多个参与节点按照一定机制确认或验证数据，确保数据在账本中具备正确性和________。

A. 真实性　　B. 多样性

C. 可靠性　　D. 一致性

10. 区块链的安全性主要是通过________来进行保证的。

A. 签名算法　　B. 密码学算法

C. 哈希算法　　D. 共识算法

11. 区块链的技术分类包括公有链、联盟链和________。

A. 区域链　　B. 社会链

C. 私有链　　D. 数据链

12. 区块链核心层的构成包括数据层、网络层、算法层、共识层、合约层和________。

A. 区域层　　B. 智能层

C. 传输层　　D. 区块层

13. 区块链的密码技术有数字签名算法和________

A. 签名算法　　B. 验证算法

C. 哈希算法　　D. 共识算法

14. 通过一些区块链的节点，把具有相似的终端集合起来，通过这些节点之间信息的传递，来提高信息传递的效率，这属于________技术。

A. 第一代的互联网技术　　B. 第二代的互联网技术

C. 第三代的互联网技术　　D. 第二代 P2P 技术

15. 根据本课程，区块链中心化计算与处理模式的核心是________。

A. 业务受理系统　　B. 业务接入系统

C. 业务代理系统　　D. 中心化业务处理系统

16. 以下各项活动中，不涉及价值转移的是________。

A. 通过微信发红包给朋友

B. 在抖音上传并分享一段自己制作的视频

C. 在书店花钱购买了一本区块链相关书籍

D. 从银行取出到期的 10 万元存款

17. 以下各项描述中，不是中心化的信用体系本身的局限的是________。

A. 在身份认证问题上存在困难　　B. 对中心体存在过度依赖

C. 高昂的信用成本　　D. 人的参与系统存在可信度问题

18. 区块链是一个分布式共享的账本系统，这个账本有三个特点，以下不属于区块链账本系统特点的一项是________。

A. 可以无限增加　　B. 加密

C. 无顺序　　D. 去中心化

19. 区块链系统中，利用非对称加密的手段来解决身份认证方面的问题，如果用户 A 希望用户 B 给自己 10 元钱，则用户 A 的操作应该是________。

A. 给对方自己的地址　　B. 给对方自己的私钥

C. 给对方自己的公钥　　D. 向世界广播曰 B 给了 A 10 元钱

20. 在区块链系统中，用户 A 付了 1 元线给用户 B，而后，A 想篡改这条支付记录，将原来的“A 给了 B 1 元钱”改成“C 给了 B 1 元钱”，A 的篡改无法成功，主要是由于________。

A. 哈希运算　　B. 最长链原则

C. 非对称加密　　D. 区块链追溯法

参考文献

[1] 张福炎,孙志挥.大学计算机信息技术教程[M].南京:南京大学出版社,2020.
[2] 黄强.专转本计算机应用基础考试必读[M].南京:南京大学出版社,2006.
[3] 林尧瑞,马少平.人工智能导论[M].北京:清华大学出版社,1989.
[4] 郭凡.区块链从 0 到 1:拥抱通证时代[M].北京:中国纺织出版社,2022.
[5] 梁彦霞,金蓉,张新社.新编通信技术概论[M].武汉:华中科技大学出版社,2021.
[6] 张晓芳,王志海,张磊.大学计算机基础[M].北京:北京邮电大学出版社,2017.
[7] 刘广峰,黄霞.计算机基础教程[M].武汉:华中科技大学出版社,2016.
[8] 郭夫兵.大学计算机基础项目化教程[M].苏州:苏州大学出版社,2018.
[9] 郑雪清.新编专转本计算机应用基础考试必读[M].南京:南京大学出版社,2016.